D1104785

Die Welt des Menschen -
Die Welt der Philosophie

PHAENOMENOLOGICA

COLLECTION FONDÉE PAR H. L. VAN BREDA ET PUBLIÉE SOUS
LE PATRONAGE DES CENTRES D'ARCHIVES-HUSSERL

72

Die Welt des Menschen - Die Welt der Philosophie

FESTSCHRIFT FÜR JAN PATOČKA

HERAUSGEGEBEN VON

WALTER BIEMEL

UND DEM HUSSERL-ARCHIV ZU LÖWEN

Die Welt des Menschen -
Die Welt der Philosophie

FESTSCHRIFT FÜR JAN PATOČKA

HERAUSGEGEBEN VON

WALTER BIEMEL

UND DEM HUSSERL-ARCHIV ZU LÖWEN

MARTINUS NIJHOFF / HAAG / 1976

PRINTED IN THE NETHERLANDS

INHALTSVERZEICHNIS

ERINNERUNGEN AN HUSSERL

JAN PATOČKA

Freunde baten mich immer wieder, ich solle meine Erinnerungen an die Jugendjahre aufschreiben, in denen mir vergönnt war, mit einigen Großen der Phänomenologie zusammenzukommen, da nur noch wenige da sind, die diese letzte große Zeit der Philosophie, wo wie in der Akademie oder im Licaeum mit höchster Intensität und einzigartigem Verantwortungsbewußtsein, das eine historische Aufgabe fordert, gearbeitet wurde, miterlebten – sei es auch nur am Rande, aber in physischer Nähe zu den Urhebern.

Ich habe Husserl zum ersten Mal in Paris im Jahre 1929 gesehen. Als Stipendiat hörte ich damals an der Sorbonne ein Kolleg von Professor Lalande über Logik, das nachmittags von 17–18 Uhr stattfand, wenn ich mich recht erinnere; da sagte der Vortragende einmal, wir müßten heute früher Schluß machen, denn in diesem Raum werde ein Vortrag von Professor Husserl aus Freiburg stattfinden. Daraufhin verließen die meisten den Saal, ich aber blieb mit zitterndem Herzen – denn ich hatte seit langem Husserl als *den* Philosophen angesehen, Gurvitchs Sondervorträge über die neueste deutsche Philosophie an der Pariser Universität besucht und mit Professor Koyré Kontakt aufgenommen, der mir als Husserlschüler bekannt war und gerade seine große These über Jacob Boehme in der Sorbonne verteidigen sollte. So habe ich den Anfang der ,,Cartesianischen Meditationen'' miterlebt, welche von Husserl als eine systematische Darstellung des Ganzen der phänomenologischen Problematik entworfen und gemeint waren – leider so gedrängt und überfüllt, daß sie für Vorträge wenig geeignet war. Und doch ging von diesem

Vortrag und dem Vortragenden etwas aus, was das Verständnis
förderte, was in die Gedankengänge hineinzog, mochten sie noch
so ungewöhnlich sein – man empfand die dringende Notwendigkeit einer neuen Grundlegung, einer Umorientierung von säku-
larer Tiefe – und man sah einen Philosophen vor sich, der nicht
referiert und kommentiert, sondern in seiner Werkstatt sitzt, als
ob er allein wäre, und mit seinen Problemen ringt, unbekümmert
um Welt und Menschen. Der Erfolg war groß, obwohl die damaligen Meister der Sorbonne wie Brunschvicg, Bréhier, Gilson,
wohl aus Sprachgründen, wie mir Koyré später erklärte, nicht
erschienen waren. Aber ich sehe noch im Geist den alten Chestov
sich nach Beendigung des Vortrags zum Katheder aufschwingen,
um den von ihm so oft Kritisierten begeistert zu beglückwün-
schen...

Einige Tage später sah ich Husserl wieder bei Koyrés ,,soute-
nance de thèse.'' Noch heute sehe ich ihn die Treppe des Amphithéâtre Louis Liard hinuntersteigen – in Begleitung von Frau
Malvine und einigen Bekannten, um als einfacher Zuschauer dem
Triumph seines ehemaligen Schülers beizuwohnen. Unten wurde
er jedoch würdig empfangen und gebeten, oben auf der Estrade
der Jury Platz zu nehmen. Er war damals genau siebzig, wirkte
sehr rüstig, hatte noch nicht das subtile physische Aussehen, das
die späteren Aufnahmen zeigen, aber die einzigartige Würde seiner
Haltung und seiner Bewegungen prägte sich tief ein.

Drei Jahre später, nach der Absolvierung meiner Universitäts-
examina und nach dem Entschluß, mich weiter der Philosophie
zu widmen, brachte ein Humboldt-Stipendium mich nach Berlin
und Freiburg. Im erlebten Hexenkessel des Berlins des Jahres-
wechsels von 1932–33 lag damals der Anfang vom Ende Europas,
zugleich auch eine tragische Wende des Schicksals der Phänomenologie und so vieler Phänomenologen. Als ich im Sommer-
semester 1933 in Freiburg erschien, hatte Husserl schon die ersten Enttäuschungen und Erniedrigungen hinter sich. Ich wurde
von der Stiftung bei ihm durch ein Empfehlungsschreiben eingeführt und bald erhielt ich eine Einladung. Als ich ihr folgte, erschien er selber in der Türöffnung und empfing mich mit rüh-
rendster Freundlichkeit. Ich erinnere mich nicht mehr an den genauen Wortlaut, aber einiges blieb tief in mir haften: ,,Na endlich! Ich habe Schüler gehabt aus aller Herren Länder, aber daß

ein Landsmann zu mir gekommen wäre – das hat sich noch nie ereignet."

Er ließ mich eintreten, mein Anliegen vortragen und sagte dann: „Wenn Sie unverbildet durch philosophische Lehren, ohne geistige Scheuklappen zu mir kommen, um wirklich sehen zu lernen, dann sind Sie mir herzlich willkommen. Herr Dr. Fink wird sich mit Ihnen unterhalten, um zu sehen, was für Sie vor allem in Frage kommt." Dann erhielt ich noch eine Einladung zum Nachmittags-Tee und wurde entlassen. Am Teetisch traf ich zum ersten Mal Eugen Fink, den damaligen wissenschaftlichen Assistenten Husserls, der mich sofort durch sein edles, vergeistigtes Physisches einnahm, sich nicht weniger freundlich zeigte als Husserl selbst, und von dessen unvergleichlicher philosophischer Begabung ich mich bald überzeugen sollte. Außer Fink waren noch ein Japaner und ein Chinese da, welche offenbar schon mit Fink in wissenschaftlichem Kontakt standen; Fink hat später auch einmal ihre geistige Eigenart charakterisiert, die Namen sind mir nach so viel Jahren entfallen. Wir sprachen natürlich über Phänomenologie, ihre geistige Sendung – ein Lieblingsthema Husserls, wenn es sich um „den Weltbegriff Phänomenologie" handelte. Ich erinnere mich, wie er da sagte: „Wir sind hier doch lauter Feinde." Auf mich und Fink zeigend: „Feinde." Auf den Chinesen und Japaner weisend: „Feinde." „Und über allen – die Phänomenologie."

Fink hat mich dann zu sich kommen lassen und daraufhin offenbar über mich nicht ungünstig referiert, denn er erhielt die Weisung, sich meiner phänomenologischen Unterweisung auf das intensivste zu widmen, was er auch sehr gewissenhaft tat. Zugleich studierte ich Husserlsche Texte in der empfohlenen Reihenfolge, ging fast jeden Tag mich mit Fink konsultieren und ab und zu wurde ich zum „philosophischen Spaziergang" mitgenommen, den Husserl mit Fink täglich zu machen pflegte, und wobei sie die laufenden Arbeitsresultate besprachen.

Es gehörte zur Eigenart dieser Gespräche, daß man sofort als Partner im ernstesten Sinn des Wortes aufgefaßt wurde – zwar wohl weniger erfahren, aber gerade deshalb ein Feld möglicher Überzeugung bietend. Man erwartete freudig Einwände und Bemerkungen, und wenn sie nicht kamen, so hörte man sie aus Verschwiegenheiten und Zögern heraus. Und im Nu sprang aus Stel-

len, wo man in Verlegenheit war, eine durch das neue Fragen auf-
geschlossene Problematik heraus, die man nicht ahnte.

Husserl und Fink waren damals vor allem mit der Problematik der phänomenologischen Reduktion beschäftigt als Schlüssel
zum phänomenologischen transzendentalen Idealismus. Fink
war darauf aus, diesen Idealismus als einen kreativen zu interpretieren und die Analogien zum deutschen Idealismus hervorzuheben, dessen vorzüglicher Kenner er war, während Husserl
selbst nie aufhörte, auf die Bedeutung des englischen Empirismus
hinzuweisen, dem er große Teile seiner Ausbildung schuldete.
Fink und Husserl gemeinsam betonten aber immer wieder, daß
man sich einem konkreten Einzelproblem zuwenden solle, um
von dort her erst die allgemeine Bedeutung der phänomenologischen Methode verstehen zu lernen – die ganze Tragweite davon
ist mir erst viel später aufgegangen. Was bei Fink ungemein imponierte, war seine Kunst des Fragens, die nie auszugehen schien.
Da war eine unverkennbare Ähnlichkeit zu Heideggers Art, und
eine unthematische Auseinandersetzung mit diesem Denker ging
offenbar bei ihm ständig vor sich.

Husserl betonte bei jeder Gelegenheit die Unvereinbarkeit seines Gesichtspunktes mit dem Heideggerschen. Ein Versuch zu
synthetisieren muß immer scheitern, warnte er und wies auf die
jungen Menschen hin, die es immer wieder versuchten, um immer
wieder in eine Sackgasse zu geraten. Vielleicht ist Fink ihm gerade darin treu geblieben, daß er die Wege der transzendental-
reflexiven Phänomenologie vollständig verließ, als er die Probleme der großen Totalitäten: Raum, Zeit, Welt vom Ganzheits-
standpunkt anzugehen versuchte. – Husserl versuchte einmal sogar, mich vor die Wahl zu stellen zwischen dem Kollegbesuch bei
Heidegger und meinen Konsultationen bei ihm und Fink; doch
verstand er sehr wohl meinen Hinweis auf meine Stipendiaten-
verpflichtungen und ließ es durchgehen. Ich hatte übrigens einen
so starken Eindruck von der gewaltigen Problematik der Husserlschen Forschung gewonnen, daß mir für die Einarbeitung in
Heidegger Zeit und Energie kaum übrig blieb.

Von Heidegger sprach Husserl nie herabsetzend, sondern zwar
kritisch, aber seine geniale Begabung anerkennend. Begabung
war allerdings für ihn eher eine Verpflichtung als ein Wert für
sich. Er sah sich ja auch ständig von hochbegabten Menschen

umgeben – ein Musterbeispiel war eben Fink. Einmal schilderte er dessen erstes Erscheinen im Kolleg – er bemerkte da einen Studenten, welcher zuhörte ohne eine Notiz zu machen – und das wiederholte sich. Da dachte er sich, das wird mal ein „schönes" Resultat geben, wenn er zur Prüfung kommt; aber als er dann erschien, trug er alles wie aus dem Buch abgelesen vor. Man denkt unwillkürlich daran, daß Plato ein perfektes Gedächtnis als erste Bedingung eines philosophischen Ingeniums bezeichnete.

Ein Student sieht in dem verehrten Lehrer selten einen Menschen mit Sorgen, Leiden, menschlichen Schwierigkeiten. Die zwei Philosophen führten da ein Leben, welches mir damals eine Neuigkeit war. Sie schienen sich nicht zu kümmern um die bedrückende politische Wirklichkeit, welche sie umgab und ihre Schicksale nolens volens bestimmte. Sie hatten ihre Aufgabe, der sie desto eifriger lebten, und gaben mir damals ein erstes Beispiel dessen, wie außerhalb der lauten Offizialität ein geistiges Leben im echten Sinne trotz allem gedeihen kann. Es lag mir damals fern, über Husserls drückende Sorgen nachzusinnen, die mit dem Schicksal seines Werkes, dieser ungeheuren, emsigen Arbeit jedes Tages und jeder Stunde zusammenhingen, und ich wußte noch nicht, daß diese Sorgen mich eines Tages näher betreffen würden.

Als ich von Husserl schied, wies er mich zur Fortsetzung meiner Ausbildung an seinen ehemaligen Assistenten Ludwig Landgrebe, der sich gerade damals in Prag um eine Dozentur an der deutschen Universität bei Prof. Oskar Kraus bemühte, und der als langjähriger Mitarbeiter in allen Problemen der transzendentalen Phänomenologie ausgezeichnet Bescheid zu geben wußte. Es kam dann aber in Prag zu etwas mehr – aus Halle kehrte Professor Emil Utitz in die alte Heimat zurück, ein Mann von weitem Horizont, großem Spürsinn für geistige Möglichkeiten und ein Organisator ersten Ranges. Der ehemalige Brentanoschüler hatte für das Transzendentale kein Verständnis, desto mehr betonte er das Konkret-Analytische bei Husserl und faßte den großen Plan, Prag zu einem Zentrum der phänomenologischen Studien zu machen. Nach dem Muster des damals schon weltberühmten Prager linguistischen Zirkels sollte auch ein philosophischer entstehen, zum Teil mit denselben Mitgliedern und in einem gewissen Kontakt mit ihm. Und so traten bald nach der Gründung des *Cercle philosophique de Prague pour les recherches de l'entendement humain* durch die Professoren der beiden philosophischen Fakultäten Utitz und J. B. Kozák im Jahre 1934 neben meine allwöchentlichen philosophischen Privatgespräche mit Landgrebe, der sich als Lehrer von nicht geringerer Liberalität erwies als vormals Fink, und wo Husserlsche Probleme vorwiegend zur Sprache kamen, die öffentlichen Sitzungen des Cercle hinzu, mit einem viel weniger exklusiven Programm.

Wir wissen heute durch die grundlegenden Arbeiten Elmar Holensteins, was alles die Prager Linguisten den „Logischen Untersuchungen" Husserls vor allem durch Vermittlung des wohl genialsten unter ihnen, ich meine Roman Jakobson, schuldeten. Doch kam es nicht bei allen gleich offen zutage, von den Tschechen am meisten noch bei Jan Mukařovsky. Es gehört zu den so vielen ungenutzt gebliebenen Möglichkeiten des damaligen geistigen Prag, daß diese Parallelitäten nicht systematisch gepflegt worden sind. Landgrebe allerdings, der sich mit einer Arbeit über A. Martys sprachphilosophische Probleme habilitierte, hat sich auch im Linguistischen Zirkel betätigt und Mukařovský nahm an unseren Sitzungen teil. Doch war die damalige Hauptstadt so voller Anregungen und Beziehungen, daß sie alle kaum gründlich genutzt werden konnten. Da war die Brentanoschule, zwar in einer merkwürdig verhärteten Gestalt, aber immerhin die Tradition fortsetzend, aus welcher die Lehre von der Intentionalität des Bewußtseins bei Husserl entstand. Und es gab auch noch weniger dogmatische Vertreter dieser Linie, die Kafkafreunde Brod und Weltsch, welche für analytische Arbeit viel offener waren. Gegen die Vertreter des Wiener Kreises hielt man Distanz, immerhin waren sie da, durch Philipp Frank und Carnap vorzugsweise vertreten, und zeigten bei gewissen Linguisten und Philosophen ihren Einfluß. Die „reine Rechtslehre" von Kelsen und Weyr hatte zwar wenig mit der Phänomenologie zu tun, immerhin sprach Kelsen mit Respekt von Husserl und hat sich im Zirkel sehen lassen. Eine Kontaktmöglichkeit bot sich auch mit den Psychologen der Lindworsky-Schule. All das umfassend, gedachte Utitz, auf Grund einer breit verstandenen phänomenologischen Lehre im Stil der „Logischen Untersuchungen" eine geisteswissenschaftliche Forschergemeinschaft aufbauen zu können, welche Raum für Individuelles bieten sollte und doch Charakter genug hätte, um selbst nach außen sich scharf genug abzugrenzen.

Eine Gelegenheit zur Gründung bot der Prager Philosophenkongreß des Jahres 1934. Dieser wurde von dem bekannten tschechischen Philosophen und Geschichtsschreiber der biologischen Theorien E. Rádl organisiert, einem höchst eigenartigen Geist, dessen Persönlichkeit uns Studenten unter den hiesigen Lehrern am meisten imponierte und dessen Bedeutung im Rückblick noch wächst. Dieser eigenartige Lebensphilosoph und kritische Masaryk-Schüler begriff die Philosophie als sittlich-metaphysische Analyse der aktuellen Menschheitsprobleme und faßte den Gedanken, den Kongreß um das Problem der Krise der Demokratie zu gruppieren.

Dieses große Vorhaben ist mißlungen; die eingeladenen Sowjetphilosophen sind nicht erschienen, die Deutschen schickten Hellpach, Heyse und ähnliche, welche den Neutralen wie Nicolai Hartmann kein Gegengewicht boten, der französische „Verteidiger" der Demokratie Senator Barthélémy hat sich später als Antidemokrat entpuppt – kein Wunder, daß die Italiener mit ihm sehr höflich waren. So wurde das ursprünglich Nebensächliche beim Kongreß zur Hauptsache, der Kongreß wurde zu einem ersten geschlossenen Auftreten des Wiener Kreises, welcher an der Niederlage der gegenwärtigen Vitalisten (Driesch selbst war anwesend) seine antimetaphysischen Thesen demonstrierte. Aber unwillkürlich kam doch die Grundabsicht Rádls heraus – durch dieses Auftreten der Nichtoffiziellen neben den Offiziellen, durch diese Kämpfe des um berechnende politische Aufträge unbekümmerten Gedankens, worin das Demokratische konkret verkörpert lag. Dazu gehörte auch Husserls Brief an den Kongreß, wo auf die Weltsendung der Phänomenologie angespielt wurde – wohl eine der Vordeutungen auf die „Krisis"-Problematik. Es waren damals auch wichtige Persönlichkeiten aus Polen in Prag erschienen: Ingarden hat auf dem Kongreß mit den Neopositivisten die Klinge gekreuzt, und ich habe damals zum ersten Mal diesen höchst feinen Analytiker und Kritiker des Husserlschen Transzendentalismus hören und sprechen können. – Das alles gab den aktuellen Anlaß zur Gründung des Zirkels, es kam aber noch ein großes Motiv hinzu, welches Utitz wahrnahm – mit seinem scharfen Blick für das Notwendige: die große Sorge Husserls, die Sorge um seinen wissenschaftlichen Nachlaß, zu einer der Hauptaufgaben und zugleich Hauptlegitimationen zu promovieren. Professor Kozák, welcher Abgeordneter des tschechoslowakischen Parlaments war, sorgte für einen zwar bescheidenen aber für den Anfang genügenden finanziellen Fonds, und es wurden Pläne geschmiedet zur Erfassung des vorliegenden Materials und seiner Sicherung durch Abschriften aus Stenogrammen in Maschinenschrift. Zugleich wurde der Gedanke gefaßt, Husserl zu einer Vortragsreise nach Prag einzuladen. Ich funktionierte als tschechischer Sekretär des Zirkels (der deutsche Sekretär war ein junger Pädagoge der philosophischen Fakultät, Dozent Kurt Grube) und nahm Husserls Einladung, ihn Weihnachten 1934 in Freiburg aufzusuchen, mit Begeisterung an.

Husserls Sorgen um das Schicksal seiner angestrengten wissenschaftlichen Arbeit waren alten Datums. Sie hingen wohl ursprünglich mit dem Überhandnehmen der Heideggerschen Richtung innerhalb der Phänomenologie zusammen. Dazu gesellten sich nach 1933 politisch bedingte Befürchtungen, die nur zu wohl begründet waren. Husserl ist in seinem Land ein „innerer Emigrant" geworden und konnte auf keine offene Unterstützung von Seiten der Öffentlichkeit rechnen. Der Prager Cercle, die Tschechoslowakei war unter diesen Umständen zwar kein sehr mächtiger Verbündeter, aber doch ein Lichtstrahl in diesem Dunkel, das hoffnungslos erschien. Eine große philosophische und auch menschliche Sendung als ständig belebenden Arbeitsimpuls empfinden und zugleich für diese Arbeit das Schicksal einer ins Meer geworfenen Flasche gewärtigen zu müssen, das war Jahre hindurch seine ständige Sorge. Man sah dies alles damals eher als abnorme Ausnahme, und der Gedanke lag noch fern, dies Schicksal könnte einmal, von der Größe der Sendung abgesehen, eine Vorwegnahme dessen sein, was für unabsehbare Zeit die Geistigen in einem großen Teil von Europa, ja indirekt in der ganzen Welt angehen wird – man empfand sich in relativer Sicherheit, Deutschland war damals noch isoliert und die moralische Schwäche der entscheidenden politischen Kreise Westeuropas – auch der unsrigen! – noch nicht so offen zu Tage getreten wie einige Jahre später. So glaubte man noch mit Grund, Hoffnungen hegen und Pläne schmieden zu können. In dieser Stimmung überhörte man gerne die Stimmen der Emigranten, welche von der ungeheuren Aufrüstung des Hitlerregimes Kunde brachten, wie mein Berliner Freund J. Klein, welcher auf dem Wege nach Amerika im

Jahre 1934 in Prag über die Geschichte der Algebra Vorträge hielt.

Die Verbindung Husserls zum alten Heimatlande war schwach, aber ein Motiv war da von starker Intensität: sein Verhältnis zu Masaryks Persönlichkeit. Während meines Weihnachtsaufenthaltes 1934 in Freiburg war oft von Masaryk die Rede. Husserl erinnerte sich gern an das in Leipzig gemeinsam verbrachte Studienjahr, an den gemeinsamen Verkehr bei den Göhrings, an die Leipziger philosophische Gesellschaft – auch daran, daß Masaryk es war, der ihn nach Wien zu Brentano wies. Husserl wußte, was Masaryk für das Brentano-Archiv tat und setzte offenbar gewisse Hoffnungen auf ihn. ,,Philosophisch bedeutet er nicht viel, aber als sittliche Persönlichkeit ist er einzigartig‘‘ – war seine Meinung. Auch erinnerte er sich daran, daß Brentano von Masaryk sagte, er sei unter seinen Schülern derjenige gewesen, der sich vor allem für praktische Folgen der philosophischen Doktrinen interessiert habe.

Am Heiligen Abend bekam ich von Husserl ein einzigartiges Geschenk. Auf den ersten Blick unscheinbar – ein hellbraunes Stück Holz – entpuppte es sich beim näheren Umgang als ein einfaches Lesepult, zum Aufstellen des Buches beim Studium. Es war das Lesepult, das Masaryk bei seiner Abreise aus Leipzig dem jungen Mathematiker, der sich für Philosophie interessierte, zurückließ und das dieser seit Ende der siebziger Jahre noch immer aufbewahrte – in treuem Andenken! Ich wurde so zum Erben einer großen ,,Tradition‘‘, welcher ich mich nie würdig genug empfand. Auch gab mir Husserl, nachdem er erfahren, daß ich nie zuvor Gelegenheit hatte, mit dem damaligen Staatspräsidenten zu sprechen, einen persönlichen Brief an ihn mit, um ihn bei ihm abzugeben – leider ohne Erfolg, denn bald im Jahre 1935 erkrankte Masaryk; der Brief wurde zwar auf Schloß Lana beim Sekretär abgegeben und ich da in allen Ehren als Überbringer empfangen, aber an einen Besuch war nicht mehr zu denken – ein Mißgeschick, das dann später auch Husserl selbst bei seinem Prager Besuch widerfuhr.

Eugen Fink war auch wieder da und es gab Gespräche im Stil des Vorjahres. Weihnachten war so mild, auf dem Schloßberg begannen die Forsythien zu blühen, man war versucht, den philosophischen Spaziergang bis in die Nähe von St. Ottilien fortzuset-

zen. Auch war Hans Lassner aus Wien da, welcher viele kleine
nette Aufnahmen von Husserl machte, die dann in Umlauf kamen. Husserls Reise nach Prag und Wien zu Vorträgen wurde damals beschlossen.

Im Mai sprach Husserl in Wien und im November in Prag auf
Einladung des Cercle – es war der Höhepunkt der Tätigkeit und
der Existenz des Cercle. Der große Denker kam hier, so wie zuvor
in Wien, auf eine brennende Gegenwartsproblematik zu sprechen,
aber noch tiefer und origineller, denn hier war zum ersten Mal alles auf das Problem der übersprungenen Lebenswelt aufgebaut:
Man sah hinter der trotz allen Erfolgen aufbrechenden Wissen-
schaftskrise die Vernunftkrise und die Menschheitskrise entstehen, man blickte auf eine jahrhundertelang sich vertiefende Krise
der Aufklärung, die nicht durch eine Abwendung von der Vernunft, sondern durch das Erklimmen einer noch ungeahnten Ver-
nunfts- und Wissenschaftsstufe zu überwinden war. Was für ein
Kontrast zu den Pariser Vorträgen, in denen eine Konzeption entwickelt wurde im reinen Empyreum des neu aufbauenden Gedankens, während hier eine Stimme zur Umkehr aufrief, welche
die Botschaft des Philosophen an die Menschheit brachte, die sich
in äußerster Gefahr befand. Husserl hielt einen Vortrag in der
deutschen Philosophischen Fakultät, einen in der tschechischen,
dazu kam noch eine Improvisation im Seminar von Utitz, eine
andere bei den Tschechen im Cercle Linguistique, wo Roman Jakobson der eigentliche Gastgeber war. Man konnte sich an die alte
Szene erinnern, wo es hieß ,,Feinde – aber über ihnen die Phänomenologie.'' Der Erfolg war wieder groß, der Eindruck von Husserls Person und der einsamen Energie seines Denkens großartig.
Nie früher und nie später hat unser Auditorium maximum ein
derartiges Ereignis gesehen, nie hat man bei uns solche Worte gehört, nie war man vom Geist der Philosophie so unmittelbar berührt worden.

Freunde der Husserlschen Philosophie kamen damals aus Wien
nach Prag, um Husserl zu hören und an der Sorge für den Denker
und sein Werk teilzunehmen. Fritz Kaufmann und Alfred Schütz
pflegten Aussprache mit Husserl und hegten sogar allzu ehrgeizige
Pläne für eine mögliche Übersiedlung. Die eigentliche Zeit für die
Arbeit an den Stenogrammen kam erst jetzt. Landgrebe ging
nach Freiburg, um mit Fink und Husserl zusammen eine Über-

sicht zu erstellen und Material nach Prag zu bringen. Auf seinen Schultern ruhte die größte Arbeitslast – auch später, als ,,Erfahrung und Urteil" zum Druck vorbereitet wurde. Der Cercle startete einen Zyklus von Vorträgen über das Wesen des Geistes, der, wie auch der erste Teil der ,,Krisis", in der Belgrader Emigrantenzeitschrift ,,Philosophia," von Arthur Liebert geleitet, erschien. Man bereitete sich schon frühzeitig auf ein gemeinsames Auftreten an dem für 1937 geplanten Congrès Descartes in Paris vor.

Doch lag zwischen ihm und uns damals noch das dunkle Jahr 1936 mit der Rheinlandbesetzung, dem Umschwung der politischen Lage als Folge der deutschen Wiederaufrüstung, dem spanischen Bürgerkrieg. Seitdem empfand man, wie die Spindel der Ananke sich im Gegensinn dreht. Im Lande herrschte die Krise und wuchs die politische Spannung. Doch hoffte man noch immer und arbeitete eifrig. Während seines Prager Aufenthaltes drängte mich Husserl zur Habilitation; die Schrift, welche Husserlsche Themen bearbeitete, besonders das Thema Lebenswelt, war 1936 fertig.[1] Auch die weiteren Etappen der Habilitation entwickelten sich 1937 normal.

Was nicht normal weiter ging, war das Leben des Cercle. Eines Tages verließen uns alle nicht-jüdischen und nicht jüdisch versippten Deutschen. Selbst der Vorstand mußte erneuert werden. Der Druck von außen auf die Republik äußerte sich sogar schon auf einem scheinbar so winzigen Feld.

Das Auftreten des Cercle in Paris war kein brillanter Erfolg, doch war es eigentlich ein erstes internationales Auftreten einer phänomenologisierenden Gruppe, ein erstes phänomenologisches Symposion. Ich ging von Paris mit seiner irgendwie ungewissen Atmosphäre, äußerlich durch die desorganisierte Weltausstellung gekennzeichnet, nach Freiburg, um Husserl zu sehen und ihm zu berichten. Ich ahnte noch nicht, daß mir das letzte Mal die Gelegenheit geboten wurde, ihn zu sprechen.

Schon vor dem Kongreß ereigneten sich düster stimmende Verluste: Masaryks Tod, Rádls Zusammenbruch. Nun fand ich aber auch Husserl, den Mann des Muts zur unerbittlichen Klarheit, nicht wenig düster gestimmt. Er wußte von der furchtbaren Un-

---

[1] In französischer Übersetzung 1976 bei Martinus Nijhoff erschienen unter dem Titel *Le monde naturel comme problème philosophique* (*Phaenomenologica* 68). *Anm. d. Hrsg.*

gunst der Lage und machte sich keine Illusionen – der tschechoslowakische Traum war für ihn ausgeträumt, das Lebenswerk
wieder einer vollkommenen Dunkelheit ausgeliefert, für das Land
selbst sah er keine Hoffnung. Er sprach freilich taktvoll und vorsichtig, aber es war ein ganz anderer Ton als man bei uns zu hören
gewöhnt war, diktiert von einem kühl abwägenden Verständnis
der Lage. Er sagte nichts voraus, gewiß nicht den schändlichen
Ausgang der Dinge, aber nach allen Eventualitäten sah es für die
philosophische Arbeit verzweifelt aus. Einstweilen blieb aber
nichts anderes übrig als fortzusetzen. Am letzten Tage meines
Aufenthaltes, als ich anrief, hörte ich von Frau Malvine, daß er im
Bade ausgerutscht sei und sich eine ernste Verletzung zugezogen
habe. Ich durfte nicht mehr zu dem verabredeten Besuch kommen. Es war derjenige Unfall, aus dem sich die verhängnisvolle
Rippenfellentzündung entwickelte, von der er sich nicht mehr er-
holte. – Auf dem Rückweg zur böhmischen Grenze sah man überall Militär, motorisierte Truppen in Menge. Es wurde ihm erspart,
den Anschluß Österreichs (und a fortiori die tschechoslowakische
Katastrophe) zu erleben.

Durch den Bericht von Schwester Adelgundis Jaegerschmidt
weiß man, wie schwer dieses Ende war – sowohl durch physischen
Schmerz als durch die Sorge um sein gefährdetes Lebenswerk.
Doch erzählte Eugen Fink, daß eines Tages eine Grenze erreicht
wurde, wo er sich ganz von dieser schwersten, weil geistigsten
Weltsorge abwandte und ganz zur anderen Seite schaute, und das
brachte Linderung. Vielleicht kann man vermuten, dies Frei-
werden für den Tod war eine Art Loslösung.

Eugen Fink sprach über seinem Grab die Worte des Abschieds.
Ich hatte damals für ein halbes Jahr die Herausgabe der tschechischen philosophischen Zeitschrift *Česká Mysl* zur Aufgabe und
konnte noch eine Übersetzung bringen. Auch hatte der Cercle
eine Gedenkfeier für den Meister der Phänomenologie veranstal-
tet, bei der Landgrebe und ich gesprochen haben. Der Verlag
Marcus aus Breslau übersiedelte damals gerade nach Prag und
wollte die Herausgabe der Schriften des Cercle übernehmen. Die
Broschüre mit den Gedenkreden war die erste Nummer der Pu-
blikationsreihe. Die zweite Nummer war Landgrebes Edition des
Textes ,,Erfahrung und Urteil''. Das Buch erschien kurz vor der
Okkupation Prags durch Hitlers Truppen und wurde dann gleich

bis auf wenige Exemplare beschlagnahmt und eingestampft. Nach dem Krieg konnte ich Landgrebe ein Exemplar für den Neudruck liefern.

Ich werde das Ende, die Auflösung des Cercle und die Einstellung seiner Tätigkeit hier nicht mehr schildern. Das ist ein anderes Kapitel: die Trennung von den Freunden, die Vereinsamung. Es seien aber diesem düsteren Bild doch hellere Töne aufgesetzt. Bald nach München erschien in Prag der Retter, mit dem niemand gerechnet hatte, mit dem Husserl selbst nie rechnen konnte, da er ihn nie gesehen hatte. Von diesem Mann kann ohne jede Übertreibung gesagt werden, daß er sein Leben der Sache Husserls gewidmet, ja geopfert hat: Herman Leo Van Breda. Er selbst hat erzählt, wie er Husserls Lebenswerk gerettet hat, aber er tat viel mehr als das: Er holte Fink und Landgrebe nach Löwen, organisierte die Arbeit des Husserl-Archivs, gewann neue und immer neue Mitarbeiter, machte Husserls Gedanken schon während des Krieges französischen und anderen Denkern zugänglich, bot Frau Malvine unter höchstem persönlichen Risiko während des ganzen Krieges Schutz – er rettete Husserl für die Nachkriegszeit und machte sein Werk der philosophischen Welt zugänglich. Auch unsere Sorgen hat er übernommen und ein Unternehmen zum Ziel geführt, dem wohl keine Institution ohne die ihm eigene Opferbereitschaft und Gewissenhaftigkeit gewachsen gewesen wäre; bei uns war nach dem Krieg die Lage für eine Husserl-Herausgabe nicht nur ungünstig, sondern einfach unmöglich.

PHILOSOPHISCHE ANTHROPOLOGIE – EINE EMPIRISCHE WISSENSCHAFT?

LUDWIG LANDGREBE (KÖLN)

An die Spitze dieser Erörterung, die in erster Linie der Explikation des Problems dienen soll und sich hinsichtlich der Möglichkeiten seiner Lösung auf einige kurze Andeutungen beschränken muß, sei ein Wort von Heidegger über die Anthropologie gestellt: „Was da in der Anthropologie als der somatischen, biologischen, psychologischen Betrachtung des Menschen, als Charakterologie, Psychoanalyse, Ethnologie, pädagogische Psychologie, Kulturmorphologie und Typologie der Weltanschauungen zusammenfließt, ist nicht nur inhaltlich unübersehbar, sondern vor allem nach Art der Darstellung und Form der Mitteilung und schließlich nach den leitenden Voraussetzungen *grundverschieden*. Sofern sich dieses alles und letztlich überhaupt das Ganze des Seienden in *irgendeiner Weise immer auf den Menschen* beziehen läßt und demgemäß zur Anthropologie gerechnet werden kann, wird diese so umfassend, daß ihre Idee zur *völligen Unbestimmtheit* herabsinkt. Anthropologie ist heute denn auch längst nicht mehr nur der Titel für eine Disziplin, sondern das Wort bezeichnet eine *Grundtendenz* der heutigen Stellung des Menschen zu sich selbst und im Ganzen des Seienden. Gemäß dieser Grundstellung ist etwas nur erkannt und verstanden, wenn es eine *anthropologische Erklärung* gefunden hat ...". Aber bei all dieser Ausbreitung des Wissens um den Menschen „wußte keine Zeit weniger, was der Mensch sei, als die heutige. Keiner Zeit ist der Mensch so fragwürdig geworden wie der unsrigen."[1]

---

[1] *Kant und das Problem der Metaphysik*, 1. Aufl. 1929, S. 199 ff.

Vor fast 40 Jahren niedergeschrieben trifft diese Charakteristik auch heute noch genau die vielfältigen Bemühungen um das „Wesen" des Menschen. Insbesondere in der deutschen Philosophie ist die philosophische Anthropologie diejenige Disziplin, die noch immer auf allgemeines Interesse rechnen kann. So groß ist das Bedürfnis des heutigen Menschen, sich irgendwie über sich selbst zu verständigen, so groß aber auch die Verlegenheit bezüglich des Weges, auf dem dies möglich ist. Die Frage nach dem „Menschenbild" und die Forderung eines „neuen Menschenbildes", das den geschichtlichen Erfahrungen der Epoche entspricht, wird immer aufs Neue gestellt. Das gilt auch dort, wo die Frage nach dem Menschen nicht unter dem Titel der Anthropologie einhergeht, wie insbesondere in den angelsächsischen Ländern, wo sie vorwiegend im Zusammenhang der Ethnologie erörtert wird. Auch dort gilt die Frage nach der Bestimmung des Menschen als Grundfrage. Überall ist verstanden, daß sie nicht als eine isolierte behandelt werden kann. Sie steht einerseits im Zusammenhang mit der Frage nach der Natur und der Stellung des Menschen in der Natur, andererseits mit der Frage nach der Gesellschaft und ihrer Geschichte. „So entfaltet sich Anthropologie zur einen Seite hin im Zusammenhang mit einer Theorie der Natur und zur anderen Seite hin im Zusammenhang mit einer Theorie der Gesellschaft und der Geschichte."[2] Darin zeigt sich die Einsicht, daß die Frage nach dem Menschen nicht isolierend bei ihm selbst stehen bleiben kann, sondern von sich aus in andere Fragedimensionen hineinverweist.

In all diesen Untersuchungen findet sich aber kaum ein Ansatz zur Reflexion auf dieses eigentümliche Verhältnis, so daß der Ort der Frage nach dem Menschen in Zusammenhang des Wißbaren und Erkennbaren in einer eigentümlichen Schwebe bleibt. Aber nicht nur der *Ort* der Frage bleibt unbestimmt, unbestimmt und nicht der Reflexion unterzogen bleibt auch ihre *Methode.* Man spricht nicht nur in der ausdrücklich als Anthropologie bezeichneten Fragerichtung, sondern auch in den meisten Disziplinen, die es mit der gesellschaftlich-geschichtlichen Wirklichkeit zu tun

---

[2] J. Habermas im Artikel „*Anthropologie*" im Band „*Philosophie*" des Fischer-Lexikons, S. 35, Fischer-Bücherei, Frankfurt/Main 1958. Dieser knappe und präzise Artikel bietet eine ausgezeichnete Orientierung über den heutigen Stand der Anthropologie.

haben, in einer Weise von *dem* Menschen, die auf unbedingte Allgemeinheit der Aussagen über ihn Anspruch macht. Das gilt auch dort, wo die Rede von seinem „Wesen" vorsichtig vermieden wird. Auf der anderen Seite aber gründen sich alle diese Aufstellungen über den Menschen auf eine vielseitige und reiche Fülle empirischer Beobachtungen und Experimente, die sich insbesondere auf seine Abgrenzung von „dem" Tier beziehen. Nicht mit Unrecht können diese Untersuchungen den Anspruch machen, daß sie uns in die Lage versetzt haben, die Abgrenzung zwischen Mensch und Tier in einer viel präziseren Weise zu vollziehen, als dies in der Tradition möglich war. Sie können beanspruchen, den Cartesianischen Dualismus von Körper und vernünftiger Seele überwunden zu haben und den Menschen schon von seinen untersten Anlagen und Funktionen aus als eine Einheit spezifischer Art zu begreifen. Man spricht daher von einer Wandlung des Bildes vom Menschen, die durch solche Erkenntnisse auf den verschiedensten Gebieten herbeigeführt wurde. Durch einen Fortschritt in der empirischen Erkenntnis soll sich also das „Bild" vom Menschen gewandelt haben. Sollte das aber der Fall sein, dann müßte doch offengelassen bleiben, daß es sich auch weiterhin wandeln wird. Könnte es sich dann in der Zukunft nicht so wandeln, daß vielleicht künftige Zeiten in dem, was *wir* als *den* Menschen denken, ihn gar nicht wiedererkennen würden, und umgekehrt, daß wir uns von dem, was er überhaupt in Zukunft sein und werden kann, gar keine Vorstellung machen könnten, weil dieser Fortschritt in seiner Erkenntnis noch aussteht und in der Zukunft offen ist? Und doch wird ganz unbefangen von *dem* Menschen gesprochen, als ob wir mit dem Begriff von ihm ein unbedingt Allgemeines ergreifen könnten, das jenseits dieses schon faktisch geschehenen und noch weiterhin zu erwartenden Wandels liegt, also ein *Wesen* des Menschen als ein standhaltendes, als Inbegriff von Konstanten in allem Wandel, mit dem vorweg, a priori der Bereich abgesteckt wäre, innerhalb dessen alle seine möglichen Wandlungen sich halten müssen. Die zumeist empiristisch und pragmatistisch ausgerichtete anthropologische Verhaltensforschung und Soziologie wird zwar einen solchen Anspruch nicht gern wahrhaben wollen, sondern geneigt sein, darauf hinzuweisen, daß es ihr gar nicht um solch Allgemeines, um ein „Wesen" ginge, sondern nur darum zu erkunden, was der Mensch oder jeweils bestimmte Menschengruppen bisher waren und heute sind. Aber solche Bescheidung hinsichtlich des Zieles dieser Forschungen widerlegt sich selbst; sind sie doch alle von der Sorge um das geleitet, was aus dem Menschen in der Zukunft werden mag, was wir uns als seine Zukunft vorzustellen haben, die zwar vielleicht nicht nur die Zukunft der jetzt Lebenden, sondern die unserer Nachfahren und kommenden Generationen ist. Um die Möglichkeit der Planung der Zukunft geht es ja letzten Endes in all diesen Fragen nach dem Menschen und der menschlichen Gesellschaft, und so ist die „Futurologie" der jüngste Sproß am Baume der Wissenschaft vom Menschen.

Die Problematik der heutigen philosophischen Anthropologie liegt also in diesem Widerspruch zwischen einem, wenn auch vielfach impliziten und verleugneten Anspruch auf unbedingte Allgemeinheit ihrer Aussagen, auf die Bestimmung des Wesens des Menschen als seiner a priori festliegenden Grundverfassung, und andererseits der Begründung ihrer Aufstellungen auf empirisch gewonnene Einsichten. Alle Empirie aber kann nur zu Aussagen von präsumptiver und niemals von unbedingt allgemeiner Gültigkeit führen, und doch ist das Gesuchte, auf das alle empirische Erforschung des Menschen gerichtet ist, eben das unbedingt Allgemeine. Der unmittelbar erlebte, existentielle Sachverhalt, daß sich der Mensch in keiner Zeit so fragwürdig geworden ist, wie in der unsrigen, hat also seinen getreuen Spiegel im ungeklärten Charakter der Fragen, die sich auf den Menschen beziehen, in dem Ausstehen der Reflexion sowohl auf den *Ort* dieser Fragen in ihrem Verhältnis zu all den Dimensionen, Natur, Geschichte, Gesellschaft, die in sie eingehen, wie auch auf die *Methode*, die zwischen einem beanspruchten Allgemeinwissen, einer Erkundung seines „Wesens" und einem empirischen Verfahren oszilliert.

Um diese Verlegenheit zu beheben, bedarf es zunächst einer kurzen Vergegenwärtigung der Geschichte der Frage nach dem Menschen. Sie wird nicht nur einen Einblick in Ursprung und Grund der Aporie der heutigen philosophischen Anthropologie vermitteln, sondern auch einen Hinweis auf die Richtung, in der ihre Auflösung zu suchen ist.

In dem ersten Versuch der systematischen Zusammenfassung und Aufgliederung des Wissens in der Geschichte der abendländischen Philosophie bei Aristoteles finden wir eine genaue Angabe des Ortes, an dem die Frage steht. Es sei nur in aller Kürze diese Ortsbestimmung angedeutet, die sich in ihrem Kern bei allen Abwandlungen durch die Geschichte der Philosophie bis zu Hegel hin durchgehalten hat. Die Themen, die heute in der philosophischen Anthropologie im weitesten Sinne behandelt werden, finden sich bei Aristoteles in De anima, in der Ethik, Rhethorik, Politik und Poetik. Dabei gehören die drei Bücher über die Seele zur zweiten Philosophie als ἐπιστήμη θεωρητική, die Ethik zur ἐπιστήμη πρακτική, die übrigen zu den „Fertigkeiten" (τέχναι). So ist der Mensch bei Aristoteles Thema sowohl einer theoretischen wie von praktischen Disziplinen. Alle Grundbestimmungen des Mensch-Seins werden in diesen Disziplinen nicht eigenständig gewonnen, sondern entwickelt einerseits in der Lehre von den unterschiedlichen Weisen, in denen das Sein ausgesagt wird, den Kategorien, andererseits in der Ersten Philosophie (der später sogen. Metaphysik), deren Thema die Frage nach der Grundverfassung des Seienden als solchen und seiner unterschiedlichen Weisen zu sein ist und die Frage nach den Gründen und Ursprüngen, denen gemäß alles Sein als Werdendes in seinem Werden als hingeordnet gedacht wird auf das in höchstem Maße Seiende (das θεῖον). Es ist also das für die Herleitung des Wesens des Menschen sowie jeglichen Seienden maßgebende Prinzip dies, daß es aus den allgemeinsten „metaphysischen" Grundbestimmungen gewonnen wird, zuoberst den in der ersten Philosophie erläuterten Begriffen der φύσις und ἐντελέχεια. In De anima ist also die Seele als allgemeines Prinzip alles Lebendigen, sowohl des Menschen, wie auch des sonstigen organischen Lebens begriffen als ἐντελέχεια einer bestimmten Gattung des Seienden. Die Frage nach dem Sein des Menschen ist also der Frage der Metaphysik nach den letzten Gründen alles Seins und Werdens untergeordnet und von ihrer Bestimmung geleitet. In dieser Ordnung der Disziplinen ist daher kein Platz für eine eigenständige Anthropologie. So ist es auch im Mittelalter geblieben. Die Frage nach der Seele gehört bei Thomas von Aquin, der wieder eine Gliederung der philosophischen Disziplinen ganz im Anschluß an Aristoteles entworfen hat, zur Philosophia theorica, Ethik und Politik zur Philosophia pratica. Es kann in diesem Überblick über die Topologie der philosophischen Themen von ihrer inhaltlichen Verwandlung abgesehen werden, davon etwa, daß dabei nach der anima vorzugsweise als der menschliche Seele gefragt und das Sein des Menschen als ens creatum im Zusammenhang des metaphysischen Verständnisses der Welt als von Gott geschaffener expliziert wird. Diese Gliederung ist im ganzen für die deutsche Schulphilosophie bis ins 18. Jahrhundert maßgebend geblieben. Bei Christian Wolff ist die „rationale Psychologie" als eine der drei Disziplinen der speziellen Metaphysik untergeordnet der allgemeinen Metaphysik oder Ontologie, deren Thema das ens quatenus ens ist. Daneben stehen wie bei Aristoteles die Erörterungen über den Menschen als sittliches und politisches, gesellschaftliches Wesen, die „praktisch" sind. In diesem Sinne werden bis heute in den westlichen Ländern diese Disziplinen den moral sciences zugeordnet. Damit war der Frage nach dem Menschen ihr systematischer Ort in einer großen Kontinuität der Tradition zugewiesen, und sie bedurfte daher keines eigenen Titels als Anthropologie.

Der Ausdruck „Anthropologie" ist zuerst bei dem Humanisten O. Casmann 1596 zu belegen[3], bei dem er eine ähnlich weite Bedeutung hat wie heute. In der Folgezeit tritt er eingeschränkt als Titel für die Lehre von den Menschenrassen und von der Abstammung des Menschen auf. Zum Problem wurde der Titel der Anthropologie aber erst durch Kants Umsturz der alten Metaphysik und ihrer Gliederung und seinen Entwurf ihrer Neubegründung als „praktisch-dogmatischer" Metaphysik. Sie machte eine Neubestimmung der Frage nach dem Menschen, ihres Ortes und ihrer Methode nötig. In seinem Alterswerk, der „Anthropologie in pragmatischer Hinsicht", das auf Vorlesungen zurückgeht, die er seit den 70er Jahren immer wieder gehalten hat, unterscheidet er Anthropologie in physiologischer und pragmatischer Hinsicht – eine Unterscheidung, die ungefähr der heutigen von naturwissenschaftlicher und philosophischer Anthropologie entspricht. Die erste ist Wissenschaft vom Menschen als Naturwesen, von dem „was die Natur aus dem Menschen macht", die letztere handelt davon, „was er als freihandelndes Wesen aus sich macht". Sie dient der „Weltkenntnis" und das heißt der Erkenntnis des „Menschen als Weltbürgers". Als solcher muß er sich auf die Welt verstehen. Sie steht also im Dienste der Orientierung des

---

[3] Vgl. M. Landmann, *Philosophische Anthropologie*, Sammlung Göschen, Bd. 156, 1964, S. 7.

Menschen als freihandelnden Wesens in der Welt und das sagt, im Dienste der Frage nach dem Verhalten, das dem Menschen als Weltbürger angemessen ist. So wird die Anthropologie in pragmatischer Hinsicht im Sinne der alten „praktischen" Disziplinen verstanden, in denen der Mensch als ethisches und gesellschaftlich-politisches Wesen das Thema war.

Auch für den Ort der Frage nach dem Menschen ist Kant ein Hinweis zu entnehmen, der für die Auflösung der Aporien der heutigen Anthropologie von Bedeutung sein wird. Über ihn spricht sich Kant in der Einleitung zu seiner Logikvorlesung aus[4]. Er unterscheidet dort (S. 23) den *Schulbegriff* der Philosophie als des „Systems der Vernunfterkenntnisse aus Begriffen", d.h. der Erkenntnisse, soweit sie a priori möglich sind, vom *Weltbegriff* der Philosophie als der „Wissenschaft von der höchsten Maxime des Gebrauches unserer Vernunft". In dieser Hinsicht ist sie „die Wissenschaft der Beziehung aller Erkenntnis und alles Vernunftgebrauches auf den Endzweck der menschlichen Vernunft" und das heißt auf das Höchste Gut. „Das Feld der Philosophie in dieser weltbürgerlichen Bedeutung läßt sich auf folgende Fragen bringen:

1. Was kann ich wissen?
2. Was soll ich tun?
3. Was darf ich hoffen?
4. Was ist der Mensch?

Die erste Frage beantwortet die *Metaphysik*, die zweite die *Moral*, die dritte die *Religion* und die vierte die *Anthropologie*. Im Grunde könnte man aber alles dieses zur Anthropologie rechnen, weil sich die drei ersten Fragen auf die letzte beziehen."[5]

Wenn Kant hier die erste Frage der Metaphysik zuordnet, so ist damit die Metaphysik im engeren Sinne verstanden, in dem sie das menschliche Erkenntnisvermögen und seine Grenzen zum Thema hat. Anderwärts spricht Kant aber auch von Metaphysik im weiteren Sinne als der Wissenschaft von den Prinzipien, in dem ihr Begriff mit dem oben genannten Weltbegriff der Philosophie überhaupt zusammenfällt.

In diesem Sinne bedeuten diese Erörterungen eine Reflexion

---

[4] Zit. nach der Paginierung der Originalausgabe von Jäsche, 1800.
[5] a.a.O., S. 24 f.

von weittragender Bedeutung auf das Verhältnis der drei Grundfragen der Metaphysik zur Frage nach dem Wesen des Menschen.
Damit ist das Grundproblem der philosophischen Anthropologie
– und das ist die Anthropologie in pragmatischer Hinsicht – ex-
plizit gestellt und eine Angabe über ihren Charakter gemacht.
Sie gehört zur Philosophie im Sinne ihres Weltbegriffs als der
Wissenschaft von den letzten Zwecken, ist also keine theoretische,
sondern eine praktische Wissenschaft. Aus ihr entnehmen wir,
was der Grund des Interesses ist, das der Mensch an den drei
Grundfragen der Metaphysik hat[6], und ohne dieses Interesse des
Menschen gäbe es keine Metaphysik; insofern ist er ihr Grund.
Das kann aber nicht heißen, daß die Wissenschaft vom Menschen
die Grunddisziplin der Philosophie ist, da doch vielmehr für Kant
die Metaphysik im weiteren Sinne die Wissenschaft von den
Prinzipien aller möglichen theoretischen und praktischen Fragen
und Erkenntnisse ist, auch derjenigen, die sich auf den Menschen
beziehen. So müßte also die Wissenschaft vom Menschen ihr
nachgeordnet sein. Kant hat sich freilich über dieses Verhältnis
hier nicht weiter ausgesprochen. Es steckt in ihm das Problem
des Anfangs der Philosophie, das dann den deutschen Idealismus,
insbesondere Hegel und Fichte in Atem hielt, in der Folgezeit
aber vergessen wurde. Sollte in diesem Vergessen einer der Gründe
der Aporien zu suchen sein, die sich heute bezüglich des Charakters der Anthropologie stellen?

Diese Vergegenwärtigung und Erläuterung von Kants Reflexionen auf die Anthropologie hat nicht die Bedeutung einer bloßen
historischen Reminiszenz. Durch sie wird vielmehr daran erinnert, daß zwischen den drei Grundfragen der Metaphysik und
dem grundlegenden Interesse des Menschen ein unlösbarer Zusammenhang besteht, aus dem sich das Verhältnis dieser Fragen
zueinander ergibt. Die erste bezieht sich auf die Grenzen unseres
Wissens vom Ganzen des Seienden, der Welt, so wie sie als Natur
schon immer vorgegeben ist, die zweite auf die Prinzipien des

---

[6] Sie sind nicht, wie Heidegger, *Kant und das Problem der Metaphysik*, S. 197,
meint, den drei Disziplinen der Metaphysik als Metaphysica specialis zugeordnet, denn
diese waren entworfen als Zweige der theoretischen Philosophie. Sie lassen sich auch
nicht einfach den drei Kritiken zuordnen; denn die dritte Frage, Was darf ich hoffen?
und das heißt die Frage nach dem Höchsten Gut, wird sowohl in der Methodenlehre
der *K.d.r.V.* wie in der *K.d.pr.V.*, *K.d.U.* und in der Religionsschrift behandelt. Im
Hintergrunde steht offenbar vielmehr der Gliederungsentwurf der Philosophie in
theoretische, praktische u. Theologie des Opus postumum.

menschlichen Handelns, das als Handeln aus Freiheit unter dem sittlichen Imperativ steht, die dritte auf die Frage, wie der Mensch als freihandelndes Wesen „in die Natur hineinpasse", auf die Verträglichkeit von Naturnotwendigkeit und Freiheit, auf die Hoffnung, daß es die Instanz gibt (das „Höchste Gut"), die diese Verträglichkeit gewährleistet; es ist die Hoffnung, durch sein Handeln der Glückseligkeit, des Ja-sagen-könnens zu dem Leben, das der Mensch *führt*, würdig werden zu können – eine Hoffnung, ohne die der Mensch als der er ist, nicht menschlich leben kann. Diese drei Fragen stehen in einem Verhältnis der Abhängigkeit zueinander. Der Mensch hat Interesse an der Welterkenntnis, um sich in seiner Welt orientieren zu können – und das schon vor aller ausdrücklichen philosophischen Besinnung. Er bedarf dieser Orientierung, um sich zu den Dingen, zu den gegebenen Naturbedingungen und zu den Menschen richtig verhalten zu können. Die Frage „Was kann ich wissen?" steht also im Dienste der Frage „Was soll ich tun?", und diese Frage ist ihm nötig, weil alles Handeln von der Vorstellung seiner möglichen Folgen geleitet ist. Dazu muß er die Gesetze kennen, denen gemäß etwas als Folge eines Handelns zu erwarten ist, und die Gesetze kennen heißt, eine Vorstellung von dem Grunde haben, aus dem der Verlauf der Welt so ist, wie er ist. Mit jenen Andeutungen Kants ist also nur ein Verhältnis, das schon immer besteht, ausdrücklich in das reflektierende Bewußtsein erhoben. Schon immer und vor aller Philosophie hält sich der Mensch in einem gewissen, keineswegs immer expliziten Verständnis der Welt und ihres Grundes. Er fragt nach ihr, um sich handelnd richtig verhalten zu können; da aber alles Handeln von dem Hinblick auf Zwecke geleitet ist und einer Abwägung der Rangordnung der Zwecke bedarf, bedarf er eines Einblicks in das „Reich der Zwecke" in ihrer Hinordnung auf einen höchsten Zweck, das „Höchste Gut". Kann es nach Kant auch nicht mehr Gegenstand einer theoretischen Erkenntnisgewißheit sein, so doch einer praktischen Gewißheit als einer hoffenden Zuversicht, und das heißt als ein solches, das niemals Gegenstand seiner Erkenntnisgewißheit und praktischen Verfügungsgewalt werden kann.

Was folgt aus dieser Erläuterung von Kants Reflexionen für die Frage der Anthropologie nach dem Menschen? Sie hat „pragmatischen" Charakter, weil sie von der Frage nach dem höchsten

Interesse des Menschen ausgeht. Aus diesem Grunde hat die Tradition entscheidende Dimensionen der Frage nach dem Menschen immer den praktischen Disziplinen zugewiesen. Es ist zugleich damit ein Einblick in den Grund vermittelt, aus dem die Frage nach dem Menschen niemals in sich selbst gegründet bleiben und bei ihm selbst in Isolierung verharren kann, sondern über ihn hinausgreift und sich artikuliert in den drei Grundfragen der Metaphysik. In dem gewissen und zunächst und langehin gar nicht ausdrücklich artikulierten und nicht auf Begriffe gebrachten Verständnis, das der Mensch schon immer von sich hat, sofern er überhaupt das in seiner Welt handelnde und sich Ziele setzende Wesen ist, ist schon immer impliziert ein gewisses, zunächst ebensowenig ausdrücklich gewordenes Verständnis seiner Welt und ihres Grundes, aus dem sie ist, so wie er sie erfährt. Die philosophische „Aufklärung" mag ihn dann darüber zu belehren suchen, daß dieses Verständnis etwa ein magisches oder mythologisches war und der begrifflichen Erkenntnis nicht standhält. Aber es hat ihn zuvor schon immer in seinem Verhalten und der Führung seines Lebens geleitet. Die Frage nach dem Menschen kann also auf keinen Grund kommen, wenn sie meint, diese Implikationen übergehen zu können, die in seinem Verständnis seiner selbst enthalten sind, das sie in Erfahrung zu bringen und auszulegen sucht.

Wie konnte die moderne Anthropologie meinen, diesen Zusammenhang der Frage nach dem Menschen mit den Grundfragen der Metaphysik außer acht lassen zu können und sich nicht der Notwendigkeit einer Reflexion auf den Ort ihrer Fragen bewußt werden, wenn es sich dabei um ein Grundverhältnis handeln soll, in dem sich der Mensch schon immer findet, und das so verhältnismäßig einfach in den Blick der Reflexion zu bringen ist? Für den Deutschen Idealismus war dieser systematische Bezug der philosophischen Fragen aufeinander noch selbstverständlich. Er wird in Hegels Philosophie, in der sich die Metaphysik in ihrer innersten Tendenz vollendet hat, in einer aufs äußerste zugespitzten Weise als begriffliches und für das spekulative Denken begreifbares Verhältnis formuliert. Im Schlußabschnitt der Logik, die den ersten Teil der Enzyklopädie bildet, wird vom Absoluten, dem Grund und der Wahrheit alles Seins, als der „allgemeinen und einen Idee" gesprochen, „welche als urteilend sich zum System der bestimmten Ideen besondert, die aber nur dies sind, in die eine Idee, in ihre Wahrheit zurückzukehren".[7] Das System ist daher die Darstellung aller besonderen Ideen, dessen also, was das besondere und nach Arten und Gattungen unterschiedene Seiende in seinem Wesen bestimmen läßt, in ihrem Hervorgang aus der absoluten Idee als dem absolut Allgemeinen. So ist danach das Wesen des Menschen erkennbar und Aussagen von unbedingter Allgemeinheit darüber möglich, wenn es als Besonderung der absoluten Idee als des absolut Allgemeinen im absoluten spekulativen Wissen begriffen ist. Alle Fragen nach dem Menschen und der menschlichen Gesellschaft bekommen dadurch ihren bestimmten Ort im System alles Erkennbaren überhaupt. Abgesehen aber von diesem Bezug läßt sich über *den* Menschen, wie über jegliches Besondere keine unbedingt allgemeine und in diesem Sinne aller Erfahrung vorausgehende, „apriorische" Aussage machen. Voraussetzung ist dabei, daß das Absolute als das Ganze, in dem alles Einzelne seine Besonderung ist, für das Begreifen des spekulativen Denkens offen liegt. Es muß ihm offen liegen, weil es das Ganze ist, in dem wir uns schon immer befinden, und das daher als solches der Auslegung fähig ist. Damit wird von Hegel daran erinnert, daß alle Aussagen über die Besonderungen des Seienden, seine Arten und Gattungen, die Anspruch auf unbedingte Allgemeinheit machen und in diesem Sinne Wesensaussagen sein wollen, nur im Hinblick auf einen absoluten Bezugspunkt möglich sind. Daraus folgt aber, daß die Unterscheidung von Erkenntnissen a priori und a posteriori (aus Erfahrung) ihren Sinn nur hat auf dem Boden des metaphysischen Denkens, insofern als dieses geleitet ist von der Überzeugung, daß der Grund alles Seins dem Menschen, sei es in theoretischer Erkenntnis, sei es in einer praktischen Gewißheit offenbar sein muß; denn nur im Hinblick auf diese Absolute ist apriorische Erkenntnis, der Vorentwurf der Ordnung alles Seienden nach „Regionen" mit ihren sie umreißenden Wesensbegriffen und ihre Unterscheidung von empirischen Begriffen möglich.

Im Junghegelianismus zerfiel freilich im Gefolge von Feuerbachs Kritik diese Zuversicht der spekulativen Philosophie: Der Gedanke des Absoluten ist nur ein menschlicher Gedanke, in dem der Mensch das, was ein Gegenstand seines Bedürfnisses ist, hin-

---

[7] § 213 WW, VII, S. 385.

ausprojiziert, zum Absoluten, zu Gott hypostasiert. Der Mensch
verstanden als Menschheit ist selbst das Absolute, und die Wissenschaft vom Menschen, die Anthropologie, diejenige Disziplin,
die an die Stelle der Metaphysik treten muß. Freilich hat damit
Feuerbach nur ein Absolutes durch ein anderes, ein letztes Allgemeines ersetzt und ist damit selbst insofern auf dem Boden der
Metaphysik geblieben, als er die Bekanntschaft mit einem Allgemeinen voraussetzte, im Hinblick auf das alles Besondere erst
zum erkennbaren wird. Karl Marx hat dies klar erkannt und
wendete daher gegen ihn ein, daß er den aussichtslosen Versuch
gemacht hätte, die Philosophie auf dem Boden der Philosophie
zu überwinden. Feuerbach hat damit das Problem des Ortes der
Frage nach dem Menschen, das bei Kant in Schwebe geblieben
war, sozusagen durch einen Gewaltstreich gelöst und damit dazu
beigetragen, daß das Problem der Fundierungsordnung der philosophischen Fragen und ihres Verhältnisses zueinander und damit
das Problem des Anfangs der Philosophie aus dem Blick geriet.
    Die folgende Epoche hat sich nicht zu seinem Gewaltstreich
bekannt, aber von Kants Kritik der alten Metaphysik und von
der Kritik der Junghegelianer nur dies aufgenommen, daß eine
Metaphysik nicht mehr möglich wäre. Sie strebte nach einem rein
immanenten Verständnis des Menschen und seines gesellschaftlichen Wesens unter Ausschaltung aller „metaphysischen" Fragen. Dieses Programm einer rein immanenten Analyse des Menschen und der menschlich-geschichtlichen Welt hat bereits im
Ausgang des 19. Jahrhunderts Dilthey entwickelt, und die moderne Anthropologie suchte ihm treu zu bleiben. Sie will philosophische Wissenschaft vom Menschen sein, aber eine solche, die
sich von allen metaphysischen Voraussetzungen freigemacht hat.
Daß ein solches Programm als heuristisches Prinzip im einzelnen
und zur Kritik anderer Theorien sehr fruchtbar sein kann, aber
doch im ganzen mißlingen muß, dafür ist exemplarisch der „an-
thropo-biologische" Entwurf A. Gehlens. Er besteht „allein in der
Frage nach den *Existenzbedingungen* des Menschen"[8]. Alle spezifisch menschlichen Funktionen, die niederen und die höheren,
sollen als die *Lebensnotwendigkeiten* (S. 19) eines so ausgestatteten
Wesens, und das heißt als die Bedingungen seiner Daseinserhal-

---

[8] *Der Mensch*, 5. u. folgende Auflagen, S. 16.

tung abgeleitet werden. Der leitende Gesichtspunkt ist also das Leben eines spezifisch ausgestatteten Lebewesens, die Faktizität seines Daseins, dessen Erhaltung auf seine Wesensbedingungen hin gefragt wird. Auch das Bewußtsein kann daher ausschließlich als das notwendige Werkzeug eines so ausgestatteten Wesens für seine Selbsterhaltung verstanden werden. Es ist wesentlich nicht darauf angelegt, über diesen Prozeß hinauszufragen (S. 57). Damit ist aber ein höchstes Allgemeines, das „Leben" und sein Selbsterhaltungsstreben als der Bezugspunkt angesetzt, im Hinblick auf den Aussagen über den Menschen gemacht werden können, die Anspruch auf unbedingte, überempirische Allgemeinheit machen, ohne daß über das Recht solcher Inanspruchnahme Rechenschaft abgelegt, ja die Möglichkeit einer solchen ausdrücklich geleugnet wird. In diesem Sinne ist Gehlens Programm einer Befreiung von allen metaphysischen Voraussetzungen schon im Ansatz mißlungen. Sie haben sich vorweg in der Aufstellung seines obersten Gesichtspunktes in das Programm eingeschlichen, so daß dieser Entwurf die Metaphysik in einer Art negativen Gegenbildes in sich enthält. Gerade in der Ehrlichkeit und Konsequenz, mit der Gehlen sein Prinzip festhält und dieses Festhalten zu begründen sucht, wird das Scheitern eines solchen Versuches, von allen metaphysischen Voraussetzungen frei vom Menschen handeln und ihn in seiner Immanenz verstehen zu können, offenkundig.

Im übrigen hat die moderne Anthropologie ihre Karten nicht so offen auf den Tisch gelegt. Sie teilt mit Gehlen das Bestreben nach einer von allen metaphysischen Voraussetzungen freien Untersuchung. Aber sie vermeidet es zumeist, das Prinzip anzugeben, aufgrund dessen die Ergebnisse ihrer empirischen und experimentellen Untersuchungen zu Erkenntnissen von unbedingter Allgemeinheit bezüglich *des* Menschen führen können. Wenn aber, wie gezeigt, die Unterscheidung von apriorischen und empirischen Erkenntnissen ihren Sinn nur gewinnt im Zusammenhang des metaphysischen Denkens, dann ist die Anthropologie, die sich freimachen wollte von metaphysischen Voraussetzungen, nur konsequent, wenn sie die Frage nach dem Allgemeinheitscharakter ihrer Aussagen auf sich beruhen läßt. Und doch kann sie nicht auf sich beruhen bleiben, denn, wie gezeigt, ist die Frage nach dem Menschen von der Sorge geleitet, was aus ihm in Zukunft werden mag. Sie will zur Antwort auf die Frage beitragen „Was darf ich hoffen?". So kann sie sich nicht darauf beschränken zu erkunden, was der Mensch bisher war, sondern fragt darüber hinaus danach, was er überhaupt sein und in Zukunft werden kann. Aber wenn dieses „überhaupt" nicht mehr metaphysisch durch ein apriorisches Vorherwissen begründet werden kann, wie sollen wir dann seiner gewiß werden, und wie ist der Anspruch auf ein „überhaupt" mit der Tatsache verträglich, daß wesentliche neue Einsichten in das Spezifische des Menschseins auf dem Wege empirischer Forschung zugänglich wurden? Diese Frage betrifft also die Methode der Anthropologie. Wie kann sie aber beantwortet werden, wenn die Methode als die diesem spezifischen Seienden gemäße Zugangsweise nicht mehr geleitet sein soll von dem Vorblick auf sein Wesen, das als solches nur bestimmbar ist in seiner Unterscheidung von dem Wesen der anderen „Regionen" des Seienden? Wenn ferner solche Wesensunterscheidungen als der apriorische Umriß der Ordnung des Seienden im Ganzen den metaphysischen Hinblick auf ein absolut Allgemeines voraussetzt, von dem alle bestimmten Wesen die Besonderungen sind, dann scheint sowohl der *Ort* der Frage nach dem Menschen wie auch die ihr angemessene *Methode* überhaupt nicht mehr bestimmbar zu sein.

Für den Weg zur Auflösung dieser Aporie ist davon auszugehen, daß es keine Universalmethoden gibt – Forderung und Entwurf einer Universalmethode sind selbst nur unter metaphysischen Voraussetzungen möglich gewesen, was sich an den Systemen des Rationalismus leicht zeigen läßt, sondern daß die Methode der jeweils befragten Sache angemessen sein und von ihr her ihre Anweisungen erhalten muß, und das heißt von der Weise, wie sie uns als gegebene irgendwie schon immer im voraus bekannt ist. Was ist aber die hier in Frage stehende Sache und welche ist die Art ihres Vorausbekanntseins, auf der der Entwurf der Methode beruhen muß? Wir sagen „der Mensch" und meinen damit nicht eine beliebige Wesensgattung von Gegenständen der Erkenntnis, sondern wir zählen zu diesem Allgemeinen „der Mensch" und „die Menschheit" uns selbst, so daß die Fragenden und das Befragte dasselbe sind. Damit ist das Vorausbekanntsein der befragten „Sache" gewährleistet, im Hinblick auf das sich die Methode des Fragens bestimmen lassen muß. In dieser Rückbezogenheit auf uns selbst ist der von Kant „pragmatisch" genannte Charakter der Frage nach dem Menschen begründet. Die Grundfrage der Anthropologie ist daher, wie sich schon zeigte, nicht eine theoretische, sondern das Interesse, von dem sie geleitet ist, ist die Beantwortung der Frage, „Was soll ich tun?". Aber was besagt das „uns", wenn wir von der Rückbeziehung der Frage auf uns selbst sprechen? Ein „wir" fragt nicht, sondern jeweils einer, der fragt, etwa „Ich selbst", der die Anderen nötigen will, eine solche Frage mit- und nachzuvollziehen oder ihnen klarmachen will, daß es *die* Frage ist, die sie implizit schon immer gestellt und in der Führung ihres Lebens irgendwie beantwortet haben. Er findet sich dabei vor als „ein Ich", das sich in der Rede an die Anderen wendet, von denen es ihm gewiß ist, daß sie sich auch jeweils als „ein Ich" wissen. Er weiß sich mit ihnen in einer gemeinsamen Welt, die er als *seine*, aber auch als die für die Anderen, als jeweils *ihre* versteht. Aber die Rede von *einem* Ich ist eine gewaltsame, die sich darüber hinwegsetzt, daß dieses Personalpronomen in der ersten Person des Singulars eben nicht ein Allgemeines, sondern dieses jeweils *Eigene* dessen bezeichnet, der spricht, so daß seine Bedeutung den Plural ausschließt. Andererseits hat sich der, der von sich in der Ich-Rede spricht, damit als dieser Einzelne schon von den anderen Einzelnen unterschieden – eine Unterscheidungsfähigkeit, die nicht selbstverständlich ist, sondern in der kindlichen Sprachentwicklung erst verhältnismäßig spät erworben wird. So kann ich nur von mir als *einem* Ich sprechen, sofern ich mich als ein Ich für die Anderen weiß. Wenn ich also von mir als *einem* Ich spreche, so spreche ich von mir so, wie ich für die Anderen bin, und nicht so, wie ich für mich selbst bin. Dieser unmittelbare Bezug auf mich selbst, dieses Verhältnis meiner zu mir selbst, ist also in seiner Reinheit unaussprechlich: Individuum est ineffabile. Dieses Verhältnis zu mir selbst, das mich überhaupt erst von mir als Ich sprechen läßt, artikuliert sich in der Reflexion, die als solche dieses unaustauschbar Eigene als den Grund ihrer Möglichkeit voraussetzt. Daß es die Fähigkeit zur „Triebhemmung" ist, die erst den Raum für ein Vorstellungsleben und damit für die Reflexion freigibt (Gehlen), soll damit nicht bestritten sein. Aber die Tatsache dieser Fähigkeit läßt sich nicht aus den Existenzbedingungen eines so ausgestatteten Lebewesens ableiten. Der unaussprechliche Grund dieser Fähigkeiten,

dieses jeweils unaustauschbar Einzige, widersetzt sich der Ableitung aus einem in Anspruch genommenen unbedingt-Allgemei-
nen, dem ,,Leben'' und seinem Streben nach Selbsterhaltung. So
wichtig der Hinweis auf den Zusammenhang von Triebhemmung
und Reflexion ist, sie ist nicht daraus abgeleitet und erklärt. Sie
setzt den Kern eines absolut Eigenen voraus, ein Zentrum von
Spontaneität, das in Kants ,,Ich denke'' nur sehr einseitig begriffen ist. Es ist in sich selbst unaussprechbarer Grund der Reflexion und der Sprache, in der sie sich artikuliert, sowie des
Bewußtseins von mir selbst, das ich in dieser Artikulation gewinne. Die Reflexion ist die Zurückwendung auf mich, so wie ich
jeweils in dieser Artikulation um mich weiß. Sie führt auf diese
Singularität, die aber nicht die Singularität eines Solus ipse ist,
weil sie, um sich als Einzelnes zu erfahren und auszusprechen,
schon die Anderen erfahren haben muß und die ihm mit ihnen
gemeinsame Welt, um sich von ihnen unterscheiden zu können.

Diesen innersten Kern in mir, der überhaupt erst Reflexion und
ein Mich-wissen als Ich ermöglicht, nennt Husserl transzendentale Subjektivität, und die Aufklärung der Funktionen, aufgrund
deren jeweils ich eine Welt für mich *und* die Anderen habe, eine
gemeinsame Welt, ist das Thema der transzendentale Phänomenologie. Sie ist nicht mit dem Subjekt, dem sum cogitans des
Descartes gleichzusetzen. Er hat zwar richtig gesehen, daß es in
einer unmittelbaren intuitiven Gewißheit sich selbst gegeben ist,
aber nicht auszulegen vermocht, was in dieser unmittelbaren
Gewißheit impliziert ist. Die Weise, wie ich mir gegeben bin, ist
die der ihrer unmittelbar gewissen *Selbsterfahrung*, und ihre Auslegung zeigt, daß sie die Anderen und die Welt als die gemeinsame
in sich enthält. In diesem Sinne sagt Husserl: ,,Ich trage die
Anderen in mir'', das sagt aber nicht nur als meine Phänomene,
sondern dieses In-mir-tragen wird erfahren als ein wechselseitiges.
Ich kann sie nur in mir tragen, weil ich sie erfahre als die, die
ihrerseits mich in sich tragen. Daher ist ,,das transzendentale Ich
undeklinierbar und nur durch Äquivokation ein Ich zu nennen''[9].
Daher ist auch die Welt ,,nicht seiend wie ein Seiendes ...,
sondern seiend in einer Einzigkeit, für die der Plural sinnlos ist,
jeder Plural und aus ihm herausgehobene Singular setzt den Welt-

---

[9] *Husserliana*, Bd. VI, S. 188.

horizont voraus"[10]. Die Singularität des „Ich" und die Einzigkeit der Welt stehen in einer untrennbaren Korrelation zueinander.

Es sei versucht, diese Gedanken Husserls noch ein Stück weiter
auf das hin zu bedenken, was sich aus ihnen für die Aporien hinsichtlich des Ortes und der Methode der anthropologischen Frage
nach dem Menschen ergeben kann. Gefragt war nach der Quelle
desjenigen Vorausbekanntseins des Befragten, aus der sich erst
Ort und Methode der Frage ergeben können. Aporetisch war, wie
sich der Anspruch auf unbedingte Allgemeinheit der Aussagen
über den Menschen mit ihrer Begründung auf empirische Forschung vertrage. Nun zeigte sich: Die Selbsterfahrung, die ich
jeweils schon von mir habe, ist die Quelle des Vorausbekanntseins
des Befragten. Hinter sie kann nicht weiter zurückgegangen werden. In diesem Sinne spricht Husserl von „absoluter Erfahrung".
Das „Subjekt" dieser Erfahrung bin ich, der jeweils als dieser
Einzelne existierende. Von dem Menschen im allgemeinen sprechen wir, sofern sie „unseresgleichen" sind, aber das „Unseresgleichen" setzt ein Meinesgleichen voraus und damit ein „mich";
nicht erst durch Vergleichung gewinne ich als dieser Einzelne die
Anderen. Ich kann sie nur vergleichen, weil ich sie schon in meiner
Selbsterfahrung „in mir trage". Die Frage nach dem systematischen Ort des „Gegenstandes" der Anthropologie ist daher falsch
gestellt, wenn er aus einem absolut Allgemeinen „außer mir"
metaphysisch abgeleitet wird. Als dieser jeweils Einzelne bin ich
„undeklinierbar" in einer Einzigkeit, die vor der Unterscheidung
von Singular und Plural liegt. Daher hat die philosophische Frage
nach dem Menschen nicht ein Seiendes einer spezifischen Region
von Seiendem zu ihrem Thema, nicht seine Gattungs- und Wesensallgemeinheit, sondern dieses, was jeweils als ein „Ich-selbst"
existiert. Das Gefragte ist nicht ein allgemeines Was, ein Wesen,
sondern der, der fragt in seinem jeweils eigenen Dasein. In dem
Verhältnis, das er zu sich selbst hat, liegt der Grund der Möglichkeit des Unterscheidenkönnens von a priori Allgemeinem und
Empirisch-Besonderem. Das Vorausbekannte, auf das zurückzugehen ist, um Aussagen von unbedingter Allgemeinheit machen
zu können, ist nicht ein Apriori als ein unbedingt Allgemeines,

[10] a.a.O., Bd. VI, S. 146.

sondern eben diese Singularität, die sich selbst jeweils „absolut erfährt" und in ihrem Geschick zwischen Geburt und Tod ihr Leben zu führen hat. Sie ist sozusagen absolute Allgemeinheit, die aber nicht die Allgemeinheit des Begriffs ist, sondern die Unaufhebbarkeit des Begreifenden selbst, der in seinem Begreifenkönnen *ist*.

Dieses Dasein des jeweils Einzelnen in seinem Verhältnis zu den Anderen ist der Ort aller möglichen Orte von Fragen. Es organisiert in solcher Gemeinschaft in jeweils historisch wechselnder Weise seine gemeinschaftliche Welt um sich, sucht sie in ein Bild zu bringen und sich selbst ein Bild von sich zu machen, hinsichtlich der Stellung, die es in ihr hat. Und nur soweit dieses Wechselverhältnis reicht, dieses Stehen-können in sprachlicher Kommunikation, durch das erst die Unterscheidung von Ich und Du und alle anderen Unterscheidungen und Ordnungen des Seienden nach Allgemeinem und Besonderem möglich werden, sprechen wir von unseresgleichen und damit von *dem* Menschen im allgemeinen. Die Allgemeinheit ist unbedingt, weil ihr in der Möglichkeit des kommunikativen Wechselbezuges eine unübersteigliche Grenze gesetzt ist. Aber das Wissen um ihre Bestimmtheit kann und muß durch Erfahrung bereichert und gewandelt werden, weil seine Möglichkeit selbst auf absoluter Erfahrung je eines Ich-selbst im Verhältnis zu Anderen beruht. Weil aber der innerste Kern dieses Selbst unaussprechlich ist, kann das Allgemeine nicht in ein Bild und auf einen Wesensbegriff als die Konstante in allem Wandel gebracht werden.

Die Methode des Fragens, sagten wir, muß ihre Leitung sich von der befragten Sache her vorgeben lassen. Sie ist uns im voraus bekannt, obzwar noch nicht expliziert, weil jeweils ich selbst es bin. Diese Rückbeziehung schreibt der Explikation die Methode vor. Aber sie ermöglicht kein System, weil sie von jedem Einzelnen immer neu geschieht, und zwar als Antwort auf absolute Erfahrung, als die durch sie geforderte Stellungnahme zu seiner Welt, in welcher Stellungnahme die jeweilige Welt sich wandelt, gegebene Umwelt zu einer neuen hin überschritten wird. Solches Überschreiten kann nur in einem eingeschränkten Sinne als seine „Leistung" verstanden werden. Der sie vollbringt, ist jeweils ein „Ich-selbst" als „Subjekt" absoluter Erfahrung, und in diesem Sinne kann Husserls Rede von der absoluten Subjektivität verstanden werden. Als Subjekt absoluter Erfahrung ist est dem ausgesetzt, was ihm zur Erfahrung gegeben ist. Indem im „Ichselbst" ein Verhältnis meiner zu mir selbst ausgedrückt ist, ist es ein Verhältnis, das in sich zugleich Verhältnis zu dem ist, was mir widerfährt, und was als Widerfahrendes nicht seinen Grund in mir selbst hat. Daher weist die Erfahrung des Menschen von sich selbst über ihn hinaus, und der Bezug auf dieses Darüberhinaus ist schon in seiner Erfahrung von sich selbst impliziert. In dieser Implikation liegt der Grund der Möglichkeit und der Notwendigkeit der Frage nach dem letzten „Grunde" alles Seins und die Notwendigkeit, sich immer schon irgendwie über ihn Rechenschaft abgelegt zu haben.

Wenn aber dieser Sachverhalt das ist, was es uns gestattet, von uns und unseresgleichen überhaupt als von *den* Menschen zu sprechen, so ist damit die Art der Voraus-Bekanntheit dessen gekennzeichnet, was Thema der Anthropologie ist, und zugleich der Grund der Nötigung zu dem Versuch verstanden, das, was wir sind, und das, wovon wir abhängen, auf einen Begriff und in ein Bild zu bringen. Aber wenn das, als was jeweils einer als „Ich" sich weiß, in demjenigen Kern, der ihn als „Ich" sich wissen läßt, und das heißt als „Subjekt absoluter Erfahrung", in diesem jeweils Innersten eigentlich unaussprechlich ist, und wenn es in diesem seinen Sein konstituiert ist durch den „Grund" seiner Erfahrung als dem, der ihm Erfahrung gibt, so ist auch dieser Grund im eigentlichen Sinne unaussprechlich und nötigt dazu, alle Bilder und Begriffe, die sich jeder von ihm macht, immer wieder zu überschreiten und zu zerstören. Er ist daher ebenso „undeklinabel" wie der, der ihn als Grund erfährt, und das heißt jenseits der Alternative von Allgemeinheit und Besonderheit. Er kann daher nicht im Sinne der Metaphysik als das absolut Allgemeine verstanden werden.

Die Allgemeinheit des Menschen ist also im letzten Grunde die Allgemeinheit eines Unaussprechlichen. Versucht man sie festzustellen, auf ein Bild und einen Begriff zu bringen, so will man den Menschen festlegen auf das, was er gewesen ist und bisher war, auf eine der Auslegungen von sich selbst und seiner Welt, die ihn in der Geschichte leiteten. Mit diesem Festlegen will man den Menschen in den Griff bekommen. Aber dieser innerste Kern im Menschen widersetzt sich jeder Planung der Zukunft, die, wäre

sie der Planbarkeit restlos unterworfen, nur eine verlängerte
Gegenwart wäre, ein Stillstand der Geschichte. Dieser innerste
Kern im Menschen, im Hinblick auf den er als ein freier gedacht
werden muß, wenn er überhaupt ein Unseresgleichen sein soll, ist
es, der den Menschen immer wieder aus den gewordenen und gegebenen erstarrten Ordnungen ausbrechen läßt in der Richtung
auf ein in seiner Erfahrung geahntes und gehofftes Neues. So erweist sich die Forderung nach einem Menschenbild als eine ideologische, eine Festlegung, die das durch absolute Erfahrung von
ihm jeweils Geforderte nach Maßstäben der Vergangenheit bewältigen will und es daher verfehlt. Woher aber der Maßstab, der
Ideologie und Wahrheit unterscheiden läßt? Gerade aus der Bild-
losigkeit und Unaussprechbarkeit dessen, was ein jeder unseresgleichen in seinem Kerne ist, Subjekt absoluter Erfahrung, von
der er gestellt ist und der er sich zu stellen hat, die in ihrer Reinheit unaussprechlich ist, aber ihre Wahrheit im Gelebtwerden
und seiner Verantwortung erweist.

„WAS IST DER MENSCH?"

GERHART SCHMIDT (BONN)

Was der Mensch sei, ist eine offene Frage, eine Frage, deren Offenheit eine bereits unübersehbare Menge anthropologischen Schrifttums nicht zu schließen vermag. Die Absicht der vorliegenden Untersuchung liegt nicht darin, eine neue Antwort zu suchen oder eine alte der Vergessenheit zu entreißen, sondern Sinn und Struktur der Frage selbst aufzuhellen.

Die Frage als philosophische Frage erkannt und herausgestellt zu haben, war das Verdienst Kants. Gewiß hat die Frage in Randgebieten der neuzeitlichen Philosophie eine Rolle gespielt, bei Montaigne und Charron, bei Pascal und A. Pope. Lessing hat sie in seinem Fragment „Die Religion" wörtlich formuliert. Dies ändert nichts daran, daß erst Kant den streng philosophischen Rang der Frage nach dem Menschen festgestellt hat. Die Frage erwies sich nicht als Schulproblem, sondern als Grundfrage der Philosophie. In der Einleitung der Vorlesungen über Logik (nach dem von Jäsche besorgten, von Kant gutgeheißenen Text) entwickelte Kant in knappster Form den Aufriß seines Systems: „Das Feld der Philosophie in dieser weltbürgerlichen d.i. nicht schulmäßigen Bedeutung läßt sich auf folgende Fragen bringen: 1) *Was kann ich wissen?* 2) *Was soll ich tun?* 3) *Was darf ich hoffen?* 4) *Was ist der Mensch?* Die erste Frage beantwortet die *Metaphysik*, die zweite die *Moral*, die dritte die *Religion* und die vierte die *Anthropologie*. Im Grunde könnte man aber alles dieses zur Anthropologie rechnen, weil sich die drei ersten Fragen auf die letzte beziehen." (Akademie-Ausgabe Bd. IX 25, zitiert ohne Berücksichtigung der Absätze; vgl. Brief an Stäudlin vom 4. Mai 1793, Bd. XI 414.)

Die vierte Frage fehlt in der damit vergleichbaren Aufstellung der „Kritik der reinen Vernunft" (B 833). Sollte sie ergänzt worden sein, um dem allgemeinverständlich abgefaßten Alterswerk „Anthropologie in pragmatischer Hinsicht" einen Platz innerhalb des Systems der Philosophie zu reservieren? Dieses Werk handelt u.a. vom Erkenntnisvermögen und vom Begehrungsvermögen, nimmt also die erste und die zweite Grundfrage auf. Aber es gehört, wie die kleinen Schriften zur Geschichtsphilosophie, zu der exoterischen „empirischen Philosophie" (vgl. „Kritik der reinen Vernunft" B 868); ihren philosophischen Rang muß die vierte Grundfrage aber zuvor durch die „reine Philosophie" zugewiesen bekommen.

Die Mensch als äußere Tatsache ist nur empirisch gegeben. Aber in seiner „Innenansicht", als Subjekt in theoretischer *und* praktischer Hinsicht, läßt er sich sekundär thematisieren: der Grund der Einheit des Theoretischen und Praktischen ist einer normierbaren Beurteilung fähig, so daß die Anthropologie die Form der Kritik annimmt. Wir werden also hingeführt zur „Kritik der Urteilskraft", vornehmlich zu deren Vorrede und Einleitung. Die Urteilskraft verklammert alle „Vermögen" miteinander, sie schlägt auch die Brücke zwischen der empirischen und der reinen, als Inbegriff der Vermögen auftretenden Person; so ist in ihr der Mensch beschlossen und resumiert. Die Kritik der Urteilskraft legt den Zusammenhang des Erkenntnis- und des Begehrungsvermögens frei, d.h. das beide verbindende „Gefühl der Lust und Unlust", auf das sich die reflektierende Urteilskraft primär beziehen soll. Was Kant in der Tafel am Schluß der Einleitung zur „Kritik der Urteilskraft" als „Gesammte Vermögen des Gemüths" bezeichnet, nämlich „Erkenntnißvermögen / Gefühl der Lust und Unlust / Begehrungsvermögen" – ist nichts anderes als die vollständige Innenansicht des Menschen, die Totalität der Selbsterfahrung, die keiner Erweiterung fähig ist. Die „Begriffe", welche den Prinzipien der theoretischen und der praktischen Philosophie „ihr Objekt anweisen", sind nicht Vorstellungen, auch nicht subtile Definitionen der Natur und der Freiheit, sondern konkrete Subjektivität: das Ich-denke, das Ich-will. Und wenn diese beiden Dimensionen auseinanderklaffen, dann rettet uns jener neue „Begriff", der sich reflektierend auf das „Gefühl der Lust und Unlust" bezieht, nämlich die Urteilskraft, oder – nach unserer Auslegung – das, was der Mensch ist. (Vgl. Kant WW V, 171; 176.)

Kants Position soll hier nur angedeutet werden. Kant hat die hintergründige Bewandtnis der Frage nach dem Menschen erkennen lassen. Die Frage aufnehmen heißt, sich in das Labyrinth der Systemreflexion Kants hineinwagen. Die Frage täuscht eine Unverfänglichkeit vor, die eine billiger zu erreichende Beantwortung verspricht. Der Mensch, von Menschen umgeben, müßte sie mühelos beantworten können. Die Frage ist jedoch anomal aufgebaut; ihre Form ist nicht die der gewöhnlichen Frage, die zur Antwort hinführt und in ihr aufgeht, weil die Antwort schon in ihr vorgebildet ist. Das Fragewort (Wann? oder Wo? oder Inwiefern?), verbunden mit Bestimmungen, die in der Antwort wiederkehren müssen, legt das Schema, die Satzfunktion der Antwort fest.

Die Frage nach dem Menschen entwirft keine passende Satzfunktion. Es wird nicht gefragt „was versteht man unter einem Menschen?" – als ob die Engel oder die Bewohner anderer Gestirne eine Auskunft über uns wünschten. Es hilft also nichts, mit der Information aufzuwarten, der Mensch sei ein Säugetier, das über die ganze Erde verbreitet ist, das sich durch den aufrechten Gang von seinen Artverwandten unterscheidet und mit hoher Intelligenz ausgestattet ist. „Mensch ist, was wir alle wissen." (Demokritos, Frg. 165 Diels).

Die Frageform „was verstehen wir unter ...?" ist ein bewährtes Schema. Es dient dazu, das fragliche Ding einzugliedern in den Umkreis der bekannten Gegenstände, die dazu vorsorglich in Klassen eingeteilt sind. „Was verstehen wir unter einer Drohne?" Die Frage wird von einem Vorverständnis geleitet: es ist bereits bekannt, daß die Drohne ein Tier ist. Die Antwort präzisiert diese Vorstellung und ordnet die Drohne den Insekten zu: „Die Drohne ist eine Biene." Der unbestimmte Artikel, der dem erklärungsbedürftigen Ausdruck ebensosehr vorgesetzt wird wie dem erklärenden, bedeutet die Einweisung des Verstehens in den vertikalen Zusammenhang von Gattung und Art. Die geschlechtliche Differenz vervollständigt das Bild, indem sie zu dem nicht weiter teilbaren Artbegriff hinzutritt: „Die Drohne ist eine männliche Biene."

Aber es heißt nicht „was ist ein Mensch?", was zu ergänzen

wäre: „was für ein Tier ist der Mensch?" Es wird nach *dem* Menschen gefragt. Der bestimmte Artikel in einer solchen Fragestellung wird gemeinhin verwendet, wenn ein Eigenname erklärt werden soll („was ist der Vatikan?"). Nach Personen wird mit dem Fragewort „wer" gefragt, und ohne Zuhilfenahme des Artikels („wer war Walther Rathenau?"). Alle diese Schemata sind ausgeschlossen, wenn nach „dem Menschen" gefragt wird.

An einer Frage lassen sich personale und sachliche Strukturmomente unterscheiden. Zur Frage gehört *der Frager* und *der Befragte*, der gegenständliche Bereich, auf den sich die Frage bezieht (*das Befragte*), und schließlich das x, das als Element in diesem Bereich vorkommen muß und dem die Frage gilt (*das Erfragte*). Wenn Jesus vor seiner Gefangennahme fragt „wen suchet ihr?", so ist er der Frager und auch das x der Frage; befragt sind die Soldaten, die antworten sollen, und das Befragte ist der Umkreis, in dem x anzutreffen sein würde – die sonst anwesenden Personen. Es kommt wie in diesem Fall oft vor, daß bei einer Frage zwei Strukturmomente zusammenfallen.

Bei der Frage nach „dem Menschen" aber decken sich *drei* dieser Momente, und dadurch wird die Frage auf merkwürdige Weise kurzgeschlossen, so daß ihr Sinn dunkel bleibt. Das Befragte, der gegenständliche Bereich, in dem das x gefunden werden soll, ist der Mensch, das menschliche Verhalten und Selbstverhältnis. Der Frager ist Mensch, und in der Menschlichkeit allein liegt die zureichende Bedingung für die Beantwortung der Frage. Denn wer soll die Antwort geben, wenn nicht der Mensch selbst in seiner Menschlichkeit? Man könnte versucht sein, den dafür in Frage kommenden Personenkreis einzuschränken und zu vermuten, nur der Philosoph sei einer solch verschrobenen Frage fähig, und nur er habe das geistige Rüstzeug zur Hand, um die Frage aufzunehmen. Aber dies gilt allenfalls soweit als der Philosoph Mensch ist und reflektierend das verwirrende Beiwerk wegzuhalten vermag, das die bloße Menschlichkeit verhüllt und verkennen läßt.

Wie steht es bei der Frage nach dem Menschen um das vierte Moment, um das Erfragte? Wäre auch das Erfragte der Mensch, dann wäre das Ganze keine Frage mehr, sondern ein Mißverständnis; als Antwort erhielten wir eine Tautologie. Das Erscheinungsbild des Menschen, die mannigfachen Formen der menschlichen Darstellung und des menschlichen Selbstverständ-

nisses sind der Umkreis, in dem das x zu suchen ist. Das Erfragte
aber ist *das Sein des Menschen.*

In vermeintlicher philosophischer Exaktheit spricht man lieber
von dem menschlichen *Wesen.* Mit diesem Ausdruck verbindet
sich aber die Vorstellung, als sei das Wesen etwas Apartes, das
hernach einem bislang amorphen Substrat „zukomme". Wo von
Wesen die Rede ist, wird von dem bekannten Vermittlungs-
schema Gebrauch gemacht, das von den Gattungsbegriffen über
die Artbegriffe zu den Einzeldingen hinführt. Die „Kategorie der
Substanz" ist in der Welt der Dinge zu Hause. Die Frage Kants
weist aber gerade aus dieser beherrschbaren und überschaubaren
Objektivität heraus.

„Sein des Menschen" ist ein farbloser Ausdruck, der uns ratlos
läßt. Ist das „Sein einer Sache" von der „Sache" überhaupt verschieden? Der Unterschied wäre greifbar, wenn man „Sein" einfach als Vorfindlichkeit, Faktizität nähme. Das Sein von hundert
Talern wüßten wir sehr wohl von hundert Talern zu unterscheiden, wenn diese eine bloße Vorstellung wären. Aber nicht der
Unterschied von bloßer Möglichkeit und faktischer Wirklichkeit
ist gemeint. „Sein des Menschen" meint nicht das faktische Vorkommen, denn auch die bloße Möglichkeit ist ein Sein – ist Möglichsein.

Das Sein einer Sache, im Unterschied von der bloßen Sache, ist
Korrelat der Erkenntnis! Ich kann mich einer Sache annehmen,
indem ich sie halte oder herstelle oder verzehre; sie ist dann mit
mir im Naturprozeß zusammengeschlossen. Ich kann mich aber
auch zur Sache verhalten, indem ich sie erkenne. Das Erkennen
aber betrifft nicht die Sache selbst (sonst würde diese in ihrem
Bestand angetastet), sondern das *Sein der Sache.* Erkennend meine ich die Sache, wie sie *ist*; es kommt mir darauf an, sie nicht zu
verändern, sie gelten oder sein zu lassen.

Nur wenn ich die Sache „sein lasse", gewinne ich ein zuver-
lässiges Wissen. Dies gilt auch dann, wenn das Erkennen sich auf
Qualitäten bezieht und die Sinne gebraucht. Es macht einen
grundsätzlichen Unterschied, ob ich das Essen herunterschlinge
oder ob ich zu erkennen versuche, wie es schmeckt. Essen und
bewußtes Schmecken sind Handlungen, die sich gut unterscheiden lassen, auch wenn sie im konkreten Fall zusammen auftreten.
Der Mensch frißt nicht, sondern ißt: d.h. er achtet darauf, wie es
schmeckt.

Fragt man nun, worin sich denn das Sein der Sache von der bloßen Sache unterscheide, so wird man belehrt, es gebe hier keinen Unterschied. ,,Sein" ist nicht als eine Zutat anzusehen, welche die Sache modifiziert; es läßt nur eben die Sache selbst hervortreten. Innerhalb des Naturprozesses ist die Sache (wenn sie Naturding ist) nie sich selbst – sie wird es erst für das Erkennen. Man könnte es hegelisch ausdrücken; daß das Sein der Sache die ,,aufgehobene Sache" bedeute; entrissen dem Ruin der Zeit, gelöst aus dem Ring der eng sie umschließenden Dinge, emporgehoben in den Bereich zeitloser Geltung, aufbewahrt in der Ewigkeit des Begriffslebens – also ,,gestorben und wiederauferstanden". Doch ist die idealistische Schilderung des Erkennens übertrieben in der Erwartung, den Bannkreis des Raumes sprengen und die Zeit überspringen zu können. In der idealistischen Philosophie ist denn auch die Frage ,,was ist der Mensch?" übergangen worden.

Wenn nach dem ,,Sein des Menschen" gefragt wird, dann ist erklärtermaßen kein überzeitliches, von Anbeginn feststehendes Wesen gemeint. Die herausfordernd klingende, ungewohnte Frage ,,was ist der Mensch?" sprengt das Schema von Substanz und Akzidens. Es ist darin auch nicht von ,,Sein" in einem handelsüblichen Sinne die Rede. ,,Sein" ist ein Gedanke des Menschen, eine fixe Idee, mit der er denkend lebt. Ohne an sich zu denken, wendet er den Seinsgedanken an und deutet damit z.B. die natürlichen Ordnungen. Das Verhältnis von Gattung, Art und Individuum, als gestuftes ,,Zukommen" von Prädikaten gedacht, ist eine Anwendung des Seinsgedankens. Das Individuum ist minder ,,seiend" als die Art, es dient der Erhaltung der Art und ist ein flüchtiger Moment, ein bloßer Beitrag für das Leben der Art. Die Art ihrerseits ist minder ,,seiend" als die Gattung; denn diese ist nicht nur das der Art übergeordnete Gepräge, sondern auch deren Vitalität. Die Art kann aussterben, während die Lebensweise im weiteren Sinne, das Organisationsprinzip als Gattung in andern Arten fortbesteht.

In dieser Seins-Beziehung kennen wir uns aus. Unser Erkennen ist ein Seinsverstehen, das sich vom Allgemeinen zum Besonderen hintastet und um so erfolgreicher ist, je mehr Zwischenstufen es feststellt. Das Einzelding kommt zwar unmittelbar vor, aber es hat das Sein nicht unmittelbar an sich, sondern dieses ist ihm auf

einem langen Vermittlungsweg geworden; das Einzelding wird
erkannt, indem der Vermittlungsweg kenntlich gemacht wird.
Diese Katze existiert nur, weil die *Art* Katze existiert; die Art
setzt die Klasse der Säugetiere voraus, usf. Die Art ist in der
Gattung geborgen und das Individuum in der Art. Dem Säuge-
tier, dem Tier überhaupt ist „Sein" wiederum zugeteilt aus der
Natur im ganzen. Das Sein des Tieres ist also dem Tier vermittelt.
Es gelingt nicht auf Anhieb, die Reihe der Vermittlungen, den
Vermittlungsweg bei jeder Sache aufzuweisen; es ist die Aufgabe
der Forschung, festzustellen, wie einer Sache ihr Sein zuwächst.

Das Vermitteln des Seins ist aber nicht nur eine Angelegenheit
der Reflexion; es entspricht ihm etwas an der Sache selbst. Weil
das Tier gehalten ist durch die Seinsweisen von Art und Gattung,
versagt es nie. Es ist allem gewachsen, was ihm begegnet, auch
wenn es dabei untergeht: der Untergang des Exemplars gehört
zum Leben der Art und bestätigt dies Leben. Das Tier geht un-
tragisch zugrunde, sogar Tier-Arten sterben auf untragische Weise aus. Nur der Mensch empfindet dabei den Schmerz des un-
wiederbringlich Verlorenen, genährt von dem schlechten Gewissen, an dem Aussterben die Hauptschuld zu tragen.

Das Tier ist gesichert in seiner Natur, gehalten durch das ihm
von langer Hand zubereitete und an es vermittelte Sein. Von der
unbelebten Natur und den niederen Formen des Organischen gilt
dies noch mehr. Die Sicherheit der Dinge kontrastiert mit der
erschreckenden Unsicherheit des Menschen. Das „Tiergesicht",
sagt Rilke, sei

> Frei von Tod.
> *Ihn* sehen wir allein; das freie Tier
> hat seinen Untergang stets hinter sich
> und vor sich Gott, und wenn es geht, so geht's
> in Ewigkeit, so wie die Brunnen gehen.

Rilke spricht da terminologisch ungenau; erst das Zusammenwirken der gegenseitig sich abstützenden Metaphern dieser Achten Duineser Elegie ergibt ein zureichendes Verständnis der einzelnen Aussagen. Die Begriffssprache der Philosophie erlaubt es
nicht, das Tier frei zu nennen; frei ist der Mensch allein. Freiheit
ist der prägnante Ausdruck für die ontologische Unsicherheit des
Menschen; der Mensch ist nicht mehr gehalten durch das Gängel-

band der Natur, seinen natürlichen Bedürfnissen zum Trotz.
Dem Menschen wird sein Sein nicht zugeleitet, nicht vermittelt.
Die Besinnung auf seine tierische Herkunft hilft ihm nicht dabei,
sein Verhalten zu stabilisieren, auch wenn er atavistische Über-
bleibsel an sich entdeckt und aktiviert. Er kann nicht mehr zu-
rücktreten in die einfache Reihe der Lebendigen. Er ist ein dege-
neriertes Tier, das in der rohen Natur keine Überlebenschance
hätte. Als Naturwesen ist der Mensch so gut wie tot, ist er eine
bereits ausgestorbene Tierart, die sich künstlich am Leben erhält
und um der Selbsterhaltung willen lebensfähige Tierarten ausrottet.

Was ist der Mensch? in welcher Weise ist Sein mit ihm verbunden? Die physischen Bedingungen der menschlichen Existenz
sind bloß ein Hinweis auf die prekäre Art dieser Verbindung, aber
der Hinweis spricht deutlich genug. Wir können die Existenz-
bedingung durch ein Gleichnis verdeutlichen. Der Kranke, der
durch regelmäßig wiederholte therapeutische Eingriffe am Leben
und bei relativer Arbeitsfähigkeit erhalten wird – dieser Kranke
ist der Mensch an sich, das rechte Symbol des Menschen.[1] Er muß
sich das nackte Leben mit künstlichen Mitteln erhalten.

Erschwerend wirkt sich nun aus, daß dem Menschen jede Sicherheit des Verhaltens fehlt. Der Mensch sei ,,das noch nicht
festgestellte Tier‘‘, sagt Nietzsche (WW XIII 276). Was sich in
Jahrtausenden menschlicher Zivilisation zu einem Stamm von
Verhaltensweisen herausgebildet hat, stellt keine glückliche Mi-
schung dar und wird von den Einsichtigen bekämpft. Die Über-
lebenschancen der Menschheit sind letztlich davon abhängig, ob
es gelingt, eine globale Änderung des menschlichen Verhaltens zu
erzielen.

Beides, die Lebensangst und die Sorge, den rechten Lebensstil
zu verfehlen, sind begründet in der Unsicherheit des menschlichen Seins. Und diese Unsicherheit spiegelt sich in der Frage,
die wir von Kant aufgenommen haben. Es handelt sich nicht um
eine Sachfrage, sondern um eine Frage von existentieller Bedeutung. Die Grundstimmung dieser Frage ist die Angst des Menschen, seine Bestimmung zu verfehlen, auch ohne daß ihn, wie

---

[1] König Lear sagt beim Anblick des sich als wahnsinnig verstellenden Edgar: ,,Is
man no more than this? Consider him well. Thou owest the worm no silk, the beast
no hide, the sheep no wool, the cat no perfume. Ha! here's three on's are sophisticated.
Thou are the thing itself; unaccommodated man is no more but such a poor, bare,
forked animal as thou art.‘‘

mißgünstige Götter den Ödipus, ein besonderes Verhängnis ins Verderben stürzen würde. Es ist still geworden um die „existentielle Angst", die seinerzeit der religiösen Ergriffenheit Kierkegaards abgelauscht worden war, die aber heute in das vermeintliche Gruselkabinett einer überlebten Existenzphilosophie verwiesen wird. Es gibt keinen vernünftigen Grund, auf die damals gewonnenen Einsichten zu verzichten.[2]

Der Mensch versagt nicht nur in besonderen Situationen und bei bestimmten Anlässen. Er versagt nicht nur in der Ehe, im Beruf, in der Gefahr, – er versagt immer, da er sein Sein nicht auf sichere Weise zu halten vermag. Die Frage nach dem Sein des Menschen ist in ihrer sphinxartigen Gestalt nicht das Produkt sophistischen Scharfsinns wie die logischen Paradoxien, in denen sich nur das Denken verstrickt; es ist eine gelebte Frage, deren Antwort nicht auf dem Papier, sondern im Dasein selbst versucht wird, – eine eminent praktische Frage also.

Der Mensch ist, was er ist, in unableitbarer Weise. Man sagt, die Freiheit vermittle ihm sein Sein; aber dies heißt ebensoviel wie, das Sein sei nicht vermittelt. *Unmittelbar* bäumt sich dies menschliche Sein aus dem Abgrund des Nichts auf; was hindert, daß es jederzeit dorthin zurücktaucht? Die Unmittelbarkeit kennt keine Zwischenstufen, sie bietet keine Handhabe, um Ansprüche geltend zu machen. Ein Anspruch wird begründet durch das Aufzeigen eines Wegs der Vermittlung. Wenn jemand auf eine Sache Anspruch erhebt, die im Besitz eines andern ist, so nennt er die Sache sein Eigentum. Der Besitzer muß den Nachweis führen, auf welche Weise er in den Besitz der Sache gelangt ist, um sich als Eigentümer auszuweisen. Letztlich ist alles Privateigentum vermittelt durch die gesellschaftliche Ordnung; allein der Staat verhilft zu realisierbaren Besitztiteln. Der Ursprung des Eigentums ist nicht die Natur, sondern die freie Willkür, wie Kant überzeugend dargelegt hat; hier, bei der ersten Inbesitznahme, reißt dann die Reihe der Vermittlungen ab.

Dem Menschen vermittelt ist das Sein, das er durch seine Abstammung erworben hat; aber dieser Besitztitel ist längst verjährt. Das Sein, das der Mensch sich vindiziert, ist mit keiner

---

[2] Es sei deshalb besonders auf einen Artikel von Walter Schulz hingewiesen, der die philosophische Bedeutung dieses Phänomens in knappster Form erinnert: „*Das Problem der Angst in der neueren Philosophie*", *Universitas* 21 (1966), S. 837 ff.

Qualität verbunden; es ist nacktes, „absolutes" Sein. *Nur ein absolutes Wesen*, also der Gott einer monotheistischen Religion, *könnte dieses Sein wirklich an sich binden.* Gott ist, mit den Worten des Thomas von Aquino, derjenige, cuius essentia est ipsum suum esse. Gott *ist* sein Sein. Der Mensch ist ein Seiendes neben andern; er ist eingeengt zwischen Geburt und Tod, Raum und Zeit sind seine Fesseln. Das menschliche *Sein* aber ist absolut, der Mensch ist der sterbliche Gott! Er ist nicht *etwas*, er ist alles und nichts. Nur das menschliche Individuum kann durch seine Stellung innerhalb der Gesellschaft „etwas" sein, es kann hier wohlerworbene Rechte geltend machen, die ihm auf sozialem Wege vermittelt sind. Die Gesellschaft hat dadurch für den Menschen eine über die Sicherung des Lebensunterhalts weit hinausreichende Bedeutung; sie ist Stellvertreterin der Natur, ist seine eigentliche Ziehmutter geworden. Da der Mensch in der Natur nicht mehr geborgen ist und nur unter günstigsten Umweltsbedingungen kümmerlich überleben könnte, erfindet er sich die Kultur. Er schafft sich eine zum Teil aus Fiktionen bestehende Vermittlungsreihe für das eigne Sein, er lebt sich ein in der sekundären Natur, die aus Artefakten und Symbolen besteht. Die Artefakte sichern das Überleben, erleichtern den Lebensvollzug. Die Symbole bergen das gebrechliche menschliche Sein in einem den Naturgewalten nicht zugänglichen, unverderblichen Wesen. Der Mensch findet Befriedigung darin, daß er sein Leben deutet, mit Bedeutungen überhöht. Die Geburt wird symbolisch wiederholt durch die Taufe, die Namengebung; der Tod wird symbolisch bestätigt durch das Begräbnis.

Das Individuum findet eine gewisse Geborgenheit in der Gesellschaft. Aber auch die Gesellschaft ist „der Mensch"; es geht nicht an, für die Beantwortung der Frage nach dem Sein des Menschen die Gesellschaft vorauszusetzen, als ob sie ohne den Menschen schon da wäre. Der einzelne Mensch weiß recht gut, daß er der Urheber der gesellschaftlichen Ordnung ist, weiß es selbst dann, wenn er an einen göttlichen Ursprung der Sitte und des Staats zu glauben scheint. Die Geborgenheit in der Gemeinschaft ist mit dem Bewußtsein verknüpft, daß die Gemeinschaft selbst nicht mehr geborgen ist!

Die Frage „was ist der Mensch?" ist radikal, da sie die Illusion des Menschen, in der Gesellschaft einen zuverlässigen Halt zu finden, bloßlegt und dem Menschen ein schonungsloses „erkenne dich selbst“ abverlangt. Kant stellte die Frage in der geistigen Situation der Aufklärung; die Aufklärung hat den Sinn, den Menschen der „selbstverschuldeten Unmündigkeit“ zu entreißen und ihn zu sich selbst zu führen. Die Aufklärung versucht die jahrtausendealten Bande der Vermittlung aufzulösen, die dem Menschen das Selbstsein ersparten und ihn der Macht wohlmeinender „Mittler“ auslieferten.

Die Frage hat einen ironischen, fast lauernden Zug: welche Seinsweise wird sich der Mensch guten Gewissens zuschreiben dürfen? Die Frageform „was ist x?“, seit Aristoteles als auf die Kategorie der Substanz hinführend verstanden, spielt angesichts der Unfaßlichkeit des menschlichen Wesens ins Irreale hinüber. Damit verwirrt sich unserm Verstehen die geläufige Rolle des „ist“, Bedeutungen zu transportieren und Verbindungen zu knüpfen. Das „Sein des Menschen“ empfiehlt sich nicht als neutrale Formulierung eines Problems, dazu geeignet, den Gedanken nur auf die Sache selbst hinzulenken. Das „ist“ wird nämlich hier ebenfalls problematisch und muß mit thematisiert werden. Was *ist* der Mensch? Der Mensch ist das redende, das „ist“-sagende Tier. In der anthropologischen Frage ist die ontologische Frage impliziert, was für eine Bewandtnis es mit dem farb- und geruchlosen, ja sogar bedeutungslosen „ist“ hat. Nur wenn man von einem Menschen wie von einem Ding spricht, das unter anderen Eigenschaften die des Sprechens und Verstehens hat, kann man der Seinsproblematik ausweichen.

Das Seinsverstehen des Menschen (das Verstehen des „ist“) funktioniert normalerweise mühelos; auf dem Seinsverständnis beruht die menschliche Weltbeherrschung, denn es ist das medium, durch das die Sachen und Sachbestimmungen zusammengehalten und geordnet werden. Aber die Selbstverständlichkeit des Seinsverstehens und damit die Macht des Menschen endet beim Sein des Menschen. Dieses ist nicht nur nicht machbar – es läßt sich nicht einmal verstehen. Damit wird der Boden, auf dem alles Denken steht, wankend; die Annahme, die im Gebrauch des „ist“ liegt, erscheint als kühne Hypothesis.

Der Ausdruck „Sein“ ist mit vielen Mißdeutungen behaftet. Von der Metaphysik werden hochgespannte Erwartungen daran geknüpft, während der Positivismus darin nur ein parasitäres

Anhängsel bestimmter Sprachen zu erkennen vermag. Da beide Auffassungen unvereinbar sind, hat es keinen Sinn, nach einem Ausgleich zu suchen. Ohne Vorbelastung durch solche Theorien soll nur das Evidente, Unverfängliche festgehalten werden. Wenn wir die enge Beziehung von Mensch und Sein als erwiesen ansehen, so ist das im Sinne einer Minimalbehauptung zu verstehen.

„Sein" ist keine Sache und kein Sachprädikat. „Sein" ist nirgends in der sinnlichen Welt anzutreffen – es ist nur eine Tatsache unseres Bewußtseins. Allerdings ist es eine perennierende Tatsache; sie findet sich bei allen Bewußtseinsakten. „Sein" ist kein Spielzeug unserer Phantasie, sondern ein unabweisbarer Gedanke und in allen andern Gedanken mitgedacht. Wir können ihn zwar nicht „verstehen", er hat aber, als fixe Idee sozusagen, von uns Besitz ergriffen. (Es ist die Aufgabe des Sprachforschers, das Äquivalent dieses „Seins" in andern als indogermanischen Sprachtypen zu erkunden, statt uns einreden zu wollen, daß es sich hier um ein anomales Gewächs der indogermanischen Sprachen handelt.)

Unsere Minimalbehauptung lautet: wo in aller Welt sollte Sein anzutreffen sein, wenn nicht im Bewußtsein des Menschen? Der Mensch ist Teilhaber, Mitwisser, Mitspieler des Seins, und ist es auch dann, wenn sich herausstellt, daß „Sein" nur etwas Imaginäres ist. Auch wenn „Sein" eine Spielmarke ist ohne realen Wert, bleibt bestehen, daß der Mensch mit deren Hilfe seine Erkenntnisse aufbaut. Als Träger des Seinsgedankens, als behaftet mit dieser fixen Idee nimmt der Mensch eine Sonderstellung in der Welt ein – was nicht heißen soll, daß es ihn auszeichnet und über die bloß erkennbaren, nicht selbst erkennenden Sachen erhebt. Das Seinsverständnis kann auch als ein Stigma begriffen werden, als ein Fluch, der den Menschen rastlos durch Räume und Zeiten treibt.

Das Seinsverstehen findet sich in jedem Menschen, der spricht und denkt; die Problematik des Seinsgedankens kommt aber den Wenigsten zu Bewußtsein. Es gibt sogar Menschen, die sich Philosophen nennen und dabei leugnen, daß es ein Seinsproblem gibt. Sie müßten dann konsequenterweise das Denken als eine natürliche Verrichtung ansehen wie die Verdauung! Das Denken geht tatsächlich über das mit Händen Faßbare hinaus. Die Hände ergreifen dieses oder jenes Ding; das Denken ergreift das *Sein* der

Dinge, die dabei z.B. als verbunden erscheinen können, auch wenn sie es physisch nicht sind. „Sein" ist kein Additiv, das die Masse des Dinges zu vermehren imstande wäre oder bei den Eigenschaften des Dinges zu Buch schlüge.

Die Überlegenheit des Denkens tritt hervor, wenn es darum geht, das Universum zu erfassen. Das All läßt sich nicht mit Händen greifen. Der Grund dafür ist keineswegs die Übergröße des Alls, die der Fassungskraft der Hände spottet; deren Fassungskraft wird auch durch die Weite des Ozeans, durch die Masse des Gebirgs überfordert, doch kann die Hand diese großen Dinge wenigstens berühren. Der Grund für die Unfaßlichkeit des Universums liegt darin, daß die Hände selbst zu ihm gehören, daß mithin jeder Akt des Anfassens nur Teil des Alls ist und sich nicht zum Ganzen verhält. Nicht das Universum, nur das Sein des Universums läßt sich fassen: im Denken. Daran wird sich auch nichts ändern, wenn das Denken (Bewußtsein) selbst als Teil, als Moment des Weltganzen angesehen werden muß. Indem das Denken das Sein des Universums erfaßt, ist es autonom und stellt ein Welt-Verhältnis her.

Denken ist Ergreifen des Seins jeglichen Dinges. Der Mensch besitzt diese merkwürdige Fähigkeit, nicht *obwohl* er ein so gebrechliches Ding ist, sondern weil er aus dieser Not Kapital schlägt. „In seines Nichts durchbohrendem Gefühle", mit Schiller zu reden, begreift der Mensch das Unverbrüchliche, das *Sein* der Dinge. Der Menschentod, zu dessen Konstitution das Vorausgewußtsein gehört, hängt mit dem Gedanken des Seins (des Theoretischen) unterirdisch zusammen; wir wissen, daß der Zusammenhang besteht, ohne seinen Mechanismus klären zu können, etwa in dem Sinne, daß das Vorauswissen des Todes die Ursache des Seinsverständnisses sei oder umgekehrt. Dem Wesen, das den Tod kennt, verändern sich die Dinge; oder vielmehr, es wird ihm die Gediegenheit und strenge Kontinuität des Naturprozesses erschlossen als die Unterschiedenheit von Dingen. Erst durch das Seinsverstehen des Menschen wird etwas sichtbar, was „Berg" heißt und dem das Bergsein zukommt; nunmehr tritt das Ding auf als etwas von sich selbst Verschiedenes und mit sich Identisches. Der Naturprozeß verändert sich, als wäre er mit einem Zauberstab berührt worden – und bleibt doch, physisch gesehen, was er war.

Der Mensch verwandelt gewissermaßen für seinen eigenen Bedarf, und um seine Art des Verstehens anwenden zu können, die Welt durch die Insertion des gestaltlosen, gewaltlosen, gewichtlosen Seins. Wir zögern, diesen empirisch nicht feststellbaren Vorgang, der gewiß nicht physisch ist, „geistig" zu nennen; das Geistige setzt die Insertion des Seins schon voraus und baut sich darauf auf. Die Insertion des Seins blieb unsichtbar, aber sie verwandelte schließlich den Anblick der bewohnten Erde, ohne daß irgendwo ein „Wunder" dazu nötig gewesen wäre; keine andern als physische Kräfte hatten die Umwandlung bewirkt.

Sind wir mit dieser Beschreibung einer Antwort auf die beunruhigende Frage „was ist der Mensch?" näher gekommen? Mitnichten; obwohl diese Frage es war, die uns zwang, von der oberflächlichen Vorstellung abzugehen, als sei das Denken ein harmloses Vergnügen und nicht problematischer als die Verdauung. Die Frage nach dem Sein des Menschen gebietet die Selbstbegründung des Menschen, und zwar nicht als eines physiologischen Faktums, sondern als der Denkfähigkeit und als des Seinsverhältnisses. Aber da die geforderte Besinnung innerhalb des Denkens verbleibt, bleiben wir dem Seinsverständnis verhaftet, das den Dingen zugekehrt ist. Um überhaupt den Sinn der Frage „was ist der Mensch?" zu erfassen, ist es nötig, das Seinsverstehen aufzuklären, also die unscheinbare „Kopula", die im Satz fast so unauffällig ist wie bloße Partikel, in ihrem Sinn zu bestimmen.

Die Frage bringt das scheinbar Selbstverständliche ins Zwielicht und macht es denkwürdig. Sie gewinnt ein eigenes Leben, ihre Tragweite sprengt sogar den Rahmen der Kantischen Philosophie, der wir die Fragestellung verdanken. Kant hat die Aufgabe der Selbstbegründung des Menschen noch als Aufklärung, als Rückgang auf die alles begründenden Quellen der reinen Vernunft begriffen. Daher läßt sich seine Frage nach dem Menschen mit den Mitteln seiner Philosophie auch so ausdrücken: „Was ist die Vernunft (verglichen mit der subjektiven Zuständlichkeit)?" Oder auch: „Was ist Denken?" In der populären Fassung hat die Frage nach dem Menschen einen aus Kants Schriften bekannten Wortlaut: „Was ist Aufklärung?"

Für unser gewandeltes, der bloßen Aufklärung mißtrauendes Bewußtsein ist der Mensch nicht auf Vernunft einerseits und bloße Passivität anderseits zurückführbar; er ist auch nicht durch Vernunft lenkbar und läßt sich nicht einmal durch Vernunft zur Vernunft bringen. Vernunft ist Denken; der Mensch ist Denken *und* Sein. Alle Denkgegenstände sind hintergangen durch die Faktizität der menschlichen Existenz, die ihr Interesse ins Spiel bringt.

Das vitale Interesse in die menschliche Vernunft einzubeziehen und diese dadurch zum vollen Selbstbewußtsein des Menschen aufzuwerten, ist das Anliegen der Existenzphilosophie. Hier hat die Frage „was ist der Mensch?" sichtbar Früchte getragen. Es scheint uns jedoch zweifelhaft, daß die Existenzphilosophie die Frage voll aufgenommen und ausgeschöpft hat. In der Philosophie der Existenz wird die Unmittelbarkeit der Faktizität nicht ausgetragen, es wird nur auf sie angespielt. Es wird eine Innenansicht des Menschen geboten, als wäre er ein auf die Erde, in Raum und Zeit versetzter Engel mit der Auflage, zu sterben. Die Existenzphilosophie ist eine ontologisch drapierte Morallehre.

Die Existenzphilosophie, aber auch die Philosophie der Aufklärung wären im Recht, wenn die uns hier beschäftigende Frage um der Popularität willen ungenau formuliert wäre und auf die wesentlichere Frage zurückgeführt werden müßte, die die Innerlichkeit des Menschen beträfe – also das Bewußtsein, die Freiheit. Es hat sich, seit Descartes der Philosophie neuen Auftrieb zu geben vermochte, herumgesprochen, daß der Mensch ein Ich sei. „Ich" ist das Bewußtsein des subjektiven Seins. So müßte eine Berichtigung vorgenommen werden; es wäre vom Ich zu sprechen statt vom Menschen. Der Anschein muß vermieden werden, als könne man von außen auf die Tatsache Mensch hinblicken wie auf einen objektiven Tatbestand. „Der Mensch" ist ein Ausdruck, der ein Ding zu bezeichnen scheint wie „das Buch" oder „das Gespräch"; beides sind auch nicht bloße Dinge, aber sie präsentieren sich als Dinge, als umrissene und vernehmbare Tatsachen. *Ich* aber bin kein Ding, auch kein verstehbares, sondern ein Ich! Obwohl es Kant war, der jene Frage formulierte, scheint sie die von Kant so energisch verteidigte Würde der Person, die Spontaneität des Ich preiszugeben.

Kann die Frage nach dem Sein des Menschen kritisch überholt werden durch die Frage: „was bin ich?"? Die Antwort fällt hier gar zu leicht: ,,Ich bin ein Mensch." Aber was heißt das, ein Mensch zu sein, worin besteht das Sein des Menschen? Damit sind wir in den Bannkreis der ersten Frage zurückgekehrt.

Die Philosophie bringt die Frage nach dem Menschsein nicht selbst hervor, sondern nimmt sie auf aus den Phänomenen, welche die praktisch-erscheinende Frageform sind. Die Frage läßt sich nicht unter einer theoretischen oder praktischen Antwort begraben. Etwa der theoretisch gemeinten, die selbst ein ungeheures Aufgabenfeld absteckt: ,,Was der Mensch sei, sagt ihm nur seine Geschichte." (Dilthey, WW VIII 226) Auch die revolutionäre Praxis, die darauf abzielt, den neuen, endlich begradigten, widerspruchsfreien, definierbaren Menschen hervorzubringen, ist ein fortgesetztes Stolpern über die Frage nach dem Menschsein. Der philosophische wie auch der sich als revolutionär verstehende Humanismus haben der Herausforderung der Frage nach dem Menschsein nicht standgehalten. Ihre Lösungsversuche, d.h. die Versuche, sich durch Theorien oder durch eine verkrampfte Praxis von der Frage loszukaufen, sind kritisierbar, solange der Fragehorizont offenbleibt.

Die bislang neueste Version im Bereich der anthropologischen Frage ist die ironisch verklärte These vom ,,Ende des Menschen", der dem ,,Tod Gottes" unweigerlich folgt – und ihn damit fragwürdig macht. Michel Foucault verheißt das Ende alles Humanismus, und damit die Erlösung aus einem Meer des Unsinns. Er verhilft uns zu der Einsicht: ,,Der Mensch war eine Gestalt gewesen zwischen zwei Seinsweisen der Sprache; oder vielmehr, er hat sich herausgestellt in einer Zeit, in der die Sprache, die zuvor im Innern der Vorstellung ihren Ort und ihr Versteck hatte, hervortrat, indem sie zerbröckelte: der Mensch hat seine eigne Gestalt zusammengesucht in den Zwischenräumen einer bruchstückhaften Sprache." (Les Mots et les Choses, 1966, S. 396 f.) Eine strukturale Anthropologie mag viel Ballast geschichtlicher, auch spezifisch abendländischer Art abwerfen helfen – die anthropologische Frage bleibt erhalten. Sie ist die kritische Instanz, welche vorschnelle Antworten abwehrt, welche das Fürsichsein des Menschen offenhält gegen jeden Dogmatismus, den historischen eingeschlossen; denn der Mensch ist nicht nur Geschichte, er ist auch Natur, und dies Auch ist der ärgerliche Rest, der in keiner rationalen Lösung aufgeht. Die These vom ,,Ende des Menschen" hört sich ärgerlicher an, als sie gemeint sein kann; sie zieht ihren rhetorischen Schwung aus der Paradoxie, ja dem Mißverständnis.

Das Ende des Menschen wird kommen. Aber da sein wird es erst dann, wenn kein Mensch mehr stirbt.

ÊTRE ET ORDRE

RAYMOND POLIN (PARIS)

Pour saisir la création humaine dans son essence, il faut d'abord l'imaginer s'exerçant, non pas au milieu des attaches et des pressions d'un milieu historique complexe et sur le produit accumulé de créations humaines antérieures, mais, pour ainsi dire, à son premier commencement. Il faut retrouver une sorte de confrontation originelle entre l'existence toute humaine d'une liberté et le donné brut de la nature.

Pour saisir la création humaine à son premier commencement, il faut remonter, d'une façon toute conceptuelle au donné le plus primitif en présence duquel l'homme puisse jamais se trouver placé. Pour y parvenir, opérons la réduction de la totalité des oeuvres passées et présentes des hommes, mettons entre parenthèses tout ce qui pourrait éventuellement venir d'eux; faisons abstraction de ce qui pourrait relever de la liberté et de l'intelligence humaine, de la parole humaine. Tâchons de rejoindre le donné le plus brut, le plus neutre, le plus nu, avant qu'il ne soit informé, ordonné par tous les sens, les valeurs, les ordres qui puissent être produits par l'homme.

Nous qui vivons séparés de tout ce qui est premier, primitif, original, par la médiation de tant d'oeuvres humaines, par l'épaisseur de tant de couches de civilisations, nous avons un mal extrême à évoquer un donné radicalement dépourvu de sens, de valeur, d'ordre, un donné véritablement originaire et primitif, un donné qui soit antérieur à l'homme, un donné qui soit sans l'homme. Au vrai, nous nous trouvons devant une impossibilité: car il n'y a rien à dire de ce qui ne dit rien (à l'homme), de ce qui ne signifie rien, de ce qui est radicalement neutre et indifférent, non pas inintelligible, mais autre que l'intelligible ou l'inintelligible, non pas transparent ou opaque, mais autre que la transparence ou l'opacité. Nous, dont l'existence est faite de sens et de valeurs, pour des sens et pour des valeurs, nous sommes inaptes à comprendre ce qui est radicalement autre que sens et valeurs. Comme tel, ce donné est donc radicalement autre que nous, et quoi que nous fassions, il nous demeure extérieur et étranger. C'est pourquoi d'ailleurs, il nous apparaît d'abord comme donné, alors que tout ce qui est sens et valeur provient de notre action, ou se trouve à sa portée. Il est l'autre, sans commune mesure, sans facteur commun ; il est irréductiblement différent ; il n'est *même* pas, sous quelque rapport que ce soit, par rapport à nous.

On est tenté de considérer un donné si irréductiblement différent de l'homme comme inhumain, comme anti-humain et de le traiter d'absurde. Mais ce serait oublier que toute qualification est inadéquate au donné, qu'il n'y a rien à dire de lui, puisqu'il ne dit rien et ne signifie rien. Etre avant tout sens, autre que tout sens ou non-sens, ne signifie rien. Ce n'est même pas être absurde. Traiter le donné de non-sens, c'est le situer par rapport à un sens. Le traiter d'absurde, c'est déjà lui conférer un sens, et même un sens extrêmement riche, puisque c'est poser le donné comme contradictoire du rationnel, du raisonnable, du téléologique et même, beaucoup plus largement encore, de l'humain. Le donné n'est ni absurde ni sensé, il est simplement avant tout sens, toute valeur, tout ordre.

On pourrait aussi être tenté de confondre l'absence de sens et de valeurs intrinsèques avec l'absence d'être : ne pourrait-on pas prétendre se trouver en face d'un néant insaisissable en tant que néant, parce que néant ? Mais, du néant il n'y a rien à dire et on ne peut rien dire : on ne peut lui attribuer ni sens, ni valeur. Tandis que, s'il n'y a rien non plus à dire de ce qui est donné, on peut toujours en parler, lui attribuer sens et valeur, le mettre en ordre ; ce qu'on ne peut faire du néant. L'absence de sens et de valeur n'a rien à voir avec l'absence d'être, ni même d'un être déterminé par ses structures, ses transformations, ses régularités.

Réciproquement, des déterminations, des formes stables ou changeantes, qui seraient données de façon spontanée, primitive, n'impliqueraient pas davantage de sens, de valeur ou même d'ordre intrinsèque. Le donné brut, structuré ou non, ne répond à aucune question, ni à aucune intention; il ne pose aucune intention ni aucune question. Ce n'est pas parce qu'il ne serait pas amorphe qu'il serait significatif. C'est l'homme qui pose des questions génératrices de sens: ce sont les questions que pose sa liberté, en suscitant par sa présence une zone d'indétermination et d'interrogation autour d'elle: sens et valeurs sont imaginés pour répondre à ces questions. Amorphe ou non, déterminé ou non, le donné, lui, ne signifie, ni ne vaut: il est.

A la limite il n'y a pas de mot adéquat pour désigner le donné, puisqu'il n'a ni sens, ni valeur, puisqu'il n'est signe, ni langage de rien. Le mot de *donné*, sous lequel nous l'avons abordé, est lui-même très insuffisant, puisqu'il désigne une sorte de présent fait à l'homme, et qu'il semble supposer un donateur et une intention. Mais, pour une liberté, il est d'abord cela, un donné. Même en utilisant une nomenclature négative, on évite difficilement de le décrire de façon péjorative (ainsi lorsque l'allemand dit *sinnlos* ou *wertlos*). La façon la plus neutre de s'exprimer serait de dire: *sinnfrei* ou *wertfrei*, pour désigner ce qui, en effet, est neutre, vide, libre de tout sens et de toute valeur.

En vérité, nous disposons bien d'un mot, le plus vide et le plus indéterminé de tous les mots, ce pour désigner le donné libre de sens et de valeur. Mais c'est un mot d'ordinaire sacré et tout bourdonnant de résonnances philosophiques impérieuses: le mot *être*. N'est-ce pas de l'être, en effet, qu'on ne peut rien affirmer, sinon qu'il est? C'était la leçon de Parménide. La philosophie a passé beaucoup de temps à la refuser, alors qu'elle était irréfutable dès que l'on définissait l'être comme un donné dépourvu de sens et de valeur.

La philosophie s'est acharnée à cultiver une double erreur sur l'être. Tantôt elle a tout inclus dans l'être, elle l'a confondu avec la totalité de tous les êtres, de toutes les valeurs, de tous les sens, de toutes les libertés. Dans cette perspective, tout est alors donné, dès l'origine et une fois pour toutes. Mais nulle création n'est plus possible, puisque la liberté consiste alors dans le développement spontané de son être, conformément à sa nature. Etre libre, c'est simplement devenir parfaitement ce que l'on est. La liberté, fonction d'immanence, fonction sans transcendance, n'est rien d'autre alors, que l'expression et l'explicitation de soi. Mais les valeurs et les sens ne sont pas de l'ordre de l'être, ils sont de l'ordre de la liberté, d'une liberté en transcendance cette fois. Ils sont de la liberté en acte ou de la liberté en oeuvre. Ils ne sont pas, à proprement parler; ils valent. C'est dire qu'ils sont, en tant que valeurs, libres à l'égard de l'être, à distance, en transcendance par rapport à lui et, par conséquent, essentiellement différents de lui.

Tantôt, au contraire, les philosophes ont vidé l'être non seulement de tout sens et de toute valeur, mais de toutes ses structures: ils l'ont, à force d'abstraction, réduit à une ὕλη, à la limite, impensable, inimaginable, faute de déterminations, tant elle est amorphe et indifférente. Ce n'est plus qu'une matière radicalement indéterminée, infiniment plastique et indéfiniment disponible pour n'importe quel modelage. On retrouve donc ici la même erreur, la même confusion de l'être et de la valeur; mais cette fois-ci elle entraîne des conséquences inverses: les structures de l'être sont exclues de l'être en même temps que les sens et les valeurs, et l'être en tant que tel se trouve ramené à l'état de simple substrat matériel. N'importe quelle création semble alors possible. Mais une création humaine n'a-t-elle pas besoin d'une résistance, la liberté peut-elle consister à se libérer de rien, à ne rien transcender d'autre que ce rien? Que faire de cette glaise toujours trop liquide, de ce brouillard jamais assez compact? Au vrai, la seule création imaginable alors ne serait plus une création humaine, une expression libératrice et formatrice de lois, mais une création absolue et divine, une création *ex-nihilo*.

Il faut donc éviter de renchérir sans mesure sur les réductions et les abstractions destinées à délivrer des masques qui vêtent l'être originellement donné à l'homme capable de liberté et toujours enclin à se prendre pour un dieu. Forts de la distinction radicale des valeurs et de l'être, que nous avons prise pour principe, une fois l'être donné débarrassé des sens et des valeurs venus de l'homme, nous nous apercevons qu'il n'en reste pas moins donné avec ses déterminations de fait, ses structures propres, son devenir, ses régularités. L'absence d'ordre n'implique pas l'absence d'une disposition de fait, d'une distribution de hasard.

Sans doute, si on prend ce mot en un sens étroit, tout désordre est-il un concept négatif et renvoie-t-il à un ordre. C'est un ordre que l'on a désordonné, ou c'est l'absence d'un certain ordre attendu. En ce sens, toute distribution, toute disposition, est un ordre,

comme le voulait Bergson, on peut même dire que le désordre
pose deux ordres, l'ordre du désordre et l'ordre dont il y a eu
désordre. Mais c'est, une fois de plus, confondre l'ordre avec l'être,
alors qu'un ordre n'est tel que s'il est institué par une liberté et
ordonné par rapport à un sens, en fonction de valeurs. Un ordre
est toujours une oeuvre; il a, par essence, du sens, de la valeur. Il
se déploie par rapport à une liberté, il est de la liberté en oeuvre.
Au contraire, l'être donné, en dépit des caractères de fait qui lui
sont propres, est fondamentalement absence d'ordre, désordre
primitif et pur. C'est qu'il est le fait du hasard; il présente une
distribution de hasard. Nous appellerons précisément hasard cette
absence radicale d'intention et de fin, de référence quelconque à
une volonté ordonnatrice, intelligente, qui caractérise le désordre
pur et, si l'on peut dire, positif, la contingence insignifiante, qui
est le propre de l'être donné.

On trouvera un exemple de ce désordre positif, dépourvu de
sens, de valeur, d'intention, de vouloir, mais marqué par ses
structures et la régularité de ses variations, dans ce que peut être,
pour des yeux neufs, la nature à l'état brut. Il ne faut pas chercher
le donné premier tellement loin de l'homme: le voici, dans cette
nature rencontrée à l'était naissant, à l'état sauvage, et telle
qu'elle se trouve être spontanément, de par le hasard de sa seule
nature, radicalement extérieure à l'homme, radicalement indé-
pendante de toute intention humaine, que le pouvoir de vouloir
se reconnaisse comme humaine intention, ou qu'il soit extra-
polé à l'infini et projeté sur le ciel indéfini du divin. Voici déjà
l'être donné, avec sa spontanéité et sa contingence sauvages, dans
le désordre de ces sites encore vierges de la très haute montagne,
au milieu desquels on sent si bien à la fois toute la force aveugle
de la nature, et qu'ils sont sans aucune mesure avec quoi que ce
soit d'humain.

Nous n'hésiterons même pas à dire que l'être donné comme tel,
dans son absence de tout sens et de toute valeur, dans son absence
de tout ordre, n'est autre que la nature, telle qu'elle se manifeste
au savant soucieux d'objectivité, en dépit de tout l'équipement
intellectuel de celui-ci, en dépit de ses idées préconçues et même
en dépit de ses intentions techniques, quand il reprend à zéro
l'étude d'un phénomène donné. Car le savant ne cherche dans la
nature ni sens, ni fins, ni valeurs; il ne cherche à répondre à aucun

pourquoi. Sens, fins, valeurs, intentions intrinsèques aux choses naturelles sont exclus de tout discours scientifique. Les dispositions, les distributions constantes découvertes par la science entre les structures et dans le devenir de la nature ne sont rien d'autre que des dispositions de fait et de hasard et, au sens où nous l'entendons, du désordre dépourvu de sens. Et si l'on tient que le savant ne connaît de la nature qu'un ordre introduit par lui entre des choses qu'il a définies, déterminées, obtenues en agissant par l'expérimentation, on admettra plus aisément encore que cet ordre abstrait a été introduit de l'extérieur et que le sens pragmatique qu'il peut comporter est de provenance toute humaine. Une disposition naturelle, «l'ordre» de la nature dans leur contingence, ne peuvent répondre à aucune question proprement philosophique.

Kant l'avait déjà amplement démontré. Du mécanisme de la nature, tel que la science le détermine, avec son ordonnance et ses lois, on ne peut déduire l'idée d'une fin dernière, écrivait-il, ni celle d'un monde sensé; on ne peut résoudre la question du pourquoi, du sens des choses. Toute théologie physique est impossible ou arbitraire. C'est que l'ordre des fins est hétérogène à l'ordre des causes. Les enchaînements de la nature sont de l'ordre de l'être et non pas de l'ordre des fins. La science ne peut donc révéler qu'une disposition contingente dépourvue de sens intrinsèque, et proprement insignifiante pour une liberté. Ce n'est pas parce que la science décrit une certaine disposition des choses conforme à des lois constantes et cohérentes qu'on en peut conclure que ce monde est sensé ou n'est pas sensé. On avait pu le croire avant Kant et considérer que la disposition des choses était un ordre intrinsèque et nécessaire de la réalité, et qu'il suffisait de la révéler pour s'élever à une compréhension métaphysique des choses. On ne peut plus le croire après lui.

La liberté est fondamentalement transcendance en acte, dépassement, refus, déviation, transformation, en un mot négation créatrice. Tout lui est obstacle, limite, résistance. Et d'abord l'être, parce qu'il est ce qu'il est, parce qu'il est pour elle le donné. La liberté en acte, en transcendance, fait, en se libérant de l'être comme tel, un donné, elle fait de lui son objet, son *Gegenstand*; en s'opposant à lui, elle en fait son opposé et le transforme en obstacle vis à vis d'elle-même. En cherchant à aller au-delà de ce qu'il est, en cherchant à faire du donné autre chose que ce qu'il est, elle le rend lourd, insatisfaisant, encombrant, gênant, résistant. Du fait qu'elle s'en libère, elle fait du donné un objet résistant, et cette résistance, pour être la résistance passive et dépourvue d'intention, d'un obstacle, n'en est pas moins déterminée par ses structures, effective et parfois insurmontable.

Si l'on ne peut pas dire n'importe quoi d'un être donné, lui assigner n'importe quel sens, n'importe quelle valeur, c'est précisément parce qu'on ne peut pas faire n'importe quoi avec lui. On peut lui attribuer bien des sens, bien des valeurs, mais pas n'importe lesquelles parce que, étant donné ses déterminations, ses structures de fait, il y a des valeurs, des sens qu'on ne peut accomplir et transformer en oeuvres. Il y a des mises en ordre qu'on ne peut effectuer.

Il ne s'agit pas de sens ou de valeurs inadéquats à l'être donné; celui-ci, ne comportant ni intelligibilité, ni transparence, ni validité intrinsèques, ne peut être ni adéquat à un sens ou à une valeur, quels qu'ils soient. Mais il y aura des sens ou des valeurs en fonction desquels aucune action, aucune transformation, aucun usage du donné, aucune mise en ordre ne seront efficaces ou simplement possibles, en raison de ses structures de fait. Les sens, les valeurs, les ordres inefficients sur un certain donné sont simplement *incompatibles* avec lui.

En revanche, on peut toujours imaginer une infinité de sens et de valeurs *compatibles* avec le donné. L'homme, dans sa liberté, fait question : c'est le faire qui vient d'abord, l'acte de la liberté; les questions s'en dégagent ensuite. Ce n'est pas au donné, mais à lui-même que l'homme les pose : cependant, seules certaines réponses sont compatibles avec le donné; ce sont les réponses qui peuvent être mises en oeuvre, qui peuvent mettre le donné en un certain ordre. En d'autres termes, toutes les philosophies de l'être sont des leurres ou des jeux gratuits, parce que l'être ne philosophe pas. Il n'y a que l'homme qui, dans sa liberté, se fait, et, en se faisant, pour se faire, suscite des questions et risque des réponses, philosophe. Il n'y a que des philosophies de l'action. Seules, elles peuvent, par l'action, entrer en rapport avec le donné, être inefficaces et incompatibles avec le donné, ou efficaces et compatibles avec lui. Il n'y en a pas moins une infinité de philosophies possibles de l'action, parce qu'on peut toujours inventer une infinité d'ordres à créer, compatibles avec l'être actuellement donné et capables de le transformer. Les réponses aux questions de l'homme ne sont pas fournies par le donné, mais par les oeuvres de l'homme. Car les oeuvres de l'homme sont de l'ordre de la liberté, comme ses questions, et seule la liberté peut répondre à la liberté.

Les philosophies de la connaissance sont toujours secondes par rapport aux philosophies de l'action. D'abord parce qu'on ne comprend jamais que ce que l'on fait ou ce que l'on touche, parce qu'on ne connaît que ce que l'on a fait, ou la trace que l'on a laissée sur les choses, les repères des mesures par lesquelles on les a déterminées. Mais surtout, parce qu'avant l'action, il n'y a rien à comprendre ni rien à connaître ; l'être n'est pas donné à l'homme capable de liberté et d'intelligence : c'est l'homme qui le trouve et qui en se le donnant, le rend, sous quelque rapport, susceptible de connaissance et de compréhension.

C'est dire, pour emprunter le langage des réalistes, que l'être est, pour la philosophie, un objet inépuisable, non parce qu'on ne peut achever de l'épuiser, mais parce qu'il est radicalement différent de l'ordre de la liberté. Il est inépuisable, en raison de son irréductible différence, de son inexhaustible altérité, de sa vacuité en fait de sens et de valeur. Aucune action n'étant jamais adéquate, l'être demeure un objet toujours opposé, jamais transparent à aucune création, constamment différent et disponible. Il est toujours ouvert pour une nouvelle façon de s'en libérer et de le dominer, pour une reprise et remise en ordre indéfiniment renouvelée. Si l'on qualifie le donné d'inépuisable, en un sens plus primitif, c'est parce qu'il constitue un terme de correspondance et un point de résistance et de rebondissement nécessaires à l'exercice d'une transcendance en acte dont le propre est de se libérer indéfiniment par rapport à elle-même et par rapport à ses oeuvres, d'être toujours en train de se faire et de les refaire, d'être sa propre oeuvre en constante reprise et renouvellement. Le propre de la liberté est de ne pas comporter d'achèvement et en conséquence, de susciter dans le donné l'opposition d'un objet toujours irréductible et inépuisable.

Laissons de côté, pour le moment, l'accumulation des oeuvres humaines qui, s'adjoignant au donné naturel, transmutant peu à peu l'histoire en nature, ajoutent aux structures primitives du donné des structures nouvelles, à l'absence de sens et de valeur, des sens éteints et des valeurs évanouies. Il se trouve ainsi sans cesse ajouté des oeuvres mortes au devenir sans signification de l'être. Laissons de côté également la dialectique réciproque qui oppose la liberté à la liberté, l'homme à l'homme, ses valeurs à ses valeurs, et qui se surajoute à la dialectique unilatérale par quoi l'homme s'oppose à l'être et que nous avons seule envisagée jusqu'ici. Les deux processus s'inscrivent à leur tour dans le devenir toujours inachevé de la liberté, et redoublent à leur façon l'inépuisable opposition de l'être et de la liberté, de l'être et de l'homme.

Considérons cette opposition. C'est une opposition sans antagonisme, puisqu'elle est toute entière suscitée par l'existence de la liberté. Objet inépuisable, obstacle indéfiniment opposé et encombrant, l'être donné n'est ni favorable, ni défavorable, ni ami, ni ennemi, ni fait pour l'homme, ni fait contre l'homme. Situé avant toute intention, avant tout vouloir, en plein hasard, l'être donné n'est ni responsable, ni coupable de rien et nul n'est responsable, ni coupable de lui.

Est-ce à dire que tout est permis? Sans doute ne peut-on faire avec l'être donné dépourvu de sens et de valeur tout ce qu'on veut, mais n'est-il pas permis de faire tout ce que l'on peut? Déjà Hobbes et Spinoza accordaient que tout est juste, que l'on peut effectivement accomplir. En ce sens chaque homme a un droit sur tout ce dont il peut effectivement s'emparer. Mais tout lui est-il permis pour cela? C'est ce qu'on ne saurait dire car rien n'est permis ni défendu pour l'être dépourvu de sens et de valeur, puisqu'il ne comporte aucune justice ou injustice intrinsèque, qu'il n'est apte à aucune permission ni à aucune défense. Les choses sont simplement ce qu'elles sont et leurs structures dessinent des zones de compatibilité et des zones d'incompatibilité selon les sens ou les valeurs que l'on cherche à leur faire revêtir.

Avant le bien et le mal, avant le droit et le tort, avant le juste et l'injuste, l'être et tout le cortège de ses déterminations avec lui, est, comme Nietzsche l'a si bien dit en poète, innocent. Incapable de nuire, incapable d'être coupable. Incapable de bienfaisance, incapable de providence. Innocentes, les choses qui nous touchent au plus près et que, dans sa détresse et sa vengeance l'homme dénonce le plus amèrement : misère, isolement, maladie, infirmité, mort ; et innocentes tout aussi bien les choses les plus lointaines, dont on reconnaîtrait plus volontiers l'indifférence propre, dit-on, au point de vue de Sirius. Innocentes, comme le serait cet état de nature dont on comprendrait enfin qu'il ne va ni contre l'homme, ni pour l'homme, dès qu'on reconnaît à celui-ci cette liberté qui fait précisément que rien, sinon la liberté ou ses oeuvres, ne concerne la liberté, n'a de valeur, de sens, ou même de rapport avec la liberté.

La neutralité, l'innocence de tout ce qui est, nous délivre de tous les romantismes arbitraires, qui s'épanouissent en exaltations moroses ou en exaltations béates. Les stoïciens prétendaient nous amener à la sérénité en nous faisant prendre conscience, à la fois, de la liberté de notre jugement et de la place infime que chacun de nous occupe dans l'ordre raisonnable et nécessaire de l'univers ; ils laissaient à chacun pour le bon usage de son libre jugement, le soin de trouver le bonheur dans l'ἀταραξία, si préjudiciables ou si favorables les évènements du monde nous fussent-ils.

Quelle masse de sérénité bien plus radicale encore se dégage de l'innocence du devenir puisque, dans la neutralité, l'insignifiance absolue de tout ce qui est, il n'y a pas d'ordonnance intrinsèque des choses, pas de toute-puissance justifiée pour sa parfaite sagesse, attentive à proclamer les mérites et les démérites, à châtier et à récompenser, à broyer et à combler. L'innocence reconnue des choses permet de réduire au rang d'illusion subjective, ou de préjugé collectif les valeurs que nous attribuons au donné, de les désarmer de leur pouvoir de fascination et d'asservissement, de les dépouiller de leurs prétentions ontologiques et de les rejeter à leur radicale vanité. Ici encore, c'est la liberté de chacun qui est délivrée de ses aliénations et rendue à la pleine conscience d'elle même et de ses capacités. Mais, cette fois-ci, ce n'est plus la liberté du jugement réduite, comme chez les stoïciens, à la liberté formelle d'un rien, en face d'un ordre universel dont il ne lui reste qu'à constater la nécessité et la perfection. C'est la liberté en acte, capable de dépasser, de faire, de créer l'action créatrice, qui s'exerce sur le donné infiniment malléable et transformable d'un être sans ordre, vide de tout sens et de toutes valeurs.

Quelle extraordinaire présence d'une paix totale, pour celui qui réussit à prendre, de toute sa raison, pour premier principe de son attitude philosophique, la neutralité absolue, dépourvue de tout lien et de toute référence, l'innocence de tout l'être donné. Paix, calme, sérénité, mais non pas bien entendu, réconfort, aide et protection. Rude délivrance, mais non pas soutien, émollient et asservissant. Lucidité fervente, et non pas sentimentalisme niais. Confronté à l'être dépourvu de sens et de valeur, l'homme se retrouve, libre de toute aliénation, mais seul avec lui-même, non seulement l'humanité toute entière seule avec elle-même, mais, en dernier ressort, chaque individu seul avec lui-même. Pour chacun cette solitude, par quoi tout le reste est nature, c'est une nouvelle naissance dans la prise de conscience de la capacité d'homme. Chacun se retrouve alors en face de l'être simplement donné, dans la dure présence de sa liberté créatrice, capable de liberté, obligé par l'existence de sa liberté à la liberté. Obligation sévère, qui laisse la liberté à elle-même, à elle seule, avec ses pouvoirs et ses limites; obligation qui, tout en témoignant de tout ce que la liberté peut avoir de fragilité, fait appel à tout ce qu'elle peut avoir de puissance.

L'homme ne doit attendre que de lui-même, et, en fin de compte, chacun ne doit attendre que de soi, le pouvoir et le droit de donner à son existence de la valeur et du sens. L'être donné ne dépend pas de nous, mais sa valeur et son sens ne dépendent, à chaque instant, que de nous seuls.

HANDELN AUS PFLICHT
PFLICHTEN GEGEN SICH SELBST UND
PFLICHTEN GEGEN ANDERE

GERHARD FUNKE (MAINZ)

Über Handeln aus Pflicht[1], Pflichten gegen sich selbst und Pflichten gegen andere[2] heute reden, stellt ein Unterfangen dar, das gerade, weil es allem Anscheine nach völlig unzeitgemäß ist, umso notwendiger sein kann. Eine permissiv zu nennende Gesellschaft, die dem einzelnen grundsätzlich alles freigibt, weiß, wie die progressive Euthanasierung von Rechtsbewußtsein und Gesetzesausübung[3] in fast allen Instanzen vom obersten Mandatar der Macht bis zum letzten Exekutor der Rechtsstaatlichkeit ausweist, mit dem Begriff der Pflicht nichts anzufangen[4]. Dies scheint jedenfalls die deutsche Situation im letzten Drittel des 20. Jahrhunderts zu kennzeichnen.

Vor zweihundert Jahren, 1768, hat Lessing das Unternehmen, den Deutschen ein Nationaltheater zu verschaffen, wo die Deutschen doch „noch keine Nation" seien, kritisiert[5]. Er sagt: „Ich rede nicht von der politischen Verfassung, sondern bloß von dem sittlichen Charakter. Fast sollte man sagen, dieser sei: keinen haben zu wollen". Über den politischen Aspekt dieses bitteren Urteils braucht kein Wort verloren zu werden; über den sittlichen Charakter aber muß sich klar werden, wer sich nicht ganz selbst

---

[1] I. Kant, *Grundlegung zur Metaphysik der Sitten* (1785), Ak. Ausg. Neudruck de Gruyter (1968), Bd. IV, 397 ff., *Kritik der praktischen Vernunft* (1788), Ak. Ausg. V, 80 ff.

[2] *Metaphysik der Sitten* (1797), Ak. Ausg. VI, 417 ff, 448 ff.

[3] Vgl. G. Funke, *Euthanasie von Rechtsbewußtsein und Gesetzesausübung?*, in: *Kritik/Autorität/Dienst*. Bericht über den Kath. Dtsch. Akademikertag Freiburg 1971 (1972), S. 173–197.

[4] „Euthanasie der reinen Vernunft" ist ein Terminus Kants in der *Kritik der reinen Vernunft*, B. 434, Ak. Ausg. Neudr. III, 282.

[5] Siehe dazu Ernst Cassirer, *Freiheit und Form* (1916), S. 502.

aufgeben will. Lessings Wort steht am Schluß der „Hamburgischen Dramaturgie"[6], einem Werk, das gerade darin seinen Rang hat, daß es der deutschen Literatur den eigenen Charakter bestimmt und gedeutet hat. Wenn wir jetzt (1975) dem etwas Entsprechendes nicht an die Seite zu stellen haben, tut eine grundsätzliche Besinnung not[7].

Pflichtbewußtsein, Pflichtgefühl, Pflichterfüllung[8] haben im 19. Jahrhundert bis zur emanzipatorischen Explosion des 20. Jahrhunderts hin als unbestrittene Ziele und Normen der Menschenbildung, nämlich der Charaktererziehung[9], gegolten. Dabei ist die inhaltliche Bestimmung dessen, was denn Pflicht sei, gemäß dem Modell der arbeitsteilig organisierten Gesellschaft, ständisch und berufsbezogen aufgegliedert, immer als fraglos gegeben und aufgegeben unterstellt worden.

Mit dem Wandel der soziokulturellen Verhältnisse hat die Forderung nach Pflichterfüllung ihre inhaltliche (so begründete) Eindeutigkeit schrittweise verloren. Pflichterfüllung wird jetzt vorzugsweise (und im sog. „wohlverstandenen Eigeninteresse") fast nur noch dem zugemutet, dem sich prinzipiell jeder Angehörige der Gesellschaft einmal ausgeliefert weiß, dem Arzt, dem Helfer in Notlagen, dem „Nächsten" in allen unvorhergesehenen Fällen, also dem stets anderen und nicht sich selbst[10].

Vor allem im Nationalsozialismus, aber nicht nur durch ihn, ist die begründete Selbstverständlichkeit der Pflichterfüllung zur bloßen (leeren) Ausführungsverantwortung für zwar gesellschaftlich vermittelte, aber nicht mehr selbst überprüfte und innerlich grundsätzlich bejahte Forderungen abgesunken. Und sie hat schließlich die Einschätzung als manipulierbarer polemischer Begriff in der Art erfahren, daß harte Verpflichtungen immer nur den anderen betreffen, während die schönen Ansprüche stets bei einem selbst gut aufgehoben sind. In der Pflicht stehen, in die

[6] G. E. Lessing, *Hamburgische Dramaturgie*, in: *Lessings Werke* (Berlin 1954), Bd. 6, S. 7–533, hier: S. 509.
[7] Vgl. R. König, *Soziologie heute* (1949), darin: *Soziologie als Gegenwartswissenschaft* (S. 9), A. Rüstow, *Ortsbestimmung der Gegenwart*, 3 Bde. (1950/1956), H. Freyer, *Theorie des gegenwärtigen Zeitalters* (1955).
[8] H. Reiner, *Pflicht und Neigung* (1950).
[9] R. Heiss, *Die Lehre vom Charakter* (1936), Ph. Lersch, *Der Aufbau des Charakters* (1938, später: *Der Aufbau der Person*), A. Wellek, *Die Polarität im Aufbau des Charakters* (1950).
[10] Vgl. G. Funke, *Kant für Mediziner?*, in: *Philosophia naturalis* Bd. 15, H. 3 (1975).

Pflicht genommen werden, einem Pflichtenappell ausgesetzt sein, das sind entweder leere Vokabeln geworden oder sie werden in die Nähe eines obrigkeitsfrommen Denkens oder kadavergehorsamen Verhaltens gerückt.

Wenn in der unmittelbaren Gegenwart die Notwendigkeit kritischer Orientierung und die Unerläßlichkeit persönlicher Entscheidung in einer jeweils wechselnden geschichtlich-gesellschaftlichen Situation betont wird, so kann dies als Rückruf zur Mündigkeit der Vernunft[11] nur dann begrüßt werden, wenn die kritisch-verantwortungsvolle Überprüfung jeder konkreten Lage und aller darin zu vollziehenden Handlungen eine prinzipielle Selbstkritik einschließt und nicht eine (im übrigen gar nichts kostende) bloße Fremdkritik bleibt.

Daß Pflicht svw. Pflege, Dienst, Obliegenheit, d.h. Selbsthingabe an eine andere Person ist und, daß sie vor allem die Einnahme eines auch äußeren Verhaltens einschließt, auf das ein anderer innerlich, nicht äußerlich und nicht politisch, Anspruch hat, ist aus der philosophischen Ethik durchaus bekannt. Es ist das Zutuende, das Erforderliche, Nötige (τὸ δέον) überhaupt, also das mir Obliegende (τὸ καθῆκον) in der Sprache der Stoa gesprochen; und es ist im Christentum das, was gegen Gott, gegen den Mitmenschen, gegen sich selbst zu tun ist.

Subjektiv bezeichnet Pflicht ein Sollen, dem ich mich zwar nicht entziehen kann, das aber nicht aus einem Zwang der Sachen folgt, sondern das als ein Nicht-Müssen die von innen erlebte, die vernünftig akzeptierte Nötigung darstellt, die etwa (Kantisch formuliert) in der „Achtung fürs moralische Gesetz"[12] vorliegt, wobei die Notwendigkeit einer daraus resultierenden Handlung, also einer durch Pflicht bestimmten Leistung im Gegensatz zum natürlichen Mechanismus der sinnlichen Triebe[13] und zum affek-

---

[11] Die sog. Reformpädagogik, zwischen 1890 und 1930 in Europa und in den USA von kultur- und gesellschaftskritischen, soziologischen, psychologischen und anthropologischen Impulsen bestimmt, bis 1920 in die Tiefe und danach in die Breite wirkend, hat die Individualität, Aktivität, die Spontaneität des Einzelnen, die demokratische Lebensform, Ergänzung des intellektuellen Lernbetriebes, dazu Gesamtunterricht, Mitverantwortung, Erlebnisnähe, Selbständigkeit und kritisches Bewußtsein verlangt (Decroly, Dewey, Ganais, Geheeb, Gurlitt, Kerschensteiner, Key, Lichtwark, Lietz, Montessori, Pankhurst, Petersen, Scharrelmann usw.) und ist in dem letzten Punkt zu vertiefen.

[12] Kant, *Kritik der praktischen Vernunft*, Ak. Ausg. V, 73, 78, 79, 80, 84, 132, *Grundlegung z. Metaphysik der Sitten IV*, 400, 401 usw.

[13] Kant, *Zum ewigen Frieden* (1795), Ak. Ausg. Neudr. VIII, 366, 372.

tiv-emotionalen Druck der Neigungen und deren opponierenden
Bestimmungsgründen steht.

Wenn officia (wie bei Cicero, bei Ambrosius[14]) zunächst dem
nach Stand, Beruf, Religion überkommenen und übernommenen
Aufgabenkreis entstammen und in dessen Forderungen begründet
erscheinen, so wird später die Aufgabenerfüllung als solche selbst,
und zwar im historischen Verlauf, zunehmend zu einer sittlichen
Forderung, womit Pflicht dann ganz allgemein schlicht zum Sy-
nonym für ein sittlich gefordertes Verhalten wird und endlich gar
die sittliche Forderung selbst bezeichnet. Kant hat das Wesen
der Pflicht als unbedingtes Sollen bestimmt[15], und die Frage ist,
wie das zu verstehen sei.

Sind Pflicht und Verpflichtung nun ihrer Herkunft nach aus
einem vernünftigen Gesetz zu erklären, das der Mensch sich selbst
gibt, dann stellt sich die Frage, ob die faktische Aushöhlung des
Pflichtbewußtseins und die Herunterwirtschaftung des Pflicht-
gedankens im 20. Jahrhundert nicht vielleicht ein Indiz für den
Verfall dieser Vernunft darstellt. Weiter wird unter Pflichtbewußtsein das Innewerden der Pflicht bezeichnet, wie sie rational
und deutlich bestimmt erscheint, und wird unter Pflichtgefühl
verstanden, was in stärker emotionaler Weise als verbindlich akzeptiert wird, so ist in jedem Fall auch eine dieserart populär
umschriebene Pflichtauffassung am Ausgang des 20. Jahrhunderts
anscheinend keine bestimmende Realität mehr und ein Pflichten-
standpunkt im Sinne Kants schon gar nicht. Kurz: die philosophische Bestimmung des Pflichtdenkens ist de facto verloren gegangen in einer Epoche, die sich in bestimmten Repräsentanten
sogar etwas darauf zugute tut, durchaus unphilosophisch zu sein,
und pragmatisches Denken für einen Standpunkt hält.[16]

An einer entscheidenden Stelle seiner „Wissenschaftslehre" hat
Fichte festgehalten, was für eine Philosophie man wähle, hänge
davon ab, was man für ein Mensch sei, denn ein philosophisches
System sei „nicht ein toter Hausrat, den man ablegen oder annehmen könnte, wie es uns beliebte, sondern es ist beseelt durch

---

[14] Cicero, *de officiis* (44/43 v.Chr.), Ambrosius, *de officiis ministrorum* (386 n. Chr.).
[15] Kant, *Grundlegung IV*, 454.
[16] Bei Kant heißt „pragmatisch" das Handeln, das sittlichen Zwecken dient, also
das Gegenteil dessen, was der sog. Pragmatiker tut.

die Seele des Menschen, der es hat"[17]. Insofern sehen wir uns stets, wenn wir über das Handeln aus Pflicht Auskunft brauchen, an Kant verwiesen, der den Pflichtgedanken *so* begründete, daß wir ihm nicht ausweichen können. Als Nachgeborene können wir Fichtes Satz dann dahingehend umkehren[18], daß wir sagen: „Was für ein Mensch man werde, hängt davon ab, was für eine Philosophie man wähle" (wenn wir nämlich die Kantische wählen ... oder verwerfen).

Kant ist den Zeitgenossen und den Späteren als die disziplinierte, beherrschte (als die „eingefaßte") Willenskraft erschienen. Er selbst hat sein hohes Alter ein „Kunststück" genannt, das unausgesetzter Wachsamkeit, genau geplanter Lebensführung und aufmerksamer Selbstzucht bedurfte und ihr abgerungen werden mußte. Die erstaunliche und manchmal beunruhigende Festigkeit des Kantischen Charakters war schon für die ersten Biographen „ganz ein Werk der Kunst" (Jachmann); und auffallend blieb, aber auch von Kant nicht wegdenkbar, sein offenes Bestreben, durchaus „nach begründeten Grundsätzen zu verfahren in allem" (Borowski)[19]. Das „Verfahren nach Grundsätzen" hat Kant in seiner Ethik direkt zur Pflicht erhoben[20], die nicht erlaubt, „sich gehen zu lassen", und die der „Gründung eines Charakters"[21] vorausgeht, was sich wieder z.T. aus dem „Überdruß am schwankenden Zustand des Instinkts" erklärt. Kant erklärt unmißverständlich:

„Wenn es irgend eine Wissenschaft gibt, die der Mensch wirklich bedarf, so ist es die, welche ich lehre: die Stelle geziemend auszufüllen, welche dem Menschen in der Schöpfung angewiesen ist, und aus der er lernen kann, was man sein muß, um ein Mensch zu sein."[22] In diesem Fragment aus dem Nachlaß wird deutlich,

---

[17] J. G. Fichte, *Erste Einleitung in die Wissenschaftslehre* (Philos. Journal 1797), in Philos. Bibl. Bd. 239 (1920, 1954), S. 21.
[18] S. K. Vorländer, *Kant-Schiller-Goethe* (1907), S. 55.
[19] Vgl. Darstellung des Lebens und Charakters Immanuel Kants von Ludwig Ernst Borowski – Immanuel Kant, geschildert in Briefen an einen Freund von Reinhold Bernhard Jachmann – Immanuel Kant in seinen letzten Lebensjahren. Ein Beitrag zur Kenntnis seines Charakters und seines häuslichen Lebens aus dem täglichen Umgang mit ihm von E. A. Ch. Wasianski (Königsberg 1804).
[20] A. Gehlen, *Über Kants Persönlichkeit*, in: *Theorie der Willensfreiheit und frühe philosophische Schriften* (1965), S. 304–311.
[21] Kant, *Anthropologie in pragmatischer Hinsicht* (1798), Ak. Ausg. Neudr. VII, S. 295.
[22] *Fragmente aus dem Nachlaß*, hrsg. v. K. Rosenkranz (1838/40) XI, 239, G. Hartenstein (1868), VIII, 624.

daß Kants Interesse von einer durch und durch praktischen d.h.
gerade nicht partikular-pragmatischen, sondern einer allgemein-
vernünftigen Absicht getragen ist und dem ganzen Menschen gilt:
es geht nicht um eine metaphysische Spekulation um ihrer selbst
willen; und die transzendentale Reflexion auf die Bedingungen
der Möglichkeit der Erfahrung, welche zugleich Bedingungen der
Möglichkeit der Gegenstände der Erfahrung sind[23], bzw. die subtile Deskription der Funktion der Vernunft geschieht nicht dem
Fachmann, dem ,,Pöbel der Vernünftler" zuliebe[24], sondern sie
geschieht, um endlich etwas lehren zu können, was für alle fest-
steht, und um den ,,Chicanen einer falsch belehrten Vernunft"[25],
d.h. um den für Kant so verhaßten ,,Vernunftkünsteleien"[26] und
ihrem ,,anarchischen Unfug" entgegenzutreten, den es nur gibt,
weil ,,Gelehrte glauben, es sei alles um ihretwillen da"[27].

Wenn Kant lehren will, was man sein muß, um ein Mensch zu
sein, muß er plausibel machen, daß der Mensch bei aller Tierheit
und obwohl er aus ganz krummen Holz geschnitzt in die Erscheinung tritt, doch eben praktische Vernunft ist, das heißt, daß es
für ihn ein vernünftiges Sollen gibt. Mögen wir uns selbst fallweise je Sollensforderungen noch so sehr entziehen wollen, wir
erkennen sie prinzipiell doch dadurch an, daß wir sie mindestens
anderen gegenüber immer wieder erheben. Ein Sollen aber, das
kein Müssen ist, das also nicht mit naturgesetzlicher Notwendigkeit sich vollzieht, ist sinnvoll nur unter der Voraussetzung von
Freiheit. Auch wenn Freiheit kein Gegenstand der empirischen
Erfahrung ist und je sein kann, muß sie als Bedingung der Möglichkeit von so etwas wie Sollen angenommen und unterstellt
werden. Das bedeutet es, wenn Kant sagt, ,,es wird der subtilsten
Philosophie eben so unmöglich, wie der gemeinsten Menschen-
vernunft, die Freiheit wegzuvernünfteln"[28].

Wenn nun, was ich tun soll, an dem orientiert ist, was aus der
Achtung fürs moralische Gesetz folgt, und wenn das durch eine
solche Achtung bestimmte Handeln Pflicht heißt, dann zieht

[23] Kant, *Kritik der reinen Vernunft* B 197, Ak. Ausg. Neudr. III, 145.
[24] B 697, Ak. Ausg. III, 442.
[25] B 207, Ak. Ausg. III, 151.
[26] Kant, *Logik (Einl. III)*, Ak. Ausg. Neudr. IX, 24 ff, und *Über die Fortschritte der Metaphysik* (Schluß von Nr. II).
[27] *Fragmente aus dem Nachlaß*, hrsg. G. Hartenstein (1868), VIII, 621.
[28] Kant, *Grundlegung*, Ak. Ausg. IV, 456.

solche Pflicht einen Konflikt zwischen Vernunft und Einsicht einerseits und Neigung bzw. sinnlichem Interesse andererseits nach sich. Dieser Konflikt, der zum Wesen der gedoppelten Natur des Menschen[29] gehört, erklärt sich daraus, daß das natürliche Sein den einzelnen auf *einen* Weg bringt, das Seinsollen auf einen *anderen*[30].

Kant unterscheidet nun in der Philosophie vom Schulbegriff den Weltbegriff dieser Wissenschaft. Man fragt immer, wozu das Philosophieren diene und welches denn der „Endzweck" der Philosophie selbst als Wissenschaft nach dem Schulbegriffe sei. In dieser Bedeutung des Wortes geht Philosophie nach Kant auf Geschicklichkeit d.h. auf Erklärung und Begründung des Gegebenen, auf die Rettung der Phänomene; in Bezug auf den Weltbegriff dagegen geht sie auf Weisheit, d.h. auf das, was durch Vernunft aufgegeben ist, wobei der einzelne als autonom, als Gesetzgeber und nicht nur als natürlichen oder konventionellen Gesetzen unterworfen postuliert wird. Das heißt, nach dem Weltbegriff ist diese Philosophie „die Wissenschaft von den letzten Zwecken der menschlichen Vernunft"; und „dieser hohe Begriff gibt der Philosophie Würde, d.i. einen absoluten Wert"[31].

Kant hat es nun gegenüber den in allen Sätteln gerechten „Koalitionssystemen" seines „synkretistischen Zeitalters"[32] für die „größte Obliegenheit eines Philosophen"[33] erklärt, gerade den Gegensatz von Pflicht und Neigung deutlich ins Bewußtsein zu heben und mit dem „peinlichen", d.h. dem genauen Verfahren des „Geometers" oder des „Chemisten", das heißt durch das ihm vertraute Prinzip der Scheidung, beide Momente reinlich zu trennen[34]. Als Bestimmungsgrund für das ethische Verhalten[35] bleibt immer allein die „Achtung fürs moralische Gesetz" übrig[36], aus der heraus zu handeln Pflicht ist – weil nur so die Allgemeinheit des Vernünftigen erreicht und die Caprice des Interesses außer Kraft gesetzt werden kann. Das bedeutet genau: „die Handlung, die ... mit Ausschließung aller Bestimmungsgründe aus Neigung

---

[29] Kant, *Streit der Fakultäten* (1798), in Ak. Ausg. VII, 70.
[30] Kant, *Kritik der Urteilskraft* (1790), Ak. Ausg. Neudr. Bd. V, § 76, 403.
[31] Kant, *Logik*, in Ak. Ausg. IX, 23–24.
[32] V, 24 (33), V, 24.
[34] So K. Vorländer, *Kant-Schiller-Goethe*, S. 61.
[35] Kant, *Kritik der praktischen Vernunft*, Ak. Ausg. V, 20 ff.
[36] V, 73, 78, 79, 80, 84 usw.

objektiv praktisch ist, heißt Pflicht"[37]. Edle Regungen, schöne
Gefühle, zarte Neigungen, so freundlich und anerkennenswert sie
sind, müssen demnach strikt als mögliche Bestimmungsgründe
zurückgewiesen werden, weil sie die Möglichkeit eines sittlichen
Gesetzes, also eines Allgemeinen und von partikularen Interessen
Freien verfehlen.

Wenn die hypothetischen Imperative nach dem Muster gebaut
sind, wenn du A willst, mußt du B tun, (womit nichts darüber
ausgesagt ist, ob man überhaupt A wollen sollte), so kennen die
kategorischen Imperative ein solches Wenn-So-Verhältnis nicht;
sie stipulieren, was bedingungslos gilt, das heißt, was losgelöst
von den je besonderen und partikularisierenden Neigungen verlangen kann, aus Einsicht anerkannt zu werden. In der Kantischen
„Grundlegung zur Metaphysik der Sitten" (1786) wie in der ‚Kritik der reinen Vernunft" (1788) geht es darum, den reinen Willen
vom unlauteren prinzipiell zu unterscheiden und die Bedingungen
in den Blick zu rücken, die im einen bzw. im anderen Falle gelten
– auch wenn es einen wirklich reinen, d.h. einen ganz rein
bestimmten, nur durch Achtung fürs moralische Gesetz geleiteten
und der Vernunft allein folgenden Willen faktisch niemals geben
sollte.

In der „Metaphysik der Sitten" (1797) herrscht dahingegen der
psychologische Gesichtspunkt vor[38]: es werden direkt die Maximen für die konkrete Handlung gesucht und geprüft[39]. Dabei
enthält der Pflichtbegriff immer etwas von einer Nötigung „der
freien Willkür durchs Gesetz"[40]. Was jedoch Gesetz werden kann,
bedarf der Beurteilung durch den mündigen Einzelnen, der sich
selber in einen „Selbstzwang"[41] nimmt: Selbstzwang besteht,
wenn ein Zweck der reinen Vernunft zum Gegenstand der subjektiven Bestimmung gemacht wird[42]; und konventionelle Gesetze
besitzen somit ihr Gewicht eigentlich erst dann, wenn sie solchen
Selbstzwang passiert haben.

Für die Ableitung der besonderen sittlichen Vorschriften zeigt

---

[37] V, 80.
[38] Friedrich Delekat, *Immanuel Kant* (1962, 1966²), bes. S. 317 ff. Siehe auch Kant,
Kritik der praktischen Vernunft, V, 137.
[39] Kant, *Metaphysik der Sitten*, Ak. Ausg. VI, 388.
[40] *Metaphysik der Sitten*, VI, 379.
[41] VI, 380.
[42] VI, 380.

sich nun der kategorische Imperativ in der Form der Wahrung
der Menschenwürde als zureichend[43]. Dieser Satz bestimmt positiv und negativ die Richtung von Kants sogenannter ,,Tugend-
lehre", dem zweiten Teil der ,,Metaphysik der Sitten". ,,Würde"
nämlich kann nur einem vernünftigen Wesen zugesprochen werden, ,,das keinem Gesetz gehorcht als dem, das es zugleich selbst
gibt"[44]. Wenn nun die gesollte, insofern tugendhafte Gesinnung
in der Wahrung der Menschenwürde besteht, so kann es Pflichten
nur zwischen Menschen geben, nicht jedoch Pflichten gegen Tiere
und nicht Pflichten gegen Gott. Es mag vielleicht eine Pflicht
gegen uns und gegen unsere Mitmenschen sein, Tiere so zu be-
handeln, daß wir uns nicht gemein dabei machen und unsere vernünftige Beherrschung verlieren. Und von Pflichten gegenüber
einem höheren Wesen kann bestenfalls im Zusammenhang eines
religiösen Glaubens, nicht aber in einer Sittenlehre die Rede sein,
welche die Anwendung des kategorischen Imperativs, also der
unbedingt geltenden Sollensforderung, auf die Erfahrung als Aufgabe hat: der Gegenstand des Glaubens stellt aber gerade keinen
Gegenstand der Erfahrung dar.

In der ,,Metaphysik der Sitten" (1797) soll also gezeigt werden,
wie auf Grund eines Gebots der Vernunft gehandelt werden soll[45].
Diese ,,Metaphysik" bleibt dabei Lehre vom apriorischen Ursprung der sittlichen Gesetze, wobei der Ausdruck ,,moralische
Gesetze" im Gegensatz zu dem Ausdruck ,,physische Gesetze"
steht, deren Ermöglichungsbedingungen die Schrift ,,Metaphy-
sische Anfangsgründe der Naturwissenschaft" (1786) entwickelt,
welche systematisch als Pendant zu denken ist.

Was Metaphysik aber nach den Darlegungen der gesamten
Kantischen Transzendentalphilosophie überhaupt nur heißen
kann, ist klar: ,,Metaphysik der Sitten" ist die Lehre von den
,,Gesetzen der Freiheit". Pflichten gibt es allein für den, für den
solche ,,Gesetze der Freiheit" gelten können, d.h. für den, der
nicht prinzipiell naturbestimmt ist, sondern eben vernunftbe-
stimmt zu sein mindestens die Möglichkeit hat. Wer durchgängige
Naturbestimmtheit behauptet, für den freilich lösen sich Zurech-

---

[43] Vgl. W. Windelband, *Die Geschichte der neueren Philosophie*, Bd. II (1880,
1904³), S. 135.
[44] *Grundlegung zur Metaphysik der Sitten*, IV, 434
[45] *Metaphysik der Sitten*, VI, 216.

nungen beim Handeln in Absurdität auf, für den müssen aber
auch alle je erhobenen Forderungen einen Nonsens darstellen –
denn gegenüber dem, was mit Naturnotwendigkeit eintritt, Forderungen zu erheben, ist sinnlos, abgesehen davon, daß es un-
wirksam bleibt. Entweder es fällt somit das Dogma von der
durchgängigen oder weitestgehenden Naturbestimmtheit des
Menschen, dann können Forderungen, Aufrufe, Verpflichtungen
ihr Recht behaupten; oder es fällt dieses Dogma nicht, dann sind
Appelle, die an den sowieso eintretenden Naturverlauf gerichtet
werden, der nichtigste Unfug, den man sich denken kann, und
noch nicht einmal von Selbstentlastungswert.

Wer also Vernunftsbestimmung, Mündigkeit für sich in Anspruch nimmt oder für andere fordert, kann ohne Selbstwider-
spruch nicht die These der materiellen, mechanischen, sozialöko-
nomischen Rundumbestimmung und der Unmöglichkeit von so-
etwas wie Spontaneität, Eigeninitiative, Selbstverantwortung
vertreten. Daraus folgt: ,,eine praktische Philosophie, welche
nicht Natur, sondern die Freiheit der Willkür zum Objekt hat,
wird eine Metaphysik der Sitten voraussetzen und bedürfen, d.i.
eine solche zu haben ist Pflicht". Solche ,,praktische", d.h. ver-
nunftbestimmte Philosophie ,,kann nicht auf Anthropologie gegründet" werden, muß aber immerhin ,,doch auf sie angewandt
werden" dürfen[46].

Es ist stets im Auge zu behalten, daß die Ethik also nicht
Anthropologie und nicht Psychologie ist. Sie beschäftigt sich
nicht mit den Gesetzen der Handlungen, wie sie wirklich hier so,
dort anders vorliegen, sondern sie fragt, wie die Maximen der
Handlungen aussehen müssen, die für ethisch gelten dürfen. Die
ethischen Pflichten sind dabei gegenüber den juridischen, d.h. die
Tugendpflichten sind gegenüber den Rechtspflichten von weiterer,
diese bleiben von engerer Verbindlichkeit;[47] jene sind nicht, diese
sind sehr wohl erzwingbar, jenen eignet dafür moralische Qualität, diesen hingegen nur Legalität.

Das heißt: da es dem Menschen nicht möglich ist, ,,so in die
Tiefe seines eigenen Herzens einzuschauen[48], daß er jemals der
Reinheit seiner moralischen Absicht wirklich sicher und von ,,der

[46] VI, 217.
[47] VI, 390, 392.
[48] VI, 392.

Lauterkeit seiner Gesinnung" bei auch nur einer Handlung tatsächlich überzeugt sein kann, ist dies auch nicht das Kriterium für die Sittlichkeit einer Handlung. Das Gesetz, d.h. die Achtung fürs moralische Gesetz, die Pflicht ist, gebietet, daß eine bestimmte Maxime (eben die, die allgemein werden kann) gewählt werde, daß also ,,zu allen pflichtmäßigen Handlungen der Gedanke der Pflicht für sich selbst hinreichende Triebfeder"[49] sei.

Hier, in der Innerlichkeit der Wahl und der Selbstbestimmung ist nichts erzwingbar; erzwingbar sind allein Verhaltungen, die solchen inneren freien Vernunftbestimmungen konform aussehen können, ohne es deshalb unbedingt sein zu müssen. Die Legalität und Konformität der äußeren Handlungen beweist jedoch schlechterdings nichts für eine Moralität der Gesinnung, d.h. dafür, daß der Bestimmungsgrund der Handlung wirklich nur die vernünftige Einsicht und die Wahl des Allgemeingültigen war – ohne alle Beimischung möglicher anderer (neigungshafter, interessierter, partikularer) Gesichtspunkte.

Bei der Unterscheidung der Pflichten in solche gegen sich selbst und solche gegen andere bleibt in einem wie im anderen Fall ausschlaggebend die Wahrung der Würde des Menschen, die in der freien Selbstbestimmung liegt und das Herabdrücken auf das Niveau einer bloß von außen gelenkten und von dorther quasi manipulierbaren Instanz verbietet. Wir sehen Kant im einzelnen verlangen, daß der Mensch sich niemals selbst wegwerfe (sich entleibe, verstümmele, aufgebe[50]), daß er nie sein Recht mit Füßen treten lasse[51], daß er alles tue, was ihn körperlich und geistig in seinem sittlichen Vermögen befördere[52], und dazu gehört u.a., daß jeder einzelne gegen sich wie gegen andere die Pflicht der Wahrhaftigkeit beobachte, die die Grundlage möglicher Sittlichkeit darstelle[53].

Nicht in etwaigen schädlichen Folgen wird die Verwerflichkeit von Unaufrichtigkeit, Unehrlichkeit, Lüge gesehen, sondern allein darin, daß sie den Menschen in seiner Autonomie d.h. in seiner Bestimmung zum möglichen Besseren, eben zum einsichtsvoll Bejahten, selber schändet, d.h. daß sie in ihm das Gefühl

[49] VI, 393.
[50] VI, 421 ff.
[51] VI, 461.
[52] VI, 445.
[53] VI, 429 ff.

seiner sittlichen Würde, beginnend mit dem Zweifel an der eigenen Anständigkeit, rettungslos untergräbt. Wahrhaftigkeit heißt hier wirklich In-der-Wahrheit-Stehen. Und dieser Wert wird nicht durch einen Akt der Willkür so hoch gestellt, sondern weil die Respektierung des eigentlichen Menschseins (also seiner Würde) als selbstbestimmender, selbstgesetzgebender, vernünftiger Instanz stets beim einzelnen selbst zu beginnen hat: wo denn sonst?

Diese Pflicht des Menschen gegen sich selbst steht am Anfang. Wer sie nicht wahrnimmt, kann mit Bezug auf andere kaum Pflichten statuieren. Wenn Kant (z.B. gegen Benjamin Constant) in der kleinen Schrift „Über ein vermeintes Recht, aus Menschenliebe zu lügen" (1797) begründet, daß es eine sittliche Verteidigung dafür nicht gebe[54], so steht dahinter immer der Albdruck der Selbstaufhebung von jeglicher Ermöglichungsgrundlage für die Erreichung von Sittlichkeit überhaupt: es sei deshalb eher zu verantworten, daß das sinnliche Leben eines einzelnen Menschen Eintrag erfahre, als daß die sittliche Würde und damit das eigentümliche Menschsein überhaupt vernichtet, d.h. von den Grundlagen her verunmöglicht würde.

Was nun „die Pflicht des Menschen gegen sich selbst bloß als moralisches Wesen (ohne auf seine Tierheit zu sehen) betrifft[55], so besteht sie formal in der „Übereinstimmung der Maximen seines Willens mit der Würde der Menschheit in seiner Person"[56]. Er kann sich nicht, d.h. er kann sich vernünftigerweise nicht des Vorzugs berauben, nicht nur ein animalisches, instinktgetriebenes, affektbewegtes Wesen der Sinnlichkeit und der Neigungen zu sein, sondern als moralisches Wesen „nach Prinzipien handeln" zu können. Seine innere Freiheit aufzugeben und sich zum Spielball seiner Neigungen, damit sich selbst „also zur Sache" zu machen, das kann er nicht im Ernst mit sich vorhaben, sofern er tatsächlich praktische, nämlich einsichtige autonome Vernunft ist.

Lüge[57], Geiz[58], falsche Demut[59] (die Kant in solchem Zusam-

---

[54] Ak. Ausg. Neudr. VIII, 423–430. Es geht nicht um ein Recht auf Wahrheit sondern auf Wahrhaftigkeit (VIII, 426).
[55] *Metaphysik der Sitten*, VI 420.
[56] VI, 420.
[57] VI, 429.
[58] VI, 432.
[59] VI, 434.

menhang ausdrücklich anführt) stehen dem moralischen Wesen
als solchem insofern entgegen, als sie es „sich zum Grundsatz"
machen, überhaupt keinen Grundsatz zuzulassen „und so auch
keinen Charakter zu haben"[60]. Solcherart auch verfahren, das
nennt Kant sich wegwerfen und sich selbst „zum Gegenstand der
Verachtung" machen.

Das erste Gebot aller Pflichten gegen sich selbst[61] ist dann
leicht abzuleiten. Es lautet: „erkenne (erforsche, ergründe) dich
selbst nicht nach deiner physischen Vollkommenheit . . ., sondern
nach der moralischen in Beziehung auf deine Pflicht – dein Herz –,
ob es gut oder böse sei, ob die Quelle deiner Handlungen lauter
oder unlauter"[62] sei und was wohl zur „Substanz des Menschen"
und was „zum moralischen Zustand" gehören mag.

Hier ist nicht von pragmatischen und nicht von progressiven
Gesichtspunkten die Rede, nicht von dem, daß ich etwas vom
anderen zu erwarten und zu beanspruchen hätte, sondern zunächst wird einfach von dem gesprochen, was ich jeweils für mich
zu leisten habe und was jedem einzelnen zunächst erst einmal
selbst zuzumuten ist. Diese verlangte „moralische Selbsterkenntnis . . . ist aller menschlichen Weisheit Anfang"[63]. Um sie zu
erreichen, bedarf es der „Wegräumung der inneren Hindernisse
(eines bösen und ihm genistelten Willens)". Mit Kants Worten bedeutet das jedoch dies: „nur die Höllenfahrt des Selbsterkennt-
nisses bahnt den Weg zur Vergötterung"[64].

Pädagogisch hat dies zur Folge, daß der einzelne zuerst und vor
allem zur Wahrheitsliebe erzogen und daß ein sittlicher Wider-
wille schon von Anfang an gegen jede Lüge eingepflanzt werde,
ohne die der Mensch eben durchaus „nichtswürdig" bleibe[65].
Entziehung der Achtung wird dann umgekehrt die zweckmäßig-
ste und angemessene Beantwortung der Lügenhaftigkeit sein[66] –
eine Regel, die unabhängig von jedem historischen Kontext gilt.

Die Quintessenz der Auffassung über die „Pflichten gegen sich
selbst" ist es, nicht seine „Begierden und Leidenschaften zu

[60] VI, 420.
[61] VI, 441.
[62] VI, 441.
[63] VI, 441.
[64] VI, 441.
[65] Kant, *Pädagogik*, in: Ak. Ausg. IX, 480.
[66] IX, 484.

befriedigen", sondern die eigene Selbstbestimmung, damit zugleich die Würde des Menschen als Menschen zu bewahren, die diesen Menschen "vor allen Geschöpfen adelt". Und Pflicht jedes einzelnen ist es weiter, "die Würde der Menschheit in seiner Person nicht zu verleugnen"[67]. Das ist zugleich etwas, was kein anderer ihm abnehmen oder für ihn tun kann; und da solches für *jeden* Menschen gilt, beginnt mit dieser Pflicht gegen sich selbst die Menschlichkeit – wobei Unwahrheit, Selbsterniedrigung, Kriecherei als Folie die hervorstechenden Formen der Verleugnung der "Würde des Menschen" darstellen[68], in denen der Grund des Nicht-Sittlichen manifest wird, und die ein unerschöpfliches Thema der Kulturkritik bilden könnten.

Bei Kant tritt nun mit der Behandlung im einzelnen eine peinlich gewahrte Bemühung hinzu, über das Grundsätzliche hinaus festzustellen, in welcher besonderen Weise und innerhalb welcher spezifischen Grenzen die Pflichten des Menschen gegen sich selbst bei den geringsten Wechselfällen des Lebens aufrecht zu erhalten und zu beobachten seien[69] – bis hin zu den Regeln der Höflichkeit, des Umgangs, der gesellschaftlichen Vergnügung usw. Alle Pflichten gegen sich selbst und gerade die peinlichst gehüteten bleiben freilich in Ansehung des Zwecks der Menschheit in unserer eigenen Person immer nur unvollkommene Pflichten.[70] Denn nochmals: da die Tiefen des menschlichen Herzens unergründlich sind, kann keiner wirklich feststellen, ob die "Triebfeder zur Pflichtbeobachtung" tatsächlich gänzlich "aus der Vorstellung des Gesetzes hervorgeht", oder ob nicht doch "manche andere sinnliche Antriebe mitwirken"[71]. Der "Neigungsverdacht" ist hier (analog zum "Ideologieverdacht" der modernen Auguren an anderer Stelle) nie ganz zu beseitigen; und durch nichts kann überzeugend bekräftigt werden, daß etwas nur aus Pflicht geschehen sei. Und so gibt es objektiv nur eine Tugend, und das ist die wirklich "sittliche Stärke der Maximen", die uns lenken.

Der vielbeschworene, aber prinzipiell vollkommen einsichtige sogenannte Rigorismus Kants tritt bei der Behandlung der Pflich-

---

[67] *Pädagogik IX*, 488.
[68] IX, 489.
[69] Siehe die Behandlung kasuistischer Fragen in der *Metaphysik der Sitten*, Ak. Ausg. VI, 423, 426, 428, 431, 433, 437, 454, 458.
[70] VI, 447.
[71] VI, 447.

ten gegen andere in anderer Weise, aber nicht minder deutlich hervor[72]. Verhaltensweisen dem anderen gegenüber, die aus einem natürlichen Gefühl hervorgehen, können einen sittlichen Wert nicht zuerkannt bekommen, wie aus der „Pathologie des Mitleids" hervorgeht, und gehören deshalb nicht in die Moral[73]. Das ist die These. Und es erklärt sich diese Stellungnahme wie folgt: wenn ein Mensch einen anderen nicht leiden sehen kann, so mag daraus eine bestimmte positive Folge resultieren, die aber dennoch nur von einem verfeinerten Eigeninteresse her zu verstehen ist. Einen sittlichen Wert besässe die Handlung dabei nur dann, wenn sie aus jener Gesinnung hervorgegangen wäre, welche das Wohltun als Pflicht erkannte, und zugleich anerkannte, dies im Gegensatz zur eigenen Neigung, evtl. sogar gegen das sogenannte wohlverstandene Eigeninteresse aus der verlangten Achtung heraus völlig unbeirrt auch zu leisten.

Wenn Schiller[74] in den den „Philosophen" in den Mund gelegten Xenien (1796) unter dem Stichwort „Gewissensskrupel" gegen Kant einwenden läßt:

Gerne dien' ich den Freunden, doch tu' ich es leider mit Neigung, Und so wurmt es mich oft, daß ich nicht tugendhaft bin, bzw. wenn er unter dem Titel „Entscheidung" sagen läßt: Da ist kein anderer Rat, du mußt suchen, sie zu verachten, und mit Abscheu alsdann tun, wie die Pflicht dir gebeut, so ist dies an Kant vorbeiargumentiert, denn es ist etwas durchaus Verschiedenes, ob etwas *aus* Neigung oder *mit* Neigung (begleitet von Neigung) geschieht: der Bestimmungsgrund stellt das Entscheidende dar; und da kann Kants Auffassung nicht unklar sein. Es bleibt allerdings dann, nochmals mit Schiller, dabei, was er vorher erklärte: Auf theoretischem Feld ist weiter nichts mehr zu finden, aber der praktische Satz gilt doch: du kannst, denn du sollst, worauf der Adept entgegnet:

Dacht' ich's doch! Wissen sie nichts Vernünftiges mehr zu erwidern,
schieben sie's einem geschwind in das Gewissen hinein!

[72] VI, 448 ff.

[73] Über das Pathologische des Gefühls siehe *Kritik der praktischen Vernunft*, V, 75 usw., über Mitleid VI, 456 ff.

[74] Vgl. hierzu K. Vorländer, *Kant-Schiller-Goethe*, S. 43 ff. In den gleichen Zusammenhang gehören: Der Strengling und der Frömmling – Moralische Schwätzer – Moral der Pflicht und der Liebe.

Wie dem auch sei, das Epigramm über ,,Kant und seine Ausleger" behält in jedem Falle recht, ob es schmeichelhaft ist oder nicht: Wie doch ein einziger Reicher so viele Bettler in Nahrung setzt! Wenn die Könige bau'n, haben die Kärrner zu tun[75].

Den Tugendpflichten aus Liebe gegen andere (wie Wohlwollen, Dankbarkeit, Teilnahme d.h. Mitfreude und Mitleid[76]) stehen die unübersehbaren Regungen des Menschenhasses[77] (mit Neid, Undankbarkeit und Schadenfreude[78]) gegenüber. Auch die Tugendpflichten aus Achtung[79], die die Anerkennung einer Würde (dignitas) an anderen Menschen beinhalten, also auf einen Wert ausgehen, der ,,keinen Preis hat", besitzen ihre besonderen Formen der Verletzung, die man kennen kann (– etwa im Hochmut, in der üblen Nachrede und in der offenen Verhöhnung[80]). Die Selbstherabwürdigung, die in diesen Formen der Achtungsbeeinträchtigung des anderen als Menschen liegt, ist Kant und seiner Zeit im Gegensatz zu späteren Epochen durchaus evident gewesen: wer nämlich die Selbstbestimmung und Selbstverantwortung beim anderen nicht anerkennen kann, beweist damit, daß sie ihm das höchste Gut des Menschen nicht darstellt, sonst müßte er sie gelten lassen, wo sie auftritt, also auch beim anderen. Wer hier dem anderen etwas versagt, etwa Achtung, trifft im Grunde sich selbst (als Mensch).

Kants Begriff des sittlichen Lebens setzt offenbar einen Primat des Vernünftigen gegenüber dem Sinnlichen (dessen was allgemein werden kann, gegenüber dem, was partikular interessant bleibt) voraus; und der Sieg der Achtung vor dem moralischen Gesetz über die sinnlich-natürliche Getriebenheit des Menschen bezeichnet eigentlich erst das, was man humanitas[81] nennen könnte. Einen Fehlschluß stellt es nun dar, wollte man sagen,

---

[75] Über das ,,akademische Karrenführen" hat sich Schiller am 16. Mai 1790 zu Körner geäussert. Trotz der Kritik in den *Xenien* bleibt Schillers Auffassung jedoch eindeutig: ,,Das Reich der Vernunft ist ein Reich der Freiheit, und keine Knechtschaft ist schimpflicher, als die man auf diesem heiligen Boden erduldet. Aber viele, die sich ohne innere Befugnis darauf niederlassen, beweisen, daß sie nicht frei geboren, bloß frei gelassen sind," in: *Briefwechsel, Kritische Gesamtausgabe*, 7 Bde. hrsg. von F. Jonas (1892/6), III, 328.
[76] Wohlwollen VI, 452, Dankbarkeit 454, Mitfreude/Mitleid VI, 456.
[77] VI 458.
[78] Neid VI 458, Undankbarkeit VI, 459, Schadenfreude VI, 460.
[79] VI, 462.
[80] VI, 465, 466, 467.
[81] *Metaphysik der Sitten VI*, 456.

daß das Sittengesetz dadurch an Wert verliert, daß es nicht nur *aus* Pflicht sondern auch *mit* Neigung erfüllt wird. Der Wert der aus Achtung bestimmten freien Handlung besteht darin, daß nur in Ansehung der reinen Pflicht und durch keine partikularisierenden, neigungshaften Interessen beeinflußt etwas geschieht: „Moralität" und „Legalität"[82] mögen vielleicht dasselbe erreichen, und es bleibt dennoch der Unterschied, ob etwas pflichtgemäß oder aus Pflicht[83] getan wird, doch kann es zweifellos aus Pflicht geschehen, ohne der Neigung entgegenzustehen.

Jedes Sollen hat nun Sinn, wenn man es gegen ein Müssen absetzt; und wenn die Voraussetzungen für ein Wollen, nämlich Freiheit und Selbstbestimmung, fehlen, bleiben bloß Fremdabhängigkeit und Naturbestimmung übrig. Der imperativische Charakter der Kantischen Ethik schließt eine Auffassung von der menschlichen Sinnlichkeit, von den Trieben und Neigungen ein derart, daß diese aus sich heraus und sich selbst überlassen, zwar durchaus zu sittlichkeitskonformen Ergebnissen führen können und per nefas etwas erreichen, es jedoch aus innerer Anerkennung und aus Einsicht, die den naturhaften Erscheinungen ja gerade fehlt, nicht erreichen.

Kant ist nun sicherlich kein Vertreter des ethischen Pessimismus in dem Sinne, daß seiner Meinung nach der natürliche Trieb dem Sollen des Sittengesetzes immer und notwendig widerspricht und dementsprechend überwunden werden muß: doch das Recht-handeln mir zur Maxime zu machen, das ist die Forderung, die die Ethik grundsätzlich an mich tut. Sittlichkeit und Sinnlichkeit stehen sich im Menschen nicht so gegenüber, daß die Sinnlichkeit der Achtung fürs moralische Gesetz feindlich entgegen ist, sondern nur so, daß einfach nicht alles *aus* Achtung erfolgt. Bei unaufgeklärter Vernunft ist das eben so. So braucht der einzelne das Bewußtsein der Pflicht als Norm, *wenn* die Bestimmung aus Vernunft und Einsicht in Freiheit nicht selbstverständlich statthat.

Der Freundschaft wird bei Kant eine besondere Rolle eingeräumt[84], weil sie die vollkommenste Verbindung der Tugendpflichten aus Achtung und aus Liebe insofern darstellt, als die

---

[82] *Grundlegung zur Metaphysik der Sitten IV*, 439.
[83] *Kritik der praktischen Vernunft*, V, 81.
[84] *Metaphysik der Sitten*, VI, 469.

freie Teilnahme am Wohl des anderen unter völliger Wahrung seiner Selbständigkeit und damit unter Herstellung (bzw. Respektierung) völliger Gleichheit erfolgt. „Moralische Freundschaft"[85], so heißt es, ist das völlige Vertrauen zweier Personen „in wechselseitiger Eröffnung ihrer geheimen Urteile und Empfindungen, so weit sie mit beiderseitiger Achtung gegen einander bestehen kann" – in einem Zeitalter der grundsätzlichen Auseinandersetzung ein Wort wie aus einer anderen Welt. Denn hier tritt neben Freiheit und Gleichheit das Stiefkind Brüderlichkeit auf.

In der „Kultur des gesellschaftlichen Zustandes"[86], die der Vernünftige aus innerem Antriebe betreibt und von der die Kant ausdrücklich spricht, hat der Mensch das Bedürfnis, sich anderen zu eröffnen, ohne damit etwas zu beabsichtigen. Eben dies jedoch, ohne egoistisches Interesse mit andern verbunden zu sein, ist nur durch eine „Kultur der Vernunft" möglich. Daß freilich solche „Kultur der Vernunft", die zur Einübung eines an sich guten Willens erforderlich ist, mit dem zugehörigen Handeln aus Pflicht die Erlangung von Glück auf mancherlei Weise einschränken kann, stellt eine nicht verleugnete Überzeugung Kants dar[87]: denn Glück anstreben, bedeutet, es vertreiben. Nur wer aus Pflicht handelt und damit die volle Würde der vernünftigen Selbstbestimmung wahrt, kann erhoffen, daß ihm bei einer weisen Welteinrichtung (von der wir allerdings nichts zu wissen vermögen, an die wir nur glauben können) auch Glück zuteil würde[88].

Natur und Neigung können nun einmal der Freiheit keine allgemeinen Gesetze geben, und es muß der Mensch deshalb sein „Verlangen nach Glückseligkeit völlig vom Pflichtbegriffe absondern, um ihn ganz rein zu haben". Zwar mag vielleicht nie ein Mensch seine Pflicht „ganz uneigennützig" ausgeübt haben, und er wird möglicherweise nie dorthin wirklich gelangen, „aber ... zu jener Reinigkeit hinzustreben ..., das vermag er, und das ist auch für seine Pflichtbeobachtung genug". Aus solcher Bescheidung und solcher Selbsterkenntnis folgt für Kant mitnichten ein Quietismus „unter dem Vorwande, daß (eben) die menschliche

---

[85] VI, 471.
[86] VI, 471.
[87] Kant, *Grundlegung zur Metaphysik der Sitten, IV*, 396.
[88] Über Tugend und Glück siehe B. Bauch, *Immanuel Kant* (1917, 1921²,) bes. S. 333. Vgl. auch Vorländer a.a.O. S. 64, 65.

Natur eine solche Reinigkeit nicht verstatte", es führte dies sonst den „Tod aller Moralität" herbei, der jedoch keineswegs irgendwie verhängt ist, sondern allein von uns selbst und unserer vernachlässigten bzw. versäumten Achtung fürs moralische Gesetz abhängt. Die Euthanasie aller Moral aber ist kein verhängtes Schicksal[90].

Die sehr lebensnahe Einsicht, daß der Mensch zwar unheilig genug sein mag[91], daß aber „die Menschheit in seiner Person ... ihm heilig sein" muß, bleibt verbindlich. Daraus ergibt sich die Anerkennung eines unverbrüchlichen Sollens. Dies Sollen drückt bereits in Kants „Kritik der reinen Vernunft" „eine Art von Notwendigkeit und Verknüpfung mit Gründen aus, die in der ganzen Natur nicht vorkommt"[92]. Die theoretische Vernunft vermag in der Natur nur zu erkennen, „was da ist oder gewesen ist oder sein wird. Es ist unmöglich, daß etwas darin anders sein soll, als es in allen diesen Zeitverhältnissen in der Tat ist; ja, das Sollen, wenn man bloß den Lauf der Natur vor Augen hat, hat ganz und gar keine Bedeutung". Aus der Natur also läßt sich überhaupt kein Sollen ableiten: halten wir als Menschen also an Zurechnungen, an Ansprüchen und an Forderungen fest, so sind die von Natur aus nie zu befriedigen, sondern wir müssen dann die Annahmen zugestehen und zugeben, unter denen diese Forderungen zu erheben allein sinnvoll sein kann. Denn: „es mögen noch so viele Naturgründe sein, die mich zum Wollen antreiben, noch so viele Anreize, so können sie (doch) nicht das Sollen hervorbringen". Also bleibt zum Schluß nur übrig, davon auszugehen, daß der Mensch in seiner Naturhaftigkeit nicht aufgeht, sondern ein „Bürger zweier Welten" ist und als eben solcher sich seine Gesetze gibt. Pflichten stammen so überhaupt nicht aus der Natur, sondern aus dem anderen Wesen des Menschen, aus der Vernunft; und „die Ehrwürdigkeit der Pflicht hat (natürlich) nichts mit Lebensgenuß zu schaffen"[93]. Kant hält fest: „sie hat ihr eigentümliches Gesetz, auch ihr eigentümliches Gericht, und wenn man auch beide noch so sehr zusammenschütteln wollte,

[89] Über den Gemeinspruch: Das mag in der Theorie richtig sein, taugt aber nicht für die Praxis (1793), Ak. Ausg. VIII, 284/S.
[90] *Metaphysik der Sitten VI*, 378.
[91] VI, 319.
[92] B 575, Ak. Ausg. III, 371.
[93] *Kritik der praktischen Vernunft*, V, 89.

um sie vermischt gleichsam als Arzneimittel der kranken Seele zuzureichen, so scheiden sie sich doch alsbald von selbst, und tun sie es nicht, so wirkt das erste gar nicht; wenn aber auch das physische Leben hierbei einige Kraft gewönne, so würde doch das moralische ohne Rettung dahinschwinden"[94].

Auf den mündigen Einzelnen jedoch kommt alles an, und er kann, wo es um Moral geht, nie übersprungen werden. Die Gelehrten der Schulen haben nicht Gewalt über ihn, denn die Kritik und Kontrolle dessen, was je im einzelnen Fall als subjektive Maxime ausgewählt werden muß, um allgemeines Gesetz werden zu können, ist von keiner Seite her zu antizipieren. Wenn also sich Regierungen je „mit Angelegenheiten der Gelehrten zu befassen gut finden, so würde es ihrer weisen Vorsorge für Wissenschaften sowohl als Menschen weit gemäßer sein, die Freiheit einer solchen Kritik zu begünstigen, wodurch die Vernunftbearbeitungen aller auf einen festen Fuß gebracht werden können, als den lächerlichen Despotismus der Schulen zu unterstützen, welche über öffentliche Gefahr ein lautes Geschrei erheben, wenn man ihre Spinnweben zerreißt, von denen doch das Publicum niemals Notiz genommen hat, und deren Verlust es auch nie fühlen kann"[95].

Mit der Kritik an jedem Dogmatismus soll jegliches dogmatisches Verfahren der reinen Vernunft ohne vorangehende Kritik ihres eigenen Vermögens bezeichnet werden. Die „Kritik des Organs"[96], die zu den „Angelegenheiten der Gelehrten" aber gehört, wird nicht nur „das Monopol der Schulen", und nicht allein „das Interesse der Menschen"[97] treffen und verletzen, sondern geht die Vernunft überhaupt an, und die ist zunächst beim mündigen Einzelnen aufgehoben.

Eine solcherart kritizistische Moral ist die Reaktion gegen jede Form von Eudämonismus, d.h. gegen jeden populären und sozialpolitischen Glückserwerbsstandpunkt, gegen jede Nützlichkeitsmoral und Befriedigungsweltanschauung.

Die Grundgedanken sind, im Fazit, einfach. An der Spitze steht der Grundsatz, durch den Lust-, Erwartungs-, Wunsch-,

---

[94] V, 89.
[95] *Kritik der reinen Vernunft*, B XXXV. Ak. Ausg. III, 21.
[96] B XXXVII, Ak. Ausg. III, 22.
[97] B XXXII, Ak. Ausg. III, 19.

Gewinn- und Neigungsgesichtspunkt, d.h. eben alle Formen von
Hedonismus, Utilitarismus, Sozialeudämonismus usw. abgelehnt
werden: der sittliche Wert von Handlungen ist schlechterdings
unabhängig von der Wirkung und wird allein in die Gesinnung
gesetzt. Denn „es ist überall nichts in der Welt, ja überhaupt
auch außer derselben zu denken möglich, was ohne Einschrän-
kung für gut könnte gehalten werden, als allein ein guter Wille."[98]
Und: „der gute Wille aber ist nicht durch das, was er bewirkt
oder ausrichtet, nicht durch seine Tauglichkeit zur Erreichung
irgend eines Zweckes, sondern allein durch das Wollen, d.i. an
sich, gut und, für sich betrachtet, ohne Vergleich weit höher zu
schätzen als alles, was durch ihn zu Gunsten irgend einer Neigung ... immer zum Stande gebracht werden könnte"[99], so beginnt Kant seine erste kritische moralphilosophische Schrift. Sie
wird von allem, „was nur empirisch sein mag und zur Anthropologie gehört, völlig gesäubert" werden.

Zunächst steht somit gar nicht das Handeln, sondern das Wollen in Rede, und es geht um die Frage, welcher Wille da gut sei.
Die Antwort lautet, anders ausgedrückt – ein Wille ist gut, wenn
er nicht durch materielle Zwecke, sinnliche Neigungen, eigen-
sinnige Wünsche, sondern nur durch die Achtung vor dem, was
alle binden kann, bestimmt wird. Was jedoch alle gegenüber der
ganzen Mannigfaltigkeit möglicher partikularisierender Interessen wirklich gemeinsam binden kann, ist die Achtung vor dem
für alle Vernünftigen. Und eben die Achtung hiervor ist die einzige Pflicht, die anzuerkennen ist. Das heißt: „es kann daher
nichts anderes, als die Vorstellung des Gesetzes an sich selbst, die
freilich nur in vernünftigen Weisen stattfindet, so fern sie, nicht
aber die erhoffte Wirkung, der Bestimmungsgrund des Willens
ist, das so vorzügliche Gute, welches wir sittlich nennen, ausmachen"[100].

Dies ist in die ganze spätere Tradition eingegangen und findet
sich noch in einem Nachklang in dem Satz, daß es darauf an-
komme, eine Sache um ihrer selbst willen tun. Besser Kantisch
ausgedrückt bedeutet es: „eine Handlung aus Pflicht hat ihren
Wert nicht in der Absicht, welche damit erreicht werden soll,

[98] *Grundlegung zur Metaphysik der Sitten*, IV, 393.
[99] IV, 394.
[100] IV, 401.

sondern in der Maxime, nach der sie beschlossen wird"[101], also durch das ,,Prinzip des Wollens". Ohne ,,Grundsätze eines guten Willens" können z.B. (wie allgemein bekannt) Affekte und Emotionen, können Enthusiasmus und Fanatismus ,,höchst böse werden" und ,,das kalte Blut eines Bösewichts macht ihn nicht allein weit gefährlicher, sondern unmittelbar in unsern Augen noch verabscheuungswürdiger, als er ohne dieses dafür würde gehalten werden"[102].

Und was ist Pflicht demnach?: offenbar Grundsätze haben! Was aber gebietet das Sittengesetz, das zu achten und zu beobachten Pflicht ist? Zweifellos dies, das Vernünftig-Allgemeine zu wollen und dann so zu handeln, daß die Maxime der Handlung zu einer allgemeinen Regelung, d.h. als Gesetz, tauge.[103] Wenn nun das Reich des menschlich einzurichtenden vernünftigen Handelns (oder der Bestimmung aus Freiheit) auf ähnliche Weise wie das Gebiet der Natur und der darin kausalverknüpften Erscheinungen durch allgemeine Gesetze beherrscht würde, dann müßte die allfällig von der entscheidenden Vernunft lagebezogen festzustellende Maxime als eines dieser Gesetze sich darstellen lassen. Das Kantische Beispiel der Lüge kann es leicht deutlich machen. Wenn jemand in Not ist und sich nicht anders als durch ein wissentlich falsches (unehrlich gemeintes) Versprechen zu helfen weiß, so kann er das natürlich faktisch tun; es fragt sich dann nur: eignet sich eine solche Maxime als allgemeines Gesetz für mögliches menschliches Handeln?

Man wird sehen, daß sie niemals wie ein allgemeines Naturgesetz gelten und mit sich selbst zusammenstimmen kann, sondern sich notwendig widersprechen wird. Denn die Allgemeinheit eines Gesetzes derart, daß jeder, nachdem er in Not ist, versprechen kann, was ihm einfällt, mit dem Vorsatz, es nicht zu halten, würde das Versprechen selbst hinfällig machen, indem niemand mehr glauben könnte, was da versprochen sei. Also wird solche Lüge immer nur als Ausnahme, nicht aber als Regel[104] oder nach Art eines Naturgesetzes Sinn haben. Entsprechendes gilt für den Diebstahl, für die Verkürzung des eigenen Lebens usw. Ich kann

[101] IV, 399.
[102] IV, 394.
[103] IV, 402, 421.
[104] IV, 423.

zwar die Lüge wollen, „aber ein allgemeines Gesetz zu lügen gar
nicht wollen" können. Analog steht es mit dem Diebstahl: wäre
es ein Naturgesetz, daß jeder nähme, was einer Willkür gefiele, so
gäbe es kein Eigentum, d.h. der Diebstahl höbe, allgemein durchgesetzt, mit dem Eigentum sich selbst auf; auch er kann nur als
Ausnahme auftreten. Oder: wenn Moral nur durch Selbstbestimmung möglich ist, kann es kein allgemeines Gesetz solcher
Moral sein, die Ermöglichungsgrundlage von Selbstbestimmung
überhaupt aufzuheben, d.h. den beliebigen Selbstmord von der
Maxime zu einem Gesetz zu erheben[105].

Pflicht heißt nun die Notwendigkeit einer Handlung aus Achtung fürs Gesetz; Pflicht ist damit nichts von außen Aufgezwun-
genes, nichts, das aus einer heteronomen Bestimmung folgte,
sondern allein jenes, was sich aus innerer, eigener, vernünftig begründeter Anerkennung, aus dem Gefühl der Achtung, die dann
allein Triebfeder wird, ergibt. Das beinhaltet jedoch (allem äußeren Anscheine zuwider) kein Zufluchtnehmen bei „einem dunklen
Gefühl", also nichts Pathologisches[106], denn es liegt hier kein
empfangenes, sondern ein „durch einen Vernunftbegriff selbst-
gewirktes Gefühl"[107] vor.

Und die vielberufene Achtung fürs Gesetz[108] ist nicht dieses
oder jenes Abhängigkeitsgefühl angesichts eines gesatzten positiven, konventionellen, historisch gewordenen Rechts, sondern als
„Achtung fürs sittliche Gesetz" nichts anderes als das, was gerade
die jeweilige Partikularität von Rechts-und Gesetzesordnungen
historischer Art übersteigt, – und zwar zugunsten dessen übersteigt, was eine mündige Vernunft fallweise und situationsbezogen
als möglicherweise allgemein und allgemeinverbindlich ausmacht.

Das heißt kurz: Pflicht ist die Respektierung des Votums der
Vernunft in jeder Lage, die durchaus auf Kosten der faktisch
vorliegenden Gesetze erfolgen kann, wird doch der einzelne so
gerade in die Pflicht genommen, nicht einfach Bestehendes unbesehen pflichtgemäß zu befolgen, hinzunehmen und zu beobachten, sondern zu prüfen, ob es überhaupt Pflicht sein kann, ob es
nämlich aus reiner Achtung fürs moralische Gesetz erfolgt.

---

[105] IV, 425.
[106] IV, 399, 413, V, 75, 79, VI, 376/8, 399 usw.
[107] *Kritik der praktischen Vernunft* V, 73, 75, 80, 85.
[108] V, 84, 85 u.ö.

Das Argument, das Kant immer wieder bringt, lautet etwa so[109]: ,,Empirische Prinzipien taugen ... nicht dazu, um moralische Gesetze darauf zu gründen. Denn die Allgemeinheit, mit der sie für alle vernünftigen Wesen ohne Unterschied gelten sollen, die unbedingte praktische Notwendigkeit, die ihnen dadurch auferlegt wird, fällt weg, wenn der Grund derselben von der besonderen Einrichtung der menschlichen Natur, oder den zufälligen Umständen hergenommen wird, darin sie gesetzt ist''.

Bei der Reflexion auf das, was bei Kant Pflicht heißt, ist natürlich zu beachten, daß ,,Tugendpflichten'' auf die innere autonome Bestimmung, die ,,Rechtspflichten''[110] auf das äußere legale Verhalten gehen. Das ändert jedoch nichts daran, daß auch die Einrichtung eben dieses äußeren Verhaltens, das heißt das Recht in seinem weitesten Umfange, von bestimmten Grundsätzen bestimmt sein muß, die ihrerseits allgemein werden können müßten, und dementsprechend in die Pflichtenüberlegung des einzelnen hineingehören.

In solchem Zusammenhang wird Kants ,,praktische Vernunft'' wirklich praktisch, und sie wird auch politisch.

,,Das Recht muß nie der Politik, wohl aber die Politik jederzeit dem Recht angepaßt werden'', so lautet die Formel, mit der Kant das Verhältnis von Recht und Politik festlegt[111] – ein Verhältnis, das offenbar durch eine Maxime bestimmt worden ist, die Anspruch auf Allgemeingültigkeit und Erhebung in den Rang eines Gesetzes anmelden darf. Solche Formel gestattet offenkundig den Übergang auch von einer Methaphysik des Rechts zu einem faßlichen Grundsatz der konkreten Politik und zu einer je nach Erfahrung spezialisierten ,,Rechtsverwaltung'' im Sinne Kants, deren Berechtigung wiederum sich zweifellos aus der Beobachtung des genannten beschriebenen Verhältnisses von Recht und Politik herleitet.

Da Recht nur Recht unter der Voraussetzung der Allgemeinheit und der Allgemeingültigkeit sein kann, und da Politik im gegebenen Fall eindeutig in eine bestimmte Rolle gedrängt worden ist, müssen die Begründungen auch in diesem Zusammenhang

---

[109] *Grundlegung zur Metaphysik der Sitten*, IV, 442, vgl. 388/9.
[110] *Metaphysik der Sitten*, VI, 383 bzw. VI, 239.
[111] *Über ein vermeintes Recht, aus Menschenliebe zu lügen* (1797), in Ak. Ausg. Neudr. VIII, 429.

wieder aus einem allgemeinen Prinzip erfolgen[112], denn daß es nach dem Recht, daß es nach Gerechtigkeit gehen soll, ergibt sich allein aus einer moralischen Überlegung. Der „pragmatische Politiker", der „Realist" mit fallweise schnell beruhigtem moralischem Gewissen hat sich dabei von dem praktischen Philosophen, d.h. jedem einzelnen sofern er ein Mann der Prinzipien und der moralischen Begründungen ist, belehren zu lassen[113].

Im Recht hat nun der „Mechanismus der Sinnesart", also das geschichtlich-gesellschaftlich Angewöhnte, gegenüber dem „Prinzip der Denkungsart", also der kritischen Autonomie, keine Legitimation. Als Axiom stellt Kant im Rechtsbereich einen apodiktisch gewissen Satz an den Anfang, wonach Recht die Zusammenstimmung der Freiheit eines jeden mit der Freiheit von jedermann nach einem allgemeinen Gesetz bedeute[114]. Dieser Satz deckt, daß alle unter dem äußeren öffentlichen Gesetz der Gleichheit stehen, ohne welche die Freiheit von jedermann nicht statthaben, nicht Realität gewinnen kann. Das besondere Problem ist, wie es anzustellen sei, daß in einer großen Gesellschaft „Eintracht nach Prinzipien der Freiheit und Gleichheit erhalten werde". Dem Mechanismus des Rechts und der „Rechtsverwaltung" liegt also ein „Grundsatz der Politik"[115] voraus, welcher die in der „Metaphysik der Sitten" genannten Voraussetzungen der Rechts- und der Tugendlehre berücksichtigt.

Die Rechtslehre ihrerseits aber wird doch wohl mit ihrem Grundsätzlichen moralisch begründet werden müssen. Es ist nur im Vorbeigehen daran zu erinnern, daß Recht und Gerechtigkeit in der sog. praktisch genannten Politik tatsächlich nicht öfter auftreten als sonst. Pragmatiker werden dabei Vertreter einer prinzipiellen Rechtlichkeit und Gerechtigkeit stets als Formalisten abqualifizieren, wofür sich der um Grundsatzfragen Bemühte dadurch rächt, daß er jenem sogenannten „Realisten" ein gestörtes Verhältnis zu Recht und Gerechtigkeit bzw. Labilität und Opportunismus im Bereich des eigentlich Humanen nachsagt.

Die Trahison des Clercs, von der Julien Benda (1927) gesprochen hat, um einerseits die Nichtbereitschaft der sogenannten

---

[112] *Metaphysische Anfangsgründe der Rechtslehre*, VI, 231.
[113] *Zum ewigen Frieden* (1795), VIII, 369.
[114] Es ist dies das „allgemeine Prinzip des Rechts" – *Metaphysik der Sitten, Metaphysische Anfängsgründe der Rechtslehre* VI, 230.
[115] Über ein vermeintes Recht, aus Menschenliebe zu lügen VIII, 429.

Intellektuellen, für ihren Staat und für ihre Gesellschaft einzustehen, zu charakterisieren bzw. um andererseits die geistige Rechtfertigung der politischen Leidenschaften durch eben diese freischwebende Intelligenz zu verurteilen[116], ist längst durch die entsprechend vergrößerte Trahison des Mandataires du Pouvoir in Schatten gestellt. Die Frage ist grundsätzlich, ob nicht die unter den Rechtspflichten erwartete Wahrung und Übung von Recht und Gerechtigkeit überhaupt allein von einer prinzipiell „moralischen Politik" garantiert werden kann, aber von den zur Politik Berechtigten auch wahrgenommen werden muß und somit zum Grundbestand der politischen Aufgabe einerseits und des moralischen „Selbstzwangs"[117] andererseits gehöre.

Grundsätzlich das Recht und die Einhaltung von Gerechtigkeit zu wählen, stellt dies nicht ebenfalls eine Maxime dar, die der mündige Einzelne auf mögliche Allgemeinheit zu prüfen hat?, womit er schon etwas tut, das Pflicht ist!

Remota ... iustitia, quid sunt regna, nisi magna latrocinia?, heißt nach dem Gespräch zwischen Alexander dem Großen und dem gefangenen Seeräuber[118] nichts anderes als dies, daß es die Gerechtigkeit allein ist, die die Staaten von organisierten Räuberbanden unterscheidet. Gerechtigkeit aber stellt ein Prinzip des Rechts dar, und dies Prinzip kann nicht von irgendeinem Staat gesetzt sein, nicht in ihm seinen Ursprung haben, da ja solche Gerechtigkeit ihrerseits erst die Ermöglichungsvoraussetzung für den Bestand von Staaten überhaupt ist – immer vorausgesetzt, daß Staat seinem Sinne nach mehr bedeutet als Herrschsucht, Machtanspruch und bloße Gewaltanwendung.

Nur in einem von Gerechtigkeit getragenen Staate ist die von der Herrschaft hervorgebrachte Ordnung „in Ordnung", ist sie „rechtens" und ist sie wirklich „politisch" im Sinne einer poliserhaltenden Grundlagengarantie für prinzipiell pflichtmäßige und nicht nur für faktisch rechtskonforme Entscheidungen ..., wenn die Entscheidung fürs Recht eine grundsätzliche, eine überlegte, eine aus Achtung für die mögliche Allgemeinheit und Allgemeingültigkeit erfolgende Entscheidung ist.

---

[116] Bendas Rationalismus ist gedacht als Gegenangriff gegen die protestation de la vie contre la pensée.
[117] V, 83.
[118] *Augustinus, de civitate dei* IV, 4.

Wenn es also richtig ist, daß des Menschen Handeln durch
Pflicht bestimmt sein soll, wenn es weiter stimmt, daß die Pflicht
im einzelnen selbst wie im jeweils anderen ihren Adressaten hat,
und wenn es schließlich gilt, daß jede Selbstbestimmung und
jeder „Selbstzwang" auf der Achtung vor dem Vernünftig-Allge-
meinen basiert: ist dann nicht das erste Erforderliche dies, die
Ermöglichungsgrundlage für alles das Gesagte durchs Recht und
durch die Ausübung von Gerechtigkeit zu garantieren? Die Maxime, die zu prüfen und auf mögliche gesetzliche Geltung zu befragen wäre, hieße vielleicht nicht fiat iustitia, pereat mundus[119],
sondern fiat iustitia, ne pereat mundus[120]!, ist es doch vielleicht
die erste Aufgabe, die so verstandene Kantische, nein, die derart
human verstandene Pflichterfüllung überhaupt zu retten?: damit
die Welt nicht zugrunde gehe, muß Gerechtigkeit herrschen, und
dafür zu sorgen, ist jedes einzelnen Pflicht.

[119] *Zum ewigen Frieden*, VIII, 378.
[120] Johannes Manlius, *Loci communes* (Basel 1563), T. 2, S. 290.

ZUM PROBLEM DER TELEOLOGIE DES HANDELNS

HELMUT KOHLENBERGER (WIEN)

I

Der Zusammenhang von Telos und Ethos, von teleologischem Denken und ethischem Handeln, ist in der neueren Denkgeschichte nirgends eindringlicher als bei Søren Kierkegaard und in seinem reichen Schrifttum vielleicht nirgends ausdrücklicher als im Problem I von Furcht und Zittern mit dem Untertitel „Dialektiksche Lyrik“ von Johannes de Silentio[1] behandelt worden. Auf diesen Fragenkreis spitzt sich die Gegenüberstellung eines auf das Allgemeine gerichteten, systematisches Denken implizierenden Philosophierens und des im Paradox des Religiösen sich seiner selbst ungewiß gewordenen Selbsts zu[2]. In der Entscheidung der Frage: Gibt es eine teleologische Suspension des Ethischen? liegt die Bedingung der Möglichkeit für das nicht in Begriffen aussagbare, aber sich doch dem Denken gegenüber verantwortlich wissende Religiöse. Nicht ist es ja das Anliegen Kierkegaards, die religiöse Existenz vom Denken zu befreien, sondern innerhalb des

[1] Es wird nach den „*Gesammelten Werken*“ zitiert, deren 3. Band (Jena 1909) *Furcht und Zittern* (= F.Z.) (in der Übersetzung von H. C. Ketels) enthält.

[2] W. Schulz, *Existenz und System bei Sören Kierkegaard* in: *Wesen und Wirklichkeit des Menschen*, Festschrift für H. Plessner (Göttingen 1957), 107–128 (jetzt auch in der Reihe *Opuscula* Nr. 34, Pfullingen 1967) weist gegenüber einer Meinung, die in Kierkegaard das Musterbeispiel unsystematischen Philosophierens sieht, nach, daß „Kierkegaards Existenzauslegung sich als ein in sich einstimmiges Ganzes, ein System, darstellen und interpretieren läßt.“ (S. 108). Die Entscheidung gegen ein System impliziert noch nicht die Negierung systematischen Denkens überhaupt, vielmehr nur der ausschließlichen Tragweite systematischen Denkens. Systemtranszendentes sprengt nicht eo ipso das System, sondern hat eine nur innerhalb dieses bestimmten Denkens verständliche Stelle. Die Bedeutung dieser Stelle kann dann so herausgestellt werden, daß sie das System unwesentlich erscheinen läßt, das ihren Platz in sich begreift.

Denkens gegen das Denken ihre eigene Möglichkeit zu sichern. Das Systemdenken erreicht gerade nicht das Begreifen des religiösen Existenzvollzugs. Vielmehr ist es die beständige Anklage Kierkegaards, daß im System die Existenz ausgeklammert wird. Soll aber erst in der Suspension des Ethischen der religiöse Vollzug ermöglicht sein, dann ist vorausgesetzt, daß Ethik nur innerhalb eines Systems denkmöglich ist. Das System wird der Ethik als dessen praktischer Seite die Ausrichtung auf das Allgemeine zur Aufgabe machen. Es ist darum nicht zufällig, daß gerade in Hegels Philosophie, auf die sich Kierkegaard immer bezieht, wenn er vom „System" spricht, das Problem der Ethik innerhalb der Rechtsphilosophie, die die praktische Philosophie in einen überindividuellen Rahmen stellt, mit der zentralen Unterscheidung von Moralität und Sittlichkeit[3] abgehandelt wird. Es ist die jederzeit bestehende Aufgabe des Einzelnen, seine Einzelnheit aufzugeben und das Allgemeine, das sein Telos ist, zu werden. Versperrt sich der Einzelne dagegen in seiner Einzelnheit und damit gegen sein Telos, so befindet er sich im Unrecht gegen das ihn allzeit zu recht beanspruchende Allgemeine.

Wird aber von einer teleologischen Suspension des Ethischen zurecht gesprochen, dann besagt diese die Negation des Satzes, das Allgemeine sei das Telos des Einzelnen, da die ethische Ausrichtung gerade um des Einzelnen und seines individuellen Zieles willen aufgehoben wird. Das Allgemeine hat dann kein Recht an den Einzelnen. Diese Aufhebung ist aber zugleich die Setzung des Einzelnen als das Telos und die Verabsolutierung der sich im Einzelnen erfassenden Subjektivität im Paradox des Religiösen. Sie ist nicht eine einfache Negation, sondern die Negation der Negation der Unmittelbarkeit des ästhetischen Standpunktes, der in „Entweder-Oder" mit der Einheit von Ästhetik und Ethik aufgegeben worden war. Dies formuliert Johannes so: „Der Glaube ist eben dies Paradox, daß der Einzelne höher steht, als das Allgemeine, diesem gegenüber berechtigt ist, nicht subordiniert, sondern übergeordnet, doch wohlzumerken in der Weise, daß nur der Einzelne, nachdem er als Einzelner dem Allgemeinen untergeordnet gewesen ist, nun durch das Allgemeine der Einzelne

---

[3] Dazu: J. Ritter, *Moralität und Sittlichkeit*. Zu Hegels Auseinandersetzung mit der Kantischen Ethik in: *Kritik u. Metaphysik* (Festschr. H. Heimsoeth), Berlin 1966, 331 ff.

wird, daß nur *dieser* Einzelne dem Allgemeinen übergeordnet ist; daß der Einzelne als einzelner in einem absoluten Verhältnis zum Absoluten steht"[4]. Eben als Paradox ist der Glaube und damit diese absolute Bedeutung des einzelnen für das Denken nicht angehbar. Er ist nicht nur auch (unter anderen Bestimmungen) unverständlich, sondern *ist* dieses Unverständlich-Sein, da jedes Verstehen sich im Medium des Allgemeinen bewegt und sich damit von diesem her bestimmt. Darum läßt sich der Glaube auch nicht „andemonstrieren", sondern wird nur indirekt mitgeteilt.

Unser Problem I versteht sich aber als systematisierende Fragestellung zu vorausgehenden Darstellungsvarianten der Geschichte von Abraham und dessen Glaubensgehorsam. Sie will aber nicht eine Exegese von Genesis Kap.22 versuchen, sondern erhebt das Historische, Einmalige zu dem exemplum der religiösen Existenz. Der Verzicht auf Allgemeinheit impliziert gerade die Nicht-Deduzierbarkeit aus Prinzipien und die Verwiesenheit auf das historische Beispiel[5]. Die Außerordentlichkeit der Stellung Abrahams zeigt sich eben darin, daß er vom Standpunkt des Allgemeinen der Unverständliche ist. Er ist der Mörder, der gegen das Sittengesetz handelt, oder aber einer, der in einer anderen Ordnung als der des Allgemeinen steht. Verständlich ist die Opferung Iphigeniens, die Erfüllung des Gelübdes des Jephtah, die Strafe, die Brutus über seinen Sohn verhängte, also der tragische Held, da er – innerhalb des Ethischen sich verstehend – das Allgemeine über die Pflicht, die er als Einzelner hat, stellt, weil eben jede Pflicht, die ihn als Einzelnen bindet, innerhalb der Pflicht, die ihn an das Allgemeine verweist, ihren Ort hat. Abrahams Tat zeichnet sich dadurch aus, daß sie eine „rein private Angelegenheit" ist[6]. Dieses rein Private ist dadurch gekennzeichnet, daß es

---

[4] F.Z., S. 49 ff. (im Orig. gesperrt).

[5] Im Rahmen der „*Binneninterpretation*" (vgl. Schulz, a.a.O., S. 108) einer Reihe von pseudonymen Schriften Kierkegaards findet Schulz das, was in F.Z. für einen Sonderfall dargestellt ist, im „Begriff Angst" als „Grundproblem menschlichen Seins" herausgearbeitet (S. 116). Die Tendenz, die die Aufhebung des Ethischen nicht auf Ausnahmepersonen beschränkt läßt, ist im Folgenden immer mitzubedenken. Zum Begriff des „Einzelnen" bei Kierkegaard: K. Löwith, *Das Individuum in der Rolle des Mitmenschen* (München 1928), S. 174 ff.

[6] Marx charakterisiert die Zeit nach einer totalen Philosophie, die sich ihrer Existenz bewußt wird, als die Maßlosigkeit, die darin liegt, daß „die Mittelmäßigkeit die normale Erscheinung des absoluten Geistes ist". Der Zwiespalt ist die Einheit solcher Epochen. Dieser besteht darin, daß „die Seele der Zeit ... keine Wirklichkeit, die ohne sie fertig geworden, anerkennen darf". Dann folgt die Wendung, im Kontext von der Folge der hellenistischen Philosophie auf die klassisch-griechische ausgesagt:

„um Gottes willen und, durchaus identisch damit, um seiner selbst willen" geschieht. Das Ethische steht gegen diesen sich an den Einzelnen richtenden Willen Gottes. Der Wille Gottes richtet sich immer an den Einzelnen; nur diese formale Gleichheit dieser Einzelnen läßt sich feststellen: die Gleichheit des „Stehens unter dem Willen Gottes". Aber die materiale Ungleichheit impliziert die Unmittelbarkeit der Forderung an den Einzelnen; individuum est ineffabile. Dieses rein Private des „Glaubensritters", wie Johannes später die Existenz des Abraham, der Maria, nennen wird, ist durch die Verurteilung zum Nichtverstandenwerdenkönnen und damit durch Angst, Not gekennzeichnet: „War es eine so leichte Sache, sich nicht zu täuschen?"[7] Dieser Not kann der Mensch nicht aus eigener Kraft begegnen, er ist mit dem Anruf Gottes zugleich Gott ausgeliefert und zu seiner Selbstwerdung überantwortet. Diesem „nicht aus eigener Kraft" steht auf der Seite des Menschen nicht die Vernunft, sondern die Leidenschaft gegenüber. Die Leidenschaft besagt ein Beisichsein im Außersichsein, die Zerrissenheit der Einheit der menschlichen Existenz. Aber wer hilft ihm, dem Einzelnen, in seiner absoluten Isolation, welche Kriterien hat er zu wissen, ob er den Willen Gottes tut oder einer Anfechtung erliegt? Der Schritt zur grundsätzlichen Uneinsehbarkeit bedeutet ja die Relativierung jedes Einsehen-Wollens und folgerichtig jeder Ethik.

Wie begründet Johannes die Negation des Satzes, das Allgemeine sei dem Einzelnen überlegen? Nur mit einem Verweis auf das Paradox des Glaubens und die Geschichte vom Abraham, der von Gott den Befehl erhielt, un-ethisch zu handeln, wäre nur ein Satz gegen den anderen gestellt (wobei eben der neu aufgestellte das Odium der Unbegründetheit auf sich nehmen müßte) oder ein für das Begreifen unzulänglicher Ansatz im Historischen gesucht. Auch der Vorwurf, es genüge doch, innerhalb des griechischen Denkens zu bleiben, wolle man weiterhin vom Recht des Allgemeinen auf das Einzelne sprechen, besagt nur, daß dem Fak-

„... so sucht der Nachtschmetterling, wenn die allgemeine Sonne untergegangen, das Lampenlicht des Privaten". (Vorarbeiten zur Dissertation, *Frühe Schriften* (hrsg. H.-J. Lieber, P. Furth, Darmstadt 1962) I, 103 ff.). Vgl. H. Blumenberg, *Die Legitimität der Neuzeit* (Frankfurt 1966), 112. Daß es Marx nicht so sehr um die hellenistische, als um seine eigene Zeit geht, liegt auf der Hand.

[7] F.Z., S. 59.

tum des Christentums eine nicht im Denken ergriffene Bedeutung zuerteilt wird. Es kommt also nicht so sehr auf das an, was faktisch von Johannes angeführt wird, sondern darauf, was mit dem Ansatz beim Glauben, und damit ineins, dem Abrahamsbeispiel gezeigt werden soll. Der Stellenwert des Ansatzes ist gewissermaßen „quer zum Text" zu befragen, da es gerade die Aussage des Textes ist, das Recht des Einzelnen nicht aus dem Allgemeinen begründen zu wollen. Ist mit dieser Auskunft nicht schon alles gesagt? Soll Kierkegaard innerhalb der Geschichte des Denkens gewürdigt werden, wird nicht nur auf die Aporie, die die Subjektivität mit einer absoluten Bedeutung auflädt, verwiesen werden können, sondern zuerst darauf, daß mit der Erklärung des Ethischen zu einem Relativen Ethos und Telos keine Einheit sind. Ist diese Einheit gerade aber dadurch vorausgesetzt, daß ihr Zerbrechen als das ungeheuerliche Ergebnis des Durchdenkens der Bedingungen der menschlichen Existenz konstatiert wird, dann ist der Stellenwert der Antwort Kierkegaards an dem abzulesen, was bis auf Kierkegaard diese Einheit sicherte. Der Wille Gottes als der Inhalt des unmitteilbaren Anrufes an die Existenz zur Aufgabe des Allgemeinen ist zwar nicht eine Begründung der Bedeutung des Einzelnen, aber doch der Rest einer formalen Identität des Telos, das das Ethische zu verwirklichen hatte.

Die Disintegration von Ethos und Telos bei Kierkegaard ist identisch mit der Atomisierung einer an einem einheitlichen Telos ausgerichteten Gemeinschaft. In Problem II von Furcht und Zittern geht Johannes auf Luk. 14, 26 ein, das er im Sinne einer Litteralsinninterpretation als eine Stelle deutet, die bezeugt, daß das mitmenschliche Zusammen, als Selbstzweck genommen, dem Anruf Gottes entgegensteht. Jede Idee der Gemeinschaft, sei es der staatlichen oder der kirchlichen, muß die Absolutheit des je eigenen Anspruches Gottes um ihrer Selbsterhaltung willen abschwächen, da sie gebietet, das Telos des Einzelnen in einem den Einzelnen übergreifenden Zusammenhang zu sehen. Wiederum wird aus der Korrektivstellung Kierkegaards auf den entgegengesetzten Ansatz geschlossen werden dürfen: Der Wille Gottes war mit dem Telos des Einzelnen im Allgemeinen identisch gesetzt. Staat und Kirche galten als Konkretion des den Einzelnen beanspruchenden Willen Gottes. Die Ordnung

auf der „Welt" war die andere Seite der himmlischen Hierarchie.
Beide Seiten waren getragen von dem *einen* Gedanken des Ordo,
innerhalb dessen die Anerkenntnis einer individuellen Bestimmung zum Telos nicht geduldet werden konnte[8]. Positiv formuliert besagt dies, daß „Individuum und Ethos, in ihrer Aktualität
wechselseitig aufeinander verwiesen, in notwendiger Einheit zusammen bestehen."[9] Diese Einheit ist die den Individuen gemeinsame Ausrichtung auf ein verbindliches Telos. Die Freiheit
der Individuen versteht sich dann vom bejahenden Vollzug dieser Teleologie her. Die Teleologie verbindet den Menschen mit
dem Gesamt des vorfindlichen Seienden. Diese griechische Auffassung ist deutlich von dem Vollender der klassischen Gräzität,
Aristoteles, vertreten. Es ist darum zunächst die Aufgabe, in
kurzen Zügen einige für den Zusammenhang von teleologischer
Ausrichtung im allgemeinen und Ziel ethischer Selbstverwirklichung nicht unwesentliche Punkte anzuführen.

II

Bei unserer Frage nach dem Telos des sittlichen Handelns bei
Aristoteles beschränken wir uns grundsätzlich auf die Nikomachische Ethik und die Politik[10], wenn auch gelegentlich auf
andere Schriften verwiesen werden muß, zumal wir die theoretischen Voraussetzungen und Entscheidungen der praktischen Philosophie des Aristoteles mitzuberücksichtigen haben.

---

[8] Zur Problematik der Ordnung: H. Krings, *Ordo. Philosophisch-historische Grundlegung einer abendländischen Idee.* (Halle 1941); *Das Problem der Ordnung.* VI.
Deutscher Kongreß für Philosophie, München 1960 (Hrsg. von H. Kuhn u. F. Wied-
mann, Meisenheim/Glan 1962).

[9] J. Ritter, *Zur Grundlegung der praktischen Philosophie bei Aristoteles,* in: *Archiv
für Rechts- und Sozialphilosophie* 56 (1960), 179–199, hier: 187.

[10] Neben der in Anm. 9 genannten Arbeit von J. Ritter ist noch auf folgende
Abhandlungen desselben Autors zu verweisen, die sich in der Thematik mit dem hier
Skizzierten berühren: *Naturrecht bei Aristoteles,* in: *Res publica* (Hrsg. E. Forsthoff)
6, Stuttgart 1961; *„Politik" und „Ethik" in der praktischen Philosophie des Aristoteles,*
in: *Phil. Jahrbuch* 74 (1967), 235–253. Dort Anm. 1 Literaturangaben und bei I. Düring, *Aristoteles* (Heidelberg 1966), 637 ff.; A. Schwan, *Politik als „Werk der Wahrheit".
Einheit und Differenz von Ethik und Politik bei Aristoteles,* in: *Sein und Ethos* (Walberberger Studien, Philos. Reihe 1), Mainz 1963; – Auf den *Index Aristotelicus* von
H. Bonitz ist selbstverständlich hinzuweisen. Griechische Termini sind nur dann
nicht transkribiert, wenn dies bei den betreffenden nicht usus geworden ist.

I. TELOS IN DER NATUR

Gemäß unserer Zielsetzung geht es hier nicht um eine Darstellung des Verwendungsbereiches dieses für unseren Autor zentralen Terminus, sondern um einige Hinweise auf den praktischen Gebrauch, die bereits für den theoretischen Bereich signi-
fikant sind.[11] Daß alles, was ist, von Natur her ein Ziel hat,
steht für Aristoteles fest. Darin, daß die Natur sich stets auf ein
bestimmtes Ziel bezieht, ist sie auf sich selbst bezogen. Die Natur ist als solche von dem Telos, das sie selber ist, bestimmt.[12]
Gerade die Bestimmtheit eines Dinges in seiner Vollkommenheit
und in seinem Endzustand wird Physis genannt. Diese Aufeinanderverwiesenheit von Natur und Telos hat aber noch eine spezielle Seite: Das Telos macht die *Bestimmtheit* dessen, was ist,
aus; es verhindert ein Sich-Verlieren im Unbegrenzten, Unbestimmten. So kann Aristoteles gleichbedeutend aussagen: ,,das
Unbegrenzte ist ohne Telos" und ,,die Natur sucht immer ihr
Ziel."[13] Die Ziellosigkeit des Apeiron ist das Kriterium dafür,
daß es sich von dem, was ist, entfernt hat. Aus der Ziellosigkeit
des Apeiron kann geschlossen werden, daß es ein solches gar nicht
gibt und damit, daß es nicht denkbar ist. Dieses Argument, das
auch vorausgesetzt wird, wenn die Ideenlehre Platons abgelehnt
wird,[14] setzt seinerseits voraus, daß das Denken auf das, was ist,
verwiesen ist. Die Unbegrenztheit bspw. der Kunst im Verfolg
ihres Zieles gilt nicht hinsichtlich der Mittel. Mit dieser Unbegrenztheit kann nur der Grad der Intensität der Bemühung, das
vorgezeichnete Ziel, wie das Heilen in der Heilkunst etc. zu erreichen, gemeint sein.[15] Gerade die Tatsache, daß eine Kunst
hinsichtlich ihres Zieles unbegrenzt ist, weist schon darauf hin,
daß Aristoteles nicht von der Unbegrenztheit eines Dinges
spricht. Diese teleologisch gerichtet vorzustellen geht nicht an.

---

[11] Zur Naturteleologie bei Aristoteles: W. Wieland, *Die Aristotelische Physik*
(Göttingen 1962), 254 ff; J. Stallmach, *Dynamis und Energeia* (Meisenheim/Glan
1959), bes. *Exkurs über Entelecheia*: 182 ff.; U. Arnold, *Die Entelechie. Systematik bei
Platon und Aristoteles, Überlieferung und Aufgabe* (Hrsg. von E. Heintel), Bd. 2
(München-Wien 1965).
[12] *Phys.* 194 a 28, *Polit.* 1252 b 32, 1253 a 8 s.
[13] *De gen. an.* 715 b 14 ss. In *Metereol.* 999 b 10s lehnt Aristoteles die Unendlichkeit
der Bewegung mit dem Hinweis, daß Bewegung immer ein Ziel hat, ab. Ziel ist also
πέρας: *Met.* 994b, 1022 a.
[14] *Met.* 994 a 1s, 1006 a, 1007 b 1s, 1060 a 4.36, 1068 a 33 s, 1070 a 2s, 1084 a 20 etc.
[15] *Polit.* 1257 b 25 ss.

Es ist konsequent, daß Aristoteles von diesem Ansatz aus Eidos im Sinne von Telos verwendet.[16] Setzen wir statt „Bestimmtheit" Bestimmung, dann ist der Erkenntnisbezug des Bestimmens mitintendiert: Genau dies meint die Gleichsetzung von Telos mit Logos und οὗ ἕνεκα,[17] die noch durch die Gegensetzung von Hyle,[18] dem Unbestimmten, das allererst bestimmt werden muß, unterstrichen wird. Telos ist daher eine der αἰτίαι, die spätere Finalursache,[19] die auch als κινοῦσα αἰτία[20] interpretiert wird. Mit dem Bezug auf Arten der Ursächlichkeit ist zugleich gesagt: Telos gibt es grundsätzlich dort, wo Werden ist. Dem Werden entspricht ein Ziel, worin das Werden sein Ende findet. Innerhalb der Darlegungen der Metaphysik, die die Vorgängigkeit des Aktes vor der Potenz begründen, kommt Aristoteles darauf zu sprechen, daß alles, was entsteht, auf ἀρχή und Telos hingeordnet ist. Innerhalb dieser Hinordnung ist das Werden nicht in sich selber bestimmt, sondern dadurch, daß es ein Ziel hat.[21]

2. TELOS IN DER PRAKTISCHEN PHILOSOPHIE

Hat sich das „Ziel" als ein Grundbegriff der Naturbetrachtung gezeigt, so ist – besonders wenn der nicht festgelegte Gebrauch, der diesen Begriff überall dort einsetzen läßt, wo es um letzte Bestimmungen geht, in Rechnung gestellt wird – zu vermuten, daß er auch in der praktischen Philosophie, die vom Menschen handelt, auftreten wird. Die Zielgerichtetheit weist dieser und der theoretischen Philosophie ihren eigenen Bereich zu, sie ist so als Einteilungsgrund die verbindende Klammer: „Für die theoretische Philosophie ist die Wahrheit, für die praktische das Werk Ziel."[22] Daß mit dieser Überordnung eines theoretischen Krite-

---

[16] *Met.* 1015 a 10 s.

[17] *De gen. an.* 715 a 8, *Phys.* 194 a 27s, ib. b 32s, 198b 3s, 200 a 22.34, *Met.* 994 b 9,15s, 996 a 26, 1013 a 33, 1044 a 36, *Polit.* 1252 b 32 ss.

[18] *Phys.* 200 a 33.

[19] *Phys.* 198 a 25; *De gen. an.* 715 a 5; *Met.* 983 b 31. Zur Finalkausalität: P. Aubenque, *Le problème de l'être chez Aristote*, Paris 1962, 387 ff.

[20] *De part. anim.* 641 a 27. Auf den näheren Zusammenhang dieser Stelle geht in der Form eines Kommentars ein: M. Schramm, *Die Bedeutung der Bewegungslehre des Aristoteles für seine beiden Lösungen der zenonischen Paradoxie*, Frankfurt 1962, 148–244.

[21] *Met.* 1050 a 8s; auch: *De gen. an.* 736 b 4.

[22] *Met.* 993 b 20s (In der Übersetzung von H. Bonitz); vgl. auch: τὸ οἰκεῖον τέλος als Einteilungsgrund der τέχναι: *Met.* 1064 b 19ss; und die grundsätzliche Stelle zu Beginn der *Nik. Eth.* 1094 a.

riums, des nicht in das System explizit eingegangenen Grund-
begriffes der Theorie von der Natur die Praxis unbeschadet des
Grundsatzes, daß sie nicht aus der Theorie abgeleitet werden
soll,[23] zwar nicht ihr selbsl entfrcmdet, wohl aber theoretisch
formalisiert wird, soll hier vorerst nur festgestellt werden.[24] Was
ist nun näherhin dieses Telos inhaltlich? Mit der Ausrichtung
der Theorie des Praktischen auf das Werk sind bereits bestimmte
Implikationen verbunden. Werk besagt ein Gewirkt-Sein und
verweist auf Wirken, Handeln.[25] Zu Beginn der Nikomachischen
Ethik stellt Aristoteles dar, wie jede Kunst, Handlung usw. ein
Gut vor Augen zu haben scheinen und daher das Gute die Bedingung dafür ist, daß etwas erstrebt wird. Handeln, Werk wird
nicht um seiner selbst willen erstrebt, sondern nur, insofern es in
Beziehung zu dem steht, was um seiner selbst willen erstrebt
wird. Dieses ,,höchste Gut" ist aber eine Forderung der Negation
eines regressus in infinitum. Mit diesem Verweis auf ein höchstes
Gut und der Aristoteles geläufigen Identifizierung von Telos und
dem ἀγαθόν bzw. ἄριστον[26], ist allerdings noch keine inhaltliche
Bestimmung gegeben. Näher führt uns Met. XII.10, wo nach der
Weise, wie in der Natur das Gute gegeben ist, gefragt wird. Es
stellt sich das Problem näher so: Ist das Gute etwas Abgetrenn-
tes, für sich Existierendes oder die Ordnung der Teile des Vor-
handenen? Mit dem Hinweis auf das Heer, dem ein Feldherr als
ein Einzelner vorsteht und zugleich Ordnung gibt, wird die Al-
ternativstellung aufgegeben.[27] Das Gute ist ein Einzelnes, es ist
aber nicht abgetrennt, sondern als der Bezug des Vielen zu denken. Die Natur ist auf das Gute gerichtet. Ebenso gilt dies für
jede Handlung des Menschen. Für Aristoteles ist also das Problem gestellt, die Identität der Gerichtetheit beider zu unterscheiden, da dieser Unterschied ja rechtfertigen muß, daß die
Handlungen nach Vorsatz und freiwillig geschehen. Vor das

[23] Dies ist gegen Platon gerichtet, dessen konkrete Äußerungen nur theoretisch
bleiben, z.B. *Polit.* 1291 a 11ss. Dazu: J. Ritter, *Zur Grundlegung* ..., 184 ff., und
ds., *Das bürgerliche Leben. Zur aristotelischen Theorie des Glücks* in: *Vierteljahres-
schrift für wissenschaftliche Pädagogik* 32 (1956), 60–94, hier: 84 ff.
[24] Mit dieser Formalisierung hat nichts zu tun, daß nach *Eud. Eth.* 1227 b 33 die
Praxis dort ansetzt, wo die νόησις aufgehört hat.
[25] *Met.* 1050 a 9, 21 wird innerhalb des Problemkreises Akt-Potenz auf unsere
Frage verwiesen.
[26] z.B. *Met.* 996 a 24, 1013 b 26, 1074 b 20; *Nik. Eth.* 1144 a 32, *Polit.* 1252 b 34.
[27] Die Idee des Guten wird abgelehnt (*Nik. Eth.* I, 4).

Telos sind βούλησις, προαίρεσις und βουλή[28] gestellt. Mit diesen Termini wird auf die Besonderheit, und das heißt in unserem Zusammenhang, die Vernunftbegabtheit des Menschen abgehoben. Προαίρεσις ist einerseits von Begierde, die der Mensch mit allen lebenden Wesen teilt, und der βούλησις zu unterscheiden, da dieser nicht das Spezifische der Zielgerichtetheit der sich auf das Gute in seiner Erreichbarkeit, d.h. in seinen Mitteln, einstellenden προαίρεσις eignet. Βουλή ist grundsätzlich auf das bezogen, was zum Ziel hinführt, sie gilt also auch nicht dem Ziel selbst, sondern gibt der προαίρεσις die Gründe. Der Mensch, der als ἀρχή des Ausführbaren erscheint, ist in der Umsichtigkeit der βουλή bei sich selbst, insofern er sich dem ihm naheliegenden Einzelfall, nicht ewigen Gesetzen, dem Kosmos oder mathematischen Problemen, zuwendet. In dieser Zuwendung zu dem für ihn erreichbaren Guten und den Mitteln, die zu diesem Guten hinführen, ist dem Menschen Selbstverwirklichung gegeben. Daß er sich damit aber nicht auf sich selbst als Einzelnen beziehen kann, sondern sich bereits in der Bestimmung des erreichbaren Guten auf die Gesamtheit der Menschen in einem größeren Ganzen verwiesen sieht, geht aus späteren Überlegungen hervor. Aber noch in anderer Hinsicht ist der Einzelne nicht isoliert betrachtet: Käme es nur auf die Bestimmung des Guten dadurch an, daß es gewollt wird, so wäre das an sich Gute nicht vom Scheinguten, und einer, der sich dem Guten, nicht von einem, der sich dem Scheinguten zuwendet, zu unterscheiden. Die Notwendigkeit einer solchen Unterscheidung wird aber durch die Tatsächlichkeit der Belobigung dessen, der sich dem Guten an sich zuwendet, eines σπουδαῖος also, und die Bestrafung eines Übeltäters, der das Scheingute für das Gute nimmt, nahegelegt. Die genannte Unterscheidung des Guten an sich und des Schein-Guten ist also nur solange sinnvoll, als auch die der Praxis in der Polis zugrundeliegende Voraussetzung eines verantwortlichen freien Handelns gilt. Die Freiheit des Handelns wird nicht durch die Festgefahrenheit einer ἕξις eingeschränkt, da dieser die Möglichkeit, nicht das zu tun, was diese Haltung begründen wird, vorhergeht. Allerdings ist mit der Haltung bereits ein Telos immer schon vor-

---

[28] *Nik. Eth.* 1113 b 5–7, zum Folgenden: *Nik. Eth.* III, 4–7.

ausgesetzt: τέλος δὲ πάσης ἐνεργείας ἐστὶ τὸ κατὰ τὴν ἕξιν.[29] Bei dieser Wahl des Guten ist aber zu beachten, daß es nie darum gehen kann, das Gute irgendwie in einem theoretischen Aufstieg gemäß einer hierarchischen Ordnung zu suchen: Das mit dem Telos identische Gute ist vielmehr immer das Tun selbst.[30] Das heißt aber nun nicht, daß das Handeln aus dem Bezug zu einem Telos zu lösen wäre, um dessentwillen es unternommen wird, sondern es kommt vielmehr alles auf das Telos an.[31] War im ersten Fall eine Suprematie der Theorie dort, wo sie nicht angebracht ist, abgewiesen worden (das Gute ist nicht in erster Linie theoretisch zu suchen, Ziel einer Erkenntnisbemühung, sondern schlicht „zu tun"), so wird im zweiten Fall das Recht der Theorie anerkannt, das Telos vorzugeben, da sonst das Handeln ziellos wird und sich ins Unendliche verliert. Das Handeln kann sich nicht selbst ein Ziel geben, sich nicht selbst begründen. Es ist aber nicht anders als Aristoteles gemäß, wenn wir uns betreffs der Zielgerichtetheit des Handelns an dieses selbst wenden. Handeln aber, so sagten wir, gelingt nicht einem Einzelnen, sondern in der κοινωνία.

3. TELOS ALS AUTARKIE

Mit der Bezogenheit der Gemeinschaft wird auch die Bezogenheit des Handelns begründet. Die κοινωνία ist auf die Polis, weil diese das „Endziel völliger Selbstgenügsamkeit" erreicht hat, gerichtet.[32] Der Grundsatz, das Telos von der Autarkie her zu bestimmen, zeigt deutlich die Tendenz des Aristoteles, nicht die Polis als eine Einheit nach Analogie des isolierten Individuums zu betrachten, sondern die Vielheit derer, die eine Polis ausmachen, in die Definition der Polis aufzunehmen. Die Familie ist in größerem Maße autark als der Einzelne, die Polis aber mehr als die Familie. Mit dieser Wendung gegen Platon, der in der größtmöglichen Einheit die Wesensverwirklichung der Polis sah, vertritt Aristoteles den Standpunkt, daß die Wesensverwirklichung die Garantie des Bestandes des zu Verwirklichenden bei-

---

[29] *Nik. Eth.* 1115 b 20s. Es gibt noch andere Einschränkungen, z.B. *Nik. Eth.* 1110 a 13: κατὰ τὸν καιρόν.
[30] *Nik. Eth.* 1179 a 35 – b 2.
[31] *Polit.* 1333 a 9–11.
[32] *Polit.* 1252 b 29.

bringen muß, die platonische Poliskonzeption aber die Reduktion auf den Einzelnen zu implizieren scheint, da dieser der Forderung nach Einheit mehr entspricht als die Polis.[33] Die Ausrichtung auf Autarkie als letztem Ziel impliziert also die Anerkenntnis, daß wir es in der Polis mit einer Vielzahl zu tun haben. Mit diesem verträgt sich nicht, daß ein Fremder sie beherrsche.[34] Nach diesem Grundsatz wird eine zu große bzw. zu kleine Bevölkerungszahl abgelehnt, richtet sich die Beurteilung der Geeignetheit eines bestimmten Terrains für die Errichtung einer Polis.[35] Da die Autarkie als Telos der Polis auch Ziel jeder anderen Form des Zusammenlebens ist, so muß das Rechte (τὸ δίκαιον) dieses Ziel berücksichtigen.[36], Worin besteht aber das Wesentliche der so grundsätzlich geforderten Selbstgenügsamkeit? Sie kann nur in dem bestehen, was wir bereits als das um seiner selbst willen erstrebte Gut kennengelernt haben. Dieses, das ἄριστον, das ausdrücklich mit der Autarkie identifiziert wird,[37] ist positiv als ,,vollendetes und glückliches Leben" bestimmt.[38]

Näher äußert sich Aristoteles zu dem Thema einer inhaltlichen Bestimmung der Autarkie als einem Leben in der εὐδαιμονία in der Nik. Eth. I, 5. Nachdem er von der Frage nach dem Guten auf die ,,Glückseligkeit" geführt wurde, wird die Selbstgenügsamkeit als eine zweite Weise, das an sich Gute zu bestimmen, neben die εὐδαιμονία gestellt. Sie wird aber sofort in dem Rahmen der Polis gesehen, da bei einem Einzelnen nie von ihr die Rede sein kann. Daß mit ihr nur eine andere Redeweise von εὐδαιμονία gemeint ist, zeigt deren nähere Bestimmung als mängelfreies und glückliches Leben. Grundsätzlich gelangt also Aristoteles nicht über die – inhaltlich gesehen – negativen Abgrenzungen hinaus.

4. TELOS ALS EUDAIMONIA

Mit dieser Fassung des Telosbegriffes stehen wir vor der Aufgabe, kurz den Zusammenhang, innerhalb dessen sich Eudai-

---

[33] *Polit.* I, 2.
[34] *Polit.* 1291 a 10.
[35] *Polit.* 1326 b 1ss., 22 ss., 1327 a 26.
[36] *Nik. Eth.* 1134 a 26 ss.
[37] *Polit.* 1253 a 1, vgl. auch *Nik. Eth.* 1097 b 8.
[38] *Polit.* 1280 b 33–35, 40 – 1281 a 2.

monia versteht, anzudeuten. Die Glückseligkeit ist grundsätzlich geglücktes Handeln, das um seiner selbst willen erstrebt
wird.[39] Eine solche ist nach dem Urteil des „zuständigen"
σπουδαῖος der ἀρετή gemäß. Zwar gelten auch augenehmc Ge-
nüsse und παιδιά für Eudaimonia, aber dieses Gelten ist nicht
„unbedingt", sondern ist nur in der δυναστεία erklärlich, da dieser
Nous und ἀρετή, die den ἐλεύθερος einer Polis auszeichnen, fremd
sind und für unwesentlich gelten. Weil das glückliche Leben nur
durch ἀρετή zu erreichen ist, ist σπουδή mit diesem als dem Modus
der ἐνέργεια τῆς ἀρετῆς verbunden.

Nun gibt es in der ἀρετή eine Rangfolge, die dem Rang dessen,
dessen ἐνέργεια sie ist, entspricht. Das Höchste und Göttliche in
uns ist der Nous, seine ἐνέργεια im βίος θεωρητικός ist die anhal-
tendste und darum vollkommenste Betätigung einer Tugend.[40]
Der Weise ist der glücklichste unter den Menschen, weil er zu
seiner Tätigkeit nur auf das Göttliche in ihm, nicht auf Anderes
außer ihm, verwiesen ist. Die Autarkie des ruhigen In-Sich-Be-
schlossenseins, die ihn zu einem „Gegenbild des Kosmos"[41] und
des Gottes macht, ist allgemein des Menschen Ziel: ὁ δὲ λόγος ἡμῖν
καὶ ὁ νοῦς τῆς φύσεως τέλος.[42] Der Weise versteht sich also nicht
eigentlich als esoterische Größe. Jedoch ist diese allgemein als
vorbildlich verstandene Stellung des Weisen nur schwer und selten verwirklicht, da eben die reine, in sich stehende Betätigung
des Göttlichen im Menschen, die ein ganzes Leben andauert und
ihm den Rang göttlicher Vollendung zuerteilt, Menschenkraft
übersteigt.

Es ist aber auch deutlich, warum das vollkommen theoretische
Leben unmenschlich ist. Theorie besagt In-Sich-Stehen, Autarkie. Sie ist aber als Telos der Praxis bestimmt, setzt also diese
voraus. Insofern nur der Gott und der Kosmos ruhig in sich zu
stehen vermögen, weswegen diese ihr Ziel schon immer in sich
haben, kommt nur diesen Theorie im vollkommenen Sinn zu.
Daraus erhellt aber auch, daß die Theorie den Menschen mit dem

---

[39] Zum Folgenden: *Nik. Eth.* X, 6–10.
[40] Im Praktischen ist οὐδὲν ἑστηκός (*Nik. Eth.* 1104 a 1s), was zu der methodischen
Regel, daß man sich mit diesem nur τύπῳ, nicht ἀκριβῶς zu befassen habe, paßt.
Zum βίος θεωρητικός: W. Jaeger, *Seinsgewißheit und βίος θεωρητικός*, in: *Sinn
und Sein* (Hrsg. R. Wisser), Tübingen 1960, S. 1–19. J. Ritter, *Mundus intelligibilis*
(Frankfurt 1937), 125 ff.
[41] Nach Dilthey formuliert.
[42] *Polit.* 1334 b 14.

Ewigen verbindet[43] und, weil die Götter ihre Vollkommenheit in der Theorie erlangen, diese aber als in höchstem Maße glücklich gelten, die Theorie als die τέλεια εὐδαιμονία anzusehen ist. Nur θεωρία und διάνοια werden um ihrer selbst willen angestrebt und haben in sich selbst ihr Ziel (αὐτοτελεῖς)[44]. Die Theorie ist sowohl Ziel der Praxis als auch das, was jeder Praxis das jeweilige Ziel zuordnet. Dies wird aber nicht anders verstanden, als daß die Theorie dieses nicht inhaltlich bestimmt, sondern nur die Zielgerichtetheit des Handelns überhaupt begründet. Die Betonung des Praktischen als Voraussetzung tut dem Vorrang der Theorie deswegen keinen Abbruch, weil diese der Praxis nur insofern entgegengesetzt ist, als Handeln ein Nach-Außen-Gerichtetsein der ἐνέργεια ist[45]. Wie der Krieg sein Ziel im Frieden hat, so soll äußere Geschäftigkeit die Muße (σχολή) sichern. Wodurch also ist der Mensch vom Göttlichen getrennt? Nicht sosehr durch die Seinsweise oder dadurch, daß er des Göttlichen zu seiner Selbstverwirklichung bedürfte – durch den Nous ist er mit ihm ja bereits innerlich verbunden – sondern dadurch, daß er zu einer vollkommenen Tätigkeit dieses Göttlichen in ihm nur gelangen kann, wenn er sich die Voraussetzungen dazu dadurch schafft, daß er die menschlichen Tugenden in ihrer Gerichtetheit auf die Theorie verwirklicht und nicht in der Erreichung der Mittel schon den Zweck sieht.

5. TELOS UND ἀρετή

Den menschlichen Tugenden, die bekanntlich in αρεταὶ διανοητικαί und ἠθικαί[46] eingeteilt werden, entspricht die eigentlich menschliche Art der εὐδαιμονία. Deren Verwirklichung setzt eine Reihe von Mitteln voraus, die rechte Anwendung dieser Mittel aber das, wodurch man zur ἀρετή überhaupt kommt, nämlich φύσις, ἔθος, διδαχή. Das, was die Natur beibringt, steht nicht in unserer Verfügung, ἔθος und Lehre aber verweisen auf die Polis,

---

[43] *Polit.* VII, 3; vgl. *Met.* 1072 b 24 und *Nik. Eth.* 1178 b 7 ss.

[44] *Polit.* 1325 b 20s. Zur Theorieproblematik: J. Ritter, *Die Lehre vom Ursprung und Sinn der Theorie bei Aristoteles*, Köln-Opladen 1953, (*Arbeitsgemeinschaft des Landes Nordrhein-Westfalen, Geisteswissenschaften* 1).

[45] Hierzu im Kommentar zur Nik. Eth. von F. Dirlmeier (Berlin 1956), Anm. 2 zu S. 234 seiner Übersetzung.

[46] Bspw. *Nik. Eth.* 1103 a 14 ss zu unserem Problemkreis: W. Kluxen: *Ethik und Ethos*, in: *Philos. Jahrb.* 73 (1965/66), 339–355.

innerhalb derer nur Gewöhnung zu sittlicher Haltung und Unterweisung in der Tugend wirklich wird. Diese Voraussetzungen der ἀρετή sind mit der Einteilung dieser verbunden. Zu Beginn von Nik. Eth. II, 1 wird die ἀρετὴ διανοητική auf die διδαχή, die ἀρετὴ ἠθική auf ἔθος zurückgeführt, wobei ausdrücklich auf die etymologische Verwandtschaft von ἦθος und ἔθος Bezug genommen wird. Es braucht dazu den Nomos, der ein „Spruch ist, welcher von φρόνησις und νοῦς geleitet ist"[47]. Der Nomos weist so seinerseits auf die hervorragende Eigenschaft eines Regierenden, die eben darum die ethische Ausrichtung des Verstandes auf das, was zu tun ist,[48] auch für den ist, der in der Tugend des Praktischen geübt ist, und als Logos auf das Göttliche des Nous, zurück[49]. Nomos soll ἔθος begründen. Aber dieser ist nicht ohne das Vorgegebensein des ἔθος denkbar: „...denn das Gesetz hat keine andere Macht, sich Gehorsam zu verschaffen, als die Gewohnheit, und die kann sich nur bilden durch die Länge der Zeit[50]." Die Wechselbeziehung von Nomos und Ethos verbindet Nomos mit einem Naturanalogen. Ἔθος unterscheidet sich von Physis wie „häufig" von „immer"[51]. Damit kommt Aristoteles seinem Bestreben nach, soweit wie möglich auf Naturgegebenes zurückzugreifen, auch wenn sich, wie bspw. bei den ethischen Tugenden, diese Bindung nicht direkt aufzeigen läßt. Wenn die Gewöhnung (ἔθος) nicht nur ein, sondern der entscheidende Faktor sittlicher Gesinnung (ἦθος) ist, dann ist dabei zweierlei vorausgesetzt: 1.daß die Gewöhnung sich schon immer als ein – sittlich gesehen – Positives bestimmen läßt, d.h. die Negation einer „bösen Gewohnheit" zwar nicht eines Einzelnen, sondern der Vielen; 2. die wesentlich sittliche Bedeutsamkeit der Gemeinschaft für einen Einzelnen. Kein Zweifel darüber kann bestehen, daß Aristoteles diese Voraussetzungen tatsächlich macht[52]. Bei der Erziehung,

---

[47] *Nik. Eth.* 1180 a 21 s.
[48] Dazu: Dirlmeier zu 138 Anm. 4; K. H. Volkmann-Schluck, *Ethos und Wissen in der Nikomachischen Ethik des Aristoteles*, in: *Sein und Ethos* (Walberberger Studien, Philos. Reihe 1) Mainz 1963, 56 ff.
[49] *Polit.* 1277 b 25 ss., die Bestimmung eines Politikos und eines Tüchtigen ist dieselbe (durch ἔθος, ἀρετή): *Polit.* 1288 b 1.
[50] *Polit.* 1269 a 20 ss (Übers. nach F. Susemihl).
[51] *Rhet.* 1370 a 7; *Nik. Eth.* 1152 a 31.
[52] Dieser Voraussetzung entspricht das Vertrauen des Aristoteles in die πολλοί *Nik. Eth.* 1153 b 25 ss. Das Vertrauen in die Pluralität begründet Vorzug der Herrschaft der Vielen (*Polit.* 1281 b 35, 1282 a 15s, 1286 b 32, 40; 1287 b 14, 27). Es gibt aber eine Reihe von Stellen, die dieser positiven Wertung entgegenstehen. Die Nei-

dem vorrangigen Geschäft eines Gesetzgebers, wird auf das ἦθος der Bürger Bezug zu nehmen sein, denn dieses trägt ja die Ordnung der Polis, die Politeia. Ein der Tugend günstiges ἦθος ist die Voraussetzung jeder Unterweisung, jedes Logos; gegen ein verdorbenes ἦθος richtet der Logos nichts aus. Die Reihenfolge Physis – ἔθος – Logos ist zugleich die Reihenfolge der Effizienz wie der Nähe zu Physis. Die Verwirklichung des Ethischen durch Besinnung auf die Bereitstellung von dessen Möglichkeit hat auf den Gesetzgeber und damit auf den Bereich der in der Politik zu untersuchenden Fragen verwiesen. Wir werden deshalb noch auf die Bestimmung von Telos und Eudaimonia, wie sie sich in der Sicht des τοῦ τέλους ἀρχιτέκτων[53] ergeben, einzugehen haben. Diese Notwendigkeit stellt sich nicht nur durch den bekannten Verweisungsbezug zum Beschluß der Nik. Eth., sondern durch die im Gesamten der praktischen Philosophie geläufige Analogie von Einzelmensch und Polis[54].

Die nun im Bereich der Polis zu betrachtenden menschlichen Tugenden müssen nochmals auf das ihnen eigene Telos und die zugeordnete Eudaimonia untersucht werden. In Pol. VII, 1–3 und 13 geht Aristoteles auf diesen Fragenkomplex ein. Die Frage nach der besten Politeia impliziert die nach dem besten Leben. Zunächst ist auf die geläufige Dreiteilung von zur Eudaimonia notwendigen Gütern (die äußeren, die des Leibes und die der Seele) Bezug zu nehmen. Die Richtigkeit der Einteilung wird nicht bestritten, doch wird der Vorrang der διάνοια und ἦθος betreffenden Güter φρόνησις und ἀρετή und der Mittelwert der äußeren Güter hervorgehoben. Eudaimonia ist immer im Verhältnis zu φρόνησις und ἀρετή gegeben. Solche Stellen zeigen immer wieder, was J. Ritter die „hypoleptische Methode" genannt hat, die im Bezug auf das, was in vorphilosophischer Betrachtung gesagt wird und in dessen Differenzierung besteht[55]. Die

gung der Vielen ist oft deswegen verkehrt, weil sie nicht logosgemäß und darum nicht physisgemäß ist. Die Menge zieht zumeist Hedone dem Logos vor (*Nik. Eth.* 1172 a 31ss), sie weiß nicht um die Eudaimonia (ib. 1179 a 15), sie gehorcht eher der Notwendigkeit als dem Logos (ib. 1180 a 4s). Die Logosferne der Menge begründet aber keine „böse Gewohnheit," da sie sozusagen der Zustand *vor* dem Innewerden des Logos ist.

[53] *Nik. Eth.* 1152 b 1s.

[54] *Nik. Eth.* 1152 a 19, 23. Diese Analogie steht auch hinter dem geläufigen Vergleich von Polis und Lebewesen schlechthin (bspw. Polit. 1254 b, 1290 b 25 ss., 1291 a 25 ss.).

[55] J. Ritter, *Das bürgerliche Leben*, a.a.O., S. 65.

innere Unabhängigkeit von äußeren Gütern ist der Modus der
Eudaimonia des Gottes – negativ bestimmt –, der positiv nur im
Hinblick auf das ihm eigene Wesen zu bestimmen ist. Diese ist
das „Regulativ" für Eudaimonia überhaupt, sowohl für den
Einzelnen, aber auch für die Polis. Erneut kommt die Ausgerich-
tetheit auf die Theorie zur Sprache: Für den Einzelnen als Frage,
ob das politische Leben oder das theoretische, das in Abkehr von
der Polis negativ bestimmt ist, vorzuziehen sei, für die Polis aber,
ob eine Verfassung, die möglichst Vielen Anteil an den Staatsge-
schäften gewährt, oder gar allen, die beste ist. Es ist deutlich,
daß beide Fragen innerlich zusammenhängen, wenn es auch
Aristoteles vor allem auf die zweite ankommt. Ihr Wechselbezug
ist der, daß von der Bestimmung des besten Lebens des Einzelnen das Urteil über die Staatsform ausfallen wird. Dies bedeutet
aber nicht, daß sich aus der für den Einzelnen als beste erkannten
Lebensform, nämlich der, die ihr Ziel in sich hat – der Theorie –
notwendig auf die Verfassungsform schließen läßt, die möglichst Vielen ein theoretisches Leben ermöglicht, schon gar nicht,
daß denen, die sich der Theorie widmen, politische Aufgaben
übertragen werden sollen. Aber letzteres ist schon durch die einfache Entgegensetzung in der Stellung der Frage ausgeschlossen
worden. Das theoretische Leben ist ein Grenzfall, der nur unter
bestimmten Voraussetzungen möglich ist und auf den es sich
zwar auszurichten gilt, der aber nicht „einplanbar" ist. Die
Theorie des σοφός ist die letztgültige Realisation des Telos des
Einzelnen. Aber diesem steht, in negativer Identität des Zieles
verbunden, der Modus, wie die Polis ihr Ziel verwirklicht, gegenüber. Die Polis der ἐλεύθεροι ist dann vollkommen, wenn der
Träger der politischen Tätigkeit wechselt, da allen im gleichen
Maße zukommt zu regieren und regiert zu werden, in welcher
Gleichheit gerade die Freiheit eines Polites besteht. Dieser
Gleichheit aber auch in der Verfassung der Polis zu entsprechen
ist κατὰ φύσιν und damit gut. Nur in einer politischen Tätigkeit,
die auf sie Rücksicht nimmt, kann Eudaimonia liegen. Theorie
heißt Verzicht auf äußere Tätigkeit, analog für die Polis heißt
dies: reine Beschränkung auf die eigenen Angelegenheiten, Verzicht auf eine Außenpolitik, die dieser Tätigkeit zuwider ist,
vor allem auf Eroberung usw., die eine weitgehende Orientierung
über das naturgemäße Telos hinaus mit sich bringt. Diese Ziel-

setzung bedingt die Ausführungen über Größe der Polis, Lage, Bevölkerungsschichtung, Landverteilung, Institutionen, Erziehung und dgl. Die Erkenntnis des Telos ist ebenso wichtig, wie die der Mittel. Die durchgeführte Konkretion der Äußerungen von Aristoteles ist der konsequente Weg, eine der Naturteleologie entsprechende Ordnung für die Polis zu entwerfen. Der Entsprechungscharakter dieser Teleologie liegt insbesondere darin, daß ἔϑος und Logos erst als eigenständige Größen in die physisgegebene Teleologie eingebaut werden müssen.

Eudaimonia ist an die Bedingung der ἀρετή geknüpft, diese wieder an den Zusammenklang der Dreiheit von Physis, ἔϑος und Logos. Von diesen ist der Logos das den Menschen allein Auszeichnende, das auch gegenüber den andern in vielen Fällen selbständig ist, d.h. es stellt sich allererst die Aufgabe, die einheitliche Ausrichtung der drei Größen zu begründen. Durch die Konzeption, daß die Theorie das Telos der Übereinstimmung von Physis, ἔϑος und Logos ist, ist aber zugleich der Logos selbst das Telos und Teleologie Begründende. Das analog zur Naturteleologie Konzipierte erweist sich als die Herkunft des Gedankens der Teleologie. Diese Analogie ist also auch in umgekehrter Richtung zu lesen: Die Selbstbestimmung des Geistes auf ein Ziel, das er selbst ist, weist allem Nicht-Geistigen sein Ziel an. Diese Zielhaftigkeit des Nicht-Geistigen wird aber an dem Nicht-Geistigen selbst „abgelesen". Inhalt und Form der Erkenntnis entsprechen sich derart, daß die Form sich im Inhalt selbst gegenübertritt. Dieses „Sich-Gegenübertreten" besagt keine „einsinnige Richtung" der vorgenannten Analogie, sondern die Ablehnung eines Standpunktes, der eines der Analogate, Natur oder Logos, auf das andere zurückführen möchte. Die Rolle des ἔϑος bestimmt sich aus der teilweisen Identität mit beiden Analogaten. Lebewesen haben ganz allgemein ihre ἔϑη. Als vermittelndes Element sichert es so die Analogisierbarkeit beider, indem es gewissermaßen das reale Fundament ihres Zusammenhanges bildet. Die teleologische Ausrichtung der Physis ist die Äußerung der logosbedingten Einheit von Logos und Physis, die in der Voraussetzung gegründet ist, daß Logos grundsätzlich auf Physis verwiesen ist.

Der Mensch ist nicht Telos der Natur, diese ist vielmehr als solche sinnvoll. Aber er hat teil an der allgemeinen Ausrichtung

auf das, was der Natur und dem Menschen – als einem Teil
dieser – als Telos in der Autarkie der Eudaimonie vorgegeben
ist. Diese ausgezeichnete Teilhabe versteht sich als unvollendete
Verwirklichung der Daseinsweise des Ewigen, d.h. der Theorie.
In ihr ist der Mensch mit seinem Telos vermittelt. Methodisch
gesehen bedeutet das: Durch die Theorie ist der Gottesbegriff
für die Teleologie des Praktischen bei Aristoteles relevant. Dieser
Relevanz entspricht in der Ordnung der Natur die Bewegung auf
ein bestimmtes Ziel hin: κινεῖ δὲ ὡς ἐρώμενον. Es ist aber nicht
richtig, von zwei Ordnungen zu sprechen. In der Tat gibt es nur
eine Ordnung, die in sich verschiedene Momente vereint.

Die Tugend ist innerhalb der allgemeinen Teleologie der Modus, wie der polisbezogene Mensch sein Telos erreicht. So kann
I. Düring feststellen: „Seine (scl. des Aristoteles) Ethik steht
durchwegs im Banne seiner Philosophie vom telos".[56]

III

Es kann nicht unsere Aufgabe sein, die ungeheure Differenz
der telosbezogenen Ethik des Aristoteles und den Gedanken der
teleologischen Suspension des Ethischen bei Kierkegaard ge-
schichtlich zu begründen. Dazu wäre vor allem notwendig zu
zeigen, wie in der Philosophie der christlichen Antike und des
Mittelalters der Gottesbegriff zum finis ultimus aller Seienden
wird und wie damit Gott das sittliche Handeln auf sich lenkt.[57]
Der aristotelische Ansatz, der als Ziel die Autarkie des Gottes
und der Theorie, die auf die je verschiedene Weise in der Polis
und vom Weisen verwirklicht wird, kennt, zentralisiert die Seienden nur auf die Seinsweise des Gottes, nicht auf diesen selbst.
Gleichwohl ist der mittelalterliche Weg die Weiterführung dieses
Ansatzes im Sinne einer konsequenten ontologisch begründeten
Theonomie. Erst durch die Auflösung der Verbindung von Willen

[56] a.a.O., S. 435.
[57] Grundfragen thomistischer Ethik behandelt W. Kluxen, *Philosophische Ethik
bei Thomas von Aquin* (Mainz 1964), bes. 118 ff. Dort heißt es (S. 109) zu unserem
Problem, soweit in der Summa contra Gentiles behandelt: „Die Erkenntnis der
Tätigkeit der Geschöpfe ist eine Weise der Gotteserkenntnis: Gottes, der sie auf Ziele
hin bewegt, dem sie sich als dem Urbild anzugleichen streben, der sie durch seine
Vorsehung leitet. Menschliches Handeln ist eine Sonderform dieses geschöpflichen
Strebens, das auch in besonderer Weise – so durch das göttliche Gesetz – geleitet
wird."

Gottes und Lehre vom Seienden bzw. durch die Negierung der Berechtigung des Schlusses vom endlichen Denken auf den Willen Gottes in der Einführung der Differenz von potentia dei absoluta und ordinata, die bei Wilhelm Ockham systematisiert wurde, ist es überhaupt möglich geworden, daß eine ethische Handlung als Widerspruch zum Willen Gottes aufgefaßt werden konnte. Die Isolierung Gottes und damit des aus Freiheit handelnden Subjekts ist aber bei Kierkegaard positiv zu der sich des je individuellen Anrufes Gottes gewissen Existenz geworden. Die Umbewertung des zu Beginn der Neuzeit vollzogenen und durch Kant systematisierten Bruches von Gott und Welt ist die große Leistung des nichtkirchlichen Theologen Kierkegaard. Gehen wir diesen Fragen in kurzen Zügen nach.

Der die universale Teleologie sprengende Bruch, der die Subjektivität als das Wahre erscheinen läßt, hat „den Sinn teleologischer Spekulationen auf die Selbstdeutung des Menschen innerhalb eines ‚Weltbildes' begrenzt".[58] Das bedeutet, daß mit dem Schwund eines allgemein verbindlichen Weltbildes auch die verpflichtende Ausrichtung auf ein solches Weltbild im Medium des Allgemeinen aufgegeben ist. Einer blaßen Theorie der Relativierung ethischer Verbindlichkeiten steht das Ringen Kierkegaards um die Sicherung der Berechtigung, in der Subjektivität das Wahre zu sehen, gegenüber einer Frage, die nicht nur theologisch als das Problem der Rechtfertigung gestellt wird, sondern ebenso philosophisch als die Frage nach der Bedingung der Möglichkeit. „Wie überzeugt sich denn der Einzelne davon, daß er berechtigt ist? Es ist recht bequem, das ganze Dasein von der Idee des Staates oder einer Gesellschaft aus zu nivellieren. Von diesem Standpunkt aus kann man sehr leicht vermitteln. Denn man kommt gar nicht zu dem Paradox, daß der Einzelne als solcher höher steht als das Allgemeine".[59] Freilich kann es Kierkegaard hier nicht um ein Darlegen von Prinzipien gehen. Ein solches Vorgehen würde seinem Ansatz gänzlich zuwiderlaufen; vielmehr wird durch die Entwicklung einer indirekten Methode nur ein Hinweis auf Kriterien gegeben werden können, die – vorbehaltlich des Urteils der Subjektivität selbst – dem Denken gegenüber eine Rechtfertigung darstellen, statt von „Anfech-

---

[58] H. Blumenberg, *Art. Teleologie*, in: *RGG*³ 6 (Tübingen 1962), 678.
[59] F.Z., S. 56.

tung" von dem uno actu segnenden und fluchenden Willen Gottes zu sprechen.[60] Das Kennzeichen muß auch für den, der das Paradox nicht kennt, verständlich sein. Eben darin liegt die nicht einholbare Zweideutigkeit des Zeichens, da es immer Zeichen für den ist, der ein Zeichen braucht, der aber, gerade weil er das nicht kennt, wofür das Zeichen Zeichen ist, den eindeutigen Bezug desselben nicht kennen kann. Das Zeichen nimmt die Entscheidung zu dem, innerhalb dessen es sich versteht, nicht ab, sondern fordert sie geradezu. Nur so ist das Individuelle im Medium des Allgemeinen zu rechtfertigen. Die ,,indirekte Mitteilung", dieses für den Zusammenhang einer Sprachphilosophie noch nicht ausgemachte Thema, verbleibt in der für sie konstitutiven Entzweiung von Allgemeinem und Einzelnem. Als einziger Weg, das Paradox kenntlich zu machen, ist sie selber eines der Kennzeichen des Paradoxes: ,,Der wahre Glaubensritter ist stets Zeuge, niemals Lehrer, und darin liegt das tief Humane..."[61] Der grundsätzlichen Unverständlichkeit des Glaubenden entsprechen die anderen Zeichen der absoluten Isolation und des tiefen Schmerzes darüber.[62]

Das Paradox ist die religiöse Wendung und, innerhalb des Religiösen verbleibend, die absolute Begründung der Moralität. Die Freisetzung des theologischen Bereiches von den Ergebnissen der Naturwissenschaft und deren Folgerungen in einer Naturphilosophie durch die kritische Beschränkung des Erkenntnisbereiches bei Kant wird von der nicht-kirchlichen Theologie Kierkegaards für die Theologie positiv als Aufbruch zur Religion der Innerlichkeit gewendet. Mit der ,,Dissoziation von Naturwissenschaft und Theologie" ist der Rückzug der Bedeutung des religiösen Lebensbereiches von einer Staatsangelegenheit (etwa im Sinne einer Staatskirche) zur Privatsache notwendige Folge.[63] Kierkegaard ist aber deswegen unkirchlicher Theologe, weil er diesen Rückzug nicht als ein Verschwinden der Religion deutet, sondern als die drängende Eröffnung der jederzeit gleichen Mög-

---

[60] F.Z., S. 59.
[61] F.Z., S. 73.
[62] F.Z., S. 72 ff.
[63] H. Blumenberg, *Melanchthons Einspruch gegen Kopernikus. Zur Geschichte der Dissoziation von Theologie und Naturwissenschaft*, in: *Studium Generale* 13 (1960), 174–182.

lichkeit, sich in ein unmittelbares Verhältnis zu Christus zu setzen.

Hat die sich in der Religion derart selbst begründende Subjektivität ihren systematischen Ort in der Kantischen Kritik und damit in der differenten Wertung der Ideen Gott, Freiheit und Unsterblichkeit innerhalb der theoretischen und praktischen Vernunft und so in dem durch den notwendigen Zusammenhang der dritten und vierten Antinomie gegebenen Aufeinanderverwiesensein des Problems der Freiheit und des notwendigen Wesens (über das nähere Aussagen erst in dem Abschnitt über das transzendentale Ideal gemacht werden),[64] so ist die Bestimmung des Menschen erst ersichtlich, wenn er sich von aller kosmologischer Bestimmung absetzt, indem er der Mechanisierung und Entteleologisierung der Natur den Raum des sich selbst freisetzenden Ichs allererst verdankt. Damit ist ein Doppeltes gesagt: Die Theorie der modernen Naturwissenschaft, wie sie in der Kantischen Kritik philosophisch zum Durchbruch kommt, ist der Katalysator des Pathos der Freiheit, wenn auch malgré soi, sei es, daß die Freiheit sich – innerhalb der kritischen Denkhaltung – vom Erkennen gemäß der Kategorie der Kausalität „ausgespart" weiß, sei es, daß sie gegen ein die Grenzen dieser Kategorie übersteigendes transzendentes Denken, d.h. Dogmatismus, protestiert. Erst in der Absage an die natürliche Theologie, sofern sie Physikotheologie ist und damit „von dieser Welt zur höchsten Intelligenz aufsteigt... als dem Prinzip aller natürlichen Vollkommenheit" bzw. an die transzendentale Theologie, die „das Dasein des Urwesens von einer Erfahrung überhaupt... abzuleiten gedenkt... oder glaubt durch bloße Begriffe... sein Dasein zu erkennen",[65] artikuliert sich die Notwendigkeit einer neuerlichen Begründung der Gottesidee und die Koppelung mit der Idee der Freiheit.

Mit der Lösung des Gottesbegriffes von der Natur geht eo ipso die Verankerung desselben in der Freiheit des Menschen und damit die Bindung desselben an die menschliche Existenz vor sich. Johannes kann dann hinsichtlich des Vollzuges einer Existenz im religiösen Stadium formulieren: „Es liegt in dem Glau-

---

[64] Dazu: H. Heimsoeth, *Transzendentale Dialektik. Ein Kommentar zu Kants Kritik der reinen Vernunft*, II, 334 ff.
[65] Kr.d.r.V. B 660.

ben auf der einen Seite der Ausdruck für den höchsten Egoismus
(daß er /sc. Abraham/ das Schreckliche, was er vollbringt, tut),
auf der anderen Seite der Ausdruck für die absoluteste Hinge-
bung, daß er es tut um Gottes willen".[66] Im Zusammenhang der
Schrift will dies besagen, daß das Handeln aus dem Glauben innerhalb der Zweideutigkeit, um seiner selbst willen zu handeln,
steht. Hier ist mehr gesagt, als es die Feuerbachsche Reduktion
der Theologie auf verkappte Anthropologie wahrhaben will, die
allenfalls darin die theologische Tradition treffen mag, daß der
Gottesbegriff, methodengenetisch betrachtet, „ad similitudinem
mentis rationalis" konzipiert ist. Damit ist aber zunächst nur
formuliert, daß die „perfectiones simpliciter" des Johannes Duns
Scotus der einzig verläßliche Ausgangspunkt für die Gotteserkenntnis sind, wobei diese Vollkommenheiten eben das Maximum
der Bestimmung des endlichen Seienden darstellen, was die Bindung des Gottesbegriffes zugleich an die hierarchisch gegliederte
Natur *und* die menschliche Natur besagt.

Kierkegaard setzt den Willen Gottes gegen die Ansprüche in-
nerweltlicher und darum von ihm relativierter Ethik. Die Ethik
wird um eines anderen Telos willen, als es innerhalb ihrer möglich geworden ist, relativiert. Die Teleologie ist auf den individuellen Anspruch Gottes reduziert. Eine allgemein verbindliche
Zielausrichtung ist unmöglich geworden. Nur in ihrer Negation
läßt sich Freiheit sichern. Die Teleologie ist also auf neue Grundlagen zu stellen. In genau demselben Sinne heißt es bei N. Hartmann: „In einer durchgehend final determinierten Welt, wie die
ältere Metaphysik sie unter dem Banne alt ehrwürdiger Vorurteile fast einstimmig annahm, ist sittliche Freiheit ein Ding
der Unmöglichkeit. Die kategoriale Struktur des Finalnexus
schließt sie aus. Stünde die Teleologie der Seinsprozesse ontologisch fest, so bliebe für das Sein der Sittlichkeit schlechterdings
kein Spielraum in der Welt, und alle ethischen Phänomene wären
Scheinphänomene... Der ‚Mensch' ist nur möglich in einer nicht
teleologisch determinierten Welt".[67] Dies ist die eindeutige Auflösung der Dialektik, die innerhalb der theologischen Tradition
unter dem Titel der „concordia praescientiae Dei et liberi arbi-
trii" abgehandelt wurde, die einer Theodizee wegen des Faktums

---

[66] F.Z., S. 64.
[67] *Ethik* (Berlin³ 1949) 663; vgl. auch ds., *Teleologisches Denken* (Berlin 1951).

des Bösen in der Welt bedurfte. Unter verschiedenen Titeln werden Problemidentitäten abgehandelt. Mit der Identifizierung innerhalb der antiken Teleologie des höchsten Gutes mit dem christlichen Gottesbegriff ist bereits die Voraussetzung dafür gegeben, daß Kierkegaard auch in der Verneinung einer universalen Ausrichtung auf Gott den Zusammenhang von Telos und Gott wahrt, wenn er von einer teleologischen Aufhebung der innerweltlichen Teleologie, die Gott nur relativ, d.h. als ein Relatives erreichen kann, spricht. Auch in der Verkehrung der Sinnrichtung der Tradition ist diese unbemerkt in der Aufeinanderverwiesenheit von Begriffen wirksam. Die Lösung eines solchen Bezuges würde einer eigenen Reflexion bedürfen.

Worin besteht nun in unserer Fragestellung der Zusammenhang der Richtung der Antworten von Kant und Kierkegaard? Es darf nicht übersehen werden, daß allenfalls von einer negativen Identität gesprochen werden kann, insofern die durch Kant aufgelöste teleologische Naturbetrachtung den Anlaß bietet, die von ihrem Zugriff frei gewordene Stelle des Menschen verschieden zu interpretieren, einmal als Gebundenheit an ein nur analog zu Naturgesetzen gedachtes, allgemein verpflichtendes Sittengesetz, das in dem idealen Zusammenhang zwischen menschlichen Zwecken und dem menschlichen Willen nicht das Wesen, wenn auch den Prüfstein des moralischen Handelns sieht[68], andererseits durch den persönlich ergehenden Anruf Gottes.

Die Neuteleologisierung des Menschen ist die Aufgabe einer Reflexion, die auf das Zerreißen der unmittelbaren Einheit folgt. Bei Kant erfolgt diese in der Frage, die der Antinomie der praktischen Vernunft zugrundeliegt: Wie ist das höchste Gut praktisch möglich?, welche sich auf den Zusammenhang von Tugend und Glückseligkeit bezieht. Sie wird unter Gegensetzung zu Stoikern und Epikureern dadurch erläutert, daß ,,Glückseligkeit und Sittlichkeit zwei spezifisch ganz *verschiedene Elemente* des höchsten Gutes sind und ihre Verbindung also *nicht analytisch* erkannt werden könne..., sondern eine *Synthesis* der Begriffe sei''[69].

---

[68] H. J. Paton, *Der kategorische Imperativ* (Berlin 1962), 180 (,,Probierstein'' sagt Kant zumeist von dem Kriterium theoretischen Erkennens, so B 90, hier ist also Regulativ gemeint!); zur Moralphilosophie Kants auch: D. Henrich, *Das Problem der Grundlegung der Ethik bei Kant und im spekulativen Idealismus*, in: *Sein und Ethos*, a.a.O. S. 350–386.

[69] Kr.d.pr.V. Ak. Ausg. 5, 112 f.; im Orig. gesperrt.

Eine notwendige Verbindung beider ist zu denken nur *möglich*[70]. Die Analogie *dieser* moralischen Teleologie zu einer unzureichenden physischen Teleologie zeigt sich aber dadurch, daß jener das von dieser nicht bewältigte Thema der Auffindung der höchsten Welturache zugeschoben wird „Die moralische Teleologie hingegen, welche nicht minder fest gegründet ist wie die physische, führt auf das, was zur Möglichkeit einer Theologie erfordert wird, nämlich auf einen bestimmten *Begriff* der obersten Ursache als Welturache nach moralischen Gesetzen...".[71]

Die Entfremdung von der alten Telosidee zeigt sich bei Kierkegaard nicht zuletzt in der Entdeckung des Teleologischen im Durchbruch durch die Schranken natürlicher Ethik. Die Stelle des – traditionell gesehen – entwurzelten Menschen wird nun aber bei ihm in der Analogielosigkeit zu Gesetzen überhaupt neu aufgefunden. Nicht nur nicht die Erkennbarkeit des Telos des Menschen wird aufgegeben, sondern auch der Versuch, in praktischer Hinsicht allgemeinverbindliche Aussagen darüber zu machen. Die positive Seite der Kierkegaard'schen Entscheidung stellt sich als Radikalisierung des Kant'schen Ansatzes hinsichtlich der Subjektivierung des „Woher" der Verbindlichkeit der Moral dar.[72] Die Autonomie des Subjektes, die sich im kategorischen Imperativ unter ihrer allgemeinen Form findet, wird durch die Identifizierung mit einer jede Erkenntnismöglichkeit hinter sich lassenden Heteronomie einem „Immoralismus"[73] zum Verwechseln ähnlich. Das „objektive Analogon" des sittlichen Handelns, das sowohl als höchstes Gut, Gott usw. angesprochen worden ist, verschwindet – theoretisch gesprochen – zur Annahme des Handelnden, wobei es verkehrt wäre zu sagen: zur Selbstannahme. Die Zusage des sich individuell offenbarenden Gottes ist die objektive Bedingung der Möglichkeit des Handelns. Diese

---

[70] ib. 5, 119.

[71] Kr.d.U. Ak. Ausg. 5, 480 f.; im Orig. gesperrt.

[72] K. Löwith, a.a.O., S. 168 Anm. 2, stellt ebenfalls eine Verschärfung des Kant' schen Ansatzes durch Kierkegaard in einem besonderen Fall fest. Er findet die Kierkegaard'sche Abkehr von der „Natur" als Indiz für den theologischen Hintergrund der Abwertung der Natur seit Kant (als bloße Schöpfung). Mit dieser These ist zumindest gezeigt, daß die Entscheidung Kierkegaards für die Positivität der Freiheit der Theologie von der Naturwissenschaft in einer philosophisch vermittelten theologischen Tradition steht.

[73] Über die einem Immoralismus zugrundeliegenden metaphysischen Entscheidungen hat sich geäußert: H. Heimsoeth, *Zur Frage nach Grund und Herkunft der Moral*, in: *Konkrete Vernunft*, Festschrift für E. Rothacker (Bonn 1958), 207–217.

selbst aber ist nur jeweils subjektiv annehmbar. Mit dem Ereignis des unverfügbaren Handelns Gottes ist das Telos des sittlichen Handelns Wirklichkeit.

Entscheidungen lassen sich nicht rückgängig machen. Die Einheit von Natur und sittlichem Handeln ist nicht neu zu erobern, wie immer man sich anschicken mag, den Naturbegriff so zu erörtern, daß er nicht in Spannung zu den eindeutigen Bestimmungen der wissenschaftstheoretischen Überlegungen Kants, die das Faktische der naturwissenschaftlichen Methode philosophisch nachholen, steht. Aber gerade dadurch wurde die Teleologie das, was sie schon immer war, wenn auch überdeckt durch den logischen Übergriff auf das, was ist: Selbstdeutung des Subjektes, das dazu verurteilt ist, nur in sich, wenn auch nicht notwendig aus sich, das Wahre finden zu können.

THEORIE DER BILDSAMKEIT

KLAUS SCHALLER (BOCHUM)

I

Die folgenden Überlegungen wenden sich einem Phänomen des Menschlichen zu, das die Eltern bei ihren Kindern, Lehrer bei ihren Schülern, das aber auch der Autor bei seinen Lesern immer schon voraussetzen muß, wenn deren Tun den erhofften Erfolg zeitigen, eine vielleicht neue Einsicht ermöglichen soll. Eltern, Lehrer und Autoren rechnen mit einer gewissen *Ansprechbarkeit* ihres Gegenübers. Ohne eine solche Ansprechbarkeit wäre all ihr Tun, wäre die Unzahl der tagtäglich unternommenen pädagogischen Bemühungen umsonst. – Freilich kommt es gelegentlich vor, daß Eltern und Lehrer, Redner und Autoren „nicht ankommen", daß sie gleichsam nur „in die Luft reden" und „in den Wind schreiben".

In der gewohnten pädagogischen Terminologie wird dieses Phänomen, dem die folgenden Erörterungen nahezukommen suchen, *Bildsamkeit* genannt. Man wird die Entfaltung des vorgenommenen Themas nicht anders beginnen können als mit dem Hinweis auf Friedrich Herbart, der in seinem *Umriß pädagogischer Vorlesungen* vom Jahre 1835 im § 1 formuliert: „Der Grundbegriff der Pädagogik ist die Bildsamkeit des Zöglings."[1]

Am Rande sei bemerkt, daß wir hier nur einen möglichen Ansatz einer Erziehungswissenschaft oder einer Pädagogik vor uns haben. Wilhelm Dilthey, nicht weniger schulbildend als Herbart, war der Meinung, daß die Erziehungswissenschaft mit der Be-

---

[1] Fr. Herbart, *Umriß pädagogischer Vorlesungen*, 1835/41,1 § .

schreibung des Verhältnisses zwischen Erzieher und Zögling beginnen müsse.[2]

Wenn Herbart nun also seinen „Pädagogischen Vorlesungen" eine Bestimmung der Bildsamkeit voranstellt, so meint er offenbar, hier einen der „einheimischen Begriffe der Pädagogik" vor sich zu haben, auf die sich die wissenschaftliche Pädagogik zu beschränken habe, sofern sie nicht zum „Spielball der Sekten" werden solle.[3] Bei genauerem Hinsehen stellt sich allerdings heraus, daß es sich hier keineswegs um einen Begriff handelt, der nur in der Pädagogik und nirgendwo anders sein Heimatrecht hat. Dies zeigt schon der weitere Gedankengang Herbarts, indem er den Umfang des Begriffs Bildsamkeit zunächst so weit ansetzt, daß sein Inhalt gerade nicht speziell von pädagogischem Belang ist. Der Begriff Bildsamkeit erstreckt sich, wie wir hören, „sogar auf die Elemente der Materie. Erfahrungsmäßig läßt er sich verfolgen bis zu denjenigen Elementen, die in den Stoffwechsel der organischen Leiber eingehen". Eine erste Einengung des Begriffsumfanges erbringt dann eine erste Präzisierung des Inhalts, und es heißt: „Von der Bildsamkeit des Willens zeigen sich Spuren in den Seelen der edlern Tiere." Aber erst eine weitere Beschränkung des Umfangs läßt einen Begriffsinhalt zutage treten, der es rechtfertigt, daß dieser Begriff zum Grundbegriff der Pädagogik erhoben wird: „Aber Bildsamkeit des Willens zur Sittlichkeit kennen wir nur beim Menschen."[4]

Wir werden heute gewiß nicht mehr diesem logischen Prozeß der Präzisierung des Begriffsinhaltes durch Beschränkung seines Umfangs folgen können, wenn es uns um das Begreifen eines so zentralen pädagogischen Sachverhalts wie des der Bildsamkeit geht. Gerade der durch die Umfangsbeschränkung bezeichnete Weg zeigt jedoch, daß hier zum Begreifen des pädagogischen Sachverhalts ein Schema benutzt wird, das außerhalb des genuinen pädagogischen Geschehens seinen Ort hat. Es ist dies ein Schema, das aus der Philosophie des Aristoteles auf uns gekommen ist, der konstruktive Gedanke nämlich, daß jegliches Seiende zustandekommt aufgrund zweier Prinzipien: aufgrund der Ver-

---

[2] W. Dilthey, *Grundlinien eines Systems der Pädagogik*, in: Ges. Schriften, Bd. IX, S. 190.
[3] Fr. Herbart, *Allgemeine Pädagogik* (1806), Einleitung.
[4] Fr. Herbart, *Umriß pädagogischer Vorlesungen*, § 1.

einigung von Materie und Form. Diese beiden Prinzipien lassen sich auch in der Bildsamkeitstheorie Herbarts nachweisen. Der Wille ist hier das materielle Prinzip;[5] unter dem Regulativ eines Sittengesetzes (formales Prinzip) wird er als sittlicher Charakter ins Werk gesetzt, verwirklicht, und damit ist das Ziel der Pädagogik Herbarts, die ,,Charakterstärke der Sittlichkeit", erreicht. Unter Anweisung des gewählten Schemas mußte nun der Wille von Herbart als plastisch, formbar, fügsam angesehen werden (Einzelheiten der Psychologie Herbarts bleiben hier unberücksichtigt), wenn er eine auf den sittlichen Charakter abzielende Erziehung *möglich* machen sollte. Auch bei Aristoteles lag schon im materiellen Grund die *Möglichkeit* eines Seienden beschlossen. Wie nämlich nur die ungeformte Materie Formung und somit Verwirklichung eines Seienden erlaubt, so kann auch die Ungebärdigkeit des Willens positiv gerade als seine Formbarkeit und Fügsamkeit verstanden werden; in der Plastizität des Willens ist der Möglichkeitsgrund einer Erziehung zu erblicken, die eine auf dem Willen fundierte Sittlichkeit zum Ziel hat. Aber nicht nur die Fähigkeit, Form zu empfangen, war von Herbart am Willen nachzuweisen; vielmehr hat der Wille, wenn er wirklich ermöglichender Grund der Erziehung sein soll, zugleich auch eine gewisse Beständigkeit und Beharrlichkeit aufzuweisen; er muß eine bestimmte Festigkeit besitzen, die einmal empfangene Form auch über die Zeit hin zu bewahren. Zweierlei also erwartet Herbart vom Willen, wenn dieser der Möglichkeitsgrund der von ihm gemeinten Erziehung sein soll: seine *Fügsamkeit* und seine *Beständigkeit*.

Für Herbart ergibt sich daraus eine Reihe von Folgerungen, z.B. die, daß eine Philosophie, die den sittlichen Charakter nicht als das Produkt einer den Willen prägenden Formung ansieht, die Philosophie der ,,transzendentalen Freiheit" oder des ,,Fatalismus"[6], keine ihr eigene Pädagogik entwickeln kann. Herbart weiß fernerhin, daß diese Plastizität des Willens nicht als total angenommen werden darf: ,,Die Unbestimmtheit des Kindes ist beschränkt durch dessen Individualität".[7] Erziehung ist also immer nur in den Grenzen vorhandener Plastizität möglich.

---

[5] Vgl. Kl. Schaller, *Prolegomena zu einer Theorie der sittlichen Erziehung*, in Ders. *Studien zur systematischen Pädagogik*, Heidelberg 1966, S. 64 ff.
[6] Fr. Herbart, *Umriß pädagogischer Vorlesungen*, § 3.
[7] Fr. Herbart, *Umriß pädagogischer Vorlesungen*, § 4.

An dieser Stelle sei der Gedankengang Herbarts abgebrochen. Eines dürfte bereits deutlich geworden sein, nämlich dies, daß jenes hier zur Erklärung des Zustandekommens von Sittlichkeit übernommene Denkschema des Aristoteles von Materie und Form, der sogenannte Hylomorphismus, manche Peinlichkeit mit sich bringt, wenn es um das Begreifen pädagogischer Phänomene geht. Wenn der Autor, wie eingangs erklärt, vor dem Aufschreiben der ersten Zeile voraussetzen muß, daß seine Leser fähig und bereit sind, einem – nicht unbedingt seinem – Gedankengang zu folgen, so wird doch diese Voraussetzung durch die Annahme keineswegs erklärt, daß diese Fähigkeit auf die Plastizität einer humanen Substanz zurückzuführen sei, die der Leser mitbringe und die sich durch die Worte des Autors formieren ließe. Prägung und Formung sind auch nicht die Absicht dieser Überlegungen. – Vielleicht ist es sogar so, daß die hier zur Erklärung benutzte Vorstellung, daß alles, was ist, aus einem materiellen und einem formalen Prinzip in seinem Sein verstanden werden kann, das Eigentümliche jenes Phänomens der Menschlichkeit, mit dem Eltern, Erzieher und Autoren immer schon rechnen, eher verstellt als erhellt. Die Unangemessenheit dieser hylomorphen Vorstellungsweise wird gerade auch dann sichtbar, wenn man bedenkt, daß jenes Phänomen der Menschlichkeit, das das Sprechen eines Redners vor dem hörenden, das Schreiben eines Autors vor dem lesenden Publikum nicht sinnlos sein läßt, keineswegs wie bei Herbart allein auf die Sphäre sittlichen Handelns, sondern immer auch auf einsichtiges Verstehen bezogen ist. Darum ist es vielleicht doch richtig, wenn man gemäß der Eingangsüberlegung nicht von der Bildsamkeit, da dieses Wort immer schon mit jener hylomorphen Vorstellungsweise behaftet ist, sondern eben von der Ansprechbarkeit redet. Das allerorten beobachtbare Faktum der Erziehung setzt voraus, daß der Mensch ansprechbar ist: Ansprechbar auf Sitte und Brauch, auf bestimmte Handlungsweisen hin; ansprechbar aber auch auf gewisse Erkenntnisse hin und gewisse Einsichten, etwa die, daß zwei mal zwei vier ist.

Bildsamkeit durch Ansprechbarkeit zu ersetzen, um jener hylomorphen Hintergründigkeit zu entgehen, ist nun keineswegs nur gewissen pädagogischen Schulen eigen. Es handelt sich hier um eine Sprachregelung, die man in der pädagogischen Literatur der Gegenwart mehr und mehr beobachten kann. Wenn Heinrich Roth etwa die entscheidenden Stationen einer konkreten Begabungsentfaltung beschreibt, dann nennt er als erste „eine spezifische Ansprechbarkeit auf ein bestimmtes Material, eine bestimmte Sache, eine bestimmte Aufgabe und eine auffallende Neigung, an diesem Material, dieser Sache, dieser Aufgabe interessiert zu werden".[8] So aufschlußreich formuliert ein Autor, der im übrigen in seinen Erörterungen der Bildsamkeit besonders stark der hylomorphen Vorstellungsweise verpflichtet ist, wenn er etwa den Grund der Möglichkeit von Bildung in jener Lücke erblickt, die durch Erbe einerseits und durch Umwelt andererseits nicht prädeterminiert und also noch formbar ist.

II

Dem Thema dieser Erörterungen ist nicht Genüge getan mit dem Hinweis, daß eine solche Ansprechbarkeit immer schon vorausgesetzt werden muß und vorausgesetzt werden kann, wenn es uns um Erziehung geht, weil es eben Erziehung gibt, sondern es gilt, in einer *Theorie* der Ansprechbarkeit diese zu begründen und ihre Merkmale in einen sinnvollen Zusammenhang zu bringen.

Fragt man nach solchen Theorien, durch die man diese mit dem Menschsein gegebene Ansprechbarkeit verständlich zu machen versucht hat, so fällt rasch auf, daß sich hier einige grundsätzlich verschiedene theoretische Ansätze unterscheiden lassen:

Der neuzeitliche Mensch, der gewöhnt ist, den Grund des Menschlichen in dem menschlichen Subjekt selbst zu suchen, wird auch den Grund dieser Ansprechbarkeit in dem Bündel der diesem oder jenem Menschen mitgegebenen Ausstattungen und Qualitäten aufzufinden hoffen. Gerade hier bot sich die hylomorphe Vorstellungsweise als brauchbare Hilfskonstruktion an: jene vorausgesetzte Plastizität war eben die gesuchte Qualifikation dieses oder jenes Menschen, war die Eignung des Subjekts, die seine Menschlichkeit verbürgende Form zu empfangen. Ein Blick auf historische Begründungen zeigt aber rasch, daß man auch an ganz anderer „Stelle" den Grund der Ansprechbarkeit

---

[8] H. Roth, *Begabung und Begaben*. Über das Problem der Umwelt in der Begabungsentfaltung, in: *Begabungsförderung und Schule*, hrsg. v. Th. Ballauff, H. Hettwer, Darmstadt 1967, S. 24.

des Menschen auf menschenwürdige Handlung und auf menschengemäße Einsicht hin gesucht hat. Comenius, jener so oft mißverstandene große Pädagoge des 17. Jahrhunderts, entdeckte den Grund der Möglichkeit einer Erziehung des Menschen nicht in diesem Menschen selber, in einer ihm überlassenen Vorzüglichkeit (*sublimitas humanae naturae*), sondern in einer diesem Menschen und allen seinen Fähigkeiten vorausgehenden und die Kontur seiner Subjektivität überschreitenden *Verbindung*, für die nicht der Mensch aufzukommen vermag, die vielmehr schon vor seiner individuellen Existenz verwirklicht worden ist in Christus, der das Band zwischen Gott und Mensch wiederhergestellt hat. Die Möglichkeit der institutio liegt für Comenius in der restitutio des Menschen durch Christus. – Eine wahrhaft recht ungewöhnliche Theorie der Bildsamkeit des Menschen!

Dieser kleine historische Exkurs sollte dazu ermutigen, die Antwort auf die Frage nach dem Grund jener das menschliche Sein kennzeichnenden Ansprechbarkeit nicht in der Ausstattung des menschlichen Subjekts, sondern eben auch, vorläufig gesagt, an anderer „Stelle" zu suchen. Es könnte ja sein, daß der Grund dieser Ansprechbarkeit nicht notwendig in der Konstitution des Menschen liegen muß, sondern daß er auch in seiner Konzeption gefunden werden kann, die mehr ist als das Subjektive dieses Menschen, wobei unter Konzeption hier die Fügung des Menschen in Welt und der Sinn dieser Fügung zu verstehen ist.

III

Im folgenden ist dieser Vermutung weiter nachzugehen. Dabei werden sich leicht drei Theoriengruppen zur Begründung menschlicher Ansprechbarkeit als der notwendigen Voraussetzung jeglicher Erziehung unterscheiden lassen.

1. Zur ersten Gruppe der Begründung menschlicher Ansprechbarkeit auf Gehalte und Handlungen hin gehören jene Versuche, die – wie Heinrich Roth – Bildsamkeit im „freien Raum der Erziehung zwischen Erbe und Umwelt" unterzubringen suchen. Demgemäß reduziert Roth durch Berufung auf die Ergebnisse moderner erfahrungswissenschaftlicher Forschung die durch Erbe und Umwelt erwirkten Feststellungen des Menschlichen auf ihr reales Maß und gewinnt dadurch jenen freien Raum menschlicher

Plastizität, der erzieherisches Handeln, der den erzieherischen Eingriff sinnvoll werden läßt. Da ist ihm etwa die Feststellung wichtig, daß menschliche Handlungen „nicht einfach die Auswirkungen von starren Anlagen und angeborenen Eigenschaften, sondern *steuerungsfähige Prozesse*" sind.[9] Es gelte, genau zu ergründen, welche Bereiche des Menschlichen als durch Erbe und Umwelt festgesetzt, und welche als veränderlich angenommen werden dürfen. „Normale Entwicklung und normale Umweltbedingungen und Erziehungsverhältnisse vorausgesetzt, sind wahrscheinlich *am wenigsten veränderlich*: die körperlichen Eigenschaften, die konstitutionelle Eigenart, die angeborene Feinstruktur der Organe (z.B. Grad der Sinnestüchtigkeit), soweit sie nicht erst mit ihrer Betätigung endgültig aufgebaut werden (Kurzsichtigkeit z.B. kann angeboren und/oder erworben sein), die vitale Energiekapazität, das Temperament (seelisches Tempo), die Reaktionszeit, eventuell die gehirnphysiologischen u.a. Voraussetzungen für besondere Geschicklichkeit usw. Aber auch für diese Bereiche gilt immer eine Variationsbreite, die von der Umwelt, der Übung, dem Training usw. bestimmt wird. – Mehr *veränderungs- und beeinflussungsfähig* erscheinen, wenn keine krankhaften Ausfälle oder Festlegungen zu verzeichnen sind und ganz besonders, wenn ein ausgleichendes erzieherisches Milieu und gezielte Erziehungsmaßnahmen mithelfen, folgende Bereiche: Intelligenz, Gefühlsansprechbarkeit, emotionale Stimmungslage (Lebensgrundstimmung), gewisse Wahrnehmungs- und Vorstellungseigenarten.... *Am stärksten von Umwelt und Erziehung beeinflußbar* sind, besonders im Kindes- und Jugendalter: Bedürfnisse, Interessen, Motivationen, Schul- und Lebensleistungen, die Verhaltenseigenschaften, Werthaltungen, Gesinnungen, Ansichten, Lebens- und Weltanschauungen. ... Bevor erzieherisch nicht alles getan wurde, was möglich war, ist kein erbbiologischer Pessimismus am Platze".[10]

Zu dieser ersten Gruppe, die den Grund der Ansprechbarkeit des Menschen in seiner subjektiven Ausstattung sucht, gehören ferner all jene Versuche, welche die menschliche Bildsamkeit auf bestimmte Anlagen zurückführen. Ulrich Freyhoff erzählt hierfür ein erhellendes Beispiel und zitiert einige Sätze aus einer

[9] H. Roth, *Pädagogische Anthropologie*, Bd. I, Hannover 1966, S. 265.
[10] H. Roth, Ebenda, S. 265.

Resolution des Internationalen Kongresses der Kunstpädagogen, die 1955 in Lund gefaßt worden ist: „Der Drang zum künstlerischen Ausdruck entspricht einer natürlichen angeborenen Veranlagung und ist ein absolutes Bedürfnis für alle Kinder."[11] Hier wird die Bildsamkeit oder die Ansprechbarkeit des jungen Menschen auf die Dinge der Kunst hin zurückgeführt auf spezifische Anlagen; Bildsamkeit wird als „Formbarkeit der Anlagen" definiert.[12] Gerade aber von einer solchen subjektivistischen Begründung der Ansprechbarkeit oder der Bildsamkeit möchte sich Freyhoff entfernen. Im Verfolg seines Gedankenganges wird eine zweite Gruppe von Bildsamkeitstheorien erreicht.

2. Für Freyhoff ergibt sich, indem er das von jenen Kunsterziehern Gemeinte pädagogisch zu interpretieren sucht, „daß *jedem* Menschen, insbesondere jedem Kinde, eine Art bildbares Kraftzentrum eignet, das in ihm durch bildnerisches Handeln aktiviert werden *muß*, damit er zu seiner eigentlichen Bestimmung als Mensch zu finden vermag ... *jeder* Mensch trägt gewissermaßen eine *Basis* in sich, auf die der Kunstpädagoge sein bildnerisches Werk aufbauen kann, eine Basis, die vielleicht erst freigelegt werden muß, die aber in jedem ‚normalen' Menschen vorhanden ist und die ihm, sofern sie bebaut und strukturiert wird, das Menschsein – seine ‚Humanität' – erst ermöglicht".[13] Es ist nicht ganz einfach, aus diesen Sätzen Freyhoffs, die von einer Basis *im* Menschen reden, von einem bildbaren Kraftzentrum, das dem Kinde *eignet*, herauszuhören, daß hiermit bereits eine neue theoretische Position bezogen worden ist. Diese Basis nämlich, von der hier die Rede ist, ist keineswegs mit der Summe der subjektiven Anlagen des Individuums, seiner subjektiven Potentialität, identisch. Diese Basis weist über die individuelle Subjektivität des Menschen hinaus, erweitert sie gleichsam. Freyhoff spricht in diesem Sinne von den sogenannten geistigen *Grundrichtungen*, die von Schleiermacher her über Wilhelm Dilthey in der Pädagogik der Nohl-Schule eine große Rolle gespielt haben. Die Theorie der geistigen Grundrichtungen will besagen, daß der einzelne Mensch nicht in sich selber einen hin-

---

[11] U. Freyhoff, *Bildsamkeit als didaktisches Problem*, in: *Päd. Rundschau*, 13. Jg., 1963, S. 87.

[12] Vgl. U. Freyhoff, a.a.O., S. 89. So etwa O. Turmlirz: *Pädagogische Psychologie* 1930, M. Keilhacker, in: *Lexikon der Pädagogik*, Bern 1950, Bd. I, S. 196.

[13] U. Freyhoff, a.a.O., S. 87 ff.

reichenden Grund seines Seins aufzuspüren vermag, daß der Grund des Menschlichen auch für ihn nur in einem ihm als Menschen zukommenden Bezug, in seiner Zugehörigkeit zu den großen Bereichen des Objektiven gesucht werden kann. Die individuelle Subjektivität wird gleichsam aufgebrochen; denn die geistigen Grundrichtungen, bestätigt durch das im Lehrer zu Worte kommende Objektive, weisen vom individuellen Subjekt weg auf die Kulturbereiche hin. Diese Bezirke des Objektiven sind, um einer berühmten Gliederung zu folgen, das Religiöse, das Theoretisch-Wissenschaftliche, das Soziale, das Politische, das Ökonomische und das Ästhetische.[14] Das sechsfache Eingewurzeltsein des einzelnen Menschen in das Objektive ist hier der verläßliche Grund seines individuellen Menschseins. Jeder Mensch hat an allen diesen sechs Bereichen Anteil, freilich an dem einen oder anderen in einem stärkeren oder geringeren Maße. Aus der vorrangigen Zugehörigkeit zu diesem oder zu jenem Bereich des Objektiven hat Eduard Spranger seine Lebensformen abgeleitet.[15] Da nun also ein jeder Mensch mehr oder weniger auch am Kulturbereich des Ästhetischen teilhat, so ist er auch – gemäß jener Feststellung der Kunstpädagogen – auf die Dinge der Kunst hin ansprechbar.

Freyhoff verweist in seinem Zusammenhang darauf, daß die einzelnen Fachbereiche der Schule immer bestimmte Grundrichtungen des Menschen repräsentieren. Die Fachbereiche der Schule „bemühen sich durch ihre berufenen Vertreter, die diese Grundrichtungen in ihrem Personsein zur Darstellung bringen, die Grundrichtung des Kindes durch ihr bildnerisches Gestalten in eine dem Fachzusammenhang entsprechende *Grunderfahrung* im einzelnen Kinde zu verwandeln".[16] Hier wird also durch Unterricht und Erziehung nicht eine im individuellen Subjekt schlummernde subjektive Potenz aktualisiert, sondern durch den Erzieher, um beim Beispiel der Kunsterziehung zu bleiben, wird in diesem oder in jenem Kinde, das *als Mensch* immer schon an den Objekten der Kunst teilhat, eine im Kulturbereich der Kunst objektiv gewordene Potenz der Menschheit schlechthin zum Le-

---

[14] So bei E. Spranger, *Lebensformen, Geisteswissenschaftliche Psychologie und Ethik der Persönlichkeit*, 1. Aufl., Halle 1914.

[15] E. Spranger, *Lebensformen*, 6. Aufl., 1927, S. 144 ff.

[16] U. Freyhoff, a.a.O., S. 88.

ben erweckt. Was aber ist das Objektive, was ist die Kultur? Die Summe des Objektiven, der Gesamtbereich der Kultur ist nichts anderes als die Objektivation des Menschenmöglichen in seiner generellen Fülle, objektivierte Subjektivität schlechthin. Da nun der Einzelne eben auch Mensch ist und Anteil hat am Menschlichen, so wird er hoffen können, daß er in der Realisation des generell Menschenmöglichen auch seine individuellen Möglichkeiten als dieser Einzelmensch gewinnen wird: In der Objektivation des generellen Subjekts kommt er zu sich als individuelles Subjekt; „Basis" des Menschlichen im Sinne Freyhoffs ist also jene auf die Subjektivität der Menschheit hinausweisende und in ihr bestätigte Subjektivität des Educandus. Dieser Zusammenhang individueller und genereller Potentialität und Subjektivität sei hier mit Worten Hermann Lesers (1925), um nicht das klassische Werk H. Freyers zu zitieren, erläutert: „Die seelischen Potenzen der Einzelnen treten ... in wechselseitige Verbindung. Was der Einzelne denkt und fühlt und hofft, das behält er nicht für sich, das vereinigt sich mit den inneren Potenzen der anderen infolge der engen und immer fester werdenden Beziehung und summiert sich zu großen gemeinsamen Gebilden ... Sie nehmen ... immer dauerhaftere Formen an, machen selbst wieder eine große geschichtliche Entwicklung durch und treten dann dem Einzelnen als objektive Mächte gegenüber. Das Resultat sind große Erscheinungen, die nicht mehr dem Einzelnen als solchem, sondern der Menschheit angehören ... Dieses Wesen ist ... ein ganz spezifisches; und es sollte ... nicht im geringsten behauptet sein, diese Gebilde seien an sich selbst nichts weiter als ein konzentrierter Niederschlag der individuellen psychischen Funktionen. Im Gegenteil, bei prinzipiellerer Betrachtung würde sich zeigen, daß gerade die tieferen Gehalte der Individualseelenleben ihrerseits nur gehemmte, beschränkte Niederschläge einer umfassenden geistigen Sphäre sind. Nicht tragen die Individuen als solche die in der Geschichte der Menschheit sich äußernden geistigen Objektwelten: die Individuen, soweit sie geistige Potenzen entfalten, werden ihrerseits von jenen Welten getragen."[17]

Der Grund der Ansprechbarkeit des Menschen auf diesen oder

[17] H. Leser, *Das pädagogische Problem in der Geistesgeschichte der Neuzeit*, zitiert nach K. Schaller u. K. H. Schäfer, *Bildungsmodelle und Geschichtlichkeit*, Hamburg 1967, S. 137 f. (*Repertorien zum Hochschulstudium, Reihe Pädagogik*, Bd. 1).

jenen Gehalt hin wird in der Bildsamkeitstheorie Freyhoffs und seines Lehrers E. Weniger also nicht in einer bestimmten Eignung des menschlichen Subjekts, in seiner Plastizität oder in bestimmten Anlagen gesucht, sondern in seiner Zugehörigkeit zu anderem. Dieses andere aber, so müssen wir einschränkend feststellen, erweist sich ebenfalls als das Menschliche. Dieses hier gemeinte überindividuelle, dennoch aber letztlich subjektive Menschliche, die Objektivation des Menschenmöglichen in all seiner Fülle, wird als verläßlicher für die Bildung individuellen Menschseins angesehen als die individuelle Ausstattung des einzelnen Subjekts selbst.

Hinter dem Übergang von der Theoriengruppe 1 zur Theoriengruppe 2 steht offensichtlich eine Krise des Vertrauens. Man ist sich nicht mehr sicher, ob die dem einzelnen Menschen überlassene Potentialität ausreicht, das Menschsein dieses Individuums zu begründen und zu tragen. Diese Vertrauenskrise geht allerdings nicht soweit, daß menschliche Möglichkeit in ihrer Relevanz für menschliches Sein grundsätzlich in Frage gestellt wird. Nur die individuelle Potenz erweckt hinsichtlich ihrer Fundamentalität für die Bildung Bedenken; das generell Menschenmögliche jedoch, wie es in den Bereichen des Objektiven, in der Kultur real geworden ist, bleibt verläßlicher Grund der Bildung, des Aufbaus des Menschseins auch in diesem oder jenem Menschen. Die Möglichkeit der Bildung, oder mit unseren Worten: die Ansprechbarkeit dieses oder jenes Menschen auf die Menschlichkeit hin, hat ihren Grund nicht in einer bestimmten Ausstattung und Qualifikation dieses oder jenes Menschen, sondern in dessen Zugehörigkeit zum Allgemeinmenschlichen in den geistigen Grundrichtungen.

3. Faßt man den Übergang von der Theoriengruppe 1 zur Theoriengruppe 2 ins Auge, so wird hier eine bestimmte Richtung erkennbar. Diese Richtung wurde bereits angedeutet durch den Hinweis auf eine merkliche Vertrauenskrise hinsichtlich der das menschliche Sein fundierenden Funktion menschlicher Potenzen: Nicht mehr die Ausstattung des individuellen, sondern nur die des generellen Subjekts wurde als tragfähiger Grund der individuellen Menschlichkeit anerkannt. Meine Zugehörigkeit zum generell Menschenmöglichen macht auch in mir das Menschliche möglich, ermöglicht meine Ansprechbarkeit auf die Mensch-

lichkeit hin, worauf es die Erziehung letzten Endes abgesehen hat. Könnte nun aber, so ist experimentierend zu fragen, diese Vertrauenskrise nicht noch weiterreichen? Könnte sich nicht auch, und dieser Gedanke liegt nach den Menschheitskatastrophen im 20. Jahrhundert gar nicht so fern, die im generellen Subjekt, in der Gattung der Menschheit gesammelte Ausstattungssumme an Qualifikationen und Möglichkeiten als zu schwach erweisen, menschliche Bildung zu ermöglichen? Müßte man nicht nach einer dritten Theoriengruppe jener Ansprechbarkeit des Menschen auf die Menschlichkeit hin fragen, in der das Neue der Gruppe 2 aufgenommen und übernommen, das Alte aber, das sie aus der ersten Theoriengruppe beibehalten hat, suspendiert wird? Das heißt konkret: Sollte man nicht nach dem Grund menschlicher Ansprechbarkeit auf menschliche Einsicht und menschliches Handeln hin in einer Zugehörigkeit suchen, die dem individuellen wie dem generellen Menschsein vorausliegt, da sie eben den Grund jedwedes Menschlichen, des individuellen wie des generellen, ausmacht. Die oben ausgesprochene Vermutung, daß der Grund menschlicher Ansprechbarkeit möglicherweise nicht in der Konstitution, sondern in der Konzeption des Menschlichen liegen könnte, verwies bereits in diese Richtung. Beispiel übrigens für diese dritte Fassung einer Bildungstheorie sind die bereits erwähnten Gedankengänge des Comenius: In jener das Menschsein tragenden Verbindung, in jenem nexus hypostaticus, ging es um die Zugehörigkeit des Menschen – nicht zu seinesgleichen, sondern zu dem schlechthin anderen, um seinen Bezug zu Gott. – Einige pädagogische Fakten sollen Mut zu diesem Schritt machen, der in der dritten Theoriengruppe zwingt, den Bereich des generell Menschenmöglichen, den Bereich menschlicher Subjektivität grundsätzlich zu überschreiten und in eine aller menschlichen Möglichkeit vorausliegende Wirklichkeit einzutreten.

Daß die Ansprechbarkeit des Zöglings nicht in jedem Falle einfach gegeben ist, ist allgemein bekannt. Sie ist vielmehr unter Bedingungen gestellt. Es gibt Worte, die verhallen. Manche Leute können reden, was sie wollen, wir lassen uns von ihnen nichts sagen. Zwischen dem Redenden und dem Hörenden muß offenbar vorgängig ein ganz bestimmtes Verhältnis aktualisiert sein, welches das Reden und das Hören erst ans Ziel bringt. Im

pädagogischen Bereich redet man hier vom pädagogischen Bezug; man sagt, daß zwischen dem Erzieher und dem Zögling das
Verhältnis des Vertrauens herrschen muß. Nur von dem, dem
wir vertrauen, lassen wir uns etwas sagen, Mißtrauen verschließt
unsere Ohren. Man hat darum gesagt, daß im Vertrauen erst die
Bildsamkeit, auch konkrete Begabungen allererst „gestiftet"[18]
werden. Sie sind vorher, außerhalb dieses Verhältnisses, gar nicht
vorhanden. Für E. Weniger ist die Bildsamkeit „ein Problem
des Niveaus und der Atmosphäre".[19] Weil Bildsamkeit und Begabung nicht auf Anlagebestände des Subjekts zurückführbar
sind, sondern außerhalb des beschränkten Subjekts ihr Prinzip
haben, darf der Erzieher umgekehrt auch dem Educandus und
der mit ihm gegebenen und durch ihn nicht beschränkten immer
neuen Ansprechbarkeit vertrauen. Nach Freyhoff erfordert der
Auftrag, „Bildsamkeit in der Jugend für neue Inhalte und Aufgaben des Lebens zu wecken, vom Lehrer und Erzieher ein fast
unbeschränktes Vertrauen in die im Schüler beschlossenen Möglichkeiten".[20]

Was tragen nun diese simplen Fakten für unseren Gedankengang ein? Gewiß doch dies, daß die Ansprechbarkeit weder auf
den Hörenden noch auf den Sprechenden reduziert werden kann.
Nicht eine gewisse Hörfähigkeit des Hörenden kann für die Ansprechbarkeit dieses Menschen verantwortlich gemacht werden,
nicht die Energie des Sprechenden, seine Dringlichkeit und Intensität. Der Grund der Ansprechbarkeit liegt hier nicht in einer
der beiden in dieses Verhältnis eingegangenen Instanzen, sondern in diesem Verhältnis selbst. In diesem Verhältnis, das von
der Art, von der Struktur ist, *daß es etwas zu hören gibt.* Dieses
Verhältnis ermöglicht Sprechen und Hören insofern, als es den
Horizont ausmißt, in dem sich etwas kundgibt, insofern, als es
die Dimension ist, die Wort und Antwort aufkommen und ankommen läßt. – Manch kritisierter Theaterneubau belegt die
Wichtigkeit der vorrangigen Sorge um die akustischen Dimen-

---

[18] U. Freyhoff, *Begabung und Schule auf dem Hintergrund unserer Gesellschaft*, in:
Freyhoff, Hartke, Höffe, Hübner, Schwirtz, *Dortmunder Hochschultage*, Ratingen
1967, S. 21. – Ders., *Theorie der Bildsamkeit*, in: *Geisteswissenschaftliche Pädagogik am
Ausgang ihrer Epoche*. – Erich Weniger, hrsg. v. I. Dahmer u. W. Klafki, Weinheim
1967, hier seine Hinweise auf E. Weniger und sein Werk.
[19] Zitiert nach U. Freyhoff, *Theorie der Bildsamkeit*, a.a.O.
[20] U. Freyhoff, *Theorie der Bildsamkeit*, a.a.O.

sionen des Raumes, wenn es um verständnisvolles Sprechen und Hören geht.

Das hier Eingesehene gilt es nun in seiner anthropologischen Relevanz zu ermessen. Der Mensch ist offenbar in einer Dimension zu Hause, in der es etwas zu sehen und zu hören gibt. Doch damit ist noch nicht das ausgesagt, was ihn vom Tier unterscheidet. Auch den höheren Tieren, das weiß man zumindest seit Wolfgang Köhlers Schimpansenversuchen, ist eine solche Öffnung gewährt, in der anderes vor sie kommt. Wir müssen darum präziser nach den Maßen dieser Dimension, dieser Ausmessung, fragen, wenn wir uns auf das spezifisch Menschliche einlassen wollen. Die Dimension des Aufkommens und Vorkommens von etwas ist für das Tier durch das Bedürfnis der eigenen Lebenserhaltung ausgemessen. In den Grenzen seines Nahrungstriebes kommt die Banane als Nahrungsmittel dem Schimpansen vor Augen, und in der Dimension derartigen Vorkommens wird es ihm nun möglich, Bambusstangen aneinander zu stecken und sich in den Besitz der Bananen zu bringen. Auch hier reicht es nicht hin, diese „Leistung" der Schimpansen auf eine ihnen eigene Intellektualpotenz zu reduzieren. Ohne die den Affen gewährte „Sicht" gäbe es für eine solche angenommene Intellektualpotenz keinen Gegenstand. – Wie steht es nun mit den Maßen menschlicher Fügung in Welt? Als was kommt Seiendes vor den Menschen in der Dimension, in der er als Mensch zu Hause ist? Man sollte hier nicht immer in der Weise herkömmlicher anthropologischer Überlegungen von seiner zufolge seiner Instinktarmut und Mangelhaftigkeit gesteigerten Bedürfnislage ausgehen und von ihr her seine ihn komplettierenden Weltmanipulationen begründen. Seine Bedürfnislage ist pure Bedürftigkeit, und d.h., daß von dieser Bedürftigkeit her gerade nicht die Grenzen der Dimension auszumessen sind, in der ihm als Mensch etwas aufgeht und ihn angeht. Zeichen dieser totalen Andersartigkeit der Dimension menschlichen In-der-Welt-Seins ist die Sprache, ist das Wörtchen „ist". Auch dieser Gedankengang treibt den Autor und seinen Leser herum in einer Dimension, in der das „Ist" ein Perspektivpunkt ist unter der Frage nämlich: Was *ist* die Bildsamkeit, was *ist* die Ansprechbarkeit? Dieses „Ist" ist keineswegs von deren Bedürfnislage her erreichbar. In ihr ginge es allerdings um die Ehrung des Jubilars, meines Freundes Jan Patočka, um ein für das Examen unerläßliches Wissen, um künftiges Einkommen, um Selbstermächtigung und Weltbemächtigung – Dimensionen, in denen Menschen sich freilich auch auskennen und bewegen. Diese Rücksichten aber werden vergessen, wo es etwas in den Maßen des „Ist" zu sehen gibt, oder abstrakter formuliert: wo Seiendes in seinem Sein zu bedenken, auszusprechen und ins Werk zu setzen ist. Diese Dimension, in der Seiendes in seinem Sein zu besorgen ist, die auch das menschliche Sein definiert, – diese Dimension nötigt zur *Rücksichtslosigkeit* auf die eigene Bedürfnislage und bezeichnet die absolute Differenz zwischen menschlichem und tierischem Sein. Diese eigentümliche Intention, die den Nachdenkenden zu dieser Rücksichtslosigkeit im Denken nötigt, kann als *Anspruch* verstanden werden. Nicht der Leser richtet an sich selbst den Appell zu solcher Rücksichtslosigkeit, nicht der Autor an seine Leser; nicht das Etwas, um das es hier geht: die Bildsamkeit nämlich, appelliert, sondern das *Wie* des Aufgehens und Angehens von Bildsamkeit ist es hier, das in Anspruch nimmt. Dieses Wie, daß nämlich in der im Denken betretenen Dimension menschlichen Aufenthaltes in der Welt etwas den Menschen angeht als das, was es *ist*, dieser Anspruch des „Ist", z.B. im Bedenken der Bildsamkeit, ist weder vom Menschen noch von dem Etwas her souffliert, sondern eben Merkmal der eigentümlichen Konzeption von Ich und Welt, die das Menschliche ausmacht. Eltern und Kinder, Lehrer und Schüler, Erzieher und Zögling – weil sie beide als Menschen konzipiert sind, so in Welt gefügt sind, in einer solchen Dimension zu Hause sind, in der Seiendes aufgeht als das, was es ist – sind im Stande, auf das Ist von Etwas hin, sei es eine menschliche Einsicht oder eine menschenwürdige Handlung, in Anspruch zu nehmen und sich in Anspruch nehmen zu lassen. Nicht also nur die Ansprechbarkeit des Menschen, sondern auch seine Möglichkeit anzusprechen, haben ihren Grund in dieser Dimension des Menschlichen, die allem Hören und Sprechen, allem Lesen und Schreiben auch in dieser Stunde vorausgeht. – Der sogenannte pädagogische Bezug ist nur die Auslegung dieser Konzeption des Menschlichen auf einen konkreten Lebensbereich hin: den der Erziehung.

Diese dritte Gruppe der Theorien, die nach dem Grund menschlicher Ansprechbarkeit suchen, verweisen also wie die Gruppe 2 auf die Zugehörigkeit des Ich; nicht aber auf eine Zugehörigkeit des Ich zum Gesamt aller Iche, zum generellen Subjekt, zur Menschheit im Ganzen, um in der Objektivation des Menschenmöglichen den Grund menschlicher Bildung zu finden, sondern auf die Zugehörigkeit des Menschen, oder besser: sein Zugelassensein zum Sein, sein Eingelassensein in jene Dimension, in der Seiendes ihm in der Perspektive des Seins vor Augen tritt. Dieses Sein darf keinesfalls als ein Über-Ich verstanden werden, sondern eben als Perspektivpunkt jener eigentümlichen Konzeption von Ich und Welt, jener eigentümlichen Fügung und Verschränkung, jener eigentümlichen Dimension, in der – soweit wir wissen – nur der Mensch zu Hause ist, in der Seiendes dem Menschen aufgeht als das, was es ist.

Auch hier bleibt die Bildsamkeit, oder besser: die Ansprechbarkeit der ermöglichende Grund von Erziehung und Bildung, was Herbart ja veranlaßte, sie zum Grundbegriff der Erziehung zu erheben. Herbart aber erwartete vom Willen neben solcher Ansprechbarkeit auch eine gewisse „Festigkeit",[21] wenn auf ihn aufbauend Bildung möglich sein sollte, und es bleibt zu fragen, ob hier auf ein solches Kontinuum zu verzichten ist. Erziehung als Hervorruf des Menschen in die Menschlichkeit verstanden, als Hervorruf in die Dimension, in der Seiendes ihn auf das Sein hin in Anspruch nimmt und zur Antwort aufruft, – soll diese Erziehung jeden Tag von neuem beginnen müssen, soll sie sich nicht mehr, wie man gesagt hat, eines Tages überflüssig machen? O. F. Bollnow hat mit Recht darauf hingewiesen, daß eine solche „Philosophie", derzufolge der Mensch nur für Augenblicke Menschlichkeit erreicht, keine Pädagogik entwickeln kann.[22] Wie steht es also hier mit der Dauerhaftigkeit der im Bildungsprozeß jeweils erreichten Position? Der Grund der Permanenz der Menschlichkeit braucht hier nun nicht mehr im menschlichen Subjekt, in einem seiner Vermögen, im Willen etwa, gesucht zu werden. Das Menschliche als eine Dimension, in der der Mensch in Anspruch genommen ist vom Sein des ihn angehenden Seienden, jenem zu entsprechen, dieses Menschliche liegt dem empirischen Menschen wie der Menschheit in der Summe ihrer Subjekte

---

[21] Fr. Herbart, *Umriß pädagogischer Vorlesungen*, § 3.
[22] O. F. Bollnow, *Existenzphilosophie und Pädagogik. Versuch über unstetige Formen der Erziehung*, 2. Aufl., Stuttgart 1959, S. 16. (Urban-Bücher, Bd. 40).

voraus und ist als solches von permanenter Gegenwart. Erziehung weist demgemäß stets und von altersher die Struktur der Erinnerung auf. Die in der Erinnerung beschlossene Besinnung auf den permanenten Anspruch des Seins im Seienden, für das Wohl und Wehe des je mich Angehenden einzustehen, legt den Grund menschlicher Beständigkeit im Menschlichen frei. Für das Menschliche und seine Beständigkeit aufzukommen ist nicht des Menschen Sache; er käme hier immer schon zu spät. Die Dimension des Menschlichen ist für jeden Menschen ein verläßliches und beständiges Angebot. Seine Sache ist es freilich, und hierzu kann Erziehung vorbereitend mancherlei tun, diesem Menschlichen die Treue zu halten, sich dem Anspruch, für Aufgang und Abgang des ihn Angehenden einzustehen, nicht zu entziehen und keine Rücksichten vorzuschützen, die ihm von seiner eigenen Bedürfnislage aufgenötigt worden sind. Nicht die Beständigkeit *des* Menschlichen, wohl aber meine Beständigkeit *im* Menschlichen ist ,,das Werk meiner selbst''.

Hatte die Ansprechbarkeit des Menschen ihren Grund in seiner Zugehörigkeit zum Sein als Perspektivpunkt jener eigentümlichen Verschränkung von Ich und Welt, so ist damit zugleich jenes Kontinuum freigelegt, das Erziehung als Progreß möglich macht. Ansprechbarkeit und Beständigkeit stehen hier für die von Herbart geforderte Plastizität und Festigkeit.

Man wird aber festhalten müssen, daß die Konsequenzen einer Pädagogik – bis zum Alltagsgeschäft des Unterrichts hin – sehr verschieden aussehen werden, wenn sie einerseits das Menschliche im Menschen aufzubauen sucht auf der Habe des Subjekts, oder wenn sie andererseits das Ich an seine Konzeption in der Welt samt ihrem spezifischen Sinn erinnert, wenn sie das Ich hervorzurufen sucht in jene Dimension permanent angebotener Menschlichkeit, in der Anspruch und Verantwortung auch für diesen Menschen erst erschlossen werden können.

DIE WELTGESTALTUNG DER PHILOSOPHIE

RUDOLPH BERLINGER (WÜRZBURG)

EINLEITUNG

Dieser Denkversuch wird im Horizont jener Wissenschaft angesetzt, die wir Philosophie nennen.* Da Welt aber das Ur-
thema der Philosophie ist, ist Philosophie Weltwissenschaft.

Wir gehen nun von der Frage aus, ob der Mensch ohne Welt
überhaupt sein kann. Man pflegt zwar unbedenklich von den
Dingen dieser Welt zu sprechen, doch kann man sich unbesehen
darauf verlassen, daß diese Weltdinge, auf die man sich schon
immer wie auf unerschütterliche Tatsachen stützt, auch in der
Tat Dinge in einer Welt sind, die vorhanden ist?

Die alltägliche Weltauffassung geht dabei von der vermeint-
lichen Gewißheit aus, daß Welt selbst eine Tatsache sci, an der
nicht zu rütteln ist.

Daran ist ohne Zweifel das eine richtig, daß jeder, auch wenn
er dies noch nicht weiß, überall und immerdar von der Gegenwart der Welt betroffen ist, ja, von ihr gestört wird, falls er sich
auf diese unbezweifelte Weltgewißheit wirklich einläßt. Dann
nämlich beginnt Welt auch bereits zum unvermeidlichen Stör-
faktor für ein natürliches Weltbewußtsein zu werden.

So gerät man unversehens in die zwiespältige Lage, sich dieser
Beirrung zu stellen, oder sie dadurch zu überspielen, daß man
versucht, sich deshalb von dieser Weltbetroffenheit zu distan-
zieren, weil man Welt als Rätsel nicht wahrhaben will. Doch
kommt diese Flucht vor der Weltbetroffenheit nicht einem Welt-

---

* Der nachfolgende Text ist die Grundlage eines Vortrages, der am 17. März 1975
auf dem Kongreß der 'Exempla 75' in München gehalten wurde.

entzug gleich? Aber ist ein solcher Weltentzug überhaupt möglich? Kann der Mensch mit diesem Mangel an Weltbewußtsein in der Welt sich überhaupt behaupten?

Ist dieses Problem bewußt geworden, dann hat man jetzt mit dem Begriff Welt ins Reine zu kommen. Die einprägsame Vorstellung von einem Firmament soll nun auf den Weg einer philosophischen Grundlegung der Weltgestaltung führen.

DER MENSCH ALS WELTFIRMAMENT

Die uns umgebende handgreifliche Welt scheint von einem Firmament umfangen und in ihm befestigt. Mit einem gewissen Recht denken wir dieses Firmament immer noch durch die Vorstellung eines Gewölbes, das – von welchem Standpunkt wir es auch betrachten – den Beschauer zu umschließen scheint, freilich in einer Umgrenzung, die, je mehr man sich ihr zu nähern sucht, in umso größere Ferne entflieht. Entdeckt man aber bei dieser Überlegung, daß die Grenze von Welt nicht ein irgendwo fixierbarer Horizont sein kann, und daß das Firmament nicht ein unerreichbares Gewölbe, das man Himmel nennt, bildet, so gelangt man auch zu der Einsicht, daß es dem Menschen kaum gelingen kann, seinen Standort dadurch zu bestimmen, daß er ihn auf einen entfliehenden Horizont und auf ein unerreichbares Firmament bezieht. Horizont und Firmament sind gerade umgekehrt zu bestimmen, nämlich vom Standpunkt des Menschen aus.

DIE UMPOLUNG DES DENKENS

Dies aber heißt, daß der Mensch – das vorstellende Subjekt – sich als das Zentrum seines Weltfirmamentes ansehen lernt. Das anthropologische Weltfirmanent ist überall dort, wo ein Subjekt versucht, sich die Gesamtheit der Dinge als seine Welt vorzustellen, wo der Mensch in das Dasein einer faktischen Wirklichkeit eingreift, um sich diese allererst zu einer Welt zu gestalten. Diese Umpolung des Denkens ist ein Kennzeichen der Philosophie der Neuzeit. Sie zwingt nun zu einer Zuspitzung unserer Ausgangsfrage. Hatten wir zunächst nur gefragt: Kann der Mensch ohne Welt sein, so haben wir nämlich jetzt zu fragen: Kann Welt denn ohne den Menschen sein?

DIE NATUR UND DAS SANDKORN

Bedenkt man allerdings die Größenordnung der Natur, so ist der Mensch kaum ein Sandkorn. Wie kann aber ein dem Augenscheine nach so ungleiches Verhältnis von Natur und Mensch dann auch zu einer so abwegigen Frage führen?

Doch, was ist Natur? Natur ist die wirkende Ganzheit des Daseins. Wir können sie ruhig einmal so umschreiben, wenngleich dabei bereits ein Prinzipienaspekt im Spiele ist. Und es läßt sich durchaus der Gedanke fassen, daß Natur auch dann wäre, wenn nie ein Mensch gewesen wäre oder einst sein würde.

Will der Mensch aber ein Weltbild von der Natur gewinnen, so muß sie zum Stoff werden, den der erfindende und schaffende Mensch sich zur Welt gestaltet. Denn erst in seinem Werk vermag er sich und anderen Welt als seine Welt anschaulich zu machen. Der Philosoph Plotin drückt dies, wenn auch mit anderer philosophischer Zielsetzung, durch die Metapher der durchsichtigen Kugel aus: Gestaltet der Mensch nämlich Welt, so wird ihm Welt zur durchsichtigen Kugel, in der er alles nach dem Maße seines schöpferischen Vermögens herzustellen und zu erblicken vermag.

DIE UNTERSCHEIDUNG VON NATUR UND WELT

Wir haben somit zu unterscheiden zwischen Natur und Welt. Natur ist jene vom Gedanken noch nicht durchgearbeitete Gegebenheit, in die wir gleich einem Faden unter tausend Fäden verwoben scheinen. Doch diese bare Gegebenheit zerfällt für das Bewußtsein in dem Maße, als durch die Tat des Denkens, durch die schöpferische Reflexion nicht nur ein neues Weltbild gegen ein altes gestellt wird, sondern in diesem Denkakt sich das Weltbewußtsein des Menschen im Medium von Wissenschaft, Kunst und Technik überhaupt erst entwickelt.

Wechselt man nun von der Dimension des Bewußtseins in die Dimension des Werdens der Wirklichkeit von Gestalt, von der Logik in die Metaphysik, so ist der kreative Punkt im schaffenden Subjekt selber auszumachen, den wir als den Anfang der Weltgestaltung des Menschen bezeichnen können.

NATUR ALS DER GROSSE ANLASS

Dabei übernimmt die bare Gegebenheit der Natur die Rolle eines großen Anlasses, den Grund der Hervorbringung eines Weltbewußtseins und den Ursprung der Weltgestaltung in der Seinsverfassung des Subjektes Mensch ausfindig zu machen. Welt ist also, im philosophischen Sinne, weder eine Vorgegebenheit, noch läßt sie sich mit einem Schlage ins Dasein rufen. Sie muß vielmehr durch die inchoative Kraft des Menschen: etwas anfangen lassen zu können, erst gestaltet werden, um wirklich zu sein.

Die landläufige Rede meint zwar, daß Weltgestaltung darin bestehe, die Natur, gar die Wildnis, beherrschen zu lernen. Doch Naturbeherrschung wäre noch keine Weltgestaltung. Soll Natur durch die inchoative Kraft des Menschen beherrscht werden, dann muß sie zum Stoff für Weltgestaltung umgebildet werden, ihre Energien sind zu entbinden und müssen für die Produktion von Welt wirksam werden.

Um daher zu verstehen, worauf Weltgestaltung abzielt, gilt es auch einzusehen, daß Weltgestaltung nicht Umgruppierung ist, während der Kreis, in welchem solches geschieht, ein und derselbe bleibt. Weltgestaltung heißt auch nicht Umwandlung ein und derselben Sache in ein und demselben Gestaltungskreis. Weltgestaltung heißt vielmehr, durch die konstruierende Vernunft und den schaffenden Willen eine Gestalt wirklich werden zu lassen, welche die Natur nicht entwickeln könnte. Darin besteht die künstlerische Leistung der originären Weltgestaltung des Menschen. Darum kann es in einer poietologischen Untersuchung des zweiten Buches der Physik des Aristoteles heißen: „Die Kunst – technē hier im umfassenden Sinne genommen – setzt entweder etwas ins Werk, was die Natur nicht zu vollbringen vermag, oder aber sie ahmt die Natur nach" (Phys. II, 8, 199 a).

Im neuzeitlichen Verstande könnte im Blick auf die Theorie der Nachahmung polemisch geantwortet werden: der Künstler ist nicht mehr „der Affe der Natur", wie ein Schimpfwort des Mittelalters lautet, oder „der Affe der Muse eines anderen", wie die ausgehende Renaissance jene Dichter nannte, die sich an die Regeln der aristotelischen Poetik hielten.

Die Absetzung des Menschen von der Natur im Akt der Weltgestaltung ist also kein Naturprozeß, sondern eine über-natür-
liche, die Natur nämlich zurücklassende Tat des künstlerisch
schaffenden Subjektes.

DIE PHILOSOPHIE DER WELTGESTALTUNG

Wenn wir bislang von der alltäglichen Weltauffassung aus-
gingen, um diese von einem philosophisch reflektierten Begriff
Welt abzuheben, so ließen wir uns nicht von der Absicht leiten,
die natürliche Weltauffassung herabzusetzen. Es ging uns vielmehr darum, an die Grenze einer noch naiven Weltauffassung zu
rühren, um die Voraussetzung für ein begründetes Wissen der
Möglichkeiten einer Weltgestaltung zu erarbeiten.

Die noch unerprobte Rede von Dingen in der Welt führte zur
Unterscheidung zwischen einer gegebenen Natur als Aggregat
vorhandener Dinge und einer Welt, die durch eine originäre Leistung des Menschen allererst zu entwerfen und als Wirklichkeit
zu gestalten ist. Wollten wir unseren bisherigen Denkversuch
nun kennzeichnen, so müßte der Titel lauten: Die Philosophie
der Weltgestaltung.

EIN EINWAND

Gegen diese Philosophie der Weltgestaltung könnte jetzt aber
eingewandt werden, daß die Rede von den Dingen der Welt deshalb doch gerechtfertigt sei, weil wir die Dinge ohne Zweifel in
der Einheit von Zusammenhängen, Regelmäßigkeiten und Ordnungen vorfänden. Die Welthaftigkeit der Dinge werde durch
die Ordnung des Kosmos sichtbar und erfahrbar. Träfe dies nicht
zu, so könnten wir überhaupt nicht von Weltdingen sprechen.

Doch die philosophisch entscheidende Frage lautet: Ist die
Einheit von Zusammenhängen, Regelmäßigkeiten und Ordnun-
gen so handgreiflich vorzufinden und gegeben wie Dinge? Oder,
wo ist diese Ordnung denn ausfindig zu machen? Ist sie nicht im
Sein eines Seienden grundgelegt, das eben nicht ein Ding unter
Dingen oder ein Vorkommnis unter Vorkommnissen ist?

Verweist diese Einheit nicht auf ein Subjekt, das einen solchen
Ordnungszusammenhang dadurch vorzustellen vermag, daß es

Ordnung schafft, indem es gestaltet? Dieses Seiende aber ist der handelnde Mensch, der als Weltsubjekt das System Welt von Grund auf in sich begreift und mit sich führt, weil die Architektur seines Seins immer schon als Welt ausgelegt ist. Dies ist der Grund der Weltdisposition des schaffenden Subjektes.

Jetzt kann einleuchten, was mit dem Bilde gemeint war, daß das Firmament vom Standpunkt des Menschen aus zu bestimmen ist: Wenn der Mensch versucht, sich die Gesamtheit der Dinge als seine Weltvorstellung zu denken, dann entwirft er sich als Weltfirmament, als Ordnung, als Universum. Jetzt erst kann mit Grund von einer Totalität der Dinge gesprochen werden. Die Dinge sind nicht mehr wie ein loses Aggregat miteinander verbunden; vielmehr sind sie zueinander in Beziehung gesetzt durch die weltbildende und damit Einheit schaffende Vernunft.

DAS GESTALTBILDENDE WELTPRINZIP

Grund des Weltbewußtseins und Ursprung der Weltgestaltung ist somit der demiurgische Mensch als das gestaltenbildende morphopoietische Weltprinzip.

Dazu ist nun freilich zum einen zu sagen: wird Natur zum Stoff der Weltgestaltung, so heißt dies keineswegs, ein kosmologisches Ideal zum Maßstab der Weltgestaltung zu nehmen, das ihr im vorhinein zugedacht wäre. Dies würde vielmehr eine nicht zu rechtfertigende Kosmisierung des Weltbewußtseins bedeuten, wie sie selbst noch die Kosmologie des Kopernikus bestimmt hatte. Zum anderen, kann das Bestehen auf der weltbildenden Aktivität der Seinsverfassung des handelnden Subjektes nicht heißen, daß das faktische Individuum hier und jetzt zum Prinzip originärer Weltgestaltung gemacht wird. Denn dann fiele man einer anthropomorphistischen Problemverkürzung zum Opfer. Es ist zwischen der Seinsverfassung des Prinzipes Mensch und dem faktischen Subjekt Mensch zu unterscheiden.

Der anthropologische Impuls zur Weltgestaltung wird nun dadurch geformt, daß Welt nur Gestalt gewinnen kann unter den einschränkenden Bedingungen der Endlichkeit. Denn wäre immer schon alles Gestalt, dann müßte nicht erst durch originäre Weltgestaltung etwas hervorgebracht werden, was dann allerdings als Weltgestalt wirklich ist. Dies aber heißt auch: das kreativ-produzierende Subjekt läßt in der Tat etwas zum Vorschein kommen, das den Seinsanspruch der Wirklichkeit erhebt.

WELTGESTALTUNG UND WELTVERÄNDERUNG

Diese geschaffene Wirklichkeit gewinnt Macht und wirkt sich aus. Sie kann konkret in einem geschichtlichen Augenblick zum Ferment der Krise werden, wenn man auch nur an die Energiekrise denkt. Sie kann zum bedenkenlos eingesetzten Mittel werden, um bestehende Weltverhältnisse zu verändern, wenn man auch nur daran denkt, daß Kernenergie zum Mittel politischer Weltveränderung werden kann.

Doch ist dann Weltveränderung schon Weltgestaltung? Zwar unterstellt die Rede von der Weltveränderung in der Regel stillschweigend die Erwartung einer Weltverbesserung. Doch hiermit verbindet sich fast immer das Vertrauen auf die Utopie eines Paradieses, – ein Vertrauen, welches in der Fixierung auf ideologisch formulierte und ideologisch gemeinte Lehrsätze seinen Ausdruck findet.

Es ist ein Kennzeichen der Neuzeit, daß solche Ideologien der Weltveränderung zumeist auch ein theoretisches Kapitel über den Terror enthalten, das ein Indiz für ihren Utopiecharakter bildet. Die willfährige Übernahme ihrer Handlungsanweisungen ist sich der Konsequenz ideologischer Parolen selten bewußt.

FRAGEVERBOT UND BEGRÜNDUNGSANSPRUCH

Das Destruktionsmoment jedes ideologisch gesteuerten Versuches einer Weltveränderung liegt darin, daß die ideologische Festlegung eine philosophische Reflexion auf die Bedingungen und auf die Begründung einer Weltgestaltung nicht nur nicht ermöglicht, sondern verstellt. Dies aber ist die Absicht der sogenannten Frageverbote eines dogmatistischen Denkens welcher Schattierung auch immer. Der Versuch einer Weltveränderung aber kann nur dann zu produktiver Weltgestaltung werden, wenn die Bedingung und der Grund jedweder Weltgestaltung vorurteilsfrei bedacht wird. Die Reflexion auf den anthropologischen Grund und Ursprung von Weltgestaltung aber ist ein Prozeß der

Selbstfindung und damit der Selbstgestaltung des Menschen als
Weltsubjekt.

Weltveränderung kann nur dann zur Weltgestaltung werden,
wenn ihr eine wohlbegründete morpho-poietische Metaphysik zugrundeliegt. In diesem Sinne sprechen wir nun nicht mehr von
einer Philosophie der Weltgestaltung, sondern von der Weltgestaltung der Philosophie durch Philosophie.

WELTGESTALTUNG UND ETHIK

Die Kraft zu originärer Weltgestaltung vermag die vorgegebe-
nen Bedingungen von Natur zu Bedingungen des Anfangs der
Weltgestaltung umzubilden, indem sie natürliche Prozeßabläufe
umdenkt und ihnen neue Anfangsbedingungen setzt.

Ist allerdings dies bedacht, dann muß selbst die Freisetzung
der gewaltigen nuklearen Energien noch zurückbleiben hinter
der Tiefenwirkung der Energie des Gedankens und seiner Folgen,
der sich in der Frage ausspricht: Warum soll der Mensch denn
überhaupt Welt gestalten? Warum kann er es nicht dabei belassen, bloß als naturales Wesen dazusein?

Würde man diese Frage zu umgehen suchen, so müßte man
sich auf die bedenkliche These eines wertfreien Handelns in den
Wissenschaften und Künsten und in der Technik zurückziehen.
Will man sich aber dieser Frage stellen – will man somit, daß
Weltgestaltung verantwortbar werde –, so erkennt man, daß
Weltgestaltung durch Philosophie die Ethik nicht ausschließen
kann.

ZEIT UND IDENTITÄT

Wenn zuvor gesagt wurde, daß das hervorbringende Subjekt
nur unter den einschränkenden Bedingungen der Endlichkeit
denke und schaffe, so wird nun die Aufgabe der Weltgestaltung
durch Philosophie sichtbar, auf diese Bedingungen der Endlichkeit einzugehen.

Weltgestaltung ist ein Akt in der Sukzession der Zeit. Dies
erweist sich dadurch, daß sie unter der Bedingung steht, hier
und jetzt nicht nur entscheiden zu können, sondern entscheiden
zu müssen, ob man handeln soll oder nicht. So verbindet sich

mit der Zeitbedingtheit des Gestaltens die Freiheit der Wahl. Die freitätige Hervorbringung einer Weltgestalt bleibt bezogen auf die Notwendigkeit, wählen und also entscheiden zu müssen, falls man handeln will. Damit bleibt sie in jedem Augenblick des Handelns abhängig von der Zeit. Denn Weltgestaltung gehorcht nicht einer naturalen Notwendigkeit, sondern geschieht im freien Spiel der Kräfte, deren Wechselspiel sich im Verlauf der Zeit entfaltet.

Ist aber ein Werk gelungen, so hat es sich über den Strom der Zeit erhoben. Doch, entsteht am Ende nicht nur der Anschein, als sei es dem Strom der Zeit entzogen? Scheint es nicht vielmehr sogleich auch ein Vergangenes geworden? Ist es nicht schon gewesen, als es im Augenblick des Hervorbringens als Gestalt endlichen Daseins zur Erscheinung kam?

Doch, ist es wirklich je auch schon vergangen, vom ,,Sog" des Verfließens nicht nur betroffen, sondern ihm zurückgegeben?

Indessen geht es gerade darum, daß die verströmende Zeit in dem Maße überwunden, zum ,,Stehen" gebracht wird, als im Augenblick des Hervorbringens etwas Gestalt gewinnt, das zuvor nicht war, aber möglich gewesen ist, und nun wirklich wird.

So wird die Negativität der zerrinnenden Zeit gerade zum Antrieb dafür, den Willen zur Gestaltung und so den Willen zur in sich beharrenden Gestalt wirksam werden zu lassen, um Zeit durch die Identität der Gestalt endlich zu überwinden.

STIL UND BEISPIEL

Das weltgestaltende Subjekt befreit sich so im Akt des Hervorbringens von der Relativität beliebiger Zeit. Aus diesem Grunde können geschaffene Exempla zu Zeugnissen der Möglichkeit einer Überwindung der Zeit unter den Bedingungen der Zeit werden. In ihnen muß sich die Meisterschaft des bildenden Menschen bewähren.

Dennoch aber bleiben Exempla geschichtliche Beispiele. Denn es ist unvermeidbar, daß im Beispiel der Konflikt zwischen Identität und Zeit zum Austrag kommt.

Zum einen kommt in ihm die reine Gegenwärtigkeit des geschichtlichen Augenblicks zur Erscheinung, die Bedingung jedweden schöpferischen Aktes ist. Zum anderen aber ist das Beispiel der Widerpart des Nacheinander der verrinnenden Zeit.

Aus diesem Grunde kann eine Epoche in Gestalt von Exempla zur Darstellung kommen. Denn ist der Versuch eines Beispiels geglückt, so ist die erfüllte Zeit einer Epoche in ihm gegenwärtig. Darin besteht seine epochale Bedeutung, durch die es überhaupt beispielgebend wirkt.

Die Differenz der Zeit, die sich in den Stilepochen manifestiert, wird augenscheinlich: Stilunterschiede sind Differenzen im epochalen Bewußtsein der Schaffenden.

Somit können Exempla zwar vorbildlich für eine Epoche sein, doch sie können im Horizont des neuzeitlichen Bewußtseins, für das die Zeitlichkeit bestimmend ist, nicht den Charakter der Klassizität gewinnen, als ob sie ein für allemal – jederzeit und für alle Zeiten – vorbildlich seien.

Exempla sind epochemachende Begebenheiten, durch die das handelnde Subjekt den geschichtlichen Stand seiner Weltgestaltung offenkundig macht.

DIE PARADOXIE DER WELTGESTALTUNG

Solange aber Zeit nicht bezwungen ist; solange der Strom der Zeit nicht zur epochalen Gestalt des Augenblickes geworden ist; solange der Widerspruch der vergehenden Zeit nicht abgearbeitet ist: so lange ist die Gestalt nicht gelungen. So wird die widerstrebende Zeit zum Antrieb der Gestaltungskraft, die sich dem Vergehen widersetzt.

Die Paradoxie der Gestaltung aber liegt darin, daß sich das Vermögen zu gestalten nur im Akt sukzessiven Hervorbringens – und damit in der Zeit – seiner Widersetzlichkeit gegen die Zeit gewiß wird. Erst das hervorbringende Handeln bringt Gewißheit darüber, was das Subjekt zwar immer schon ist und doch erst im Akt des Hervorbringens wissen lernt: das Subjekt der Gestaltung einer Welt zu sein. Auf diese Weise wird Praxis zwar nicht zum Erkenntnisprinzip, wohl aber zu einer Bedingung dafür, daß die noch nicht gewußte Weltgestaltungsmöglichkeit des handelnden Subjektes zu einem Wissen seiner poietischen Möglichkeiten wird. Die unauflösbare Paradoxie des Schaffens birgt das Rätsel der Freiheit zur Weltgestaltung.

DER IMPERATIV DER WELTGESTALTUNG

Wenn sich das handelnde Subjekt nun auf diese Paradoxie einläßt, Ursprung einer durch es selbst gestalteten Welt zu sein, und doch diese Tat allein unter den Bedingungen von Zeit vollbringen zu können; wenn das Subjekt die Ironie erkennt, daß es zwar selbst das Subjekt einer zu entwerfenden und zu gestaltenden Welt ist und dennoch so lange unwissend bleibt, als es noch nicht die Rückbesinnung auf den Grund seiner Weltaktivität vollzogen hat; dann gewinnt es ein Wissen – ein Wissen nicht nur dessen, was Welt ist, sondern zugleich ein Wissen darum, warum Weltgestaltung seine ursprüngliche Berufung ist.

Darum ist Weltgestaltung in Wahrheit die Probe aufs Exempel, ob der Mensch den Mut entwickelt, den Übergang vom Dasein einer puren Vorhandenheit zu bewußter und spontan gestalteter Existenz zu leisten, die als seine Weltgestalt anschaulich wird. Deshalb ist Weltgestaltung in Wahrheit eine Beschreibung dessen, was der Mensch als Beispiel aller Beispiele einer Weltgestaltung dann soll, wenn er durch schöpferische Initiative Welt hervorbringt. Dieses Ziel, das ihm durch ihn selbst aufgegeben ist, vermag er aber nur dann zu erkennen, wenn er begonnen hat zu wissen, daß er Weltsubjekt ist.

PRINZIPIENWIRKLICHKEIT MENSCH

Welt ist darum grundgelegt in der vorgängigen Seinsarchitektur der Prinzipienwirklichkeit Mensch. Sie ist der Bestimmungsgrund eines jeden Subjekts Mensch. Nicht ein faktisches Individuum vermag Prinzip der Weltgestaltung zu sein, sondern allein die kreative Seinsverfassung des handelnden Menschen. Diese allein macht den Menschen zum Demiurgen, nämlich, zum Weltbildner.

Diese Wesensunterscheidung zwischen dem faktischen Individuum Mensch hier und jetzt und der welthaltigen Prinzipienwirklichkeit des Subjektes Mensch kann auch durch kein Handeln aufgehoben werden; denn es ist im endlichen Vollzug der Weltgestaltung angelegt, daß sich das handelnde Subjekt aus dem Nacheinander der Zeit nicht lösen kann.

Dies aber bedeutet, daß es sein Los ist, das Beieinander der

Weltgestaltungsmöglichkeiten im Seinsgrunde des Menschen nur im Nacheinander des Hervorbringens zu anschaulicher Wirklichkeit gelangen lassen zu können. Eine Möglichkeit hier und jetzt freizusetzen, schließt deshalb auch die Dreingabe einer anderen Möglichkeit hier und jetzt ein.

Daher kann die Tat der Weltgestaltung nur als Tat der Vereinzelung, als Akt der Individualisierung vollzogen werden. Zwar handelt das Subjekt immer inkraft seiner Welthaltigkeit. Was aber als Weltgestalt herausgebildet wird, sind immer nur Weltaspekte, Weltperspektiven, freilich der einen Seinsarchitektur des Weltsubjektes Mensch. Dieser Sachverhalt ist gemeint, wenn von der Geschichtlichkeit hervorgebrachter Welt gesprochen wird.

SCHULD HAT, WER DA WÄHLT

Zeigt sich aber an diesem Punkte der Überlegung, daß das Risiko der Freiheit immer zugleich auch ein Risiko des Verzichtes ist, dann geht die Wahrheit dessen auf, was Platon durch den Mythos der Loswahl uns zu verstehen anheimgibt – was nämlich gemeint ist mit dem Wort: Schuld hat, wer da wählt.

Doch will man dieses Wort aus der Freiheitslehre der platonischen Politeia im Zusammenhang des Textes verstehen, so ist zu lesen:

> „Die Tugend ist Freigut,
> wer ihr die Ehre gibt oder verweigert,
> wird mehr oder weniger von ihr erhalten.
> Schuld hat, wer da wählt.
> Gott ist ohne Schuld." (Politeia X 617 E)[1]

Die Wahl ist somit das Geschick dessen, der durch schöpferische Initiative Welt hervorbringen soll. Wenn von Tugend, von ἀρετή gesprochen wird, so ist damit Tugend als ein Wissen gemeint, das zur schöpferischen Initiative der Welthervorbringung tauglich macht. Darin spricht sich der imperativische Charakter der Kreativität des handelnden Subjektes aus.

---

[1] Ἀρετή δέ ἀδέσποτον,
ἥν τιμῶν καί ἀτιμάζων
πλέον καί ἔλαττον αὐτῆς ἕκαστος ἕξει.
Αἰτία ἑλομένου.
θεός ἀναίτιος.

Dennoch steht hier keineswegs eine moralische Schuld zum Thema, sondern das, was das handelnde Subjekt seiner kreativen Seinsverfassung schuldet. Wir haben es demnach mit einem ontologischen Schuldbegriff zu tun, der auf die Urverlegenheit aller Weltgestaltung zielt: nämlich durch jede Wahl einer Seinsmöglichkeit dem Sein zugleich eine Möglichkeit schuldig bleiben zu müssen. Durch jede Wahl fällt eine Entscheidung, durch die ein „Nein", ein Moment von Negativität, unvermeidlich mit freigesetzt wird; denn wer da wählt, ist ein endliches und kein absolutes Subjekt. Wie müßte sonst jede Wahl einen Verzicht nach sich ziehen?

Platon schließt den Gedanken der Loswahl mit dem apodiktischen Satz ab: Gott ist ohne Schuld.

Die Problemführung unserer Überlegung aber läßt uns als Antwort auf die Frage, warum denn der Gott ohne Schuld sei, einen Gedanken dessen aufnehmen, der als Platons größter Schüler zwanzig Jahre zu Füßen seines Meisters dachte.

Damit lösen wir uns aus der mythologischen Vision Platons und betreten den Boden der Metaphysik des Aristoteles.

Warum ist denn der Gott ohne Schuld? Aristoteles antwortet:

„Dasjenige, was sich am vollkommensten verhält,
bedarf keiner Handlung.
Es ist sich selbst Zweck.
Bei der Handlung aber ist immer eine Spaltung:
Ein Zweck und ein Ausführendes." (de coelo II, 12, 4)[1]

Die Schärfe des Problems einer Weltgestaltung unter den Bedingungen der Endlichkeit tritt dann hervor, wenn man sich jetzt fragt: Warum konnte denn der Philosoph Aristoteles behaupten, daß das vollkommenste Sein keiner Handlung bedürfe?

Hätte das Vollkommenste nämlich das Bedürfnis nach Welt, gar nach ihrer Gestaltung, dann müßte der Zwiespalt der Endlichkeit in das Vollkommenste selber eingezeichnet sein; und es hörte gerade auf, sich vollkommen zu verhalten. Denn die Kluft zwischen Bedürfnis und Erfüllung, zwischen Vorsatz und

---

[1] Τῷ δ' ὡς ἄριστα ἔχοντι οὐδέν δεῖ πράξεως,
ἔστι γάρ αὐτῷ τό οὗ ἔνεκα.
Ἡ δέ πρᾶξις ἐστιν ἀεί ἐν δυσίν,
ὅταν καί οὗ ἔνεκα ᾖ,
καί τό τούτου ἔνεκα.

Ausführung macht ja die Aporie oder die Zwiespältigkeit eines endlichen Handelns aus.

Dann aber wäre das vollkommenste Sein wie jedes endlich Seiende „dem Wechselspiel von Stoff und Gestalt", dem Zwang, sich immer aufs Neue um seiner selbst willen etwas vornehmen zu müssen, ausgesetzt.

So läßt sich zugespitzt sagen: Das Vollkommenste kennt die Unstimmigkeit zwischen Denken und Handeln nicht, aber es kennt sie nicht deshalb nicht, weil das Denken immer schon in das Handeln aufgehoben wäre, sondern weil es nach seinem Begriff die zwiespältige Endlichkeit ausschließt.

Das Vollkommenste ist, wenn es ist, jenseits der Dimension des Handelns.

Es ist schlechthin zeitfreie Wirklichkeit.

Freilich, wenn auch nach der Metaphysik des Aristoteles das Vollkommenste das Handeln ausschließt, so heißt dies doch schon aristotelisch gedacht nicht, daß es darum ohne in sich bewegte Lebendigkeit zu denken sei. Seine Urtat, um nicht zu sagen: seine Urtatsächlichkeit ist die Wirklichkeit der theoria, das Sein der reinsten Aktivität.

Warum also ist der Gott ohne Schuld? Der Gott ist ohne Schuld, weil er nicht wählt. Und warum wählt er nicht? Er wählt nicht, weil er nicht handelt. Warum aber handelt er nicht? Er handelt nicht, weil das Vollkommenste endlicher Aktion nicht fähig ist.

Was des Aristoteles Gegenbild, daß das Vollkommenste nach seinem Begriff nicht handelt, für das Problem Gott im Horizont der Weltwissenschaft der Philosophie zuletzt in sich schließt, lassen wir hier auf sich beruhen.

Zum Handeln verurteilt ist allein der Weltbildner Mensch, weil er Welt nicht als eine absolute Wirklichkeit hat, sondern unter dem „Joche" steht, Welt allererst und je neu aus dem Grunde ihrer Möglichkeit ans Licht schaffen zu müssen, um sie als seine Welt zu besitzen.

DAS WELTGEWISSEN

So hat sich ergeben, daß das handelnde Subjekt die kreative Weltkonstante ist, auf die darum auch jedes hervorgebrachte Werk bezogen bleiben muß. Läßt man nämlich diesen Fundierungszusammenhang im Bewußtsein des handelnden Subjektes verfallen, dann werden ihm seine Schöpfungen zu einer anonymen Gegenwelt. Das Verhältnis von Ursache und Wirkung, von Weltbildner und Weltgebilden kehrt sich um. Ein solcher Entfremdungsprozeß aber bewirkt die Verödung der Gestalt.

Wird die Seinsverfassung des handelnden Subjektes daher nicht zugleich als ethische Identität, als das Seins- oder Weltgewissen des schaffenden Subjektes begriffen, dann entgleitet gerade das, was die Welt des Menschen „menschlich" sein läßt: die Moralität der Handlung. Denn vor der „Instanz" einer anonym werdenden Welt, oder einer anonymen Geschichte, gibt es keine Verantwortung des Handelns, keine verantwortete Freiheit der wissenschaftlichen, künstlerischen oder technischen Hervorbringung. An die Stelle verantworteter Freiheit tritt die „Ersatzinstanz" doktrinaler „Weltverwaltung", an die Stelle der welterschließenden Argumentation rückt zwangsläufig die knechtende Indoktrination.

Das in der Seinsverfassung des Subjektes angelegte Weltgewissen also ist das ethische Zentrum des schaffenden Subjektes, das Weltgestaltung auch als einforderbare Weltverantwortung allein ermöglicht.

Denn an ihrer Verantwortbarkeit, an ihrer Moralität hängt die Weltgestaltung als ein fortwährender Prozeß der Selbstidentifizierung des schaffenden Subjektes, in welchem dieses seine vernünftige, weltgesetzliche Freiheit sich zu anschaulicher Gestalt bringen soll.

Dieser Prozeß kann in einer Epoche gelingen. Er kann in einer Epoche mißlingen. Aber ein Mißlingen für ein Fiasko der Philosophie selbst zu halten, das gar ihr Ende als Weltwissenschaft anzeige, hieße die Einsicht in die Wahrheit eines Hegel-Wortes noch vor sich haben:

„Im Denken liegt allein die Quelle des Bösen und Guten; es liegt im Denken aber auch die Heilung des Bösen, was durch das Denken angerichtet ist" (Hegel, Vorl. üb. d. Gesch. d. Phil. III, Glockner, Bd. 19, S. 105).*

* Den Professoren, Frau Dr. Wiebke Schrader, Würzburg, und Herrn Dr. Jörg Willer, Berlin, danke ich herzlich für die Bereitschaft, das Konzept des Vortrages durchzusprechen und bei der Endredaktion des Manuskriptes mitzuwirken.

PHRONESIS UND THEORIA

"Unnütz mag es erscheinen,
wenn die Welt bebt, rückwärts zu schauen
– doch in den alten Gedanken
liegt auch ein Wink für uns".

EUGEN FINK (FREIBURG I.BR.)

Die Natur der menschlichen Vernunft wird erstmalig von Aristoteles in ihrer merkwürdigen Doppelung begrifflich bestimmt. Das Vernünftige im Menschen bildet nicht ein einheitliches Vermögen, das dem Vernunftlosen in ihm beigesellt ist. Der Mensch ist kein von Begierden getriebenes Tier, das daneben noch ein erkennendes Wesen ist. Gewiß auch im Menschen pulst das große Leben der Natur; in ihm wogt die panische Gewalt in jagenden Triebstößen und Süchten. Aber das, wonach er verlangt und was er begehrt, zeigt sich ihm *als* Verlangtes und *als* Begehrtes. Und das sagt: es hat für ihn den Charakter des „Guten". Das Gute ist aber nicht ein angeheftetes „Wertprädikat" an irgendwelchen Dingen. Vielmehr können Dinge nur begegnen im Charakter des Guten, wenn ein Lebewesen sich zu sich verhält, – sich zu seinem Lebensganzen, zu einem „Sinn" seines Lebens verhält. Gute Dinge gibt es nur für das menschliche Dasein, sofern es in einem Entwurf von Glückseligkeit existiert. Es gibt kein Gutsein, das einer einzelnen Sache als ein sachliches Moment so zugehörte, wie etwa das Hartsein und das Schwersein dem Felsblock; wir finden es nicht als ein Bestimmungsstück des Dinges. Und doch liegt es auch nicht auf der Seite des Subjekts wie die Empfindung des Süßen oder Bitteren. Das Gutsein einer Sache bestimmt sich vielmehr aus dem gesamten Sinnhorizont eines Menschentums, bestimmt sich von dem her, was als Glückseligkeit vermeint wird. Aber gerade der Sinnhorizont ist nicht etwas Beliebiges und Relatives. Der Hinweis darauf, daß es vielerlei menschliche Wertschätzungen, vielerlei Sinnhorizonte und ganz differente Deutungen der Glückseligkeit gibt, bedeutet für Aristoteles nicht den resignierenden Verzicht auf eine Wahrheit vom Guten, – im Gegenteil, – ihm kommt es entscheidend darauf an, die seltsame Eigenart der praktischen Wahrheit in den Blick zu bringen. Sie ist ganz anderen Wesens als etwa die Wahrheit der Mathematiker. Sie ist nicht demonstrierbar; sie setzt auch Lebensreife und Erfahrung voraus, und deswegen, sagt Aristoteles, sind auch Jünglinge nicht die rechten Hörer ethischer Vorlesungen. Vor allem aber gehört zur praktischen Wahrheit ein größerer Spielraum der Irrung: um Glückseligkeit wissen alle, was aber sie ist, nur wenige. Das von allen Gewußte, ja die Menschlichkeit des Menschen Konstituierende, hält sich gleichwohl verborgen. Gerade über sein wesentlichstes Anliegen täuscht sich der Mensch am meisten. Über das, was er tun soll, weiß er am wenigsten Bescheid. Aber das Nichtbescheidwissen äußert sich zumeist gar nicht in einer Verlegenheit und Ratlosigkeit; wir glauben vielmehr, allzugut Bescheid zu wissen, worauf es ankommt und was zu tun und zu erstreben sei. Wir leben in einer falschen Sicherheit, in einem trügerischen Wahn. Wir bewegen uns in Glücksinterpretationen, die heillos verkehrt sind. Aber selbst dort, wo das Gute falsch ausgelegt ist, hat sich das Menschenleben doch auf das Gute hin entworfen und existiert aus einem Gesamtsinn. Das hat uns Aristoteles an den drei BIOI gezeigt. Die Möglichkeit der Verirrung der Menschen ist doch kein Argument gegen den rechten und wahren Weg. Das Treffen ist immer unendlich schwerer als das Verfehlen. Drastisch sagt Aristoteles im Gleichnis des Bogenschießens, „es ist leicht, das Ziel zu verfehlen, aber schwer es zu treffen. Und auch aus diesem Grunde gehört demnach das Übermaß und der Mangel dem Laster an, die Mitte aber der Tugend; denn nur eine Weise kennt die Tugend, doch viele das Laster". Die praktische Wahrheit des menschlichen Daseins liegt im rechten Sichverstehen auf das, was „gut' und was „schlecht", was wahrhaft „nützlich" und wahrhaft „schädlich" ist. Aber das Gute und Schlechte, Nützliche und Schädliche ist kein jeweils bestehender Sachverhalt, den es nur zu erkennen gälte; dergleichen ist nicht an sich vorhanden wie das Verhältnis der Winkelsumme eines Dreiecks. Und dennoch ist Gut und Schlecht nicht bloß eine menschliche Willkürsetzung. Die Schwierigkeit des praktischen Verhaltens liegt darin, daß es treffen und verfehlen kann, wahr oder unwahr sein kann, und daß dennoch nicht die Wahrheit hier in der Anmessung an ein *Vorhandenes* besteht. Aristoteles hat einen scharfen Blick für das Wesen der Handlung. Er sieht einmal daran das schöpferische Moment der Freiheit, aber auch das Moment der von aller menschlichen Willkür unabhängigen Wahrheit. Es ist landläufige Ansicht geworden, diese beiden Momente miteinander unvereinbar zu halten; man sagt gewöhnlich: wenn der Mensch frei ist im Handeln, so ist er nicht gebunden an eine angebliche Wahrheit von Gut und Schlecht; er ist ,,frei" vor allem im Setzen dessen, was ihm als gut oder als schlecht gilt; er ist der Schöpfer der Werttafeln. Oder wenn man anerkennt, daß es eine Wahrheit über Gut und Böse gibt, sagt man gewöhnlich: Werte werden nicht gesetzt, sie sind an sich bestehend; es komme darauf an, die ,,objektiven" Werte und ihre Hierarchie zu kennen, um im einzelnen Fall recht handeln zu können; die Praxis bedeutet dann nur noch die Subsumption eines jeweilig Einzelnen unter eine allgemeine Regel.

Für Aristoteles aber gehen beide Momente, Freiheit und Wahrheit, in der Natur der Handlung zusammen. Als Handelnder ist der Mensch ARCHE und AITIA, Anfang und Ursache davon, daß etwas durch ihn ins Sein kommt; aber auf diese Weise ,,seinlassend' und verwirklichend ist er nur, sofern er sich dabei immer auf eine treffende oder auch verfehlende Weise zum ,,Guten" verhält. Und dieses Verhalten-zu... bedeutet gerade nicht ein *Vorfinden* des AGATHON. Das Gute steht vielmehr so herein in das menschliche Dasein, daß dieses sich auf es hin *entwirft*. Der Sinn-Entwurf ist die genuine Weise, wie der Mensch sich zum Guten verhält; das Gute und Nützliche ist immer etwas, worüber der Mensch mit sich zu Rate geht. Es ist nicht ein ,,Gegebenes", sondern immer ein ,,Aufgegebenes", eine Aufgabe und eine Entscheidung; es ist nicht beheimatet im Felde des gegenwärtig Anwesenden, sondern in der Dimension des Möglichen und Zukünftigen. Praktisches Verhalten ist immer ein Tun, das entscheidend durch den Zeithorizont der Zukunft bestimmt ist. Die praktische Wahrheit steht im Bezug zur noch nicht festgelegten Zukunft, die als Spielraum der menschlichen Freiheit – und nicht als das durch Naturgesetze schon geregelte Feld künftiger Folgen gegenwärtiger Ursachen anzusehen ist. Also nicht auf die nur unbekannte Zukunft, sondern auf die noch nicht festgelegte, noch freie Zukunft hin geschieht das menschliche Handeln; es versteht sich selbst als ein solches, das erst das Künftige entscheidet und so oder so verwirklicht. Handeln ist durch PROHAIRESIS, durch Wahl und Vorsatz bestimmt. ,,Man kann – sagt Aristoteles – sich nicht vornehmen, Ilium zerstört zu haben; man überlegt und beratschlagt nicht über Vergangenes, sondern über Künftiges und Mögliches.'' Und da müssen wir hinzusetzen: nicht über das jederzeit Mögliche und nicht über ein an sich schon festgelegtes Künftige, sondern über das für uns und durch uns Mögliche und über das noch nicht entschiedene, erst durch uns zur Verwirklichung kommende Künftige. Aristoteles hat wohl erstmalig den *Möglichkeitsbegriff der Freiheit* gedacht, eben in der schon erörterten Unterscheidung zwischen solchem Seienden, dessen Anfänge sich nicht anders verhalten können, und solchem, wo die ARCHE sich anders verhalten kann. Diese fundamentale ontologische Krisis bedeutet auch, daß das Wesen der Wahrheit zwiefaltig ist: Wahrheit über Seiendes, das immer ist oder doch auf immer gleiche Weise entsteht und vergeht, – und Wahrheit über das Künftige und Mögliche, das der menschlichen Freiheit zur Verwirklichung aufgegeben ist. Die PRAKTIKE ALETHEIA hat also einen ganz eigenen Bau und ist verschieden von der ,,theoretischen Wahrheit'. Beide Weisen der Wahrheit aber sind Werk der menschlichen Vernunft; sie entbirgt, ALETHEUEI, in beiden Dimensionen, je auf verschiedene Art. Anders muß also der Wahrheitsbezug des EPISTEMONIKON, anders der des LOGISTIKON begriffen werden. Das führt Aristoteles nun dazu, die Natur der praktischen Vernunft zu klären in einer ausdrücklichen Abhebung von der theoretischen.

Er kennt zunächst fünf Weisen, wie die Seele bejahend und verneinend entbirgt: TECHNE, EPISTEME, PHRONESIS, SOPHIA, NOUS, zu deutsch: die Hervorbringung, die Wissenschaft, die besonnene Verständigkeit, die Weisheit und die Vernunft. Die Aufzählung hat nicht den Charakter eines Katalogs, ist nicht ein Inventarverzeichnis der menschlichen Seelenvermögen. Vielmehr geht es hier ja darum, die schwer faßliche Natur der praktischen Vernunft, der PHRONESIS, durch den Kontrast umwegig zu bestimmen, sie durch Abgrenzungen herauszuheben. Aber es bleibt nicht bei bloßer Unterscheidung. Das Aufregende des aristoteli-

schen Gedankenganges ist zu sehen, wie nach der Ausgrenzung
der PHRONESIS doch gewisse Züge der anderen Wahrheitsweisen
in sie eingehen und wie sich damit das Problem in einer un-
erhörten Weise verschwierigt. Aristoteles beginnt mit der Kennzeichnung der EPISTEME. Sie wird gesehen von ihrem Gegenstand her. Sie ist eine Weise des ALETHEUEIN, des Wahrheit-
Findens. Aber was entbirgt sich in ihr? Das Seiende, aber eben
solches Seiendes, das sich auf gleiche Weise verhält, – und dies
nicht nur zufällig, sondern seiner Natur nach. Es verhält sich so,
wie es ist, weil es nicht anders sein kann. Gesetzt den Fall, es
wäre bald so, bald anders, es verhielte sich eine Zeitlang auf
gleiche Weise und dann plötzlich wieder nicht, so wäre überhaupt kein Wissen möglich. In einer Welt, wo alles ständig
wechselt und zwar auch im Stil des Wechselns wechselt, wo alles
ineinander übergeht und nichts sich von einem anderen scheidet
und unterscheidet, in einer solchen chaotischen Welt kann es
überhaupt kein Wissen geben. Die ontologische Voraussetzung
der Möglichkeit des Wissens ist somit eine gewisse Konstanz und
Festigkeit von verharrenden Grundstrukturen. Eine flimmernde,
wirbelnde Welt, wo alles drüber und drunter ginge, hätte keinen
Zusammenhang und kein Gerüst; sie wäre nicht einmal als regel-
lose Bewegung zu fassen; denn Bewegung ist als solche nur erkennbar und ansprechbar, wenn einiges bleibt und einiges sich
wandelt. Absolute Bewegung und ebenso absoluter Stillstand
sind nicht wirklich ausgedachte Fehlbegriffe. Nur im Hinblick
auf ein Bleibendes kann Wandel überhaupt unterschieden werden, ja überhaupt nur *sein*. Die Möglichkeit des Wissens und
d.h. auch die Möglichkeit des Sagens, daß etwas so und so *ist*,
beruht letzten Endes auf einer stabilen Verfassung des Seienden.
Wissen ist nur möglich, wenn das gewußte Seiende sich nicht
anders verhalten kann. Und das bedeutet, sagt Aristoteles, daß
es „aus Notwendigkeit", EX ANAGKES, ist. Was aber „aus Notwendigkeit" ist, ist ewig, AIDION. Und das Wesen des Ewigen ist
eben, daß es ungeworden und unzerstörbar ist (AGENETON und
APHTHARTON). Man versteht den Sinn dieser Gedankenführung
nicht, wenn man darin „Postulate" des aristotelischen Denkens
sieht. Aristoteles fordert nicht, damit die Welt erkennbar sei in
der Weise der Wissenschaft, daß sie eine solche Struktur haben
solle, die Wissenschaft zuläßt. Umgekehrt: weil es Wissenschaft

gibt, muß die Welt die besagte Struktur haben. Aus dem Faktum der Wissenschaft heraus denkt Aristoteles zurück in die ontologischen Voraussetzungen jeder Wissenschaft. Dabei ist unter diesem Titel nicht die Wissenschaft heutigen Typs gemeint, sondern die Wissenschaft, die das Seiende in seinem Sein bestimmt, die Verfassung der Dinge, ihren Bau und ihren Bewegungsstil erkennt. Der Rückschluß, den Aristoteles zieht von der Wissenschaft auf eine Ständigkeit der Grundstruktur des Seienden, trägt deshalb nur, weil er die ontologische Natur des Wissens dabei aufklärt. Wissen, EPISTEME, ist Wissen vom Seienden; wißbar ist nur solches, das sich nicht anders verhalten kann. Wenn also das Seiende ein Wissen zuläßt, wenn es an ihm selbst wißbar, intelligibel ist, dann muß die Verfassung des Seienden durch Ständigkeit und Unveränderlichkeit der Prinzipien bestimmt sein.

Und ein weiteres Anzeichen dafür ist auch die *Lehrbarkeit* der Wissenschaft. Hier heißt offenbar „Lehren": einen anderen durch Aufweisen von Sachverhalten und beweisendes Demonstrieren dazu zu bringen, daß er selber sieht, wie die Sache ist. Die Wissenschaft ist apodeiktisch. Wir erinnern uns, daß Aristoteles es geradezu als ein Zeichen von Unbildung erklärt hatte, wenn jemand vom Redner in der Volksversammlung mathematische Beweise verlangen wollte. Lehren im Sinne von Erziehen, Leiten und Beraten hat demnach offenbar einen wesentlich anderen Sinn als das wissenschaftliche Lehren.

Auf dem Hintergrund der so charakterisierten EPISTEME – die das Eigentümliche des EPISTEMONIKON, d.h. des theoretischen Vernunftverhaltens sehen ließ, – versucht nun Aristoteles kontrastierend eine gänzlich andere Weise des ALETHEUEIN zu umreißen. Und zwar rücken jetzt TECHNE und PHRONESIS in gewisser Weise zusammen: sie sind beide ein Bezug der menschlichen Seele zu dem, *was sich anders verhalten kann.* In beiden Formen verhalten wir uns zu dem, was noch nicht festliegt, – was erst durch uns verwirklicht wird. Der Schuhmacher, welcher Schuhe zu verfertigen beabsichtigt, hat den Schuh nicht voraus, er erwirkt ihn erst durch seine verfertigende Tätigkeit; eine andere Frage ist, wie weit er dabei geleitet ist von einem Vorblick auf den Schuh überhaupt und wie weit er angewiesen ist auf ein Rohmaterial. Er kann jederzeit seine Arbeit mitten im Arbeitsgang liegen lassen; von ihm hängt es ab, ob durch ihn der Schuh in die Wirklichkeit gelangt. Die PHRONESIS ist der TECHNE benachbart, weil sie wie jene auf das Noch-Mögliche sich bezieht; TECHNE und PHRONESIS gründen beide in der menschlichen Freiheit. Aber sie sind auch wiederum unterschieden. TECHNE ist Hervorbringung (POIESIS) und die PHRONESIS ist Handeln (PRAXIS). Hervorbringen und Handeln aber sind je anderen Wesens. Natürlich ist sowohl das Hervorbringen, als auch das Handeln ein Tun. Der Schuhmacher tut etwas und der Tapfere tut etwas; der eine aber bewirkt eine bestimmte Gestalt eines stofflichen Materials, der andere bewirkt eine sittliche Gestalt seines Lebens. Die TECHNE, sagt Aristoteles, ist eine mit wahrer Vernunft verbundene Haltung des Hervorbringens, eine HEXIS META LOGOU ALETHOUS POIETIKE. Und sie geht immer auf *Entstehen*; aber nicht auf das Entstehen, das immerzu in der Natur geschieht als das Wachsen der Pflanzen, als das Zeugen und Gebären der Tiere. Die TECHNE geht auf ein Entstehen, das nicht unabhängig von ihr schon ist, sondern eben erst durch sie wird. Sie ist ein Verfertigen und Überlegen, wie etwas, was sowohl sein kann, als auch nicht sein kann, zustande gebracht werden mag. Und als einen wesentlichen Grundzug des durch TECHNE Seienden stellt Aristoteles fest, daß die ARCHE dieses Seienden im Tuenden, und nicht im Getanen, – im Bewirkenden, nicht im Bewirkten liege. Das Kunstding hat seinen Anfang in einem anderen, nämlich im Verfertiger. Die TECHNE geht deswegen nie auf die Natur, sie vermag keine Naturdinge zu machen, wenngleich sie immer solche als Stoffe verwendet; alles, was aus Notwendigkeit *ist* oder *wird*, kann nie ein Werk der TECHNE sein; die Naturdinge haben ihre bewegende Ursache in sich selber, nicht in einem anderen wie die technischen Gebilde. Eine gewisse Nahestellung gibt Aristoteles der TECHNE zum Zufall. Das ist doch einigermaßen verwunderlich: das absichtlichste Verhalten wird in einen Vergleich gebracht zu etwas, was uns doch als ganz planlos erscheint. Aristoteles aber meint dabei nicht nur, daß die Invention vieler Kunstfertigkeiten ihre Entdeckung etwa dem blinden Zufall verdanke. Das Seiende, das dem Zufall seine Entstehung verdankt, hat doch, wie wir sagen, den Charakter, daß es ebensogut auch nicht sein könnte; es mutet uns grundlos an. Die Dinge-aus-TECHNE müssen auch nicht sein; sie könnten auch nicht sein; sie

haben zwar eine Ursache in dem verfertigenden Menschen; aber
daß sie gerade gemacht wurden, scheint fast wie ein Zufall zu
sein. Jedenfalls sind sie niemals so wie die Wesenheiten, aber
auch nicht wie Meer und Land, Wälder und Berge.

Und jetzt nach der TECHNE gibt Aristoteles eine erste Kennzeichnung der PHRONESIS, der praktischen Verständigkeit. Er
sagt zuerst, was ein verständiger Mann ist: nämlich ein solcher,
der auf schöne Weise zu überlegen und sich zu beraten weiß über
das, was ihm gut und nützlich ist, aber nicht nur in einer Teil-
hinsicht wie etwa über Gesundheit und Kraft, sondern über das,
was das menschliche Leben gut und glücklich macht. Der Verständige versteht sich auf AGATHA und SYMPHERONTA, auf Gutes
und Nützliches, aus einem Gesamtsinn des Lebens her. Er ist
verständig, nicht weil er in irgendeinem Moment einmal das
Rechte trifft, sondern weil er in einer solchen Auslegung des
menschlichen Glücks lebt, daß er daran einen Maßstab hat, besondere Situationen zu beurteilen. Der Verständige ist ein BOU-
LEUTIKOS, ein Ratpflegender. Aber Rats pflegt man nicht über
solches, was sich nicht anders verhalten kann; denn dies ist ja
unabänderlich; aber auch nicht über das, was außerhalb der
eigenen Macht liegt. Die PHRONESIS ist also weder Wissenschaft,
noch ist sie Kunstfertigkeit. Eine solche Abgrenzung *gegen* hat
ja nur einen Sinn, wenn auch gewisse gemeinsame Züge obwal-
ten. Mit der TECHNE ist sie dadurch verbunden, daß beide auf
das nicht festgelegte Mögliche gehen; mit der Wissenschaft aber
teilt sie einen anderen Zug, nämlich, daß sie eine Tätigkeit ist,
die sich selber Zweck ist. Die Kunstfertigkeit hat ihren Zweck
jeweils im Werk. Es ist das Endziel des Verfertigens, das TELOS.
Das Tätigsein in der herstellenden Verrichtung ist ein Mittel,
um zum Werk zu kommen; das ERGON ist ein anderes als die
ENERGEIA. Bei der PHRONESIS dagegen ist die Tätigkeit das Werk.
Der Tapfere verrichtet Taten der Tapferkeit; aber diese sind
keine ablösbaren „Werke", die für sich stehen könnten. Tapferkeit ist Tapfersein des Menschen, Tugend (ARETE) ist ein tätiges
Amwerksein der Seele (ENERGEIA TES PSYCHES). Die besonnene
Verständigkeit also ist eine Weise des Verhaltens, wo der Mensch
sich zu *sich* verhält, indem er sich zu der ihn im ganzen leitenden
Glücksauslegung verhält, so nämlich, in wiefern sie sich ihm
durch vernünftiges Beraten als eine *wahrhafte* erzeigt. Wo je-

mand die Frage nach der *Wahrheit* des Glücks nicht stellt und blind und dumpf einem Wahnbild nachjagt, ist keine PHRONESIS. Das prüfende Beratschlagen, das Sichverständigen über die Echtheit und Verläßlichkeit des Glücks gehört zum Wesen des verständigen Mannes; er ist immer einer, dem das Nachdenken darüber nicht ausgeht. Er wägt nicht nur besonnen sein Urteil im Rat der Stadt, er überprüft immer wieder das ganze Menschenleben, – was ihm frommt und schadet. Die PHRONESIS also ist ,,ein mit wahrer Vernunft verbundener praktischer Habitus in den Dingen, die für den Menschen Güter und Übel sind".

Worauf alle PHRONESIS abzielt, ist die EUPRAXIA, das wahrhaft glückende Dasein. Sie ist die Tugend der Staatsmänner und der Hausväter, der Erzieher der Bürger und der Erzieher der Kinder. Und sie steht in einem eigentümlichen Wechselbezug zur SOPHROSYNE, zur Mäßigkeit. Gerade dieser Bezug macht das verwickelte und verschränkte Verhältnis zwischen der dianoetischen und der ethischen Tugend klar. Für Aristoteles hängt die sittliche Tugend als Mitte zwischen zwei Extremen ab von der Einsicht, von der praktischen Vernunft, d.h. von der PHRONESIS; sie umzirkt erst die wesentliche Mitte, sie gibt den HOROS, den rechten Begriff. Das Urteilsvermögen der praktischen Vernunft hängt seinerseits wieder ab von einer ,,ethischen Tugend", von der Mäßigkeit. Nur wo ein Mensch sich schon in gewisser Weise in der Gewalt hat, wo er nicht im Sinnenrausch verblendet und benommen ist, kann seine praktische Vernunft ihren Spruch fällen und sagen, was die Mitte ist. Nicht jedes Urteilen, sagt Aristoteles, wird durch Lust und Unlust beeinträchtigt, nicht z.B. das Urteil, ob die Winkelsumme eines Dreiecks gleich zwei rechten Winkeln ist; dagegen sehr das Urteil über das, was gut und schlecht ist. Wer über Winkel urteilt, urteilt über solches, das von ihm unabhängig ist; wer aber urteilt über Gut und Schlecht, urteilt dabei über Handlungen und Taten, die durch ihn selber getan werden sollen. Hier kann die Verführung der Lust ungleich stärker ansetzen. Wenn man einmal durch Lust oder Unlust bestochen ist, verbirgt sich das rechte Prinzip. Die Urteile der praktischen Vernunft sind viel gefährdeter und bedrohter als die der theoretischen. Die PHRONESIS ist die Tugend des LOGISTIKON, die Tugend des vernunftbegabten Seelenteils, soweit er praktisch ist.

Die daran anschließende, zwar kurze, aber besonders schwierige Charakteristik des Nous überspringen wir, obgleich auch von ihr aus ein bedeutsames Licht auf die Natur der PHRONESIS fällt. Die SOPHIA, die Weisheit, aber bildet nun den eigentlich zentralen Gegenbegriff gegen die PHRONESIS. Im Raume der Gegenspannung dieser Begriffe vollzieht sich die aristotelische Interpretation der menschlichen Glückseligkeit. Aber wird damit nicht die ganze, mühsam gemachte Unterscheidung zwischen praktischer und theoretischer Vernunft letztlich wieder aufgehoben? Wir haben doch gehört, daß die PHRONESIS eine HEXIS PRAKTIKE sei, daß sie der Ort der vernünftigen Überlegung über das dem Menschen Gute und Zuträgliche sei. Und wenn dem so ist, dann muß sie doch das Organon sein, wodurch wir uns des wahren menschlichen Glücks versichern. Das ist alles richtig, – es fragt sich nur, ob das *höchste* menschliche Glück überhaupt ein *menschliches* ist. Für Aristoteles wird diese Frage so entschieden, daß *er* das wahre Glück und die echte EUDAIMONIA überhaupt aus der Dimension der von Menschen eigenmächtig leistbaren PRAXIS herausnimmt.

Zunächst handelt es sich um eine Anzeige dessen, was SOPHIA ist. Sie ist, sagt Aristoteles, die *genaueste* aller Wissenschaften (AKRIBESTATE); und ihre „Genauigkeit" besteht darin, daß sie nicht nur das Seiende „aus Gründen" weiß, sondern daß sie auch entbirgt in bezug auf die Gründe der Dinge; sie erkennt nicht nur die Verfassung, den Bau des Seienden, sie erkennt auch das Zustandekommen des Seienden aus seinen Bauelementen. Die Weisheit umfaßt in sich den NOUS *und* die EPISTEME. Sie ist gleichsam das Haupt aller Wissenschaften und sie umfaßt auch die würdigsten Dinge. Wenn jemand der Ansicht ist, daß die *Politik* oder auch eben die PHRONESIS das Bedeutsamste sei, so bleibt er im Menschlichen verfangen. Gewiß, wenn wir im alltäglichen Leben von bedeutsamen und bedeutungslosen Dingen reden, so verbleibt dieser Unterschied im Feld des Menschen; und im Menschenland gibt es nichts, was einen höheren Rang hätte als die POLIS. Doch der Mensch ist nicht das Beste in der *Welt*. Die praktische Vernunft bedenkt, was dem Menschen frommt; durch sie richtet er sein Leben auf eine vernünftige Art ein, sowohl der Einzelne sein Hauswesen, als ein Volk seinen Staat. Die Weisheit aber bedenkt das Weltall, sie ist Welt-Weisheit. Und dabei bedenkt sie nicht allein das Ganze, auch dergleichen, was über den Menschen hinausliegt, das Über-Menschliche, das Göttliche. Es gibt – nach Aristoteles – viele Dinge, die „göttlicher" sind als der Mensch, und sogar im sichtbaren Bereich die am Firmament kreisenden Gestirne. Die SOPHIA ist Wissen von den TIMIOTATA, von dem Ehrwürdigsten im Kosmos. Und von den Weisen, wie etwa von Thales und Anaxagoras, sagt man wohl, daß sie zwar Übermenschliches und Wunderbares wüßten, aber sich nicht verstünden auf ihren praktischen Vorteil; sie wissen das Höchste und Beste im Weltall, das AGATHON des Kosmos, aber nicht das AGATHON ANTHROPINON. Die SOPHIA ist die Tugend des vernunftbegabten Seelenteils, sofern er *theoretisch* ist. In der Abgrenzung gegen die SOPHIA gewinnt die PHRONESIS ihre abschließende allgemeine Charakteristik. Aber diese Trennung bereitet nur eine radikalere Fragestellung vor, in der noch einmal im letzten Buche der *Nikomachischen Ethik* das Verhältnis von BIOS POLITIKOS und BIOS THEORETIKOS erneut gestellt wird in einem Sinne, der eine große Annäherung an Platon bringt.

Nachdem Aristoteles die Eigenart der PHRONESIS, ihre eigentümliche Weise des ALETHEUEIN, kontrastierend gegen TECHNE, EPISTEME, NOUS, SOPHIA, herausgearbeitet hat, geht er nun dazu über, eine differenziertere Analyse der besonnenen Verständigkeit durchzuführen. Die PHRONESIS hat es mit menschlichen Dingen zu tun und zwar mit solchen, worüber ein Beratschlagen möglich ist. Sie ist also eine Weise der menschlichen Selbstbekümmerung; in ihr geht es dem Menschen um sich selbst, um sein Lebenkönnen, – nicht als physisches Bestehen, sondern als sinnerfülltes und sinngetragenes Menschenleben, also als Glücken des Daseins. Der am meisten Verständige beratschlagt nicht nur über irgend ein Glück, sondern über das größte, jedoch durch Handeln erreichbare Glück. Er besinnt sich, wie er wohl die beste Sinngestalt für sein Leben verwirklichen könne. Und doch bleibt eine solche Besinnung nicht nur im Element des „Allgemeinen", sie verschwebt nicht im Unverbindlichen eines leeren Programms, eines utopischen Existenzideals. Vielmehr ist alle Besinnung der praktischen Vernunft jeweils praktisch, ist ein Nachdenken über das ganze Leben, aber für einen wirklichen Fall der Entscheidung. Die PHRONESIS durchschwingt auf eine schwer beschreibbare Weise den Gegensatz des „Allgemeinen" und des „Einzelnen", ohne ihn aber als Gegensatz ganz auszulöschen. Und es gibt immer verständige Menschen, die ganz dem konkreten Einzelfall hingegeben scheinen und sozusagen gar nicht ihre Überlegung reflektieren, obwohl sie da ist und wirksam wird. Aristoteles verdeutlicht diesen fließenden Unterschied an einem großen Modell, an der Politik. Die grundsätzlich reflektierende praktische politische Vernunft vollzieht sich in den Gesetzgebern; die ausübenden Leiter des Staates dagegen handeln, obwohl sie in vielen Fällen entscheiden müssen und dabei doch auch immer allgemeinere Überlegungen anstellen, ,,wie die Handwerker". Die PHRONESIS tritt in einer zweifachen Gestalt auf, als Überlegung eines Einzelnen über seinen Nutzen und Nachteil, – oder aber als eine Überlegung, die durch einen *für* viele oder auch *von* vielen gemeinsam vollzogen werden kann. Dann ist eben ,,Politik", im engeren oder weiteren Sinne gemeint. Aristoteles unterscheidet so die Ökonomik, die Haushaltungskunst, von der Gesetzgebung (NOMOTHESIA) und von der eigentlichen Politik.

Es hat oft den Anschein, als ob der Nutzen nur je ein individueller Nutzen sei, – und somit eben das Nachdenken über das wahrhaft Zuträgliche immer auch eine nur individuelle Angelegenheit. Und vor allem je *wahnbefangener* ein Mensch ist, je weniger er sich auf sein wahres Glück versteht, desto mehr meint er, *seinen* Nutzen zu befördern, indem er Andere ausnützt und ausbeutet. Aber es gibt kein wirklich individuelles Gutes – ohne Hauswesen und Staat, weil die Menschen nicht bloß zufällig zusammen vorkommen, sondern weil sie ,,politische Wesen" sind. Die praktische Vernunft ist wesenhaft politische Vernunft; das Glück ist nie das isolierte Glück des Einzelnen, es ist immer das Glück in der Gemeinschaft, d.h. im Horizont der PHILIA, der Liebe und Freundschaft.

Das Wesen der praktischen Vernunft, der PHRONESIS, wird von Aristoteles *umwegig* bestimmt durch die Abgrenzung gegen die anderen Weisen des ,,Wahrheiterwirkens". Sie wird abgehoben gegen die Wissenschaft, gegen den NOUS, gegen die SOPHIA und gegen die TECHNE. Obwohl Aristoteles auch jeweils diese anderen Weisen des ALETHEUEIN keineswegs in einem vulgären Wortverstande aufnimmt, vielmehr sie in knappen, scharfen Analysen durchleuchtet, so bilden sie doch im ganzen die Verstehensbasis für die Frage nach der seltsamen Natur der

PHRONESIS. Das ist einigermaßen verwunderlich. Denn sie ist
doch ein vertrautes Phänomen. Jeder kennt diese Art von Überlegung. Jeder ist unzählige Male in die Lage gekommen, Entscheidungen zu fällen, moralische Entscheidungen; jeder hat
schon über sein Leben nachgedacht und war im Zweifel, was er
tun soll. Und es ist vielleicht nicht nur eine gelegentliche Situation, daß wir grüblerisch am Scheidewege stehen; vielleicht gehen
wir immer in einem Labyrinth. Wir haben nicht die somnambule
Sicherheit des Tiers, das naturgeborgen seine Bahn zieht. Wir
irren, weil wir frei sind. Für den Menschen gibt es das Problem
des rechten Weges, weil immer viele Wege sich anbieten. Mag
man das Schicksal der Freiheit als Segen oder als Fluch empfinden – wir sind doch damit vertraut; wir leben vor aller Philosophie in der Bekanntschaft mit dem ständigen Wählenmüssen.
Wissenschaft treibt nicht jeder, und auch TECHNE ist nicht je-
dermanns Sache. Und gar die Weisheit halten wir doch für ein
rares Vorkommnis. Ist es also nicht verwunderlich ‚daß Aristoteles das bekannte Phänomen praktischer Vernunftbesinnung von
den weniger bekannten und weniger vertrauten Formen geistigen
Verhaltens aus zu charakterisieren versucht? Hat dies seinen
Grund darin, daß eben das Bekannte, gerade weil es bekannt ist
und uns sozusagen zu nahe steht, nicht erkannt ist? Es ist nicht
anzunehmen, daß eine solche Begründung ausreicht. Gewiß leben
wir immer schon im Vollzug von Lebensdeutungen, bewegen uns
in Sinnhorizonten – und haben dabei so viele „praktische‟ Probleme, daß uns die Frage nach der Natur dieser Problematik gemeinhin fernliegt. Aber es ist doch andererseits diesen Lebens-
problemen eigentümlich, daß alles Besondere sich leicht ins Allgemeine wendet, – daß eine konkrete Entscheidung in einem
Einzelfall einen Sentenz-Charakter annimmt, wie z.B. der Selbst-
mörder nicht ausschließlich den Wert seines Lebens, sondern den
Wert des menschlichen Daseins überhaupt negiert. Auf diesem
sentenziösen Zug des Nachdenkens über das Menschenleben beruht auch die Möglichkeit, daß die Selbstbesinnung eines Einzelnen sich ausweiten kann zu einer allgemeinen Frage nach dem
Guten und Schlechten überhaupt, – und wie bei Sokrates zur
Philosophie führt. Für Aristoteles hat der abgrenzende Hinblick
auf die anderen Weisen des ALETHEUEIN nicht bloß die Funktion,
ein allzu vertrautes Phänomen in eine Fragwürdigkeit zu ver-

wandeln. Vielmehr macht es die eigentliche Unruhe seines Ge-
dankenweges aus, daß die PHRONESIS in einer harten Spannung
steht zum *Seinsbegriff*.

Seiendes ist solches, was *ist*, was ständig-bleibend ist oder was
ist, sofern es im Werden, im Wandel, in der Bewegung des Wechselns und Umschlagens bleibt. Das Sein des Unbewegten, als
auch das Sein des Bewegten besagt: *Anwesen im Zeithorizont der
Gegenwart*. Das Jetzt, das NYN, und das Sein, das EINAI, stehen
in einer Verkettung. Und diese Verklammerung von Jetzt und
Sein bestimmt auch den Bau der ALETHEIA. Das Rätselhafte an
der Phronesis aber ist, daß sie einen menschlichen Wahrheitsbezug zu solchem bedeutet, das noch gar nicht ist, – dessen
„Sein" im Künftigen, im Horizont der Zukunft liegt; die ALE-
THEIA, die Unverborgenheit des Guten und Bösen, ist nicht Wahrheit von Anwesendem, sondern Wahrheit von noch Abwesendem,
und ist dennoch Wahrheit. Diese eigenartige Wahrheit der
menschlichen Freiheit bietet dem griechischen Seinsverständnis
eine fast unüberwindbare Schranke. Wie kann etwas, das noch
nicht ist, dessen Künftigkeit auch nicht durch Regeln festliegt
und das erst durch den Menschen ins Sein kommen kann, überhaupt wahr sein? Erst von diesem prinzipiellen ontologischen
Problem aus kann verstanden werden, warum Aristoteles die
PHRONESIS auf dem Umwege einer kontrastierenden Gegenstel-
lung gegen NOUS, SOPHIA und EPISTEME charakterisiert. Mit der
TECHNE hat sie verschiedene Züge gemeinsam, andere wieder
nicht. Letzten Endes aber beruht der Unterschied der doppelten
Wahrheit über anwesend Bestehendes und abwesend Mögliches
auf der Doppelnatur der menschlichen Vernunft, auf der Zweifalt
von EPISTEMONIKON und LOGISTIKON. Die Tüchtigkeit des EPIS-
TEMONIKON ist die SOPHIA, diejenige des LOGISTIKON aber ist die
PHRONESIS. Die Anthropologie des Aristoteles ist entscheidend
durch den Gegensatz von theoretischer und praktischer Vernunft
geprägt, der in der höchsten Form des Daseins erst zur Versöhnung kommt.

Nach der prinzipiellen Ortsbestimmung der PHRONESIS, wobei
sie eben abgehoben wurde gegen die anderen Weisen des Wahr-
heiterwirkens, geht Aristoteles dazu über, sie in ihrem eigenen
Wesen näher zu bestimmen. Und das geschieht nicht in der Weise
einer Beschreibung, nicht in einer Art von phänomenologischer

Analyse, sondern wiederum in Abgrenzungen; allerdings sind es jetzt nicht Abgrenzungen gegen externe, fremdartige Dinge, sondern gegen verwandte Dinge, die mitunter sogar als interne Momente an der PHRONESIS vorkommen. Bei der ersten Lektüre dieser Partie der Nikomachischen Ethik hat man vielleicht den schalen Eindruck bloßer terminologischer Haarspalterei. Bei näherem Zusehen aber entdeckt man mit Staunen, welches wache und scharfäugige Problembewußtsein die aristotelische Darlegung leitet. Zunächst setzt Aristoteles ein an einem Moment der PHRONESIS. Die Überlegung über das, was frommt oder schadet, ist ein Suchen. Das BOULEUESTHAI ist ein ZETEIN. Aber nicht jedes Suchen ist ein Beratschlagen; und so ist dieses ein ganz besonderes Suchen, ein Suchen des rechten Weges, ein Suchen des Rechten, Nützlichen, Heilsamen, ein Suchen im ungewissen und dunklen Felde der Güter und Übel. Das Moment des Suchens unterscheidet die PHRONESIS von der EUSTOCHIA, dem sicheren Treffen. PHRONESIS ist immer im Element des Beratens, sie ist Wohlberatenheit, EUBOULIA. Das Beraten aber beratschlagt, motiviert durch Gründe, und braucht, um Gründe zu finden und gegen Gegengründe zu erhärten, viel Zeit. Das Beraten ist eine Selbstvergegenwärtigung des Daseins, ein Überblick über das Lebensganze, ein Prüfen und Wägen, was man eigentlich will und wie das Wollen zu den höchsten Zwecken und zum Sinn des Lebens steht. Das Beraten verbraucht nicht bloß Zeit, wie jeder Vorgang; es ist zeitbezogener, weil die Lebenszeit im ganzen vergegenwärtigt wird; das Beraten ist als gegenwärtiges Geschehnis in der Seele doch immer ein Vergegenwärtigen der ganzen Zeit. Und auch wenn es sich nur darum handelt, was im Augenblick zu tun ist, so bestimmt sich die Augenblicklichkeit des Augenblicks aus dem Horizont von Zukunft und Vergangenheit. Jeder Entschluß bestätigt, was man war und was man sein wird. Eine Entscheidung, worüber etwa die Volksversammlung berät, z.B. über Krieg, setzt das ganze Dasein eines Volkes, seine Geschichte und seine Zukunft aufs Spiel. Jede Entscheidung hat temporale Horizonte weiten Ausmaßes. Wo immer man wählt, wählt man sich ganz. Die Wohlberatenheit braucht Zeit, sie ist zeithafter als sonst ein Tun, weil sie immer auf die Zeitganzheit hin sich entwirft. Zum Beraten muß man sich Zeit lassen, sagt Aristoteles in Anlehnung an ein bekanntes griechisches Sprichwort, aber keine Zeit darf man sich lassen mit der Ausführung des Beschlusses. Führt die Beratung zum Beschluß und Entschluß, so muß die Tat unmittelbar folgen wie der Donner auf den Blitz. Dagegen die EUSTOCHIA, das glückhafte Treffen des Richtigen, braucht nicht viel Zeit; es ist so etwas wie die glückhafte Eingebung, der Einfall des Moments. Wo ein Handeln gemäß EUSTOCHIA geschieht, folgt es einem spontanen Impuls, man könnte fast sagen: einem Instinkt. Das braucht nicht eine Herabwertung zu bedeuten; vielleicht ist die Gabe der EUSTOCHIA eine Auszeichnung der großen geschichtlichen Figuren, die mit divinatorischer Sicherheit handeln und nicht aus Überlegung das Richtige treffen. Keine Frage ist natürlich, daß nichts Gefährlicheres einem Menschen begegnen kann, als sich auf diese Gabe zu verlassen. Die EUSTOCHIA handelt „grundlos", nicht motiviert durch Gründe, über die man lange hin- und herüberlegt hat. Dagegen gehört es zur EUBOULIA, daß viel Zeit verbraucht wird zum Beratschlagen. Sie ist ein Überlegen, ist DIANOIA, – aber überlegende Vernunft in einem ganz besonderen Sinne, Vernunft nämlich, die nicht PHASIS, Behauptung, ist. Behauptung ist Sagen, daß etwas ist, besteht, an sich ist. Die EUBOULIA überlegt immer nach Gründen, geschieht also mit LOGOS, und ferner gibt es ein Verfehlen und ein Treffen des Richtigen. Aber hier wird nicht verfehlt und getroffen wie in der EPISTEME und in der DOXA; Wissenschaft und Meinung behaupten, daß etwas ist und so und so ist, die eine mit Gründen, die andere ohne Gründe. Die Richtigkeit der Wissenschaft und der Meinung ist Richtigkeit der Behauptung; sie bestimmt sich als Anmessung eines behauptenden Sagens an einen bestehenden Sachverhalt. Die Richtigkeit der Wohlberatenheit dagegen ist nicht behauptender Art; sie sagt nicht, was im Sein schon besteht, sondern, was sein soll; sie ist Richtigkeit des Rates, ORTHOTES BOULES.

Diese Richtigkeit wird nun von Aristoteles näher gekennzeichnet. Auch der schlechte und unsittliche Mensch kann sich beraten; er kann überlegen, wie er am besten zu seinen Zielen kommen mag. Und er kann mit seinem Nachdenken insofern zu einer Richtigkeit kommen, wenn er die Wege und Mittel ausfindig macht, die zu seinem vorgesetzten Ziel hinführen; er ist dann richtig beraten, aber nicht „wohlberaten". Wohlberatenheit sagt nicht bloß die Richtigkeit des Vorgehens für irgendeinen be-

liebigen Zweck, sondern die Richtigkeit der Wegweisung zum
Guten hin. Die EUBOULIA ist eine ORTHOTES BOULES auf das
AGATHON hin. Aber nun gibt es auch die Tatsache, daß jemand
aufgrund einer falschen Überlegung dennoch das Richtige trifft,
gleichsam aus Zufall, eben durch einen falschen Schluß. Das ist
auch nicht Wohlberatenheit, wenn man zwar trifft, was man soll,
aber nicht durch den rechten Begriff, durch den man treffen soll.
Und dann kann einer zu lang, ein anderer zu kurz überlegen und
beratschlagen. Zur EUBOULIA gehört somit eine Richtigkeit im
Treffen des Guten und Förderlichen, wobei mitgetroffen ist, wie-
weit man dessen bedarf, in welcher Weise und wann. Abschließend
formuliert Aristoteles: die Wohlberatenheit ist Richtigkeit in bezug auf das Zuträgliche hinsichtlich eines Zieles, dessen wahre
Einsicht eben die PHRONESIS ist. Die EUBOULIA tritt hier also
als ein Strukturmoment der PHRONESIS auf. Die praktische Vernunft ist Einsicht in den Sinn des Lebens; aber diese Einsicht
bleibt nicht ein für alle Mal stehen und verharrt unbeweglich,
sie ist immer im Gang, sie geschieht, wo immer ein Beraten und
Überlegen statt hat über das, was zu tun ist. Die PHRONESIS ist
gleichsam die universale EUBOULIA, oder umgekehrt die EUBOU-
LIA ist jeweils die PHRONESIS in einer besonderen Situation.

Und nun bringt Aristoteles einen weiteren Zug der praktischen
Vernunft in den Blick, indem er abgrenzt von ihr die SYNESIS,
das Verstehen. Ausgehend vom griechischen Wortgebrauch „verständige Leute" skizziert Aristoteles das Verstehen als inneres
Moment der PHRONESIS. Verstehen geht, sagt er, nicht auf das,
was immer ist, und auch nicht auf das, was (auf immer gleiche
Weise) wird, sondern auf solche Dinge, worüber man mitunter
ratlos ist und worüber man beratschlagt. Über dergleichen aber
geht doch auch das Nachdenken, welches wir PHRONESIS nennen.
SYNESIS und PHRONESIS beziehen sich auf das gleiche, noch nicht
festgelegte Möglichseiende; und sind doch nicht einerlei. Das Verstehen ist bloß beurteilend, KRITIKE; die PHRONESIS dagegen ist
EPITAKTIKE, ist anordnend, gesetzgebend. Die SYNESIS also ist
nicht die *Bildung* der praktischen Vernunft selber, nicht die Aufstellung dessen, was gut und was schlecht ist; sie ist lediglich der
praktische Vernunftgebrauch der bereits gebildeten, in ihren
Grundentscheidungen ausgebildeten Vernunft, – ist die beurtei-
lende Anwendung eines moralischen Prinzips. Aber auch hier

sehen wir wieder, daß die Abgrenzung nicht den Charakter bloßen Auseinandernehmens hat, sondern vielmehr die Aufzeigung einer Verwandtschaft ist. In aller PHRONESIS lebt nicht bloß die ursprüngliche Besinnung über Gut und Böse, sondern weitgehend auch ein Urteilen nach überkommenen moralischen Kategorien. Bei der Mehrzahl der Menschen vollzieht sich die PHRONESIS nur als SYNESIS, bei wenigen nur gewinnt sie einen ursprünglichen Charakter der Stiftung.

Und endlich noch ein Moment wird verdeutlicht am Begriff der GNOME. Die PHRONESIS ist nicht nur das beratschlagende Besinnen auf das, was jeweils *ich* tun soll, – es hält sich im Horizont einer Frage, was der Mensch überhaupt tun soll; ich verhalte mich nicht nur je zu mir, sondern zur menschlichen Gemeinschaft, zum Mitmenschen. Dieser Bezug ist vornehmlich angesprochen im Begriff der GNOME. Die Bedeutungsfülle dieses Wortes ist sehr umfänglich und schillernd. Was Aristoteles mit GNOME, das Ansicht, Rat, Sentenz usf. heißen kann, meint, kommt zum Ausdruck in der Zusammenstellung mit dem Begriff der SYGGNOME, was Verzeihung, Nachsicht bedeutet. Der Mann der GNOME ist ein solcher, der Rücksicht nimmt, der das EPIEIKES, das Billige, berücksichtigt und den Anderen das Menschlich-Allzumenschliche zubilligt und zugutehält. In der PHRONESIS, im Entwurf des Guten und Bösen, spielt die Rücksichtnahme auf die Schwäche der menschlichen Natur auch eine legitime Rolle, wenn anders die praktische Vernunft nicht ausarten soll in einen finsteren Zelotismus. PHRONESIS, EUBOULIA, SYNESIS und GNOME sind in gewisser Hinsicht verschieden, und gehören doch zusammen; sie alle gehen EIS TAUTO, auf dasselbe. Sie sind Weisen einer Art von NOUS, sind Formen der praktischen Vernunft. Das allgemeine Wesen der Vernunft aber ist, daß sie sowohl die obersten Allgemeinheiten umfaßt, als auch das Einzelne, – daß sie den ganzen Spielraum des Seienden vom KATHOLOU bis zum HEKASTON umgreift und das Einzelne im Lichte des Allgemeinen und das Allgemeine als Raum des Einzelnen begreift.

Die Vernunft aber gabelt sich nach dem Ansatz des Aristoteles in theoretische und in praktische Vernunft. In beiden Fällen ist sie „umgreifend", ist sie konkret-allgemein. Die Doppelform der menschlichen Vernunft prägt sich aus in einer Doppelform von

Tugend: die PHRONESIS ist die Tugend des vernünftigen Seelenteils, der beratschlagt und das durch uns Mögliche bedenkt, – die
SOPHIA ist die Tugend jenes vernünftigen Seelenteils, welcher
das Seiende bedenkt, dessen Anfänge sich nicht anders verhalten
können, d.h. der das Notwendige denkt. Wie verhalten sich aber
diese beiden Formen der Vernunft zueinander? Sind sie in ihrem
Wesen geklärt, solange sie nur *unterschieden* sind, oder müssen
sie in einen Bezug zueinander gebracht werden? Die Dimension
eines solchen Bezugs sucht und findet Aristoteles im Problem
der Glückseligkeit. Die Blickbahn für seine Zusammenstimmung
des zwiespältigen Menschenwesens bildet zunächst einmal die
Frage, wie überhaupt ein Wissen zu einem Handeln sich verhält. Gemeinhin gilt uns doch für ausgemacht, daß eben ein
Wissen noch kein Handeln ist, – daß wir durch bloßes Wissen
nicht „praktischer‟ (PRAKTIKOTEROI) werden; dem Wissen haf-
tet immer etwas „Unverbindliches‟ an; es bewegt nichts. Wozu
ist es überhaupt nütze? Aber vielleicht ist gerade diese gängige
Einschätzung, die massiv mit dem Unterschied von Wissen und
Handeln operiert, falsch. Aristoteles kommt es darauf an, diese
übliche und ordinäre Auffassung vom Wissen aus den Angeln zu
heben und das dem Menschen eigentümliche Handeln aus seiner
eigentümlichen vernünftigen Natur herzuleiten, ja sogar die SO-
PHIA als das wahrste und eigentlichste Menschenwerk (ERGON
ANTHROPINON) zu erweisen.

Zunächst aber sagt es nur, daß sowohl PHRONESIS, als auch
SOPHIA schon deswegen erstrebenswert seien, weil sie Tugenden
je eines Teiles der Vernunft im Menschen wären. SOPHIA rückt so
zunächst nur *neben* PHRONESIS und auch ethische Tugend. Der
Fundierungszusammenhang von ethischer und dianoetischer Tugend wird hier nochmals berührt: die Willenswahl ist recht, dem
Guten zugeneigt, wenn einer in gewisser Weise von Hause aus
die Mäßigkeit und Besonnenheit hat, – aber die Willenswahl
wird *sehend* eigentlich erst durch die PHRONESIS, durch jenes Beraten und Überlegen über das Rechte und über die Wege seiner
Verwirklichung. Die PHRONESIS zeigt eine gewisse Verwandtschaft mit der DEINOTES, mit der Erfindungsgewalt des Menschen. Ist der Zweck ein guter und schöner, ist auch die Erfindungsgewalt eine gute und löbliche; ist der Zweck aber schlecht,
so steigert die DEINOTES die Fähigkeit zum Schlechtsein, sie wird

Durchtriebenheit, raffinierte Schlauheit. Die PHRONESIS ist nicht gleichbedeutend mit der Erfindungsgewalt, aber ist nie ohne sie. Aristoteles unterscheidet die „physische" Tugend von der eigentlichen; das meint nicht Tüchtigkeit des Leibes gegenüber Tüchtigkeit der Seele. Sondern auch seelische Eigenschaften wie Mäßigkeit und Mut sind Naturanlagen, PHYSIKAI ARETAI, „natürliche Tugenden"; als solche aber sind sie noch keine „moralischen" Eigenschaften, sind nicht ARETE KYRIA. So wie die physische Tugend zur eigentlichen sich verhält, so verhält sich die DEINOTES zur PHRONESIS. Eigentliche Tugend gibt es erst *durch* PHRONESIS. Aber das bedeutet doch nicht, daß alle Tugenden Wissen sind, wie Sokrates meinte. Aristoteles polemisiert hier gegen die sokratische Reduktion der Tugend auf das richtige Wissen des Guten und Gerechten. Seine Gegen-These ist: die Tugend ist nicht gleich PHRONESIS, sie ist aber nicht ohne PHRONESIS, genauer: sie ist nicht bloß ein Habitus, welcher der rechten Vernunft gemäß ist (KATA TON ORTHON LOGON), sie ist vielmehr „ein mit rechter Vernunft verbundener Habitus", eine HEXIS PRAKTIKE META LOGOU. Die Naturanlagen sind mannigfach bei den Menschen verschieden und somit auch ihre „physischen Tugenden"; aber das Gutsein eines Menschen im eigentlichen Sinne ist erst durch die PHRONESIS möglich, die „*eine* PHRONESIS – sagt Aristoteles – ist zusammen mit *allen* Tugenden". Wenn also das Wissen, als praktische Vernunft, das gute und gerechte menschliche Handeln ermöglicht und begründet, so steht dennoch die PHRONESIS nicht über der SOPHIA.

Dem Vulgärverständnis würde doch offenbar näher liegen, ein Wissen, welches Handeln begründet und ermöglicht, höher anzuschlagen als ein bloßes Wissen. Ein Vorrang der PHRONESIS vor der SOPHIA liegt dem gängigen Meinen näher. Jene ist doch offenbar zu etwas nütze, während die Weisheit ein leeres, lebensfremdes, utopisches Geschäft scheint. Aristoteles gibt einen bedeutsamen Wink durch einen Vergleich; er sagt: „die Heilkunde steht ja nicht über der Gesundheit". Sie versucht sie wiederherzustellen, sie gebraucht nicht die Gesundheit; die Heilkunst gibt ihre Vorschriften nicht der Gesundheit, sondern der Gesundheit wegen. Wir können ergänzen: PHRONESIS gleicht der Heilkunst, SOPHIA der Gesundheit. Noch ein anderes Bild gebraucht Aristoteles. Man könnte den Vorrang der praktischen Vernunft vor der theoretischen mit demselben Argument begründen, als wenn man sagen wolle, daß die Politik, d.h. die Ordnung der menschlichen Dinge, auch über das Übermenschliche, über die Götter sich erstrecke, weil sie Anordnungen über den Götterkult treffe. Aber das Bestimmen der menschlichen Verhaltungen *zu* den Göttern bedeutet doch nicht: über die Götter herrschen. So wie die Götter in der Politik der Menschen vorkommen, so kommt die Sophia in der Einrichtung des menschlichen Lebens durch die Phronesis vor.

Das Problem des Verhältnisses von Phronesis und Sophia bewegt den ganzen aristotelischen Grundentwurf der Eudaimonia, was klar dann im 10. Buch heraustritt. Dort wird das Problem der Lust nochmals kurz aufgenommen, wobei implizit bedeutsame Auseinandersetzungen mit Platons Begriff der Hedone, so wie er im *Philebos* entwickelt wurde, stattfinden. Aristoteles sagt zusammenfassend, daß die Lust kein Werden sei und keine Bewegung, sondern daß sie etwas Verwandtes sei und Ähnliches jener Tätigkeit, mit der verbunden sie auftrete. Er verweist dabei auf das Sehen und auf das es begleitende Lustgefühl des Schauens. Jedes *tätige* Amwerksein, jede Energeia, ist in sich lustvoll. Und wie das Sehen, so ist auch das Denken und die Theorie lustvoll. Und am meisten lustvoll ist immer jene Tätigkeit, die in der bestmöglichen Verfassung geschieht und auf das Beste geht, was im Umkreis einer solchen Tätigkeit liegt. Das klingt ganz formal. Hierin liegt jedoch schon eine Anweisung, nach jener Tätigkeit zu suchen, die am meisten, d.h. am ungestörtesten und ununterbrochensten am Werke ist und dabei auf das Beste vom Seienden geht. Lust und Tätigkeit hängen miteinander zusammen – und die Lust steigert sogar wiederum die Tätigkeit, wie man an den Liebhabern einer Sache sehen kann. Es gibt mannigfache Tätigkeiten und daher auch mannigfache Lüste. Zunächst einmal hat jede Art von Lebewesen ihre besondere Lust. Beim Menschen aber tritt eine merkwürdige Differenzierung der Lüste ein. Es empfinden nicht alle die gleiche Lust an der gleichen Tätigkeit. Das bedeutet nicht einen leeren Relativismus für Aristoteles, sondern die Vielfalt der menschlichen Lüste verhält sich wie Krankheit und Gesundheit. Das gesunde menschliche Leben ist das Leben des vernünftigen Menschen, wenn anders eben die Vernunft das besondere „Menschliche" des Menschen ist. Die Frage nach der wahren Lust ist verkoppelt mit der Frage nach der wahren menschlichen Tätigkeit. Die EUDAIMONIA, die Glückseligkeit des Menschen, muß nun offenbar in einer Tätigkeit und in einer Lust liegen, wo das Tun nicht um eines anderen willen erfolgt, also nicht nur Mittel ist. Die Tätigkeit muß um ihrer selbst willen erstrebt sein. Jetzt schärft sich das Problem zu. Soll die *höchste* Möglichkeit des Menschen aus dem bestimmt werden, was menschliches Tun *für* und *mit* Menschen ist, – ist die Polis der letzte Horizont aller Tätigkeit – oder hat der Mensch die Möglichkeit, so tätig zu sein, daß er den Bereich des bloß-Menschlichen übersteigt?

Der Mensch verhält sich nicht nur zu sich und seinesgleichen und berät vernünftig über das, was gemeinsam als Menschenwerk im Staat getan werden soll, er verhält sich vernünftig auch zu den ewigen Göttern, zu wandellosen Wesenheiten und zur einen allumfassenden Welt. Dieses Verhalten aber ist die *theoretische* Vernunft in ihrer höchsten Tüchtigkeit: die SOPHIA. Das wahre Werk des Menschen, das echte ERGON ANTHROPINON, ist das THEOREIN. Es ist ENERGEIA TELEIA, vollendetes Tätigsein, obgleich es dem stumpfen Sinn der Menge als der Gegensatz alles Tuns und Handelns, als eine Privation erscheint. Aristoteles nennt einige Grundzüge der THEORIA, welche rechtfertigen, sie als das *beste* Tätigsein des Menschen zu charakterisieren. Die Theorie ist beste Tätigkeit (KRATISTE ENERGEIA), weil sie Tat des NOUS in uns ist und weil der NOUS und das durch den NOUS Vernehmliche das am meisten Seiende im Weltall ist. Und ferner ist das THEOREIN die zusammenhängendste Tätigkeit (SYNECHESTATE); denn wir können weitaus mehr im Denken verweilen, als sonst in irgendeiner anderen äußerlichen Tätigkeit. Bei anderem Tun werden wir nicht nur eher müde, sondern auch das Objekt der Betätigung entzieht sich uns zuweilen. Das Denkbare ist das Dankbarste, weil es immer anwest, auch im Anwesen ununterbrochen zusammenhängt. Und auch mit Lust ist Weisheit gepaart, sagt Aristoteles, sogar mit der reinsten und süßesten und beständigsten Lust. Das reine Denken ist in sich selber selig. Und auch die Autarkie findet sich am meisten beim Denken der theoretischen Vernunft; zwar ist der Denkende ein Mensch wie jeder andere und braucht Lebensunterhalt, doch in seiner eigentümlichen Tätigkeit ist er unabhängiger als der Genüßling und auch als der Tugendhafte (im Sinne der ethischen Tugenden). Der Genießer jagt den immer wieder verschwindenden Genußobjekten nach; und der Gerechte braucht solche, gegen die er gerecht sein kann, und der Tapfcre braucht den Feind und die Gefahr. Der Weise dagegen kann für sich allein sein; er kann immer das Seiende betrachten und bedenken, in dem, was es ist. Mit Gefährten mag er es vielleicht noch besser vermögen, – aber er ist nicht im selben Sinne auf Mitmenschen angewiesen wie der Gerechte, Mäßige und Tapfere. Die Theorie wird um ihrer selbst willen geliebt, mehr noch als die sittliche Tugend, die immer noch einen Gewinn bringt. Und endlich ist das THEOREIN die vollkommene Muße, gleichsam die Meeresstille der Seele, die sich hinaushält ins Offene der Welt; keine menschlich-allzumenschlichen Geschäfte und Sorgen bedrängen den Weisen. Alle im Feld der Polis sich abspielenden menschlichen Tätigkeiten zielen ab auf die Muße, aber sind nicht reine Äußerungen der Muße. Weder im Kriege, noch im Frieden gewinnt jemals der politische Mensch die wahre Muße; das politisch Tätigsein, das POLITEUESTHAI, ist ein Feld unaufhörlicher Anstrengungen und Kämpfe. Nur der BIOS THEORETIKOS verschafft dem strebenden Menschen die gelöste Muße und die ruhige Heiterkeit des wahren Glücks. Das THEOREIN aber muß ein BIOS sein, ein Lebensentwurf, der ein ganzes langes Leben hindurchgetragen und gehalten wird. Nicht der wird selig, der einmal vom Brote des reinen Geistes ißt, sondern nur, wer sein Leben daran setzt, seine ganze endliche Zeit.

Jedoch so ein BIOS THEORETIKOS geht in gewisser Weise über das Menschenmaß hinaus. ,,Denn – sagt Aristoteles – so kann er nicht leben, sofern er Mensch ist, sondern nur insofern er etwas Göttliches in sich hat''. Die anthropologische Konzeption des Aristoteles versteht den Menschen als ein ekstatisches Wesen, das nicht nur ist, was es ist, sondern seine höchste Möglichkeit darin hat, über sich hinauszugehen und in gewisser Weise zu sein wie die Götter. Im Menschen wohnt ein Funke des Göttlichen und in der Weisheit wird dieser Funke lodernde Flamme, während in den anderen, gleichsam verschlossenen BIOI das göttliche Licht in uns wie unter der Asche glimmt. Aristoteles steht hier in nächster Nähe Platons, welcher das Philosophieren begriff als die wahre und einzige Seligkeit des Staubes, als die HOMOIOSIS THEO, die Verähnlichung mit Gott. Und wie die

Philosophenherrscher nur um der Pflicht willen wieder hinab-
steigen sollen ins Menschenland, in den Raum der POLIS, so verhält sich in der Optik des Aristoteles der BIOS THEORETIKOS zum
BIOS POLITIKOS, oder letztlich die SOPHIA zur PHRONESIS. Doch
Aristoteles ist weit davon entfernt, die THEORIA, diese über-
menschliche Möglichkeit des Menschen, die seine vornehmste und
höchste Tätigkeit ist, auszugeben für ein wirkliches Abwerfen
der endlichen Schranken. Der Mensch wird nicht zum Gott, wenn
er das wandellose, ewige Sein bedenkt und die unverrückbaren
Anfänge alles Wandelbaren. Er *gleicht* dem Gott, wie ein Ster-
blicher dem, der keinen Tod kennt. Wir sollen uns bemühen,
sagt Aristoteles, soweit wir es vermögen, unsterblich zu sein:
ATHANATIZEIN. Ein Gott hätte kein Gehör und kein Vermögen,
einem solchen Imperativ zu folgen, – nur ein todgeweihtes und
um seinen Tod wissendes Wesen kann dem Unsterblichen nachdenken. Nichts zeugt vielleicht mehr für die Endlichkeit des
menschlichen Daseins als dies, daß es durchglüht ist von der
Sehnsucht nach dem Ewigen. Der sterbliche Mensch verschmeckt
etwas von der Seligkeit der Götter in der Lust des Denkens, aber
es bleibt ihm eine sterbliche Lust. Seine echteste Tätigkeit vollbringt der Mensch, wenn er über sich hinaussteigt, sich transzen-
diert in Richtung auf den Gott. Die Götter tun nichts anderes
als denken, sagt Aristoteles; sie sind nicht durch Notdurft be-
engt, sie schließen keine Verträge und begehen keine Handlungen
des Muts, sie handeln nicht nach der PHRONESIS. Also bleibt,
wenn man nicht meinen sollte, daß sie schlafen, ihnen nur eine
Tätigkeit übrig, das THEOREIN, das in sich selber seliger Lebensvollzug, EUDAIMONIA ist. Pflanzen und Tiere können nie glück-
selig sein, weil sie gar nicht teilhaben am Vernünftigen. Der
Mensch hat aber auf eine zweifache Art daran Anteil, als praktische Vernunft und als Theoria. Der SOPHOS, der Weise, ist die
gottverwandteste Art Mensch, er ist THEOPHILESTATOS, der von
Gott Geliebteste. Die Eudaimonie der vernunftbeseelten Lebe-
wesen, d.h. der Menschen und Götter, besteht nicht nur im reinen
Denken, vielmehr kann es erst dort Glückseligkeit geben, wo
Denken statthat. Aristoteles sagt nicht allein, daß die Glück-
seligkeit Denken ist, er sagt auch, daß es *durch* Denken erst ein
Selbstverhältnis, eine Lebenstaxation und Glück gibt: EUDAI-
MONIA THEORIA TIS.

Die zweite Form der menschlichen Glückseligkeit sieht er dann
in jenem Leben, das durch PHRONESIS bestimmt wird. Hier ist
das Feld der PAIDEIA im engeren Sinne. Auch hierin folgt Aristoteles der platonischen Spur, daß Erziehung ihm vornehmlich
die *staatliche* Menschenbildung ist. Erziehung steht in notwen-
digem Bezug zu den Gesetzen; wer „erziehen", wer Menschen
bilden und lenken will, muß die Fähigkeit in sich haben zum
Gesetzgeber.

Mit diesem Ausblick schließt die *Nikomachische Ethik*. Aber
jenes Buch ist nicht bloß das Werk eines Mannes, der zu denken
vermochte, sondern auch das erfahrungssatte und illusionslose
Werk eines Erziehers, dessen einstiger Zögling *Alexander* hieß.

ATOME UND MENSCHEN
DIE ANTHROPOLOGIE IN DER PHYSIK EPIKURS

IRENA KROŃSKA (WARSCHAU)

Epikur entlehnte seine theoretische Philosophie von Demokrit. Die Ähnlichkeiten waren so frappierend, daß sie der Aufmerksamkeit nicht entgehen konnten. Man warf ihm deshalb bereits im Altertum vor, ein Philosoph ohne eigentliche Originalität, ein Epigone, zu sein. Mehr noch, ein Plagiator, weil er sich nicht nur nicht zur generellen Entlehnung bekannte, sondern den Mut hatte zu behaupten, daß er keinen Lehrer in der Philosophie hätte und seine Lehre völlig selbst erschaffen habe. – Gleichzeitig führte er in die abderische Atomistik so wesentliche Veränderungen ein, daß sie ebenfalls nicht unbemerkt bleiben konnten. Aber deshalb machte man ihm auch einen Vorwurf, und zwar einen noch viel gravierenderen, weil man im Altertum das Autorenrecht nicht so ernst nahm wie in neueren Zeiten; dem Eigentum auf diesem Gebiete wurde keine übermäßige Bedeutung beigemessen und man hielt weder die Versehung des eigenen Werkes mit dem Namen irgendeines nicht mehr lebenden und nicht mehr protestieren könnenden Großen, Homers, Herodots, Platons, Anakreonts für eine falsche Handlung (daher die Sorgen späterer Philologen mit der riesigen apokryphischen Literatur), noch die Einverleibung ganzer Partien aus einem fremden Werk ins unter eigenem Namen herausgegebene Werk (solche Praktiken, ziemlich allgemeine, werfen sich gegenseitig nur Weltanschauungsfeinde vor, z.B. die Skeptiker dem berauschend fruchtbaren Chrysippos, während sie in der stoischen Schule selbst den Meister nicht im geringsten diskreditierten). In den in die Physik Demokrits eingeführten Veränderungen sah man nicht den Beweis der Selbständigkeit und Originalität Epikurs, sondern seiner Unfähigkeit, ja Ignoranz; alle seine Abweichungen vom großen Vorgänger sollten aus dem Unverständnis der schwierigen, wahrhaft wissenschaftlichen abderischen Lehre entstanden sein. Am deutlichsten ist diese Meinung von Cicero im Werk „De finibus" formuliert worden. Darin heißt es: „In physicis, quibus maxime gloriatur (scil. Epicurus), primum totus est alienus. Democritea dicit perpauca mutans, sed ita, ut ea, quae corrigere vult, mihi quidem depravare videatur (...). Ita quae mutat, ea corrumpit, qui sequitur, sunt tota Democriti."[1]

Zu diesen drei Vorwürfen, die für uns schon einen Philosophen kompromittieren würden, kam noch ein vierter hinzu: der des Eklektizismus. Dieser Vorwurf würde nach unserem Empfinden allein schon für einen Philosophen niederschmetternd sein, der sich für den Gründer einer Schule hält und von seinen Schülern dafür gehalten wird, aber für die Alten, die eine Richtung, die sich offiziell eine eklektische nannte, für ebenso gut und berechtigt hielten wie andere Richtungen und die überhaupt der Reinheit der Lehre keine allzu große Bedeutung beimaßen (wie die Geschichte der platonischen Akademie oder des Stoizismus bezeugt), hatte er wenig Gewicht. Also diese durch ihn verdorbene Physik, d.h. die demokritische Naturphilosophie sollte Epikur mit einer ebenfalls nicht eigenen, von Aristippos entlehnten Ethik verbinden. Auch dieser Vorwurf ist bei Cicero so brutal formuliert, daß einer der Gesprächsteilnehmer des Dialogs sich gezwungen fühlt zu bemerken: „Wahrlich, Du hast Epikur fast gänzlich aus der Reihe der Philosophen entfernt."[2]

Cicero selbst war nicht im geringsten ein Feind der epikureischen Schule, er gab in seinen Werken der Stimme ihrer Repräsentanten ebensoviel Raum wie denen anderer Schulen, er war derjenige, der zur Veröffentlichung des philosophischen Lehrgedichts von Lukrez beigetragen hat; und was die Entlehnungen, den Eklektizismus und die Abweichungen betrifft, so hätten diesbezügliche Vorwürfe ihn selbst getroffen. Nichtsdestoweniger

---

[1] I 6, 17 und 21. „In seiner Naturlehre, deren er sich am meisten rühmt, ist er (scil. Epikur) ganz von einem anderen abhängig. Er wiederholt die Lehrsätze des Demokrit, indem er nicht viel an ihnen ändert, dazu so ändernd, daß er das, was er verbessern will, wenigstens nach meiner Meinung, verdirbt (...). Und so verdirbt er alles, was er ändert, und alles, das er ohne Änderung behält, gehört im ganzen zu Demokrit."
[2] *De finibus* I 8, 22.

sollten die Meinungen und Beurteilungen, die von ihm nicht sosehr gegeben als vielmehr referiert worden sind, Jahrhunderte überdauern. Auch die späteren Feinde Epikurs – und er hatte deren, wie bekannt, fanatischere als irgendein anderer Philosoph der Antike und in dieser Hinsicht kann man ihn nur mit Spinoza und Karl Marx vergleichen – bekämpften ihn grundsätzlich nicht wegen des Mangels an Originalität oder wegen des Revisionismus Demokrit gegenüber, sondern wegen der ihm zu Recht oder zu Unrecht zugeschriebenen Ansichten, wegen des Atheismus, Materialismus, vulgären Sensualismus, Immoralismus, Hedonismus, Determinismus (allerdings „inkonsequenten" und deshalb mit der Teleologie und Theologie zu vereinbarenden), und im Zusammenhang damit knüpften sie vor allem an die antiepikureischen Argumente der Stoiker und des Plutarch an – also gewissermaßen an die Kritik „von der rechten Seite" – aber auch sie, wie schon Plutarch selbst, fügten von Cicero stammende Argumente bei, also Argumente „von der linken Seite", um ihrer Kritik einen wissenschaftlichen Anstrich zu geben („wenn man schon ein Materialist ist, dann aber ein origineller, wissenschaftlicher und konsequenter, wie Demokrit").

Lange Zeit hindurch fand Epikur Verteidiger grundsätzlich nur unter seinen Anhängern – allerdings sporadisch auch unter den ihm feindseligen Stoikern (und zwar in der Zeit der Neuen Stoa) und den noch feindlicheren Kirchenvätern. Aber mit Ausnahme des Lukrez, für den der geliebte Meister nicht nur ein Lebensführer war, sondern der größte Gelehrte, nicht nur „princeps vitae rationem invenit"[3], sondern „omnem rerum naturam"[4] und der mit allem Nachdruck seine Originalität und seine Erneuerungen auf allen Gebieten unterstrich, auch in der Physik (fortwährend treffen wir in: „De rerum natura" solche Bezeichnungen wie: *primus*, *princeps*), verteidigten die dem Epikur wohlgesinnten Menschen, und sogar seine römischen Anhänger insbesondere die epikureische Ethik und die praktische Philosophie, nicht die theoretische.

In neueren Zeiten war es Gassendi, der Epikurs Rehabilitation und die Epikur-Renaissance begründete und sich mit der ganzen Lehre beschäftigte, er sah den Zusammenhang zwischen Eudämo-

---

[3] *De rerum natura* V 9.
[4] Ibid. V 54.

nismus und Atomistik, nahm aber die Vorwürfe Ciceros nicht auf, um auf sie zu antworten und seinen geliebten Philosophen vor ihnen zu verteidigen. Für die französische Aufklärung ist die alte Atomistik eine homogene und unifizierte Lehre, in der man grundsätzlich Demokrit von Epikur nicht unterscheidet. Die „ciceronischen" Vorwürfe sind nicht aufrecht erhalten, aber auch nicht zurückgewiesen worden. Sie hören einfach auf, aktuell zu sein; sie werden wie irgendein alter Familienstreit in einer allgemein sympathischen atomistisch-materialistischen Familie behandelt, die am glänzendsten durch Epikur repräsentiert ist, ein Streit, auf den zurückzukommen sich nicht lohnt.

Auf diese Angelegenheit kommt aber Hegel zurück, um die bei Cicero formulierten Vorwürfe zu wiederholen, zu sanktionieren und ihnen noch einen Vorwurf hinzuzufügen, in seinen Augen den schwersten und einen, den niemand vorher Epikur gemacht hatte; man hatte ihn der Weltbezogenheit, seines naiven Empirismus und alles anderen angeklagt, nur nicht der Abstraktion. Für Hegel war die Sache des Verhältnisses Epikurs zu Demokrit übrigens eine am Rande stehende und unwesentliche. Die Entdeckung der Fragmente des Traktats *Über die Natur* (*Peri phýseos*) am Ende des XVIII. Jh., die bei Philologen und Historikern der Philosophie eine Belebung des Interesses für die epikureische Physik und also auch für ihren Zusammenhang mit der abderischen Atomistik erweckte, entging völlig seiner Aufmerksamkeit. Vor Hegel war die philosophische Historiographie unbedeutend, er erst sollte ihr das geschichtsphilosophische und weltanschaulische Pathos und den Charakter lebendiger Aktualität geben.

Nicht richtig ist die nicht selten wiederholte Behauptung, daß Hegel in seiner *Geschichte der Philosophie* Epikur nur so nebenbei und ungern behandele, weil er ihm Materialismus und Atheismus vorwarf. Im Gegenteil, wenn der Berliner Weise trotz der grundsätzlichen Kritik dem Athener Weisen auch Gerechtigkeit widerfahren ließ, dann eben als einem Philosophen der Aufklärung, der seine Zeitgenossen vom religiösen Aberglauben befreien und dem menschlichen Geiste die Autonomie und Freiheit sichern wollte. Er warf ihm dagegen Unwissenschaftlichkeit vor, einen Rückschritt nicht so sehr in bezug auf Demokrit, denn das interessierte ihn weniger, als im Verhältnis zu Aristoteles, in dem er die Krönung des griechischen Denkens sah, zugleich aber auch Subjektivismus und Abstraktion. Indem man an diese Vorwürfe erinnert, muß man natürlich daran denken, was sie in der Sprache Hegels bedeuten. Und vor allem daran denken, daß sie nicht nur gegen Epikur, sondern auch gegen den ihm zeitgenössischen Skeptizismus und die Stoa gerichtet waren. Hegel nämlich sah als erster den Epikureismus historisch, und das quasi im doppelten Sinne: erstens, indem er ihn hinsichtlich seiner philosophischen und historischen Epoche interpretierte, nach Aristoteles und nach Alexander von Mazedonien, in einer Epoche, in der er koexistierte (wenn auch nicht auf der Grundlage der Koexistenz, sondern des Kampfes) mit dem Stoizismus und dem Skeptizismus, und zweitens, indem er – trotz jahrhundertealter Tradition, für die der Streit zwischen diesen drei Richtungen ein überzeitlicher war und sich in der unveränderlichen Welt der Ideen abspielte – sie alle als eine grundsätzlich philosophisch einheitliche Gestalt auffaßte, die sich erst sekundär unterschied. Die gemeinsame Haltung, die diese drei Schulen einnehmen, wenn sie auch in ihren einzelnen Methoden, Argumenten und Schlüssen so verschieden sind und sich gegenseitig bekämpfen, ist nach Hegel die Haltung des unglücklichen Bewußtseins, das, nachdem es die substanzielle Bindung mit der Welt verloren hat und sich mit ihr nicht versöhnen und konkret in ihr finden kann, weil es sich durch die Welt verstoßen und verraten fühlt, sich in sich selbst zurückzieht in der trügerischen Überzeugung, daß es dort die Kraft findet, die es ihm erlaubt, sich nicht nur zu behaupten und die Unabhängigkeit der Welt gegenüber zu gewinnen, sondern sich ihr zu widersetzen und sich ihrer zu bemächtigen. Sich zu bemächtigen – mit dem Gedanken! Aber dieser Gedanke erweist sich in Wirklichkeit als kraftlos, weil er abstrakt ist – ob eine abstrakte Allgemeinheit, wie bei den Stoikern, oder eine abstrakte Einheitlichkeit, wie bei den Skeptikern und Epikureern – und deshalb kann dieses Bewußtsein nicht über sich hinausgehen, und das ebensowenig, wenn es an allem zweifelt, wie der Skeptizismus, wie auch wenn es den Anspruch auf ein absolut sicheres Wissen erhebt, wie der stoische und epikureische Dogmatismus.

Hegel interessierte sich mehr für die stoische Schule und die Neue Akademie als für Richtungen, die sich leichter historisch in der „römischen Welt" unterbringen lassen, die für ihn die eigentliche Wiege des unglücklichen Bewußtseins bildet, als für den Epikureismus, der, obwohl er Lukrez hervorbrachte, nicht die Evolution jener Schulen hatte und den griechischen Wesenszug behielt, und wenn er sich für das allgemeine Bewußtsein im hohen Maße latinisierte, dann nur in seiner populären Version, die nicht die eigentliche Lehre erreichte. Aber obwohl es garnicht in seiner Absicht lag, sollte er doch mehr für die Aktualisierung des Epikureismus tun als einst Gassendi, und bestimmt mehr als Schelling, der sich in der Jugend doch so für ihn begeisterte, daß er sogar ein *Epikureisches Glaubensbekenntnis* schrieb. Er zeigte nämlich den Epikureismus nicht als einen ausgetüftelten philosophischen Standpunkt unter anderen, der aus dem *sic iubeo* seines Schöpfers entstanden und durch den irrationalen Pietismus der Schüler aufrecht erhalten worden ist, nicht als eine Anschauung, die man leicht abstreift, wenn man den Standpunkt wechselt, sondern als eine in ihrer Epoche verwurzelte und deren Bedürfnissen entsprechende Philosophie. Von hier aus war es nur ein Schritt zur näheren Betrachtung dieser Epoche, auf die Hegel, wie es Droysen sagen wird, aus der Vogelschau blickte, zur genaueren Analyse ihrer Bedürfnisse und dann zur Ableitung von Schlüssen auch für die Interpretation und Beurteilung der Lehre Epikurs. Allein Hegel machte diesen Schritt nicht, er hatte es eilig in der Beschreibung der Wanderung des Weltgeistes von der Dämmerung der alten Welt zum Christentum, aber seine Schüler machten ihn.

An einer anderen Stelle versuchte ich, die Genese, den Charakter und die Entwicklung des Interesses an der hellenistischen Epoche im Geistesleben Deutschlands in den 1830-er und 1840-er Jahren darzustellen. Die Rolle Droysens – eines Historikers, der ein Schüler Hegels war – in der Rehabilitation und Renaissance des Hellenismus analysierte und beschrieb in allen Einzelheiten Benedetto Bravo in: Philosophie, histoire, philosophie de l'histoire, Etude sur J. G. Droysen, historien de l'antiquité.[5] Hier möchte ich einen Aspekt dieses Problems aufzeigen, nämlich eine neue Deutung des Epikureismus, die an der Wende der dritten und vierten Dekade des XIX. Jahrhunderts der junge, damals sehr junge Karl Marx in seiner Doktorarbeit gab, die fol-

---

[5] Verl. Ossolineum, Wroclaw-Varsovie-Cracovie. 1968.

gendes Thema hatte: *Über die Differenz der demokritischen und epikureischen Naturphilosophie.*[6] Ich übergehe dabei bewußt die Frage der idealistischen Auslegung Epikurs, die in der Dissertation die Hauptrolle spielt. Der jugendliche Marx meint nämlich und versucht zu beweisen, daß bei Epikur nur die „exoterische Form" materialistisch war, allein die Expression der Doktrin, dagegen war ihre „reflexive, subjektive Form", die wahre Intention, radikal idealistisch, nur daß der Philosoph sie nicht anders darzustellen vermochte als in materiellen Kategorien und Bildern. Diese Nichtübereinstimmung, ja Widersprüchlichkeit der Intentionen und Expressionen soll in letzter Instanz sowohl die Abweichungen Epikurs von Demokrit, als auch die scheinbare Inkohärenz seiner Doktrin erklären, und sie kulminiert und explodiert gewissermaßen in der epikureischen „Theorie der Meteore" und der Lehre von der „Vielheit der Ursachen", wo das Materielle, die Natur, letztlich degradiert und negiert wird. Diese Interpretation ist, wie ich anderswo zu beweisen versuchte, nicht haltbar, und Marx selbst kehrte nach diesem jugendlichen Versuch nie wieder zu ihr zurück und ließ sogar die Absicht, seine Doktorarbeit drucken zu lassen, fallen. Hier liegt mir nicht daran, den Verlauf der Marxchen Interpretation selbst und ihrer Ergebnisse aufzuzeigen, sondern einige Motive und Implikationen, die für das Verständnis des Epikureismus sowohl in seiner Epoche als in den Jahren seiner Renaissance im 19. Jh. und heute wichtig sind.

Es war nicht die eigentliche Intention von Marx, eine Analogie in der Situation Griechenlands nach dem Tode des Aristoteles und nach dem Zerfall des Imperiums Alexander des Großen und der Situation Europas nach der Niederlage Napoleons und nach dem Tode Hegels zu erblicken, er versuchte auch nicht, aus dieser Analogie Schlüsse zu ziehen. Das Bewußtsein dieser Analogie gehörte, wie ich das an einer anderen Stelle zeige, zum Zeitgeist. Er schaute nicht als erster auf die hellenistische Epoche nicht nur vom Gesichtspunkt seiner Zeit, sondern auch mit den Augen der Aufklärung, indem er sie auf diese Weise nicht nur mit ihrem

---

[6] Verl. MEGA I 1/1, Frankfurt a/M. 1927; poln. Übers. von I. Kronska Verl. Ksiazka i Wiedza, Warszawa 1966.

[7] Die erste noch unvollständige Ausgabe der *Dissertation* (die übrigens nicht ganz erhalten ist) erschien i.J. 1902 (erneut i.d. Mehringschen Ausgabe i.J. 1913). Die erste vollständige kritische Ausgabe in MEGA, s.o.

späteren Einfluß, mit ihrer Zukunft verband, sondern auch mit ihrer Vergangenheit, mit dem klassischen Griechenland; auch dieses Motiv trat ebenfalls bei den Junghegelianern und ebenso bei Droysen auf. Aber sein exklusives Werk war das Interpretieren und Exponieren eben des Epikureismus in dieser neuen Perspektive, der den Menschen aus seinem Kreise (auch seinem damaligen Freunde Bruno Bauer) historisch weniger interessant und weniger aktuell bedeutsam zu sein schien als andere hellenistische Strömungen, besonders die Stoa.[8]

Wie für Hegel, wie für Bruno Bauer, ist auch für Marx der Epikureismus eine der Formen der Philosophie des Selbstbewußtseins – die Philosophie des abstrakten singulären Selbstbewußtseins. Aber mit dieser Behauptung, die er keineswegs in Zweifel ziehen, die er im Gegenteil bekräftigen will, gibt sich Marx nicht zufrieden. Er stellt sich die Fragen: Worauf beruht die Singularität und Abstraktion dieses in den Prämissen und Schlüssen vom Standpunkt der zeitgenössischen Skeptiker doch völlig abweichenden epikureischen Selbstbewußtseins? Wie geschah es, daß Epikur auf der Suche nach dem theoretischen Rüstzeug für seine Lehre auf Demokrit zurückgriff, einen Philosophen des klassischen Hellas und der griechischen Aufklärung? Warum versuchte er nicht, die Erfolge des Aristoteles auszunutzen? Und wenn er andererseits in sein System die abderische Atomistik einbezog, warum führte er in sie so wesentliche Veränderungen ein wie die Aufhebung des Determinismus in der Physik und die Annahme eines dem Demokrit fremden Empirismus und Sensualismus in der Erkenntnistheorie? Für Demokrit täuschen die Sinne, und die Wahrheit kann nur mit dem Verstand erkannt werden (wenn man sie überhaupt erkennen kann, denn „sie ist sehr tief verborgen").

Solch eine Problemstellung bewirkt, daß für Marx das zentrale Ausgangsproblem nicht die Ethik Epikurs wird, sondern seine Physik, und daß für ihn die scheinbar lang vergessene Angelegenheit des Verhältnisses Epikurs zu Demokrit, und also auch die der Originalität und Kohärenz seiner Lehre volle Aktualität

---

[8] Bruno Bauer interessierte sich für den Stoizismus mit seinem „allgemeinen Selbstbewußtsein" und seiner Ethik, er sah nämlich in ihm eine grundsätzliche Prämisse für das Christentum, dem er damit den Charakter einer Offenbarungsreligion absprach.

erhält. Deshalb muß der Autor der *Dissertation* zu den alten
„ciceronischen" Anschuldigungen zurückkehren, und er tut das,
um ihre Stichhaltigkeit zu untersuchen. Das Ergebnis davon wird
die Rehabilitation Epikurs gegenüber der Antike und seinen Zeitgenossen sein – Lob und Kritik zugleich, aber eine so beschützen-
de, daß eben durch sie die epikureische Lehre an Leben und Aktualität gewinnen wird, und das nicht nur in jenen Jahren der
Spaltung der Hegelschen Schule und der wachsenden Reaktion
in Preußen, sondern in jener Zeit, in der die Philosophie Auswege
sucht, weil sie sich durch eine Welt verraten und bedroht fühlt,
die sie sowohl bauen als auch verstehen half.

Marx beschäftigte sich auch mit den Epikur „von rechter Seite" gemachten Vorwürfen, nicht aber sosehr in der Dissertation,
die er im April 1841 der Universität in Jena vorlegte und aufgrund derer er den Doktortitel der Philosophie erlangte, wie in
den Teilen, die er später dazuschrieb, als er seine Arbeit für den
Druck vorbereitete (zu dem es übrigens, wie bereits oben erwähnt
wurde, nicht kam); nämlich in der Vorrede, im Anhang und in
zusätzlichen Anmerkungen. Das bedeutet aber nicht, daß er erst
später an die Widerlegung dieser Vorwürfe heranging oder daß
er ihr eine geringere Bedeutung beimaß. Im Gegenteil, in dieser
Periode, als die Junghegelianer (mit denen er sich damals solida-
risch fühlte, weil er ihre Sache für die seinige hielt) sich kritisch
gegen die Kirche wandten und nicht nur gegen die katholische,
sondern auch die protestantische,[9] war für ihn Epikur ein be-
vorzugter Verbündeter, und bevor er sich noch genau mit seiner
Lehre bekannt machte, galt er ihm als ein Philosoph der Aufklärung und als Feind der Religion, als der, welcher nach dem
berühmten Lob des Lukrez als erster der Griechen und als erster
unter den sterblichen Menschen „tollere contra est oculos ausus,
primusque obsistere contra".[10] Aber diese Rehabilitation des
Epikureismus als einer konsequent laizistischen Philosophie hatten im Grunde genommen schon die französischen Materialisten

---

[9] Die Sache der Evolution des Verhältnisses der Junghegelianer zum Protestantis-
mus (und zum Preußischen Staate) behandelt ausführlich und auf Grund von Quellen
Richard Panasiuk in *Die Philosophie und der Staat*. Ein Studium des politisch-gesell-
schaftlichen Gedankens der Hegelschen Linken des jungen Marx 1838–1843, Verl.
Kziażka und Wiedza, Warszawa, 1967.
[10] *De rerum natura* I 66–67. „Als erster wagte er es, die Augen gegen sie zu erheben
und gegen sie aufzutreten."

durchgeführt, und Hegel bestätigte sie auch. Marx hatte zwar in dieser Hinsicht etwas von sich aus zu sagen, etwas Neues, er verband nämlich die Polemik gegen die antiepikureischen Ausfälle des Plutarch mit dem Angriff auf den Münchener Schelling, auf die Theisten und Pietisten, und verstärkte sie mit der Feuerbachschen Konzeption der religiösen Alienation. Das aber konnte er der Universität in Jena nicht vorlegen. Wenn auch weder das Spinozaische *Caute* noch das Cartesianische *Larvatus prodeo* die Devise von Karl Marx war, wollte er doch lieber mit der Entwicklung dieser Gedanken bis zur Erlangung des Diploms warten. War dies letztlich nur eine Formalität, so doch nötig nicht nur zum Leben, sondern vor allem, um mit ganzer Energie zum Kampf gegen die Reaktion übergehen zu können; daran erinnerte ihn ununterbrochen Bruno Bauer, der auf eine sehr schnelle Erledigung der Doktoratsangelegenheit drängte, womit ihm eine Tätigkeit an der Universität ermöglicht würde (das sollte die Universität Bonn sein), dem einzigen Terrain, auf dem der freie Gedanke noch erfolgreich kämpfen könne, wie er seinem Freunde schrieb (die Rechnungen Bauers und Marxs sollten sich als eitel erweisen, dem ersten nahm man bald die veniam docendi, und der zweite hat sie nie erhalten, aber das gehört schon nicht zum Thema).

In der *Dissertation* beschäftigte sich Marx vor allem mit den Vorwürfen, die man Epikur „von der linken Seite" machte, und folglich mit der Frage seiner Abhängigkeit von Demokrit. Auf die Frage, warum Epikur, für den tatsächlich nur die Philosophie des Menschen wichtig war, sich auch mit Naturphilosophie beschäftigte, und warum er sich nicht, wenn er ein System, das das ganze Wissen über die reale Welt schaffen wollte, auf die imponierende und grundsätzliche von Aristoteles geschaffene Konstruktion stützte, sondern auf einen älteren. Philosophen zurückgriff, der schon, wie es schien, von Plato und dem Stagiriten überwunden worden war, lautet die Antwort, die der Text von Marx suggeriert – in seiner Intention, wenn auch nicht in der Expression – deshalb, weil sein Bewußtsein ein *atomistisches* Bewußtsein war. Seinen atomistischen Sinn für die historische und gesellschaftliche Situation, das Gefühl eines im Chaos der Ereignisse vereinsamten und verlorenen Menschen, der der Welt nicht Herr wird und in ihr weder Sinn noch Ziel sieht, weder einen festen

Sitz, noch eine Hilfe von irgendwo, überträgt Epikur auf die physische Wirklichkeit, auf die Natur.

Die Antwort der Stoiker auf den Verlust der gesellschaftlichen und staatlichen Bindung war der *Kosmopolitismus*: die Heimat des Menschen ist die ganze Welt, aber nicht verstanden als die Summe von politischen Gebieten (wie bei den Kynikern und wie im heutigen Begriff des Kosmopolitismus, der in letzter Zeit auch bei uns seine Bedeutung ändert), sondern als ein Universum, *Kosmos*. Dieser Kosmos, wie auch schon der griechische Name suggeriert, muß geordnet sein, Sinn und Ziel haben. Der Einblick in diese höhere Ordnung, die zugleich eine deterministische und teleologische ist, ermöglicht dem stoischen Weisen den Vollzug der allgemeinen Theodizee und Kosmodizee, indem er die Freiheit als ein Verstehen und Akzeptieren der Notwendigkeit versteht (,,ducunt volentem fata, nolentem trahunt"); er leidet nicht unter dem Verlust des Bürgerrechts als einer Mitgliedschaft der klassischen Polis, weil er sich dafür als ein Bürger des Universums fühlt, als Kosmopolit versteht er es sogar, in einer sehr feindseligen Umwelt seinen Platz zu finden, weil er auch ihr Böses und den Unverstand als einen integralen und dadurch gerechtfertigten Teil sieht; nämlich als Teil des universalen Guten und des Logos. Er kann sich also auch in ihr zu Hause und einheimisch fühlen (,,der Weise wird sich mit Politik beschäftigen, es sei denn, daß die Umstände es ihm nicht erlauben").

Anders Epikur. Zwar wendet auch er sich, obwohl ihn in Wahrheit nur der Mensch, seine Freiheit und der Seelenfriede interessiert, der Natur zu (denn nach der von Aristoteles vollzogenen Synthese konnte der Philosoph nicht mehr, wie einst Sokrates, sagen, daß ,,Felder und Bäume ihn nichts lehren können, wohl aber die Menschen in der Stadt").[11] Er findet dort aber dasselbe, was er in der gesellschaftlichen Welt sieht: nicht *Kosmos*, sondern *Chaos*, nicht rationale Bindung, sondern wechselseitig entstehende und zerfallende Atomgruppierungen in der Leere. Das einzige beständige und unzerstörbare Element in dieser allgemeinen Veränderlichkeit und Vergänglichkeit ist das *Atom*, das kleinste und zugleich mächtigste Teilchen. Die einzelnen *Atome* und der *leere Raum*, die sich im leeren Raum bewegenden

---

[11] Plato, *Phaedr.* 230 D.

und bleibenden Atome, Atome, die durch andere Atome und durch Atomgruppierungen bombardiert werden, die bald der Attraktion, bald der Repulsion unterliegen, die abwechselnd zu Gruppierungen gehören und wieder auseinanderstieben – das ist das epikureische Weltbild, das nach demselben Prinzip geschaffen wurde, das die Menschenwelt regiert. Das Atom – ein menschliches Individuum, die Leere – eine gesellschaftliche Leere. Das ist die grundsätzliche Analogie zwischen der geschichtlichen Welt und der Naturwelt, die Epikur erblickt.

Epikur – im Gegensatz zu Hegel und im Gegensatz zu den Thesen der *Dissertation* – ist insofern noch ein klassischer Grieche, als er den qualitativen Unterschied zwischen der Leere für den Menschen und der Leere in der Natur nicht empfindet, einen Unterschied, den wir fühlen und dem unlängst M. Holub dichterisch Ausdruck gab.[12] Deshalb Epikurs Vorschlag, dem Menschen, der aufgehört hat, sich als Bürger seines Staates zu fühlen, eine andere, dauerhaftere Staatsbürgerschaft anzubieten; es wird nicht, wie bei den Stoikern, ein *Kosmopolitismus*, sondern, wenn es erlaubt ist, solch ein Wort zu schmieden, ein *Kenopolitismus* sein. Das Individuum, das seinen Blick von der gesellschaftlichen Welt zum Naturuniversum wendet, wird nicht in eine höhere Ordnung eingeschlossen wie in der stoischen Konzeption, sondern es versteift sich in seiner totalen Vereinsamung: es ist wie das Atom, für das das einzige Existenz- und Bewegungsgebiet, und auch, wie es sich zeigen wird, der Freiheitsraum, die Leere ist, *tō kenon*. Diese Haltung findet auch ihren Ausdruck in der praktischen epikureischen Anleitung, die so ganz andersartig ist als die stoische: ,,Der Weise wird sich nicht mit Politik beschäftigen, es sei denn, daß ihn die Umstände dazu zwingen." Und auch in der Losung: Láthe biósas! Lebe verborgen!

Die atomistische Vision des Universums, die dem atomistischen anthropologischen Bewußtsein Epikurs entspricht, führt dazu, daß er sich für die Lehre des Leukippos und Demokrits interessiert.[13] Da, wie Marx mit Recht betont, für ihn die Philo-

---

[12] ,,Leere beginnt an den Grenzen des Menschen (...). Größere Leere ist dort, wo ein Mensch war, als dort, wo nie einer war. Der interstellare Raum ist nicht leer; die schrecklichste Leere ist eine verfallene Wohnstatt. Und ein entleerter Gedanke." Miroslav Holub. *Obwohl* ..., München, 1969, S. 31.

[13] Epikur hat sich zwar nie auf Leukippos berufen und hat angeblich behauptet, daß es so einen Philosophen überhaupt nicht gab, aber indem er die Atomistik Demokrits übernahm, übernahm er auch das Gedankengut des Leukippos.

sophie des Menschen und nicht die Naturphilosophie wichtig war, hatte er keine Skrupel, die abderische Atomistik als theoretischen Unterbau seiner Anthropologie zu übernehmen. Nicht das Bedürfnis nach Originalität (das bei den Alten, wie wir schon sagten, überhaupt schwächer war als bei uns) auch nicht Unkenntnis auf dem für die damaligen Zeiten exakten wissenschaftlichen Gebiet, sondern das reale philosophische Bedürfnis führte ihn dazu, in sie so wesentliche Veränderungen einzuführen, daß er mit vollem Recht seine Atomistik als eigene gelten lassen konnte.

In der demokritischen Welt, in der Welt der Atome und der Leere, gab es für den Menschen keine transzendente, unerforschte Finalität, auch gab es keinen Tod, sondern nur eine Kumulierung oder ein Zersprengen von unzerstörbaren, unsterblichen Atomen und die Bildung und den Zerfall von zerstörbaren und vergänglichen Atomgruppierungen, es gab also nicht diese beiden größten Ursachen der Furcht, ,,die Angst und das Zittern", von denen Epikur den Menschen befreien wollte; aber es gab in ihr auch keine Freiheit, die Epikur dem Menschen zusichern mußte, sondern nur eine ,,erbarmungslose Notwendigkeit", eine allgemeine, mechanische Kausalität. Das Atom, wenn es ein Naturkorrelat des menschlichen Individuums sein sollte, mußte ein *freies* Atom sein, das sich auch nach eigenem Gesetz regiert, und nicht nur dem allgemeinen Kausalitätsprinzip unterworfen ist. Deshalb durchbrach Epikur den demokritischen Determinismus: Gegen den Kreationismus und die Teleologie erhielt er ihn; auch darin, daß: ,,Nichts aus dem Nichts entsteht und sich in ein Nichts umwandelt"[14] und daß nichts nach einem höheren Willen geschieht, auch nicht für ein höheres Ziel, sondern alles seine Ursache hat, und diese eine *materielle* ist; aber in gewissem Grade negiert er ihn dadurch, daß er die *Parenklyse* einführt, die Eigenbewegung des Atoms, die sich kausal nicht erklären läßt und nicht von Bedingungen abhängig ist. *Die Parenklyse clinamen*, jenes, wie Lukrez sagt, eigene Atomgesetz (lex atomi), das die Kette der Vorsehung zerreißt (rumpit foedera fati), ist in der Naturwelt das, was für den Menschen – in pectore nostro – die Freiheit ist.[16]

---

[14] *De rerum natura* I 265–266.
[15] Marx beachtete dieses Moment in seiner Dissertation nicht gebührend, ja er übergeht es. Er sah in Epikur die totale Negation des Naturdeterminismus.
[16] *De rerum natura* II 254–279.

In der epikureischen Mechanik soll das mit der Schwere[17] aus-
gestattete Atom auf gerader Linie herunterfallen, und wenn es
die Richtung seiner Bewegung ändern sollte, dann unter dem
Einfluß des Zusammenstoßes mit anderen Atomen oder Atomgruppierungen, oder der Repulsion, also unter einem äußeren
Zwang. Solch ein Mechanismus würde also nicht die Freiheit des
Menschen begründen, sondern seinen Zwang: durch ein allgemeines Gesetz, das nicht sein eigenes Gesetz ist (Kausalitäts-
gesetz), durch andere Menschen und menschliche Gruppierungen
(Atome und Agglomerate von Atomen). Deshalb fühlt sich Epikur
gezwungen, das Atom überdies mit einer spontanen Bewegung
auszustatten, die durch nichts anderes bestimmt ist, durch nichts
Früheres und nichts Gleichzeitiges, die sich der allgemeinen De-
terminierung und auch dem Gravitationsgesetz widersetzt, welches letztere zwar dem Atom als solchem zukommt und insofern
ein eigenes Atomgesetz ist, aber es kommt ihm in gleicher Weise
wie jedem anderen Atom zu, nicht individuell und nicht infolge
seines eigenen Willens, sondern es ist ihm durch seine Atomnatur
gegeben.[18] Diese eigene und gänzlich spontane Bewegung ist die
Parenklyse, eine geringe, aber in ihren Konsequenzen schwer-
wiegende Abweichung. Durch diesen Akt der Freiheit, in dem das
Atom selbst die durch ein äußeres Gesetz oder durch seine Natur-
art gegebene Richtung ändert, hört es auf, ein passives Glied in
der Kausalitätskette zu sein und im gewissen Grade, für eine gewisse Zeit, bestimmt es sich selbst. Auf das, was ihm geschieht,

[17] Was N.B. eine Innovation war, die von Epikur in die Atomistik eingeführt
wurde, als Ergebnis der Kritik des Aristoteles. Bei Demokrit gehört nicht das Gewicht
zu den ursprünglichen, eigenen Qualitäten des Atoms, und in seinem Universum gibt
es keinen Fall, kein Unten und auch kein Oben; solange die Atome in keine Wirbel
hineingezogen werden, sausen sie ohne Ordnung in alle Richtungen. Wenn auch bei
ihm – im Gegensatz zur Meinung des Autors der *Dissertation*, nach der nur Epikur
der „Philosoph seiner Zeiten," der Abderite dagegen ein Naturforscher war – in seiner
Naturlehre eine gewisse anthropologische Interpretation ist, so in dem Sinne, daß in
seiner kosmogenischen Vision die Atome miteinander streiten und sich gegenseitig
bekämpfen, indem sie augenblickliche Bündnisse gegen andere Atome und Atom-
konglomerate abschließen, wie ewig sich streitende und in feindliche Fraktionen ge-
teilte Bürger in der klassischen Polis Athens, die nicht im geringsten solch eine Harmonie und solch ein Kunstwerk war, wie sie Hegel sah. Verl. Diels, Democr. A 37:
„stasiázein dē (und *stasiázein* ist eben die Bezeichnung für Unruhen und Bürger-
kriege, eine *politische* Bezeichnung) kai phéresthai en to kenō dià tèn anomoioteta kai
tas àllas eireménes diaphorás. "Auf diesen Aspekt machte W. K. C. Guthrie, *A History
of Greek Philosophy*, Vol. II, S. 401 aufmerksam.
[18] Obwohl in der verworrenen Hegelschen Terminologie, macht Marx mit Recht
und mit Erfinderblick in der Dissertation hierauf aufmerksam.

nachdem es die Parenklyse vollendet hat, kann es keinen Einfluß haben und es kann es auch nicht voraussehen, weil die anderen Atome auch eigenwillig abweichen können, und weil die sich andauernd von neuem formierenden Atomkomplexionen mechanischen Gesetzen unterworfen sind (denn die Deklinationsmöglichkeit von diesem Gesetzen kommt nur den einzelnen Atomen zu, und nicht ihren Agglomeraten) und es früher oder später in ihren Wirbel hineinziehen oder es durch Bombardierung von der Bahn abstoßen werden, die es sich selbst gewählt hat. Aber durch diesen einen Augenblick, der angesichts der Ewigkeit des Universums ein Nichts bedeutet, war es frei: es traf selbst die Entscheidung, und es realisierte sie auch und stand allein angesichts der Leere. Deshalb ist dieser Augenblick für das Atom wichtiger als seine Ewigkeit. Und diesen Akt der Freiheit wird es wiederholen können, sooft ihm – nach der Desintegration und der Zerstreuung des Atomagglomerats, das kraft der mechanischen Ursachen es einst verschlingen, aber auch selbst der Reihe nach zerfallen muß – die Bewegung des selbständigen Herabfallens gegeben sein wird.

Ähnlich der Mensch. Er kann den Lauf der Dinge nicht einmal in dem ihm errechenbaren Maße ändern; er kann auch nicht verhüten, daß er ihn in seinen Wirbel hineinzieht oder ihn abstößt. Aber auch ihm ist die Möglichkeit geboten – nec regione loci certa nec tempore certo – sich des Druckes der Welt aufgrund der Entscheidung des eigenen Willens zu entledigen. Die Parenklyse des Atoms ist materiell, naturhaft, und also in Epikurs Auffassung eine wissenschaftliche Erklärung und ein Beweis für die Existenz des freien Willens, seine Grundlage. Denn Epikur, im Gegensatz zur jugendlichen Interpretation von Marx, wollte nicht nur die Natur nicht negieren, sondern in ihr eben suchte er die Bestätigung seiner Freiheitslehre und war überzeugt, daß die wahre Ataraxie auf Wissen gestützt sein muß, und d.h. auf Naturwissenschaft, auf Physik. Deshalb auch beharrte er so auf seinem Dogmatismus – in der griechischen philosophischen Bedeutung dieses Wortes – bekämpfte er so heftig sämtliche Formen des Agnostizismus und Skeptizismus (auch den demokritischen Skeptizismus). Die Adiaphora der Kyniker, die dem Menschen scheinbar dieselbe Unerschütterlichkeit gegenüber den Schlägen der Welt und des Schicksals gibt wie die Ataraxie der Skeptiker, war für ihn unannehmbar, weil sie nicht auf Wissen gestützt war, sondern auf es verzichtete. Der Zweifel und die Unsicherheit – bewies er – machen die Seelenruhe unmöglich, diese unentbehrliche Voraussetzung für die Freiheit des Menschen. Derselben Ansicht waren auch die Stoiker, die zweite hellenistische dogmatische Schule, bloß war ihre Naturwissenschaft, nach der Meinung Epikurs, falsch, und die von ihnen versprochene Apathie, die Freiheit von Leidenschaften, Gefühlsregungen, Angst und Leiden – eine scheinbare.

Aber zugleich ist der Mensch, das gesellschaftliche Atom, dem physischen Atom dadurch überlegen, daß er sich seiner Freiheit bewußt ist. Dank des Selbstbewußtseins ist das, was für das Naturatom nur ein Augenblick ist, wie für einen Gefangenen der Moment der Flucht selbst und der Überschreitung der Grenze, bevor ihn nicht neue Wächter in eine andere Zelle einsperren; für den Menschen könnte und sollte dieser Augenblick zu einem dauerhaften und unentbehrlichen Zustand werden. Nachdem dank der Philosophie (d.h. der epikureischen Lehre, denn seine Lehre hielt Epikur für die erste und einzige) einmal die Möglichkeit des Sich-Zurückziehens vom gesellschaftlichen Strudel, des Sich-Entziehens von der Richtung, die ihm die blinden Ereignisse der Geschichte bestimmen, erkannt worden ist, wird sich der individuelle Mensch immer zurückziehen – es sei denn, daß „ihn die Umstände zu irgendeiner Teilnahme zwingen". Aber auch dann bleibt ihm die Möglichkeit des Sich-Zurückziehens, der inneren Isolation, oder – in äußersten Fällen – des endgültigen Sich-Zurückziehens, der endgültigen Rückkehr zur Leere, wie es der frei gewählte Tod ist. Wie das Atom im spontanen Akt der Parenklyse allein gegenüber der Leere ist, so realisiert auch der Mensch seine Freiheit und befestigt sie auf diese Weise, daß er die Welt, die ihn umgibt, so behandelt, als ob sie leer wäre. Die einzige Bindung, die er zuläßt (und die er schätzt), ist nicht die mehr oder weniger dauerhafte soziale Bindung in dem Atomaglomerat, sondern eine freie Bindung mit anderen so wie er individuellen, abweichenden und freien Atomen – Freundschaft.

„Freiheit ist nicht Rückkehr ins Leere, sondern Sein in der Ganzheit. Freiheit ist nicht Regression aus Integration und Determination, sondern Verwirklichung höherer Formen des Zusammenhangs. Und der Unabhängigkeit." – sagt der oben zitier-

te tschechische Dichter.[19] Aber für Epikur ist die Freiheit eben
diese Rückkehr in die Leere. Es ist dies aber eine negative Freiheit, „eine Freiheit von der Existenz, und nicht Freiheit in der
Existenz", wie es Marx in der *Dissertation*[20] formuliert, Freiheit
von der Welt, und nicht die Freiheit in der Welt. Indem Marx
Epikur vor allen Vorwürfen verteidigt, die man ihm im Altertum
und in neueren Zeiten machte, indem er ihm die höchsten Tugenden eines Philosophen zuerkannte: die Authentizität, oder die
subjektive Wahrheit, zugleich das Verständnis und Ausdrücken
des Zeitgeistes, oder die historische Wahrheit, warnt er gleichzeitig vor den Versuchen des Epigonentums. Die Freiheit, die
man nur „im privaten Lampenlicht"[21] finden kann, im epikureischen Garten oder im Garten des Candide, ersetzt nicht die,
die in der „allgemeinen und universalen Sonne"[22] erfahren wird.
In diesem Sinne war der Epikureismus ein Glück nur „für seine
Zeiten".[23]

Aber auf der anderen Seite hat die Lehre des Epikur auch
anderen Zeiten etwas mitzuteilen. Denn wenn es im Einzelbe-
wußtsein keine Freiheit gibt, im individuellen Menschen, realisiert sich die Freiheit nicht in der Welt. Wenn wir ein erschrocke-
nes Individuum vor uns haben, ein dicht zugeknöpftes und zu-
sammengeschrumpftes, dann sehen wir uns unwillkürlich um Rat
und Hilfe um, wir wissen nicht, ob wir überhaupt noch leben, und
fürchten uns vor der ewigen Vernichtung. Aber beim Anblick
eines kühnen Springers vergessen wir das, was wir sind, wir
fühlen uns erhaben, gleichsam wie gewisse allgemeine Mächte,
und atmen mutiger.[24] Das freie, souveräne Selbstbewußtsein des
Menschen ist die „höchste Gottheit", außer der und über der es
„keine anderen Gottheiten" gibt, und der „erhabenste Heilige
und Märtyrer im philosophischen Kalender" ist der an seinem
Felsen einsame Prometheus, der dem Hermes, der von Zeus zu
ihm mit der Mission gesandt wurde, ihn zur Demut zu bewegen,
antwortete, „daß er sein unglückseliges Los niemals mit seinem

---

[19] Miroslav Holub, op. cit., S. 70.
[20] Verl. MEGA S. 40; poln. Verl. S. 83.
[21] Diss. Verl. MEGA S. 133, poln. Verl. S. 249.
[22] Ibidem.
[23] Ibidem.
[24] Ibid. Verl. MEGA S. 121; poln. Verl. S. 224–225; dieses erschrocke Individuum ist im Kontext Plutarch, und der kühne, freie Springer Lukrez.

knechtischen Wesen tauschen werde".[25] Und wenn auch die Parenklyse des Atoms die Freiheit in der Welt nicht sicherstellt, so ist für die Freiheit in der Welt auch die Parenklyse des Atoms notwendig.

*(Vom Polnischen ins Deutsche übersetzt
von Magister phil. Anton Sowa)*

---

[25] Ibid. Verl. MEGA S. 10; poln. Verl. S. 9.

MARTIN LUTHERS
DISPUTATIO DE HOMINE VON 1536

HERMANN DEMBOWSKI (BONN)

Zusammen mit Philipp Melanchthon bemühte sich Martin Luther in den dreissiger Jahren des sechzehnten Jahrhunderts um eine Erneuerung der akademischen Disputationen an der Universität Wittenberg. Ein doppeltes Interesse bestimmte diese Versuche. Einerseits wollte Luther seine Theologie nochmals kritisch durcharbeiten. Dabei mußte er Anfragen und Einwände diskutieren. Andererseits sollten Studenten im Aufnehmen und Verantworten theologischer Arbeit eingeübt werden, um sie später einmal selbständig weiterführen zu können. Die Disputation, als geregelte Form des akademischen Streitgespräches, bot die Möglichkeit, beide Interessen angemessen wahrzunehmen. Luther war ein respektierter Disputator, der seine Argumente wohl zu setzen und die der Gegner überlegen zu lösen wußte. Er war als Disputator zugleich ein begnadeter Pädagoge. Melanchthon wurde leicht ungeduldig, wenn ein Student bei seinen ersten Argumentationsversuchen unscharf opponierte; er unterbrach gereizt, hieß oftmals den Studenten stille schweigen oder gar den Raum verlassen. Wo Melanchthon entmutigte, hat Luther ermutigt. So scharf er gegen seinesgleichen werden konnte, er ließ auch den jüngsten Anfänger geduldig ausreden, nahm dessen Argument auf, formulierte es selber neu und konnte es ihm mit der Frage zurückgeben: so habe er es doch wohl gemeint?[1]

So hat Luther in dem Jahrzehnt von 1535–1545 in mehreren

---

[1] WA 39/I, 266–273; P. Drews, *Disputationen Dr. Martin Luthers*, 1895, S. VII–XLIV, besonders XXV; E. Wolf, *Zur wissenschaftsgeschichtlichen Bedeutung der Disputationen an der Wittenberger Universität im 16. Jahrhundert*, in: Peregrinatio II, 1965, 38–51; U. Gerber, *Disputatio als Sprache des Glaubens*, 1970.

Reihen über die großen Themen seiner Theologie disputiert: über die Rechtfertigung, Gesetz und Evangelium, Jesus Christus, Glaube und Werke. In diesem Rahmen steht eine von Luther verfaßte Thesenreihe ‚De Homine‘, über die im Jahr 1536, vielleicht am 14. Januar, disputiert worden ist. Diese Thesen formulieren knapp und scharf Luthers Sicht des Menschen. Sie zeigen, wie er Überlieferung kritisch aufnimmt und eigenständig neue Einsichten entfaltet, wie er Philosophie und Theologie aufeinander bezieht, wie er von der Mitte seiner Theologie die Frage angeht und beantwortet, die gestellt ist, seit es Menschen gibt und die offen bleiben wird, solange Menschen leben: wer ist der Mensch?[2]

Im weiten Feld dieser Frage setzt Luther mit vorgegebener Antwort ein: „Philosophia, sapientia humana, definit, hominem esse animal rationale, sensitivum, corporerum" (1). Dieser Einsatz nimmt Philosophie bestätigend auf. Philosophie ist zuständig, wenn nach dem Menschen gefragt wird. Sie ist maßgebende Instanz für eine sachgemäße Antwort. Luther versteht dabei unter der Philosophie als sapientia humana und ratio ipsa (1, 11), autogenes menschliches Bemühen um vernünftige Erkenntnis auf sachgemässes Handeln in dieser Welt. Mit Hilfe der Vernunft verarbeitet der Mensch die Erfahrungen, die er mit sich selber und der Welt macht. Er kommt so zu rationalen Erkenntnissen, die ihm Orientierung für sachgerechtes Verhalten geben. Wenn solches Bemühen gelingt, ergeben sich Antworten, die überzeugen und überliefert werden, um sich in einer Geschichte der Überlieferung, des Aufnehmens und Verwerfens und Veränderns zu bewähren. Philosophie umfaßt für Luther beides: Aufnahme vorgegebener Antworten und durchhaltende menschliche Bemühung um klare Vernunfterkenntnis. Das schließt Diskussion und Streit nicht aus, sondern macht sie gerade notwendig (15, 2).[3]

In seiner Aufnahme der Philosophie als zuständiger Instanz für die Rede vom Menschen ergreift Luther Partei im Streit der

---

[2] Die Disputatio de Homine steht WA 39/I, 175–177 und wird im Text nach der Nummer der Thesen zitiert. Ausser den Thesen ist nur ein knappes Fragment der Disputation überliefert, WA 39/I, 177–180. Zum Thema der Disputation im Ganzen: E. Wolf, *Menschwerdung der Menschen*, a.a.O., 119–138; W. Joest, *Ontologie der Person bei Luther*, 1967.

[3] W. Joest, a.a.O., 84 f.

Philosophen: für Aristoteles und gegen Platon. Die von Luther zustimmend zitierte Definition des Menschen als animal rationale, sensitivum, corporerum ist für diese Zeit ein Gemeinplatz. Es wird definiert, indem im umfassenden Horizont eines Oberbegriffs durch einschränkende Differenzicrungen ‚spezifiziert‘ wird. Das gilt für ein Dreieck wie für eine Zahl, für einen Stein, wie für einen Baum, für einen Vogel wie für einen Menschen. Mit diesem für damalige Zeit so selbstverständlichen Vorgehen ist eine Sachentscheidung von Gewicht ergangen: der Mensch wird als Weltwesen im Vergleich gesehen. Er gehört zur Welt. Wie groß auch immer sein Unterschied zu anderem Weltlichen sein mag, dieser Unterschied bleibt im Rahmen der Welt. Das bedeutet Absage an Platon, Absage an ein Denken, das in Einsicht und Leidenschaft die Seele in ihrer dem Leib vorgängigen Herkunft und Zukunft nur in den großen bewegenden Bildern des Mythos anzusprechen wagt; Absage an Augustin, der die Innerlichkeit der gottbezogenen Seele entdeckt und ausschreitet und Absage an die Franziskanische Schule des Mittelalters, wie Bonaventura, ihren großen Vertreter, die diese Sicht des Menschen durchzuhalten versuchte. Dieser Absage korrespondiert die Aufnahme des Aristoteles, des Denkers, der nüchtern und verantwortlich das Weltwesen Mensch wahrzunehmen trachtet, die Aufnahme der aristotelischen Revolution des christlichen Mittelalters, für die Thomas von Aquin im Rahmen des Dominikanerordens steht und die Aufnahme des von dieser Tradition bestimmten Universitätsunterrichts im Rahmen der Artistenfakultät.[4]

Sachlich bedeutet die Absage an Platon und die platonische Tradition und die Aufnahme des Aristoteles wie der aristotelischen Tradition Bescheidung. Mag man darüber streiten, ob der Mensch eigentlich oder uneigentlich als ‚animal‘ bezeichnet wird (2), als animal gehört der Mensch zu dieser Welt und in diese Welt. Er ist ein Lebewesen – wie andere auch. Er hat einen Körper, wie andere Wesen auch, er hat Empfindungsfähigkeit, wie ebenfalls andere Wesen. Sein Empfinden, sein Leib, sein Leben – das sind nicht Zufälligkeiten, die der Mensch

---

[4] B. Groethuysen, *Philosophische Anthropologie*, 1931; R. Seeberg, *Lehrbuch der Dogmengeschichte*, 3. Band, *Die Dogmengeschichte des Mittelalters*, 5. A., 1953; O. Scheel, *Martin Luther*, I, 1916, S. 165 ff.; II, 1917, 59 ff.; 210 ff.

‚eigentlich' abstreifen kann. Sie machen vielmehr ihn selber aus.

Nur: Bescheidung meint nicht Niederdrücken. So sehr der Mensch in diese Welt und zu dieser Welt gehört, so sehr ist er in dieser Welt von allem anderen, auch allen übrigen Lebewesen unterschieden. Wodurch? Durch die Vernunft! Die Vernunft markiert den ‚wesentlichen' Unterschied des Weltwesens Mensch zu allem anderen in der Welt, sie konstituiert den Menschen als Menschen (6).[5]

Luther bestimmt dabei die Vernunft als kreativ und sozial. Die ratio ist inventrix und gubernatrix. Sie vernimmt nicht nur Vorhandenes, sie entdeckt und erfindet Neues; die Einsichten aber, die sie entdeckt, erfindet, zu deren rechtem Gebrauch sie anleitet, sind auf das Leben und das Zusammenleben der Menschen bezogen. Luther nennt die freien Künste, die ärztliche Hilfe, Rechtsetzung und Rechtsprechung und spricht damit die vielfältige Fähigkeit des Menschen an, dieses Leben in der Welt mit anderen Menschen zu bestehen und zu gestalten. Was den Menschen zum Menschen macht, seine Einsicht und sein Vermögen, seine Selbstbeherrschung und sein Glanz gründen in der Vernunft (5). Ziel vernunftbestimmter Menschlichkeit aber ist Friede in diesem Leben (14).[6]

Vernunft konstituiert das Weltwesen Mensch als Menschen. Luther bestimmt dabei Vernunft funktional auf Weltbewältigung, nicht Weltüberschreitung hin. Die Funktion bestimmt zugleich die Position. Durch seine kreative und soziale Vernunft steht der Mensch als Weltwesen der Welt gegenüber, der Welt der Dinge, wie der Welt der anderen Lebewesen. Durch seine Vernunft ist der Mensch auf die Welt bezogen. Er lebt in ihr. Er lebt von ihr. Er ist verantwortlich für sachgemäßen Umgang mit Dingen und Lebewesen und mit sich selber und seinesgleichen (4–8).

Die Bestimmung von Funktion und Position der Vernunft, die das Weltwesen Mensch zum Menschen macht, weitet sich für Luther zu hymnischen Lob. Er preist die Vernunft als ‚res rerum' (4), als Haupt aller Dinge, als Bestes, ja ein Göttliches (divinum) (4). Wie ein göttliches Wesen steht sie dieser Welt

---

[5] B. Lohse, *Ratio und Fides*, 1958, 119 ff.
[6] M. Luther, *Von der Menschwerdung des Menschen*, Eine akademische Vorlesung über den 127. Psalm, verdeutscht und erläutert von G. Gloege, 1940.

gegenüber, sie ist wie eine Sonne, die diese Welt und dieses Leben erleuchtet und aufklärt (8).

Ja, Luther geht einen Schritt weiter und bestätigt diese Majestät der Vernunft und damit die Kompetenz der Philosophie für die Frage nach dem Menschen durch ein vorgreifendes theologisches Argument, das sich auf die Schrift beruft: dominamini! Dieser Auftrag Gottes an den Menschen zur Herrschaft über diese Welt setzt die Funktion und Position der Vernunft in Kraft und nach dem Fall Adams wird diese Vernunftmajestät ausdrücklich bekräftigt (7–9, 24).

Mit alledem bestimmt Luther den Menschen als vernünftiges Weltwesen, nimmt philosophisches Bemühen um den Menschen in streitender Parteinahme für Aristoteles gegen Platon zustimmend auf und sichert diese Aufnahme durch ein theologisches Argument zusätzlich ab.

Diese Aufnahme der Philosophie und dieses Lob der menschlichen Vernunft sind nicht blind. Luther sichtet Grenzen und Probleme der Vernunft (11).

Luther sichtet Grenzen. Der Mensch ist Weltwesen, Lebewesen, Vernunftwesen. Als Weltwesen gehört er zur Welt. Deren Grenze ist die seine. Er kann sie nicht überschreiten (40). Als Lebewesen wurde er geboren und muß er sterben. Seine Grenze ist der Tod (3, 8, 19). Als Vernunftwesen vermag er sich nicht zu konstituieren, da Vernunft sich nicht selber zu begründen und zu erkennen vermag. Welcher Grund gründet Vernunft und damit den Menschen als Menschen? (10, 17).[7]

Luther sichtet Probleme. Wenn man fragt, ob der Mensch als Vernunftwesen sich selber angemessen und umfassend zu erkennen in der Lage sei, so stößt man auf Probleme und Widersprüche, die eine eindeutige Antwort kaum zulassen. Luther arbeitet das am Schema der vier Ursachen aus, das, von Aristoteles herkommend, sich in der mittelalterlichen Schulphilosophie als angemessen für das Befragen von Wirklichkeit durchgesetzt hatte: man muß nach Stoff und Form, Grund und Ziel fragen, wenn man Wirklichkeit erkennen will.

In schulgerechter Durchführung dieses Schemas nimmt Luther die philosophische Anthropologie beim Wort. Das Ergebnis ist in seiner Sicht kümmerlich: die causa materialis, den Leib des Men-

---

[7] W. Joest, a.a.O., 188; E. Wolf, *Menschwerdung*, 133–135.

schen, kann die Vernunft nur unzureichend erfassen. Immerhin
kann sie ihn in Ansätzen wahrnehmen. Wie gäbe es sonst Me-
dizin? (12, 5). Die causa formalis, man hat sich gewöhnt, sie
Seele zu nennen, ist von Anbeginn bis heute eine Streitfrage unter
den Philosophen. Sie können sich nicht darüber einigen, was den
Menschen zum Menschen macht und werden es wohl auch niemals tun. In diesem Streit greift Luther Aristoteles ausdrücklich
an, nachdem er sich bisher faktisch zustimmend auf ihn bezog:
eine Bestimmung der Seele als actus primus corporis vivere po-
tentis verspottet Leser und Hörer. In dem, was ihn selber zum
Menschen macht, wird sich der Mensch wohl niemals erkennen
können (15, 16, 17). Die causa efficiens, den Grund seiner selbst
kann der Mensch durch seine Vernunft nicht sicher ausmachen.
Ist er mehr als zufällig? (13). Und was die causa finalis, das Ziel
seiner selbst anbetrifft, so vermag Philosophie allenfalls den Frieden dieses begrenzten Lebens zu nennen (14).[8]

Philosophie als menschlicher Vernunftgebrauch kann, wenn
man sie beim Worte nimmt, immer nur Aspekte des Mensch-
lichen erfassen, niemals den Menschen als Ganzen in seinem
Woher und Wohin. Philosophie bleibt Stückwerk und führt im
Gegensatz ihrer begrenzten Sichten notwendig zum Dialog, zum
Streit (15, 17).[9]

Diese Problematik verschärft sich, wenn man einsieht, daß
philosophisches Erkennen nicht nur gegenüber der Wirklichkeit,
die es erfassen will immer zurückbleibt, sondern darüber hinaus
seiner begrenzten Einsicht nicht voll mächtig ist. Zufall, Täu-
schung, Unsicherheit sind in allem menschlichen Erkennen wirksam. Es vermag sie nicht auszuschließen (18).

Philosophische Anthropologie ist wie dieses Leben selbst:
schwankend, offen, umstritten und begrenzt, ihrer selbst nicht
mächtig (19). Mit diesem Hinweis bricht Luther zunächst ab.
Die Frage, wie Philosophie ihre Möglichkeiten angesichts ihrer
Grenzen recht wahrnimmt, bleibt *zunächst* offen.

„Theologia vero de plenitudine sapientiae suae Hominem to-
tum et perfectum definit" (20). Luther setzt ein zweites Mal an.
Angesichts der Grenzen philosophischer Anthropologie führt er
die Theologie als maßgebende Instanz ein. Sie kann die offene

[8] G. Gloege, a.a.O., 12, 82.
[9] E. Wolf, *Menschwerdung*, 132.

Frage nach dem Menschen beantworten. Sie spricht vom Menschen umfassend und erfüllend.[10]

Das ist eine kühne Behauptung. Luther macht sich keine Illusionen. Er sieht deutlich: dieser Anspruch findet Widerspruch. Er wird bestritten, abgelehnt, ausgelacht oder mit Stillschweigen übergangen.[11] Theologie steht nicht hoch im Kurs. Sie wird von anderen Wissenschaften nicht gefragt. Dieser klar gesichteten Kritik begegnet Luther mit einer – Behauptung! Das Grundwort des Glaubens ist die assertio. Die assertio als Grundaussage des Christen macht Theologie möglich und notwendig.[12] Wer die assertio aufhebt, hebt mit dem Christentum zugleich die Theologie auf. Ist das nicht starrköpfige Willkür, die sich kritischer Nachfrage entzieht und Kommunikation abbricht? sit pro ratione voluntas? Sehen wir zu:

Was wird behauptet? Vom geistgewirkten Wort der Predigt und der Schrift her behauptet der Glaube die Zuwendung Gottes zum Menschen in Jesus Christus. Gott wird in dieser Behauptung nicht als belehrende Instanz angesprochen, die die Grenzen menschlichen Vernehmens erweitert und Erkenntnis rundet. Vielmehr wird Gott in seiner Zuwendung als Grund (fons, 17) bekannt, auf den der Mensch bezogen ist. Diese assertio nimmt theologisches Bemühen schriftbezogen und menschenbezogen wahr. Theologie wird dabei ebensowenig zum Sklaven eines papierenen Papstes wie zum Diener menschlicher Vorurteile. Sie bringt vielmehr ihre Sache, Gottes Zuwendung in Jesus Christus durch das geistgewirkte Wort dialogisch und kritisch im Bezug auf Bibel und Menschen zur Sprache.[13]

Wie wird behauptet? Kritisches Fragen wird von der Theologie nicht überhört. Sie stellt sich den Einwand und nimmt das Gespräch auf. Theologie diskutiert. Assertio wird in der disputatio recht wahrgenommen. In dieser Einsicht trifft sich Luther mit mittelalterlicher Theologie, zum Beispiel mit Thomas von Aquin. Nur: im Vergleich mit Thomas wird Luthers Eigenart im Verständnis von assertio, disputatio und damit von Theologie deutlich.

---

[10] K. G. Steck, *Lehre und Kirche bei Luther*, 1963.
[11] WA 39/I, 59.
[12] WA 18, 603.
[13] WA 40/II, 328; WA 39/I, 47.

Im Rahmen eines Erkennens, das Gott in seinen Weltwirkungen recht wahrnehmen will, fragt Thomas disputierend im Abwägen von Argument und Gegenargument nach Gründen für diese Wahrnehmung. Die assertio antwortet auf die Frage: Warum? als begründete Aussage und bleibt auf bessere Begründung befragbar. In Bezug auf menschliches Verhalten, das sich auf Gottes Zuwendung einzulassen nicht wagt, behauptet Luther disputierend im Entfalten dieser Zuwendung Gottes Verläßlichkeit. Die assertio antwortet durch Entfaltung des: Darum! auf menschliche Anfechtung, die sie in vielfältigem Zuspruch überwinden will. Bei aller Vielfalt der Vermittlung von assertio und Anfechtung: das ‚Darum' der assertio läßt sich seinerseits nicht argumentierend begründen, sondern nur als Voraussetzung hinnehmen und wahrnehmen. Im Disput der Theologie will die assertio des Thomas Einsicht erwecken und fragt: Warum?, die assertio Luthers will Vertrauen erwecken und entfaltet das vorgegebene: Darum![14]

Daß Theologie die in der assertio des Glaubens angesprochene Zuwendung Gottes nicht a priori argumentierend beweisen sondern nur als Voraussetzung hinnehmen und a posteriori wahrnehmen kann, begründet für Luther gerade die Gewißheit der Theologie. Sie bringt mit Gottes Zuwendung eine Wirklichkeit zur Sprache, die menschlichem Erkennen und Handeln, damit aber auch deren Grenzen und Anfechtungen, vorausliegt. Diese Wirklichkeit erweist sich darin, daß sie sich bewährt. So muß man Luthers kühne Behauptung, die Theologie könne vom Menschen umfassend und erfüllend sprechen, daraufhin befragen, was sie austrägt. Wie wird der theologische Anspruch eingelöst?[15]

Nun, Luther spricht theologisch vom Menschen, indem er eine Geschichte erzählt. Sie spricht von Mensch und Gott und reicht von der Schöpfung bis zum zukünftigen Leben. Der Mensch ist, nach Leib und Seele, Gottes Geschöpf und Ebenbild, zur Herrschaft über die Welt und zum Leben bestimmt (21). Der Mensch ist seit Adams Fall Sklave, Sünde und Tod unterworfen, unfähig, sich zu befreien (22). Der Mensch wird durch Jesus Christus befreit, wenn er ihm glaubt, und erhält von ihm das ewige Leben geschenkt (23). In diesem Leben ist der Mensch angefochten im

[14] U. Gerber, a.a.O., 124 ff., bes. 128; 258 ff., 268–282, hat diesen Unterschied schön herausgearbeitet. Vgl. WA TR 1, Nr. 18.
[15] WA 39/I, 62; WA 40/I, 589.

Zwiespalt (35; 39), doch steht er in Gottes Hand und wird von ihm zum zukünftigen Leben und erfüllten Ebenbild gestaltet (35–38). Dies ist die Geschichte von Mensch und Gott, es ist Geschichte verfehlter und geschenkter Bestimmung, Todesgeschichte und Lebensgeschichte (21–23, 35–38).[16]

Neu ist diese Geschichte nicht. Sie stammt aus der Bibel. Ihre einzelnen Etappen sind loci communes, Gemeinplätze christlicher Überlieferung, die Luther aufnimmt und zitiert. Auch daß er des Menschen Verfallenheit unter Sünde und Tod in polemischer Abgrenzung scharf herausarbeitet, läßt sich im Rahmen augustinischer Tradition verstehen. Können diese Gemeinplätze die Frage nach dem Menschen umfassend und überzeugend beantworten?[17]

Abgesehen von der Einsicht: alt und neu sind von wahr und falsch kategorial zu unterscheiden, altes ist nicht als solches falsch und neues als solches wahr, so daß zitierte Gemeinplätze nicht falsch sein müssen: innerhalb der Geschichte von Mensch und Gott von der Schöpfung zum Leben der Zukunft steht bei Luther ein Satz, der – gerade als Zitat! – sein eigen ist und die aufgenommene Überlieferung neu strukturiert:

,,Paulus Rom. 3: Arbitramur hominem iustificari fide absque operibus, breviter hominis definitionem colligit, dicens, Hominem iustificari fide'' (32).

In der Aufnahme eines Spitzensatzes von Paulus spricht Luther die Mitte seiner eigenen Theologie an: des Menschen Rechtfertigung aus Glauben. Von dieser Mitte versteht und bestimmt er den Menschen in der Perspektive der Theologie.[18]

Wenn aber der Mensch durch das Widerfahrnis der Rechtfertigung theologisch definiert wird, vollzieht sich damit eine Wende. Eine Wende im Ansatz: Luther sagt jener vorgängigen theologischen Selbstverständlichkeit von anderthalb Jahrtausenden ab, die den Menschen in seinem Sein und Wesen von der Schöpfung her bestimmt und Sünde wie Gnade, Unheil wie Heil, Herkunft wie Zukunft des Menschen darauf bezieht, was der

---

[16] W. Joest, a.a.O., 188 ff., 347 ff.
[17] R. Seeberg, a.a.O., 675, 734 ff.
[18] W. Joest hat das strukturierende Gewicht dieser Bestimmung wohl doch etwas unterschätzt (a.a.O., 349). – E. Wolf, *Die Rechtfertigungslehre als Mitte und Grenze reformatorischer Theologie*, in: *Peregrinatio II*, 11–21; H. J. Iwand, *Glaubensgerechtigkeit nach Luthers Lehre*, 1941; E. Jüngel, *Gottes umstrittene Gerechtigkeit*, in: *Unterwegs zur Sache*, 1972, 60–79; W. Link, *Das Ringen Luthers um die Freiheit der Theologie von der Philosophie*, 1955.

Mensch als Geschöpf Gottes immer schon ist, nicht mehr ist und
wieder werden soll. Demgegenüber bestimmt Luther den Menschen vom Geschehen der Rechtfertigung her. Die Zuwendung
Gottes und nicht eine schöpfungsgegebene Struktur bestimmt
den Menschen. Von der Gnade her ist die Sünde, vom Heil her
ist das Unheil, vom gegenwärtigen Rechtfertigungsgeschehen
her sind Herkunft und Zukunft des Menschen zu erfassen. Theologie spricht sachgemäß vom Menschen im Rahmen der Soteriologie, nicht der Kosmologie. Eine Wende in der Durchführung:
wenn der a.c.i. hominem iustificari fide die theologische Definition des Menschen formuliert, dann werden von hier aus die
Gemeinplätze christlicher Überlieferung neu gewichtet, neu ge-
ortet, im einzelnen rezipiert, kritisiert und innoviert. Dem ist
jetzt genauer nachzugehen, indem der a.c.i.: hominem iustificari
fide als theologische Definition das Menschen beim Worte genommen wird.[19]

Hominem iustificari fide als theologische Bestimmung des Menschen besagt erstens: der Mensch wird in einem Geschehen recht
wahrgenommen. Der Mensch geschieht in einer sich ereignenden
Geschichte. Der Mensch wird verkannt, wenn er als strukturier-
tes Seiendes fest-gestellt und von dort her auf seine Möglichkeiten und Wirklichkeiten bedacht wird.[20]

Hominem iustificari fide als theologische Bestimmung des Menschen besagt zweitens: der Mensch wird in einer Beziehung recht
wahrgenommen. Der Mensch wird Mensch in Beziehung auf anderes. Präziser muß man hier, wenn man Luthers Reden von der
Rechtfertigung als ganzes aufnimmt, von zwei Grundbeziehun-
gen sprechen, die klar von einander zu unterscheiden, aber fest
miteinander zu verbinden sind: in der Beziehung zum Geschehen
der Rechtfertigung wird der Mensch zum Menschen. In den vielfältigen Beziehungen, die aus dieser Beziehung folgen, bewährt
der Mensch seine Menschlichkeit. Der Mensch wird verkannt,
wenn er beziehungslos als isoliertes Seiendes aus sich selbst und
durch sich selbst verstanden wird.[21]

[19] Das Verhältnis Luthers zur theologischen Überlieferung kann hier nicht neben-
her aufgearbeitet werden. Vgl. die genannten Arbeiten von W. Link, U. Gerber und
G. Ebeling, *Lutherstudien I*, 1971.
[20] Thomas von Aquin z.B. bestimmt den Menschen von seiner leib-seelischen
Schöpfungsstruktur, die auch seine Finalität bestimmt, ScG, II. Vgl. W. Joest,
a.a.O., 148 ff.
[21] Ein durch Beziehung bestimmter Personbegriff findet sich vor Luther in trini-

Hominem iustificari fide als theologische Bestimmung des Menschen besagt drittens: der Mensch wird in dem Geschehen seiner Beziehungen durch ein ihm zukommendes Widerfahrnis recht wahrgenommen. Die Ereignung der Rechtfertigung widerfährt ihm von außen, ohne sein Zutun. Durch sie wird er zum Menschen. Daß Luther zur entscheidenden Bestimmung des Menschen Paulus zitiert, unterstreicht daß auch die Theologie dieses Geschehen nicht herstellen, sondern nur als Widerfahrnis im Nachhinein zur Sprache bringen kann.[22]

Hominem iustificari fide als theologische Bestimmung besagt viertens: vom Widerfahrnis der Rechtfertigung her wird der Mensch als Beteiligter wahrgenommen, der in diesem Geschehen sich selber gewinnt. Er entspricht diesem Geschehen, indem er sich im Glauben als Betroffener empfängt und in der Liebe als Beteiligter bewährt. Der Mensch wird verkannt, wenn er nicht als betroffener und beteiligter Partner, sondern nur als entsprechendes Teil des Rechtfertigingsgeschehens gesehen wird.[23]

Hominem iustificari fide als theologische Bestimmung des Menschen besagt fünftens: im Beziehungsgeschehen der Rechtfertigung wird der Mensch als ungeteilter Ganzer wahrgenommen. Der Mensch ist beziehungsvolle, ungeteilte Einheit. Der Mensch wird verkannt, wenn er in verschiedene Bereiche oder Vermögen aufgegliedert und in dieser Aufgliederung einzelne Vermögen oder Bereiche höher gewertet werden als andere.[24]

In diesen fünf Einsichten entfalten sich die Strukturen einer

---

tätstheologischen Erwägungen, bei Augustin und Richard von St. Viktor; vgl. W. Pannenberg, Art. Person, RGG. 3, A., V, 231.

[22] Thomas von Aquin z.B. spricht hier von der in den natürlichen und übernatürlichen Tügenden wirklich werdenden Finalität des Menschen, die von der Schöpfung her bestimmt ist (STh IaIIae und IIaIIae), Bonaventura von dem Weg des Geistes zu Gott (Itinerarium Mentis in Deum, ed. J. Kaup, 1961).

[23] E. Wolf, *Sola Gratia?*, in: *Peregrinatio I*, 1954, 113–134. Karl Barth, der den Menschen theologisch nicht in der Beziehung zu Jesus Christus als der Rechtfertigung erfassen, sondern Jesus als den wahren Menschen verstehen will, kommt dann in Schwierigkeit, wenn er das Verhältnis von Jesus zu anderen Menschen zur Sprache bringen soll. Anzeichen dafür ist das ungeklärte Nebeneinander eines Partizipationsdenkens, das Menschen in Jesus inbegriffen versteht, und eines Relationsdenkens, das Menschen zu Jesus in Beziehung zu setzen versucht. Das ungeklärte Zueinander von Partizipations- und Relationsdenken bestimmt dann auch den Glaubensbegriff (KD III, 2 und IV, 1–4).

[24] W. Joest, a.a.O., 138–195 im Verhältnis zu 196–274. Im Vergleich zu Bonaventura (vgl. Anm. 22) wird am Beispiel deutlich: Luther spricht vom Menschen als Einheit im Rechtfertigungsgeschehen, nicht vom Weg der mens – oder gar eines Teiles der mens – zu Gott.

relationalen Anthropologie, die den Menschen ungeteilt im vielfältigen Geschehen seiner Beziehungen wahrzunehmen versucht. Nur: wenn Luther den Menschen durch den a.c.i.: hominem iustificari fide theologisch bestimmt sieht, dann will er nicht Strukturen des Menschseins entdecken, die bislang übersehen wurden, sondern ein qualifiziertes Geschehen zur Sprache bringen, das die Menschwerdung des Menschen ereignet. So muß das aufgenommene Pauluszitat genauer auf das in ihm angesprochene Geschehen befragt werden.[25]

Hominem iustificari fide – diese Aussage verweist auf das Geschehen von Annahme. In seinen vielfältigen Beziehungen wird der Mensch von anderen Menschen bejaht. Das damit ergehende: ‚Ja‘ mag sich verbal oder averbal vollziehen, es spricht zum angenommenen Menschen und wird von ihm vernommen. Annahme findet Gehör, Vertrauen. Der Angenommene verläßt sich auf annehmendes Ja. Im Sichgründen in dem Geschehen von Bejahung findet der Mensch sich selbst.[26]

Annehmen und Vertrauen aber sind für Luther die Grundbestimmungen von Gott und Glauben. Glauben meint das Sichverlassen des Menschen auf eine Wirklichkeit, die ihm widerfährt. Glauben vollzieht sich als das Sichgründen des Menschen außerhalb seiner selbst. Jenes Gegenüber aber, auf das sich der Glaube vertrauend bezieht, worin er gründet, das wird ihm – Gott. Gott ist jene Instanz, von der her der Mensch lebt, auf die er sich verläßt, die ihn trägt.[27]

Wird aber Gott von Luther als verläßlicher Grund menschlichen Lebens bestimmt, dann stellt sich die Frage nach Gott und Abgott. Wahrer Gott wäre der, der dem Menschen verläßliche Annahme und Gründung verspricht und dieses Versprechen verläßlich einlöst, indem er den sich auf ihn verlassenden Glauben durchhaltend trägt. Wo findet der Mensch diesen Gott, wer er-

---

[25] Luthers qualifizierte Sicht des Menschen lässt sich ebensowenig auf formale Strukturen des Menschseins reduzieren wie die seinsbezogene Analyse von Dasein in Heideggers *Sein und Zeit*. Bultmanns Rezeption dieser Analyse in hermeneutischer Absicht unterschätzt in ihrer Formalisierung deren Bestimmung durch Wirkungsgeschichte des Christentums (Augustin, Luther, Kierkegaard) ebenso wie deren Bestimmtheit durch die Frage nach dem Sein. Vgl. O. Pöggeler, *Der Denkweg Martin Heideggers*, 1963, 27–66, 308 Anm. 45, 311 Anm. 49.

[26] Melanchthon hat iustificatio durch acceptatio interpretiert, CR 21, 742 f.

[27] WA 30/I, 133. Gott wird also primär im Blick auf Existenz, nicht aber auf den Weltprozess zur Sprache gebracht.

weist sich in Wahrheit als Gott? Nun, sucht unbefangener Blick
diesen Gott, so wird er ihn schwer finden und an seiner Stelle
Abgötter entdecken, die verläßliche Gründung versprechen, dieses Versprechen aber nicht einzulösen vermögen. Menschen sind
nicht Gott. Sie nehmen einander an und vermögen Annahme
nicht durchzuhalten. Sie geben und sie verweigern sich. Sie begaben und sie fordern. Sie sind treu und untreu. Wer sie vergottet, überschätzt sie und täuscht sich selbst. Welt ist nicht
Gott. Wer sich auf Hab' und Gut, auf Dinge und Verhältnisse,
auf Erinnerungen und Hoffnungen dieser Welt verläßt und sie
zum Gotte macht, täuscht sich selbst und wird getäuscht. Welt
ist nicht Gott. Sie trägt nicht. Und wenn sie zu tragen scheint:
sie hält nicht durch. Wer aber Mensch und Welt hinterfragt, um
jene Macht als Gott anzusprechen, die sie in Händen hat, der
mag zwar Allmacht sichten, nicht aber verläßlichen Grund für
menschliches Vertrauen. Diese Macht ist willkürlich, grausam
wie die Geschichte von Mensch und Welt zeigt.[28]

Woran soll der Mensch mit seinem Vertrauen sich halten, wenn
er nicht Abgott noch Moloch, sondern den wahren Gott sucht,
woher soll er leben, wenn er nicht der Fraglichkeit von Mensch
und Welt und Geschick, sondern verläßlicher Gründung in dieser Fraglichkeit bedarf? Luther antwortet schlicht: der Mensch
soll sich an das Wort halten, das verkündet wird. Dieses Wort
spricht ihm bedingungslose und verläßliche Annahme zu. Dieses
Wort gründet im Zeugnis der Bibel und wird durch den Heiligen
Geist wirksam. Wort und Geist aber weisen auf Jesus Christus,
in dem Gott selbst, der wahre und verläßliche Gott, sich dem
Menschen annehmend zuwendet. Gott, Jesus Christus, Heiliger
Geist, Schrift und Predigt verbinden sich so zu einem großen
Versprechen an den Menschen, dem Versprechen verläßlicher und
durchhaltender Annahme, von der her der Mensch leben kann. In
diesem Versprechen gründet das Geschehen der Menschwerdung
des Menschen in der Rechtfertigung durch den Glauben.[29]

---

[28] WA 30/I, 133–139. Die Frage nach dem Verhältnis von deus absconditus und
deus revelatus, von absconditas simplex und absconditas sub contrario bei Luther
kann hier nicht verfolgt werden. Vgl. dazu die *Heidelberger Disputation von 1518*
(WA 1, 365 ff) und *De servo arbitrio von 1526* (WA 18, 600 ff, deutsch, mit wichtigen
Erläuterungen von H. J. Iwand 1954) und die Arbeiten von W. v. Loewenich,
Luthers Theologia crucis, 1929; K. Bornkamm, *Luthers Auslegung des Galaterbriefs v.
1519 und 1531*, 1963 und H. Bandt, *Luthers Lehre vom verborgenen Gott*, 1958.
[29] E. Bizer, *Fides ex auditu*, 3. A. 1966, hat in der Entdeckung der promissio durch

Gott ist damit für Luther der, der sich dem Menschen verläßlich verspricht. Jene Macht, die willkürlich im Weltgeschehen
wirksam ist, geht den Menschen nichts an. Er ist an Gott den
Vater gewiesen, der für den Menschen da ist. Gott wendet sich
dem Menschen zu, er nimmt ihn voraussetzungslos und bedingungslos an, so wie er ist. Er hält im Jawort diese Annahme
durch. Er löst sein Versprechen ein.[30]

Daß Gott selber versprechende Liebe ist, die sich dem Menschen gibt, wird nicht im Transzendieren der Welt durch die
Vernunft vernommen. Solche Spekulation würde nur die Rätsel
des Weltgotts mit seiner Gottwelt erreichen. Im Gegenteil: Gott
selbst kommt dem Menschen nahe, in Jesus Christus. Christus
ist Gott selbst. Wer diesem Menschen begegnet, der begegnet
Gott und kann in diesem Menschen und durch diesen Menschen
Gott selbst erfassen. Gott begegnet aber in Jesus Christus als
der, der sein Versprechen einlöst. Er teilt menschliches Leben in
seinen Grenzen und Belastungen bis zum Tode am Kreuz. Er
nimmt in diesem Leben den Menschen, jedermann bedingungslos
und voraussetzungslos an. Er gibt sich dem Menschen in ver-
wirklichter Liebe, er trägt ihn und gründet damit Leben des Menschen durch den Vollzug dieser Annahme. Er hält in dieser Annahme gegen Widerstand durch, er bewährt seine Zusage und
erweist sich damit als unser Gott, als wahrer Gott.[31]

Unser Gott Jesus Christus in seinem verläßlichen Versprechen
aber begegnet im Zeugnis der Schrift und dem Wort der Predigt,
das sich auf dieses Zeugnis beruft. Beide, Schrift wie Predigt
berichten nicht Ereignisse der Vergangenheit als Tatsachen, die
man erkennen und feststellen kann, sie vollziehen vielmehr das

Luther die entscheidende reformatorische Wende gesehen, die die Absage an eine
theologia crucis als humilitas-Theologie bedeutet. O. Bayer, *Promissio*, 1971 ist ihm
darin weiterarbeitend gefolgt. Die Frage ist umstritten (vgl. die Zusammenstellung
von B. Lohse, *Der Durchbruch der reformatorischen Erkenntnis bei Luther*, 1968). Im
Rahmen der Ergebnisse von Bizer, die sachlich überzeugen, müsste einmal das Verhältnis zu der von G. Ebeling, *Lutherstudien I*, herausgearbeiteten hermeneutischen
Wende in Luthers erster Psalmenvorlesung geklärt werden, das mehr zu besagen
scheint, als humilitas. Zum anderen wäre die Rolle des Kreuzes Jesu Christi in
Luthers Theologie im Rahmen der promissio näher zu bestimmen und endlich wäre
zu klären, wie sich Luthers Reden von humilitas im grossen Galaterkommentar verstehen lässt, wenn es anderes bedeuten soll, als spätmittelalterliche Demut. WA 40/I,
372, 488; WA 40/II, 107. Hier liegen Aufgaben für die Forschung.
[30] WA 36, 424 f.; WA 40/I, 81 f, 99, 371, 442, 602, 611.
[31] WA 40/I, 76–82, 91, 93, 298 f, 415, 448, 571; E. Wolf, *Die Christusverkündigung
bei Luther*, in: Peregrinatio I, 30–60.

Versprechen der Annahme als Gottes Versprechen, indem sie
Jesus Christus in seinem Wirken dem Menschen zusprechen: Du
bist angenommen! Diese schöpferische Zusage trifft den Menschen von der entscheidenden Instanz, sie setzt einen Tatbestand, wie ein richterlicher Urteilsspruch. Daß dieses schöpferische Versprechen aber im Wort von Menschen wirksam wird,
ist Werk des Heiligen Geistes, der Gottes Versprechen, das in
Jesus Christus ergeht gegenwärtig werden und durchhalten läßt.[32]

Gott begegnet für Luther als schöpferisches Versprechen, das
den Menschen von der entscheidenden Instanz her bedingungslos annimmt und durchhaltend gründet, in Jesus Christus als
unserem „Gott – selbst" einmal für allemal ergeht und im geist-
bestimmten menschlichen Wort zum Zuspruch an jedermann und
damit zu jenem Geschehen wird, das den Menschen rechtfertigt
und damit die Menschwerdung des Menschen wirklich werden
läßt. Gottes Sein ist sein Sein für den Menschen, Gottes Wirklichkeit begegnet im Gesprochenwerden des wirksamen Wortes
der Verheißung.[33]

Wenn aber das Wort bedingungsloser und durchhaltender Annahme gesprochen wird, dann will es gehört werden, zielt auf
Vertrauen, Verstehen, Bewährung beim Hörenden. Das Wort erreicht dies im Glauben. Das Wort des Versprechens gewinnt dem
Menschen Glauben ab. Der Glaube hört dem Wort und gehört
damit dem versprechenden Gott, der ihn annimmt. Der Glaube
vertraut der ihm zugesprochenen Annahme, er verläßt sich auf
Verläßliches und damit gründet der Mensch im Bezug des Glaubens seine Existenz außerhalb seiner selbst in dem auf ihn zukommenden Geschehen der Bejahung, in Gott. Dem Vertrauen
des Glaubens verbindet sich das Verstehen, das diesem Geschehen nachdenkt. Nicht, daß der Glaube dem Menschen höhere
Erkenntnis vermittelt, die Vernunfteinsicht überschreitet, nicht,

---

[32] WA 40/I, 141, 329, 336, 572 u.ö.; H. Østergaard-Nielsen, *Scriptura sacra et viva
vox*, 1957; R. Prenter, *Spiritus Creator*, 1954.

[33] Im Verheissungswort fallen für Luther verbum externum und internum ebenso
ineinander, wie signum und res; esse ist dici: U. Gerber, a.a.O., 234, 240, 255 und
E. Bizer und O. Bayer a.a.O., wie G. Ebeling, *Evangelische Evangelienauslegung*, 1942
über den Zusammenhang von Inkarnation, Inverbation und Inspiration (360 ff.).
Die Probleme für die Entwicklung der Rechtfertigungslehre stellten sich dadurch,
dass man das Rechtfertigungsgeschehen vom Wortgeschehen der Verkündigung löste.
Das hatte verhängnisvolle Folgen. H. E. Weber hat dies in seinem opus magnum
Reformation, Orthodoxie und Rationalismus (I, 1; I, 2; II; Neudruck 1966) detailliert
gezeigt.

daß er Tatsachen zur Kenntnis nimmt, geschieht in diesem Verstehen, sondern daß der Glaube sein Woher und sein Wohin und darin sich selbst recht bedenkt, insofern er vom Versprechen Gottes lebt. Diesem Verstehen entspricht rechte Theologie. Dem Vertrauen und Verstehen des Glaubens verbindet sich die Bewährung. Vom Zuspruch Gottes her hält er durch gegen Widerspruch, was immer er besagt, gegen die Fragen der sich erstreckenden Zeit. Der Glaube bewährt sich im durchhaltenden Hören auf das durchhaltende Wort, dem er angehört.[34]

Hominem iustificari fide – Menschwerdung des Menschen vollzieht sich für Luther im wechselseitigen Bezug von Reden und Hören, Versprechen und Vertrauen, Zuwendung Gottes und Glauben des Menschen. In dieser Korrelation von promissio und fides werden Gott und Mensch wahr. Gott wird wahr, indem er sich in Jesus Christus dem Menschen versprechend hingibt. Der Mensch wird wahr, indem er die Zusage dieses Versprechens aufnimmt und von ihr her lebt. Luther wird nicht müde, diesen glücklichen Tausch in immer neuen Wendungen als das Geschehen zu rühmen, von dem der Glaube lebt, weil Gott gibt und der Mensch nimmt.[35]

Hominem iustificari fide – diese Bestimmung des Menschen, die ihn von seinem glaubenden Bezug zum Rechtfertigungsgeschehen her versteht, sieht den Menschen grundlegend in der Relation zu Gott. Jedoch: aus diesem Grundbezug heraus bewährt der Mensch sein wahrgewordenes Menschsein im Bezug zu anderen, das nicht Gott, ihm aber von Gott her gegeben und aufgegeben ist. Gott ist der gründende, verläßliche ‚Letzte'. Von ihm her ist alles andere ‘Vorletztes', nicht Gott. Aber Gott, der den Menschen als ‚Letzter' verläßlich gründet, übergibt ihm aus dieser Gründung das ‚Vorletzte', sich selber und Menschen und Welt. Und aus dem Bezug zum Letzten folgt für den Menschen

[34] WA 39/I, 44 ff, 83; WA 40/I, 343 f u.ö.; U. Gerber, a.a.O., 272, 275; W. Joest, a.a.O., 285 ff.; E. Bizer, *Fides ex auditu*; E. Wolf, *Sola gratia?*

[35] WA 2, 489 ff.; WA 7, 54 f.; WA 40/I, 229, 282, 284, 285, 545; H. J. Iwand, *Rechtfertigungslehre und Christusglaube*, 1930; E. Bizer, *Fides ex auditu*; H. Dembowski, *Grundfragen der Christologie*, 1969, 172 ff., 184–187. Den grundlegenden Charakter der Korrelation von promissio und fides, Christus und Mensch für Luthers Theologie hat L. Feuerbach, *Das Wesen des Glaubens im Sinne Luthers*, 1844 klar erkannt. Er deutet Luther um, wenn er Jesus Christus als bezogenes Gegenüber des Menschen im Sinne des Inbegriffs vom Menschen schlechthin versteht. Wie weit das Verstehen und Missverstehen Luthers durch Karl Barth von dieser Feuerbachschen Interpretation bestimmt ist, wäre zu untersuchen.

der sachgemäße Bezug zum Vorletzten. Im Glauben bezieht sich der Mensch auf das Versprechen Gottes, dem er hört und gehört. Aus dem Glauben folgt die Liebe, in der der Glaube lebt. In der Liebe bezieht sich der Mensch auf sich selber, andere Menschen und die Welt. Als angenommener kann der Mensch sich selber annehmen und – zusammennehmen. Er bekommt sich selber in die Hand. Als Mensch, dem die Zuwendung Jesu Christi, seines Gottes widerfährt, wendet er sich wie Christus dem Nächsten zu und kann ihm in erfindungsreicher Liebe einsichtig und zugreifend das Seine geben. Die Beziehung von Rechtfertigung und Glaube führt zu den mannigfachen Bezügen der Sozialität. Als im Versprechen Gottes gegründeter kann der Mensch die entgottete Welt als seinen Lebensraum und Lebensmittel im Erkennen und Handeln sachgemäß wahrnehmen. Der Glaube antwortet Gottes Versprechen, die Liebe verantwortet vernünftig Mensch, Gesellschaft und Welt. Der Glaube inkarniert im Werk, das die Welt gestaltet. So entbindet der reine Glaube reines, sachbezogenes Tun, das im Erkennen und in Handeln, im Entdecken und Erfinden die Welt vernünftig wahrnimmt.[36]

In der Doppelbeziehung zu Gottes Versprechen und herausfordernder Welt geschieht der Mensch in Wahrheit. In diesem Geschehen ist er ein unteilbar ganzer, der durch den Doppelbezug als Individuum und unaustauschbar als er selber lebt. Wie ein mathematischer Punkt durch seine Beziehungen bestimmt wird, so wird der Mensch ein ungespaltenes Selbst im Glauben und in der Liebe. Als bezogene Einheit nennt Luther den Menschen: ‚Gewissen‘ oder, mit dem biblischen Ausdruck: ‚Herz‘. Herz oder Gewissen meinen den Menschen ungeteilt im Bezug zu..., sie meinen vom Versprechen Gottes her den Menschen im wahren Bezug zu Gott und Welt, indem er sich auf Gott verläßt, Welt und Menschen das Ihre gibt und dadurch im Herzen fest und im Gewissen gewiß wird. Wie man von dieser Ganzheit im Bezug her den Menschen in seinen mannigfachen Aspekten, Vermögen anspricht, ist dann eine abhängige Frage, die vernünftig gelöst werden muß. Luther selbst hat verschiedene

---

[36] WA 39/I, 47 f.; WA 40/I, 70, 400, 402, 415, 427, 572; WA 40/II, 62, 70, 119; W. Link, a.a.O., 350–381; G. Gloege, a.a.O.; K. Bornkamm, a.a.O.; WA 6, 202 ff.; WA 7, 49 ff.; die Unterscheidung von „Letztem" und „Vorletztem" ist der *Ethik* von D. Bonhoeffer (Hg. E. Bethge, 1949) entnommen.

anthropologische Modelle gebraucht, sich in der Regel einer triadischen Struktur bedient und von caro-anima-spiritus oder sensus-ratio-spiritus sprechen können.[37]

Hominem iustificari fide – diese theologische Bestimmung des Menschen erhebt einen umfassenden Anspruch. Sie meint jedermann (25, 34). Sie bestimmt den Menschen als Menschen zwischen Gott und Welt im Doppelbezug von Glaube und Liebe. Er gründet in Gottes annehmendem Versprechen und lebt im vernünftigen Wahrnehmen der vielfältigen Herausforderungen von Welt. Im unterscheidenden Bezug zu Letztem und Vorletztem vollzieht sich Leben. Und wirkliches, wahres Leben meint theologische Anthropologie.[38]

Von diesem theologischen Ansatz her wird philosophische Anthropologie aufgenommen. Dies geschieht nicht so, daß Theologie im Horizont des Wissens offenbleibende Fragen rationaler Sicht des Menschen beantwortet. Theologie umgreift Philosophie nicht durch einen umfassenderen Wissenshorizont, so wenig Gottes Versprechen als Belehrung und Glaube als Erkenntnis höherer Welten zu verstehen sind. Theologie begründet Philosophie, indem sie Menschen Gottes Annahme zuspricht und sie von daher zum rationalen Fragen und Antworten im Blick auf Menschen und Welt provoziert. Theologische Begründung von Philosophie geschieht für Luther nicht in der Dimension des Erkennens, sondern der Dimension menschlicher Existenz. Gründung von Existenz durch Gottes Versprechen ist Letztes. Daraus wird im Vorletzten philosophisches Fragen und Antworten so freigesetzt, daß es sich im Blick auf seine eigenen Grenzen offenhalten kann, das Erfragbare erfragt und das Unerfragbare fragend offen hält. Damit wird die Aufnahme philosophischer Anthro-

---

[37] WA 40/I, 21, 282; E. Wolf, *Vom Problem des Gewissens in reformatorischer Sicht,* in: *Peregrinatio I,* 81–112; G. Ebeling, *Theologische Erwägungen über das Gewissen,* in: *Wort und Glaube,* 1960, 429–446; W. Joest, a.a.O., 137–195; 212 ff.; „Innen" und „Aussen" meinen für Luther den Menschen im Bezug zu Gott oder Welt, nicht aber die Sphäre geistiger Innerlichkeit im Gegensatz zu leiblicher Äusserlichkeit, dies zeigt beispielhaft der *Tractatus de Libertate Christiana,* WA 7, 49 ff.; Fleisch und Geist meinen den Menschen als ganzen, sofern er die Doppelbeziehung der Menschwerdung entspricht oder widerspricht (W. Joest, a.a.O., 196–232); der Kritik am Seelenverständnis des Aristoteles (These 16) entspricht Luthers Verständnis vom Menschen als conscientia im Bezug, nicht die Rezeption von platonischem Seelenverständnis, nicht das „Aufwärts" in Einsicht und Leidenschaft von menschlicher Kondition her, sondern das „Abwärts" vom Versprechen Gottes, dem man hört.

[38] F. Gogarten, *Der Mensch zwischen Gott und Welt,* 1956; vgl. die Thesen 3, 19, 21, 30, 38 der Disputation.

pologie im ersten Ansatz der Disputation vom zweiten, theologischen Ansatz her nicht überholt, sondern gerade in Kraft gesetzt. Theologie begründet Philosophie. Sie macht den Menschen seiner Vernunft gewiß. Theologie begrenzt Philosophie. Sie macht es dem Menschen möglich, die Grenzen der Vernunft im Erkennen und Fragen offen zu halten. Theologie provoziert zur Philosophie. Sie ermutigt den Menschen, sich selbst als Vernunftwesen im Erkennen und Handeln recht wahrzunehmen. So wird die Theologie zum Licht für andere Künste des Menschen: sie erhellt die Dimension menschlicher, vernünftiger Verantwortung im Vorletzten, in ihrer Weite und ihrer Grenze.[39]

Die theologische Bestimmung des Menschen bei Luther, der als Mensch zwischen Gott und Welt in Glaube und Liebe seiner selbst gewiß wird und lebt, hat bisher eine entscheidende Dimension übergangen, den Gegensatz. Das Wahrwerden des Menschen geschieht im Streit. Der Glaube streitet gegen die Werke. So sieht es Paulus, so nimmt es Luther auf (32). Wie ist das zu verstehen?

Werk meint für Luther menschliches Tun, Handeln des Menschen in Bezug auf sich selber, Menschen und Welt. Dieses Handeln wird zum ‚Werk‘ durch seine Absicht. Handelnd will sich der Mensch selber gründen. Durch Handeln im Blick auf sich selber, Menschen und Welt setzt sich der Mensch selbst. Das Sich-selber-setzen des Menschen macht Handeln zum ‚Werk‘.[40]

Das Ich setzt sich selbst. Durch diese Intention wird Handeln zum Werk. Das Werk verspricht dem Menschen die Verwirklichung seiner selbst im Wahrnehmen von Mensch und Welt. Dieses Versprechen trügt. Das Werk ist unsachlich. Es verfehlt die Sachen, weil der um sich selber besorgte Mensch von Vorurteilen lebt, die Sachlichkeit unmöglich machen. Das Werk ist unmenschlich. Es verfehlt die Menschen, weil sie nicht als Menschen, sondern als Mittel zur Behauptung das Selbst im Werk mißbraucht werden. Das Werk ist Lüge. Es verkehrt das Ver-

---

[39] WA 39/I, 268; WA 40/I, 361, 410, 418; wenn Luther auf die offen bleibende Frage nach der causa efficiens und finalis des Menschen Gott und das von ihm gegebene Leben des Menschen nennt, wendet er sich damit primär an Vertrauen, nicht an Einsicht des Menschen (Thesen 13, 14, 21, 35, 38 der Disputation). G. Gloege, a.a.O., 11 ff.; J. Köstlin, *Luthers Theologie II*, Neudruck 1968, 290 ff.; B. Lohse, *Ratio und Fides*, 1957, 82 ff., 119 ff.

[40] Haec ego feci. Ex hoc: feci, vere fiunt feces. WA 40/III, 222.

sprechen Gottes und die Herausforderung der Welt. Es macht Vorletztes zum Letzten und vergottet Selbst und Menschen und Welt dadurch, daß sie dem Menschen im Werk zum Grund seiner selbst werden. Es macht Letztes zum Vorletzten, aus dem Versprechen Gottes wird die bestätigende Ideologie, der Reflex des Werkes. Welt wird zum Götzen, Gott wird zum Abgott. Das Werk verkehrt Gott und Welt. Es verfehlt mit der Beziehung zu Gottes Versprechen und der Herausforderung von Mensch und Welt Beziehung überhaupt. Das Werk führt den Menschen in die Isolation, in die Trennung von Gott, die Trennung von den Menschen, die Trennung von sich selbst; die verfehlte Beziehung zu Gott und Mensch und Welt führt zum Zerfall des beziehungslosen Selbst, das zwischen Überschätzung und Unterschätzung seiner selbst schwankt.[41]

Die Selbstgründung des Menschen im Werk prägt die Philosophie und ihre Sicht des Menschen. Sie schließt erkennend des Menschen Offenheit, sie antwortet, wo sie nur fragen kann. Sie dektretiert, wo sie diskutieren müßte, sie bannt den Menschen im Zwang rationaler Selbstgründung und betrügt ihn damit um sich selber, Mensch und Welt, betrügt ihn um das Leben. Philosophische Anthropologie lügt.[42]

Im Werk verfehlt der Mensch sich selber, Menschen, Welt und Gott. Das Werk ist die Sünde. Sünde ist die Sonderung. Sonderung ist Tod. Nur: das Werk ist die Wirklichkeit, die Wirklichkeit des Menschen, die Wirklichkeit von jedermann (34). Der Mensch hat immer schon gewählt: für das Werk. Die Wahl des Werkes kann der Mensch nicht widerrufen. Er ist festgelegt, festgelegt auf die Verfehlung von Gott und Mensch und Welt, festgelegt auf den Zerfallskreis von Vertrauen und Mißtrauen, festgelegt auf die Isolation, den Tod. Diese Wirklichkeit kann der Mensch nicht von sich aus auf eine andere Möglichkeit überschreiten. Seine Selbstfestlegung wird zur Macht.[43]

---

[41] WA 39/I, 202 ff.; WA 40/I, 27, 29, 402, 414, 418, 442, 573; J. Köstlin, a.a.O., 110 ff.; H. J. Iwand, *Glaubensgerechtigkeit nach Luthers Lehre*, 1941, bes. 44 ff., W. Link, a.a.O., 86 ff.

[42] Hier liegt der Grund für Luthers Polemik gegen Aristoteles: durch ethische Übung im Werk setzt der Mensch sich selber. Vgl. W. Joest, a.a.O., 80 ff. Luthers Polemik gegen die „Hure" Vernunft aber spricht jene formale Rationalität an, die die Wahrheitsfrage ausklammert oder durch Setzung verfehlt und sich darauf für alles mögliche wirkungsvoll gebrauchen lässt. B. Lohse, a.a.O., 59–82.

[43] Luther entfaltet dies gegen Erasmus in *De servo arbitrio*, WA 18, 600 ff.

Im Rahmen der Selbstfestlegung des Menschen auf das Werk, als der Verfehlung seines Lebens in offener Bezogenheit, muß nun auch ein Teil der Geschichte zwischen Gott und Mensch gesehen werden, die Luther auf die Frage nach dem Menschen der Bibel nacherzählt hat (22, 25). Adam steht für jedermann. Die Rezeption der Geschichte menschlicher Selbstverfehlung im Werk bestätigt: der Mensch ist immer schon im Werk und damit als Sünder festgelegt.[44]

Die Wirklichkeit des Werkes aber, als das Unternehmen menschlicher Selbstbegründung und Selbstverfehlung, ist radikaler Widerspruch gegen das von Gott ergehende Versprechen, den Menschen in bedingungsloser Annahme zu gründen und damit Menschwerdung des Menschen zu verwirklichen. Die Tiefe dieses Widerspruches schließt ein vermittelndes Drittes aus: im Ja zum Werk spricht der Mensch: nein zu Gottes Versprechen. Darauf ist der festgelegt. Eine Mitte dazwischen gibt es nicht.[45]

Dem widersprechenden Nein des Menschen aber begegnet Gott mit seinem versprechende Ja. Wenn Gott den Menschen bedingungslos annimmt, nimmt er damit den auf's Werk festgelegten Menschen an und überwindet in schöpferischer Annahme diese Festlegung. Wenn Gott als Mensch dem Menschen nahe kommt und in Jesus Christus menschliches Leben teilt, widerspricht er damit bis in den Kreuzestod der Selbstvergottung des Menschen, damit der Mensch, der sich selber zum Idol macht in Wirklichkeit und Wahrheit Mensch werde. Wenn Gottes schöpferischer Geist in der Bindung an menschliches Wort wirkt, dann widerspricht er damit dem Menschen, der nicht dem Worte hören, sondern sich das Entscheidende in seinem Geiste selber sagen will, zerbricht die selbstbezogene Verkrampfung des Menschen und gewinnt ihm in deren Überwindung Glauben ab. In diesem

---

[44] H. J. Iwand, *Sed originale per hominem unum*, EvTheol 6, 26 ff. Auch die Rede vom Teufel hat für Luther die Funktion, die Festgelegtheit des Menschen durch das Werk zu sichern (Thesen 22, 24, 25). H. Obendiek, *Der Teufel bei Martin Luther*, 1931; H. M. Barth, *Der Teufel und Jesus Christus in der Theologie Martin Luthers*, 1967.

[45] Dass die Schrift von Christus nur antithetisch, im ausschliessenden Gegensatz spricht, der kein mittleres Drittes eröffnet, ist Luthers Grundargument gegen Erasmus in *De servo arbitrio* (WA 18, 779, 782). Den Hinweis auf diese Schlüsselstelle am Ende des Werkes, das sachlich von hier aus rückwärts gelesen werden muss, verdanke ich Prof. L. Abramowski, die darüber eine Veröffentlichung beabsichtigt. Der Ausschluss der neutralen dritten Möglichkeit ist auch das Ziel der polemischen Thesen 24–31 und der Polemik Luthers gegen Scholastik und Aristoteles. L. Grane, *Contra Gabrielem*, 1963.

wunderbaren Kampf hält Gott sein Versprechen gegen Widerstand durch. Er erreicht den werkverfallenen Menschen, nimmt
ihn in dieser Verfallenheit an und rechtfertigt den Sünder. Als
gerechtfertigter Sünder läßt der Mensch das Vertrauen ins Werk
und verläßt sich auf Gottes Versprechen, dem er hört, dem er
gehört und von dem her er sich selber neu als Mensch gewinnt,
der im Bezug des Glaubens und der Liebe zwischen Gott und
Welt in Wahrheit lebt. Der reine Glaube entbindet reines Tun
und Handeln.[46]

Gottes in Zuspruch und Widerspruch wirksames Versprechen
bedeutet für den Menschen die Wende, die Wende vom Werk
zum Glauben, von der Selbstvergötzung zur Menschlichkeit, von
der Fraglichkeit zur Gewißheit. Diese Wende entscheidet. Nur:
sie beläßt den Menschen nicht nur im Zwiespalt, sie führt ihn in
den Zwiespalt hinein. Der von Gott Gerechtfertigte ist Sünder.
Er ist in sich selber Sünder, er ist von Gottes Annahme her Gerechter. Er ist beides ganz. Sünder und Gerechter zugleich. Damit steht er im Streit, im Widerstreit von Glaube und Werk um
Gott und Mensch und Welt. Vom Werk her gesehen ist Gott in
seinem Versprechen – nichts. Jesus Christus erscheint als schei-
ternd Gehenkter. Das geistwirksame Wort des Versprechens aber
ist leeres Gerede. Demgegenüber ist die Welt als Basis gewichtig
und der Mensch in seinem Werke groß – und fraglich. Vom Glauben her gesehen ist Gottes Versprechen verläßlicher Grund, das
Scheitern Jesu Christi die Nähe Gottes in unserem Elend, das
arme Wort die reiche Gabe des Lebens. Und aus diesem Glauben
wird die Welt nicht nichts, sondern Lebensraum zur Bewährung
von Menschlichkeit. Zwischen diesen beiden Aspekten geht der
Streit. Dieser Streit ficht den Menschen an. Anfechtung wirkt
Ungewißheit, Fraglichkeit, Mißtrauen. Sie geht ans Leben. Der
Anfechtung widersteht Gottes gewisses Versprechen. Die Anfechtung überwindet nur das Hören des Menschen, der dem

---

[46] WA 5, 128; dazu E. Wolf, *Menschwerdung*, 132 ff.; zum reinen Tun, im Gegensatz zum Werk vgl. WA 40/I, 414–418, 402, 443, 573; W. Link, a.a.O., 350 ff.; der
wunderbare Streit zwischen Christus und Sünde wird vor allem im grossen Galaterkommentar herausgearbeitet, vgl. dazu K. Bornkamm, a.a.O.; die Thematik von
Gesetz und Evangelium kann hier nicht mehr ausführlich angesprochen werden; man
vgl. dazu die *Antinomerdisputationen* Luthers, WA 39/I, 359 ff.; dazu: H. J. Iwand,
Glaubensgerechtigkeit, 35 ff.; E. Wolf, *Habere Cristum omnia Mosi*, in: *Peregrinatio II*,
22ff. und: *Gewissen zwischen Gesetz und Evangelium*, ebda., 104ff.; G. Ebeling, *Erwägungen zur Lehre vom Gesetz*. in: *Wort und Glaube*, 255ff.

Worte von Gottes Verheißung hörend und gehörend dem Widerspruch, der Fraglichkeit, dem Augenschein und damit dem Werk widersteht. Der Glaube hört. Er wendet die Fraglichkeit in Gewißheit und entbindet erste Schritte wahrhaften menschlichen Lebens zwischen Gott und Welt. Der Glaube lebt vom durchhaltenden Geschehen des versprechenden Gottes, das jedermann und jederzeit erneut den Überschritt vom Werk zum Glauben und damit Leben, Menschwerdung des Menschen eröffnet.[47]

Das in der Anfechtung umstrittene, verlorene und geschenkte menschliche Leben aber ist nicht eine Gabe von Gottes Laune. Dieses Leben hat Gott immer schon gemeint. Es bestimmt des Menschen Herkunft, vorgängig zu aller Sünde. Dieses Leben wird Gott immer meinen, auch in anderer Gestalt, jenseits der Todesgrenze. Es bestimmt des Menschen Zukunft, jeden Widerspruch umgreifend. In dieser Perspektive muß nun Luthers Rezeption der Geschichte zwischen Gott und Mensch von der Schöpfung bis zum Ewigen Leben gesehen werden, die er der Bibel nacherzählt (21–23, 35–39). Diese Rezeption unterstreicht Gottes Treue, die den Menschen immer schon meint, seine Werkverfallenheit überholt und die Bestimmung zum zukünftigen Leben in seiner Hand hält und bewahrt. Das Leben der Zukunft aber, zu dem Gottes Treue den Menschen bestimmt, ist im Leben des Menschen zwischen Gottes Verheißung und Anforderung der Welt gegenwärtig in allem Streit, gegenwärtig in Gottes Verheißung, die die Zukunft des Lebens vergegenwärtigt, gegenwärtig im Glauben, der der Verheißung traut und damit dem Menschen jetzt den Himmel erschließt. Daß aber im Bezug von Verheißung und Glauben Ursprung und Zukunft des Menschen werkvergangenheitsüberwindend gegenwärtig sind, meint die Menschwerdung des Menschen, der sich im Glauben auf Gott und in der Liebe auf Mensch und Welt bezieht, den Letzten vom Vorletzten zu unterscheiden aber auch zu verbinden weiß und von Gottes Verheißung her mit sich selber, Menschen und Welt

---

[47] WA 39/I, 82 ff.; WA 40/I, 92, 256, 368, 372, 391 ff., 444, 486, 563, 571, 584, 636, 638, 671 ff. G. Ebeling, *Glaube und Unglaube im Streit um die Wirklichkeit*, in: *Wort und Glaube*, 393 ff.; ders., *Theologische Erwägungen über das Gewissen*, ebda., 429 ff.; K. Bornkamm, a.a.O., zeigt den durchgehenden Bezug von Luthers Auslegung des Galaterbriefes 1531 auf die Anfechtungssituation; H. Beintker, *Die Überwindung der Anfechtung bei Luther*, 1954; R. Hermann, *Luthers These „Gerecht und Sünder zugleich,"* 1930; W. Link, a.a.O., 77 ff.; W. Joest, *Gesetz und Freiheit*, 1968.

wahrhaftig und vernünftig umgehen kann. Das ist Leben. Und das meint der a.c.i. hominem iustificari fide absque operibus als theologische Bestimmung des Menschen.[48]

Luther spricht theologisch vom Menschen, indem er das Geschehen seiner Annahme und deren rechte Wahrnehmung in vernünftiger Weltverantwortung zur Sprache bringt. Dieses Geschehen wechselseitigen Bezugs von rechtfertigendem Gott und gerechtfertigtem Menschen bestimmt für ihn Theologie überhaupt. Theologie ist Soteriologie. Sie entfaltet sich in mannigfachem Widerspruch von Sünde und Gnade, Gesetz und Evangelium, Glaube und Werk, Wort und Geist, Gott und Mensch, indem sie von Jesus Christus als Gott und Mensch, diesem Menschen als dem nahen Gott der Menschen spricht. Sie widerspricht einer Philosophie, die die offenen Grenzen und Fragen des Menschen in seiner Welt im Werk der Selbstgründung des Menschen durch die Vernunft schließt. Dieser Widerspruch erfolgt um des Menschen und seiner Vernunft willen, denn solche Philosophie ist irrational. Sie kann in ihrer Unvernunft Mensch und Welt nicht sachgemäß wahrnehmen. So muß dieser Widerspruch als eine Form des Zuspruchs verstanden werden, der vernünftiges philosophisches Fragen und Antworten des Menschen dadurch begründet, begrenzt, freigibt und aufgibt, daß es dem Menschen Gottes Annahme verspricht und der Gründung im Werk, auch dem Werk von Philosophie, widerspricht. Dadurch wird vernünftige Philosophie, die den Menschen als Vernunftwesen in seiner Welt erkennend und entdeckend und erfindend und handelnd wahrnimmt, indem sie seine Grenzen offen hält und respektiert, freigegeben und aufgegeben. Theologie macht um des Menschen willen Philosophie als eigenständiges Vernunftbemühen notwendig. Die theologische Sicht des Menschen im zweiten Ansatz der Disputation setzt die philosophische Wahrnehmung des Menschen im ersten Ansatz in Kraft.[49]

[48] W. Joest, *Ontologie der Person*, 320 ff. mit etwas anderem Akzent; E. Wolf, *Menschwerdung*, 134 f.; WA 40/I, 82, 173, 390, 440, 442, 524, 596 f., 662; EA ex. op. lat. I, 95 ff., 100 ff., 164.

[49] WA 40/II, 328; WA 8, 126. Eine Dogmatik nach Luther müsste sich dann so gliedern, dass sie von Christus und Wort ausgehend, etwa unter der Überschrift „Christus, Wort und …" die einzelnen überlieferten loci abzuhandeln hätte, die von hier aus neu strukturiert werden. Theologie als Disputation aber bezieht sich auf Anfechtung. U. Gerber, a.a.O., 241, 258, 269, 275, 279, 282; K. G. Steck, *Lehre und Kirche bei Luther*.

B. Lohse, *Ratio und Fides*. Das neue Werk von W. Schulz, *Philosophie in der*

Es ist fast viereinhalb Jahrhunderte her, seit Luther in seiner Disputatio de Homine den Menschen in philosophischer und theologischer Perspektive zu erkennen versuchte. Wie weit seine Einsichten heute führen, kann hier nicht mehr erfragt werden. Nur: soviel ist sicher, daß Lutherzitate Gegenwartsfragen nicht automatisch lösen, hat Luther selber erkannt und ausgesprochen: „Sicut creverunt tempora, ita et litera et spiritus. Nam, quod illis tunc suffecit ad intellectum, nobis nunc est litera. Quare orandum semper est pro intellectu, ut non in occidente litera torpescamus."[50]

veränderten Welt, 1972 dürfte in Intention und Durchführung dem entsprechen, was Luther sachgemässes philosophisches Wahrnehmen der Welt nennt. W. Link, 350 ff., 382 ff. Insofern mit der vernünftigen Weltwahrnehmung die Problematik der Lehre Luthers von den zwei Reichen angesprochen ist, kann nur auf Literatur verwiesen werden: U. Duchrow, Christenheit und Weltverantwortung, 1970.

[50] WA 4, 366; K. G. Steck, Luthers Autorität, EvTheol, Sonderheft: Eccelsia semper reformanda, 1952, 104 ff.; G. Ebeling, Gewissheit und Zweifel, ZThK 1967, 282–324.

Das Manuskript dieses Aufsatzes wurde am 15. August 1974 abgeschlossen. G. Ebeling, der eine Monographie zu Luthers Disputatio de Homine vorbereitet, hat in seiner Gedenkrede für Hanns Rückert: Das Leben – Fragment und Vollendung, Luthers Auffassung vom Menschen im Verhältnis zu Scholastik und Renaissance, ZThK 1975, 310–334 die Thesen 35–39 dieser Disputation behandelt und an Luthers kritischer Rezeption des Schemas von forma und materia gezeigt, wie „Luther die klassischen Begriffe der Substanzmetaphysik in Sprachmittel des Geschehens zwischen Gott und Kreatur umprägt" (326): Nicht bildsame Seelenform und Leibesmaterie machen den Menschen aus, er ist vielmehr – nach Leib und Seele – Materie für Gottes formendes Schöpferhandeln. Damit gewinnt Luther für die theologische Anthropologie einen Ansatz von dem aus er der philosophischen begegnen kann, ohne in Anpassungszwänge zu geraten.

ARISTOTELISMUS
UND TRANSZENDENTALISMUS
IM „BEGRIFF" BEI HEGEL

ERICH HEINTEL (WIEN)

Es ist nicht leicht, die Einflüsse „des" Philosophen, des Aristoteles, für die Systeme nach dem Zusammenbruch der aristotelischen Tradition am Beginn der Neuzeit in angemessener Weise festzustellen. Vor allem deshalb, weil sich mancher große Denker von Aristoteles absetzt, bei dem man im einzelnen häufige direkte und indirekte Bezüge auf ihn feststellen könnte. Entscheidend für die Ablehnung des Aristotelismus war die von der neuzeitlichen Naturwissenschaft her nahegelegte Aufgabe der „substanzialen Form". Erschien doch insbesondere in dieser Hinsicht der Einfluß des Aristoteles als das „große Hindernis" (Jan Patočka) für die neue Entwicklung. Im genaueren Sinn läßt sich die damit eingeführte Problematik als diejenige der Frage verstehen, ob es über die Wissenschaftstheorie der neuzeitlichen Naturwissenschaft hinaus eine Naturphilosophie im eigentlichen Wortsinn noch geben könne. Man meint heute vielfach, diese Frage leichthin abtun zu dürfen, obwohl doch z.B. ein so gewichtiger Zeuge wie Leibniz durchaus der Meinung war, daß trotz der von ihm anerkannten und gerühmten neuzeitlichen Physik in fundamentalphilosophischer Fragestellung weitere Probleme unvermeidbar sich stellen. Sah er sich doch aus derartigen Erwägungen veranlaßt, geradezu wider seinen Willen die substanzialen Formen zu „rehabilitieren" und gegen die Zeitmeinung zu verteidigen, ist er doch überzeugt, daß ohne ein im Sinne der substanzialen Form gedachtes ontologisch relevantes Allgemeine „Substanz" als wahrhafte Einheit (véritable unité) zum Unterschied von bloßen Aggregaten überhaupt nicht zu denken sei. Mag er mit seinen Argumenten sich in erster Linie gegen den

Versuch Descartes gewendet haben, die Materie rein geometrisch
zu bestimmen, so führt ihn doch seine Fragestellung über die
neuzeitliche Problematik zurück bis zu Aristoteles und seine Bemühungen, die substanziale Einheit der physischen Erscheinungen (οὐσία αἰσθητή) gegen die zenonischen Aporien zu retten.
Leibniz nennt bekanntlich dieses Problem dasjenige des „ersten
Labyrinths der Philosophie" (vgl. Heintel, *Die beiden Labyrinthe
der Philosophie*, Band 1, Einleitung u. 1. Teil, 1968). Es läßt
sich näher zeigen, daß Leibniz tatsächlich den Begriff der wahrhaften Einheit seiner Monade von der „Entelechie" des Aristoteles her gewonnen hat. Andererseits freilich denkt Leibniz bei
dieser wahrhaften Einheit der Monade auch an das „Ich", das
seit Descartes zum Problem erhobene Prinzip neuzeitlicher Transzendentalphilosophie. In ihrem Rahmen erfolgt gerade mit der
bewußten Ausbildung der transzendentalen Methode durch Kant
die philosophische Ausschaltung des Aristotelismus auf eine
Weise, die Kant selbst freilich so manche Schwierigkeiten macht.
Diese treten z.B. in der „zweiten Antinomie" deutlich in Erscheinung und bestimmen auch seine Auffassung des „Natur-
zwecks" als einer Annahme der nur „reflektierenden" und nicht
der „bestimmenden Urteilskraft". Nach Kant aber treten schon
mit den frühen Ansätzen einer Naturphilosophie bei Schelling
die ontologischen Probleme im Sinne des Aristotelismus wiederum deutlich hervor und bestimmen in entscheidender Weise
auch das, was bei Hegel „Begriff" heißt. Diese Tatsache soll in
den folgenden Ausführungen – freilich nur in einem bestimmten
Aspekt – ausgeführt werden.

Daß der Begriff bei Hegel ein ontologisch relevantes Allgemeines ist (im Gegensatz zur nominalistischen Abstraktionstheo-
rie des Begriffs), daran kann kein Zweifel bestehen. Wir sehen
mit unserer Fragestellung im folgenden davon ab, wie sich der
Begriff zur „Idee" und damit zum Ganzen der absoluten Dialektik in der *Logik* Hegels verhält. Wir fragen vielmehr nach den
Unterschieden im Begriff des Begriffs, die bei Hegel deutlich
und in relativer Unabhängigkeit von jener absoluten Dialektik
hervortreten. Sieht man von näheren Differenzierungen ab, dann
stehen sich bei Hegel als „Begriffe" gegenüber: erstens der nur „an
sich vorhandene Begriff" im anorganischen und der „für sich"
seiende und insofern „existierende Begriff" im organischen Be-

reich (z.B. *System der Philosophie*, § 203, Ausg. Glockner VIII, 413). Doch ist der existierende Begriff als Leben unmittelbares Dasein und erst als Geist eigentlich für sich seiender, aus Freiheit existierender Begriff (z.B. V, 242 u. V, 271). Im Sinne dieses letzten Aspekts gelangt Hegel zu Formulierungen, die dem unmittelbar existierenden Begriff (des Lebens) das eigentliche Fürsich-Existieren absprechen, so wenn es (*System der Philosophie*, § 370, IX, 677) heißt: „Die Unmittelbarkeit der Idee des Lebens macht es, daß der Begriff nicht als solcher im Leben existiert." Hier ist zuletzt nur die apperzipierende, geistige Monade Leibnizens existierender Begriff, während es die „Schwäche des Begriffs in der Natur überhaupt" ausmacht, daß er „auch im Tiere nicht in seiner festen selbständigen Freiheit existiert". Er wird dann als „unmittelbarer Begriff" zu einem bloß „gegebenen" Begriff im Subjekt und ist insofern „ein subjektives Denken, eine der Sache äußerliche Reflexion" (V, 32). Der Gebrauch der Wendung „für sich" ist – wie sich gleich noch zeigen wird: nicht zufällig – zweideutig. Er meint einmal die In-sich-Reflektiertheit alles Lebendigen überhaupt, dann die (sich) wissende und motivierende In-sich-Reflektiertheit des Geistes. Der Wortgebrauch schwankt je nach dem Zusammenhang: einmal betont nämlich Hegel das dem Menschen und den Tieren (bzw. Organismen) gemeinsame „Leben" (abgehoben von dem dann allein nur „an sich" seienden Anorganischen), dann wiederum die Besonderheit des Geistes im Gegensatz zu allem übrigen natürlich Seienden, gleichgültig, ob es Organisches oder Anorganisches ist. In diesem Falle kommt nur geistiger Existenz eigentliches „Fürsich-Sein" zu. Der Mensch ist im ersten Fall primär als bestimmter Organismus (bestimmte Tierart), im zweiten primär als „Ich" (also von jenem „transzendentalen" Subjekt her) gedacht, von dem es im ganz speziellen Sinn heißen kann, daß es die „wahrhafte Substanz ist, das Sein oder die Unmittelbarkeit, welche nicht die Vermittlung außer ihr hat, sondern diese selbst ist" (*Phänomenologie*, Vorrede). In diesem speziellen Sinn aber hat alles die Vermittlung außer sich, was nicht als transzendentales Ich (Geist) existiert, also auch das Organische und nicht nur das Anorganische, und nur der Mensch wäre dann eigentlicher existierender Begriff (Hegel denkt im Sinne des neuzeitlichen Transzendentalismus): kennzeichnet dagegen der existie-

rende Begriff alles Lebendige (Hegel denkt im Sinne des Aristotelismus), dann droht die Gefahr der Verwischung der Differenz
von transzendentalem und organischem Subjekt, ganz abgesehen
davon, daß dann in letzter Konsequenz das Anorganische be-
griffslos (ohne eigentliche „Innerlichkeit") gedacht werden müßte. Die Zweideutigkeit der Wendung „für sich" bei Hegel ist
also keineswegs eine zufällige, sondern der Beleg für die unbe-
wältigte Vermittlung von Aristotelismus und Transzendentalismus im Begriff des „Begriffs" bei Hegel. In dieser Zweideutigkeit wird verschleiert, daß einmal der Geist alles (auch sich selbst
als erscheinende Äußerlichkeit) außer sich hat, was er nicht als
„reines" transzendentales Ich ist, dann aber gemeinsam mit
allem Organischen ein Lebendiges ist, das einerseits nur die
„anorganische Materie" (als den „Tod" schon in den „Theologischen Jugendschriften") außer sich hat, andererseits aber
auch das transzendentale Ich, das ja dann mehr sein muß als
bloße forma corporis (unmittelbare In-sich-Reflektiertheit) eines
organischen Körpers. – Es ist wichtig, in diesem Zusammenhang
noch festzustellen, daß Hegels Charakterisierung des Menschen
als des „aus Freiheit" existierenden Begriffs nur möglich ist,
wenn diese Art „Begriff" als Transzendentalität ist; nur dann
nämlich ist „Freiheit" als mögliche Negation jeder unmittelbaren
Bestimmtheit (z.B. derjenigen des Lebens selbst) denkbar. Er hat
damit zugleich „die Natur zu seiner Voraussetzung" und ist insofern „formell die Freiheit, die absolute Negativität des Begriffes als Identität mit sich. Nach dieser formellen Bestimmung
kann er von allem Äußerlichen und seiner eigenen Äußerlichkeit,
seinem Dasein selbst abstrahieren; er kann die Negation seiner
individuellen Unmittelbarkeit, den unendlichen Schmerz ertragen, d.i. in dieser Negativität affirmativ sich erhalten und
identisch für sich sein". (*Enzyklopädie 1830*, § 382ff., *System* X,
30ff.) Den ersten Schritt auf dem Wege zu dieser Einsicht hat
Kant mit der weiterhin stets anerkannten, wenn auch als unzureichend betrachteten kritischen Unterscheidung von „Natur-
kausalität" und „Kausalität aus Freiheit" getan; diese letztere
ist jedenfalls nur in einer methodisch bewußt gewordenen Transzendentalphilosophie erreichbar.

Ich habe mit diesen Ausführungen über den Gebrauch der
Wendungen „an sich" und „für sich" bei Hegel zunächst nur

diejenigen (gut belegbaren) Aspekte herausgestellt, die für unsere Zusammenhänge besonders bedeutsam sind. Tatsächlich ist die Sache bei Hegel viel komplizierter und in allen ihren Bezügen ohne die Berücksichtigung seines Gesamtsystems kaum zu bewältigen, zumal Hegel jene Wendungen niemals völlig einheitlich gebraucht und außerdem in verschiedenen Zeiten seines Denkens verschieden akzentuiert. An dieser Stelle nur noch einige kurze Hinweise: über den alltagssprachlichen Gebrauch ohne philosophische Relevanz hinaus ergeben sich im einzelnen besondere Aspekte, die das Verständnis erschweren. Z.B. ist die Formel „an und für sich" dann ein verstärktes „Für sich", wenn dieses letztere dem „an sich" nur äußerlich (etwa als abstrakte Innerlichkeit des sich in sich verschließenden Ichs, als abstrakter Geist, der nicht bei den Sachen ist) gegenübergestellt und damit selbst (undialektisch im Sinne Hegels) zu einer „Verstandesfixierung" wird; als eine solche ist das vom „Für sich" (von seiner Verwirklichung oder seiner Vermittlung) abgetrennte „An sich" grundsätzlich zu betrachten. In dieser Weise tritt es auf „im Begriffe", sofern dieser „keine Realität" hat. Im Sinne unserer Problemstellung läßt sich bei alledem doch sagen, daß das „Für sich" immer von der „wahrhaften Einheit" Leibnizens (dem In-sich-Reflektiertsein Hegels) als dem eigentlich „Unendlichen", das „An sich" immer von dem, was diese Einheit nicht und insofern endlich ist (die In-sich-Reflektiertheit außer sich hat), her zu fassen ist. „Das wahrhaft Unendliche ist [eben] die Einheit seiner selbst und des Endlichen" (*System*, § 246, IX, 46). Das Fürsichsein aber ist dieses wahrhaft „unendliche Sein" (IV, 183). „Das Fürsichsein besteht darin, über die Schranke, über sein Anderssein so hinausgegangen zu sein, daß es als diese Negation die unendliche Rückkehr in sich ist" (IV, 184). Es ist „Präsenz der Unendlichkeit" (IV, 185). Die von uns festgestellte Zweideutigkeit des Fürsichseins im Sinne des Unterschiedes von entelechialer und geistiger Selbstverwirklichung bleibt auch in derartig allgemeinen Bestimmungen durchaus aufrecht und verrät sich in eigentümlich „temperierten" Äußerungen; so wenn Hegel an der zuletzt zitierten Stelle für die Präsenz der Unendlichkeit als das „nächste [!] Beispiel" das „Selbstbewußtsein" anführt.

Verwirrend kann es auch wirken, wenn – z.B. im Zusammen-

hang mit dem von Hegel freilich stets kritisch betrachteten
„Ding an sich" bei Kant (und zugleich im Sinne seiner alltagssprachlichen Verwendung) das Ansichsein sich dem annähert,
was Hegel in entwickelter Begrifflichkeit gerade dem Fürsichsein vorbehält. In bestimmter Weise ergibt sich von diesen Bezügen her die Behandlung des „An sich" in Hegels *Logik*. In der
in ihr zur vollen Ausprägung gelangten „Dialektik" wird aus
dem „Ansich für uns" im Sinne des Transzendentalismus ganz
allgemein das Ansichsein als Sein-für-Anderes: „Somit ist Ansichsein erstlich negative Beziehung auf das Nichtdasein, es hat das
Anderssein außer ihm und ist demselben entgegen; insofern Etwas an sich ist, ist es dem Anders-sein und dem Sein-für-Anderes
entnommen. Aber zweitens hat es das Nichtsein auch selbst an
ihm; denn es selbst ist das Nicht-sein des Seins-für-Anderes ...
Beide Momente sind Bestimmungen eines und desselben, nämlich des Etwas [allgemeiner: des unmittelbar „Gegebenen" auf
der jeweiligen Stufe der Vermittlung im dialektischen Gang der
Logik]. An sich ist Etwas, insofern es aus dem Sein-für-Anderes
heraus, in sich zurückgekehrt ist. Etwas hat aber auch eine Bestimmung oder Umstand an sich (hier fällt der Akzent auf an)
oder an ihm, insofern dieser Umstand äußerlich an ihm, ein Sein-
für-Anderes ist" (IV, 136). Daß das „Ansich" als ein „Anihm"
ein „Sein für Anderes" ist, ist ein tiefer Gedanke; läßt er sich
doch im Rahmen unserer Problemstellung auch dahingehend
verstehen, daß alles Dasein in seiner jeweiligen Bestimmtheit in
dieser Bestimmtheit zugleich seine Bestimmung (IV, 139ff.) im
Ganzen der Wirklichkeit erfährt und vollzieht, bis zu Gott hin,
der im eminenten Sinn Fürsichsein ist, „insofern er selbst das
ist, das für ihn ist" (IV, 187). – Wir kehren von diesem weit-
reichenden Ausblick zu unserem besonderen Thema zurück und
lassen uns die Interpretation des Ansich in dem folgenden länge-
ren, aber auch aufschlußreichen Zitat, durch Hegel selbst bestätigen: „Ansichsein und Sein-für-Anderes sind zunächst verschieden; aber daß Etwas dasselbe, was es an sich ist, auch an
ihm hat, und umgekehrt, was es als Sein-für-Anderes ist, auch
an sich hat, – dies ist die Identität des Ansichseins und Seins-
für-Anderes, nach der Bestimmung, daß das Etwas selbst ein
und dasselbe beider Momente ist, sie also ungetrennt in ihm sind
... Man meint, mit dem Ansich etwas Hohes zu sagen, wie mit

dem Inneren; was aber Etwas nur an sich ist, ist auch nur an ihm; ansich ist nur eine abstrakte, damit selbst äußerliche Bestimmung. Die Ausdrücke: es ist nichts an ihm, oder es ist etwas daran, enthalten, obgleich etwas dunkel, daß das, was an einem ist, auch zu seinem Ansichsein, seinem inneren wahrhaften Werte gehöre. Es kann bemerkt werden, daß sich hier der Sinn des Dings-an-sich ergibt, das eine sehr einfache Abstraktion ist ... Was aber das Ding-an-sich in Wahrheit ist, was wahrhaft an sich ist, davon ist die Logik die Darstellung, wobei aber unter Ansich etwas Besseres als die Abstraktion verstanden wird, nämlich was etwas in seinem Begriffe ist; dieser aber ist konkret in sich, als Begriff überhaupt begreiflich, und als bestimmt und Zusammenhang seiner Bestimmungen in sich [eben als Fürsichsein] erkennbar" (IV, 136ff.). Zu diesen Ausführungen ist an dieser Stelle nichts mehr zu sagen, folgendes aber ist erneut festzuhalten: die eigentliche „Innerlichkeit" der erscheinenden Physis ist in unserer Tradition einmal als „Entelechie", einmal als „Ich" verstanden, wobei die Schwierigkeiten beider Positionen (nämlich die Entelechie mit dem ihr „äußerlichen" Nous zusammenzubringen und damit transzendental werden bzw. das Ich mit allem Erscheinenden überhaupt, dem es als transzendentale Instanz äußerlich ist, zusammenzubringen und damit Welt und in ihr Leib als Entelechie des existierenden Begriffs gewinnen zu lassen), so ziemlich die gleichen sind.

Die Zweideutigkeit des Begriffs des Begriffs bei Hegel ließe sich in ihren fundamentalphilosophischen Konsequenzen in verschiedenen und bedeutsamen Zusammenhängen seines Systems nachweisen. Wir verfolgen an dieser Stelle nur noch einen einzigen, nämlich den geschichtsphilosophischen, Aspekt der Sache. Hegel ist wohl der letzte große Philosoph gewesen, der vom Gedanken der universalen Ordnung her die „Vernunft in der Welt und ebenso in der Weltgeschichte" (XI, 34–37) verkündete. Er geriet dabei bezüglich der Geschichte (und der „Freiheit") in große Schwierigkeiten. Für ihn war es ein „fester unüberwindlicher Glaube ... daß die Welt der Intelligenz und des selbstbewußten Wollens nicht dem Zufalle [und damit der Willkür der Subjektivität, *Rechtsphilosophie*, § 15, VII, 66ff.] anheimgegeben sei". Bei solchen Gedankengängen nun spielt das Vorbild der Naturordnung (ein Zug von Aristotelismus) immer eine bedeutsame Rolle. Hegel greift bis auf den Nous des Anaxagoras (XI, 37ff.) zurück, durch den der Gedanke „Epoche in der Geschichte des menschlichen Geistes" gemacht hat, „daß Vernunft in der Natur ist, daß sie von allgemeinen Gesetzen unabänderlich regiert wird". Heute „frappiert" uns dieser Gedanke nicht mehr: „wir sind der gleichen gewohnt und machen nicht viel daraus." Im Raume der geschichtlichen Welt („dem geistigen Boden" der Freiheit) liegen die Dinge aber nicht so einfach: Hegel hat immer wieder ausdrücklich den Unterschied von Geschichte und Natur betont. Die „Intelligenz als selbstbewußte Vernunft" tritt in der Natur nicht unmittelbar auf: „Die Bewegung des Sonnensystems erfolgt nach unveränderlichen Gesetzen: diese Gesetze sind die Vernunft desselben, aber weder die Sonne, noch die Planeten, die in diesen Gesetzen um sie kreisen, haben ein Bewußtsein darüber." So verhält es sich auch bezüglich der Artgesetzlichkeit in der organischen Natur, doch kommt dieser gemeinsam mit der Verwirklichung des Geistes das zu, was „Entwicklung" heißt: „Den organischen Naturdingen kommt . . . die Entwicklung zu: ihre Existenz stellt sich nicht als eine nur mittelbare, von außen veränderliche dar, sondern als eine, die aus sich von einem inneren unveränderlichen Prinzip ausgeht, aus einer einfachen Wesenheit, deren Existenz als Keim zunächst einfach ist, dann aber Unterschiede aus sich zum Dasein bringt, welche sich mit anderen Dingen einlassen, und damit einen fortdauernden Prozeß leben, welcher aber ebenso in das Gegenteil verkehrt, und vielmehr in die Erhaltung des organischen Prinzips und seiner Gestaltung umgewandelt wird. So produziert das organische Individuum sich selbst: es macht sich zu dem, was es an sich ist; ebenso ist der Geist nur das, zu was er sich selbst macht, und er macht sich zu dem, was er an sich ist. Diese Entwicklung [in der organischen Natur] macht sich [jedoch] auf eine unmittelbare, gegensatzlose, ungehinderte Weise. Zwischen den Begriff und dessen Realisierung, die an sich bestimmte Natur des Keimes, und die Angemessenheit der Existenz zu derselben kann sich nichts eindrängen. Im Geiste aber ist es anders. Der Übergang seiner Bestimmung in ihre Verwirklichung ist vermittelt durch Bewußtsein und Willen: diese selbst sind zunächst in ihr unmittelbares natürliches Leben versenkt, Gegenstand und Zweck ist ihnen zunächst selbst die natürliche Bestimmung als

solche, die dadurch, daß es der Geist ist, der sie beseelt, selbst
von unendlichem Anspruche, Stärke und Reichtum ist. So ist der
Geist in ihm selbst sich entgegen: er hat sich selbst als das wahre
feindselige Hindernis seiner selbst zu überwinden; die Entwicklung, die in der Natur ein ruhiges Hervorgehen ist, ist im Geist
ein harter unendlicher Kampf gegen sich selbst ..." (XI, 90ff.).
So ergibt sich: „Die Freiheit ... ist nicht als ein Unmittelbares
und Natürliches, sondern muß vielmehr erworben und erst gewonnen werden, und zwar durch eine unendliche Vermittlung der
Zucht des Wissens und des Wollens" (XI, 73).

In Hegels Geschichtsphilosophie zeigt sich hier am Begriff der
Entwicklung die Zweideutigkeit der Wendung „für sich" in
neuer Gestalt. Je nach den Akzenten, die einmal vom Aristotelismus, einmal vom Transzendentalismus her gesetzt werden,
wird einmal organische und geschichtliche Welt im Begriff der
Entwicklung einander nahe gebracht (beide Welten haben dann
außer sich nur das Anorganische); einmal die Freiheit besonders
herausgestellt und gegen alle übrige Natur (organische wie anorganische) abgehoben. Vergleiche, denen zufolge „schon die
ersten Spuren des Geistes virtualiter die ganze Geschichte enthalten ... [so] wie der Keim die ganze Natur des Baumes, den
Geschmack, die Form der Früchte in sich trägt" – stehen unmittelbar Stellen gegenüber, die Geist und Materie in schroffer
Entgegensetzung (wobei die In-sich-Reflektiertheit der organischen Natur völlig zurücktritt) erscheinen lassen: „Die Natur
des Geistes läßt sich durch den vollkommenen Gegensatz desselben erkennen. Wie die Substanz der Materie die Schwere ist,
so, müssen wir sagen, ist die Substanz, das Wesen des Geistes
die Freiheit ... es ist dies eine Erkenntnis der spekulativen Philosophie, daß die Freiheit das einzige Wahrhafte des Geistes sei.
Die Materie ist insofern schwer, als sie nach einem Mittelpunkt
treibt: sie ist wesentlich zusammengesetzt, sie besteht außer einander, sie sucht ihre Einheit und sucht also sich selbst aufzuheben,
sucht ihr Gegenteil; wenn sie dieses erreichte, so wäre sie keine
Materie mehr, sondern sie wäre untergegangen ... Der Geist im
Gegenteil ist eben das, in sich den Mittelpunkt zu haben, er hat
nicht die Einheit außer sich, sondern er hat sie gefunden; er ist
in sich selbst und bei sich selbst. Die Materie hat ihre Substanz
außer ihr; der Geist ist das Bei-sich-selbst-Sein. Dies eben ist die

Freiheit, denn wenn ich abhängig bin, so beziehe ich mich auf ein anderes, das ich nicht bin; ich kann nicht sein ohne ein Äußeres; frei bin ich, wenn ich bei mir selbst bin" (XI, 44). Die organische Natur erreicht ihr Ziel (verwirklicht ihr „Eidos") unmittelbar, „wenn nichts dazwischen kommt", wie Aristoteles immer wieder sagt. Im gleichen Sinne sagt auch Hegel – wie wir schon gehört haben – sehr schön bezüglich dieser organischen Natur: „Zwischen den Begriff und dessen Realisierung, die an sich bestimmte Natur des Keimes und die Angemessenheit der Existenz zu derselben, kann sich [im allgemeinen] nichts eindrängen." In der Realisierung des Geistes durch den Menschen aber drängt sich zwischen Begriff und Verwirklichung die Freiheit ein, um bei dem Bilde Hegels zu bleiben: das „Allgemeine" wird nur durch die individuelle „Intelligenz als selbstbewußte Vernunft" mächtig und wirklich. Die Analogie von Keim und fertigem Organismus erweist sich als trügerisch, die Vernünftigkeit des Wirklichen ist auf dem Boden der Freiheit nicht mehr in der Weise der Naturgesetzlichkeit (Artgesetzlichkeit) gesichert. Die Vernünftigkeit der Geschichte kann sozusagen anderes wollen als das „vernünftige" Individuum, ohne das es aber wiederum gar nicht so etwas wie „Geschichte" geben könnte. So wird (von Platons „heiliger Lüge" bis zu Hegels „List der Vernunft") der „Weltgeist" zur mit den Individuen über ihr Selbstbewußtsein und ihre Motivationen hinaus manipulierenden Instanz, damit der universale Ordnungsgedanke auch dort gerettet werde, wo die Freiheit „dazwischengekommen" ist. Und doch ist diese List der Vernunft nicht nur die List der Philosophie dort, wo die Rechnung der Vernünftigkeit des Wirklichen nicht aufgeht. Das auf diese Weise formulierte Problem ist unabweisbar und viel zu ernst, als daß man es einfach abschieben könnte. Dazu sei hier nur noch ein einziger Hinweis angebracht: es ist nämlich von der Wirklichkeit des sittlichen Selbstbewußtseins (dem „Du sollst" des Gewissens) her unmöglich, die Geschichte der Zufälligkeit und Beliebigkeit individueller Motivation zu überlassen und tatsächlich ist das auch nie geschehen. Die Frage nach dem „wesentlichen" Handeln ist für den „Gegenstand" der Geschichte so konstitutiv wie die Einsicht, daß Geschichte nur dort ist, wo individuelle „Intelligenz als selbstbewußte Vernunft" am Werk ist.

Es ergibt sich: die Macht des universalen Ordnungsgedankens und seiner Analogie von „Wesensbegriff" und wesentlichem = sittlichem Handeln (vgl. *Sokratisches Wissen und praktischer Primat*, Festschrift für H. Heimsoeth, 1966) beruht weniger auf seiner theoretischen Durchführbarkeit (nur zu leicht gerät er hier in die aufgezeigten Zweideutigkeiten Hegels) – als in seiner fundamentalphilosophischen Bedeutung für die Ethik als der Wissenschaft von der „spezifischen" Praxis des Menschen als Menschen. In dieser Hinsicht aber bedarf der universale Ordnungsgedanke keiner Rettung vor einer gewissermaßen totalen Gefährdung: denn auch in der Geschichte ist die Unvernunft nie so groß geworden, daß die Vernunft nicht immer noch größer gewesen wäre, insofern nämlich, als der Mensch als Mensch in ihr bestehen konnte. Freilich ist die Weltgeschichte auch nur das Weltgericht und nicht dasjenige des „Gewissens", des sich wesentlich als sittlich bestimmenden Individuums. Hier liegen für alle Richtungen der Philosophie ungelöste Probleme, die weit über das theoretische Interesse hinaus auch für den Motivationshorizont verantwortlicher geschichtlicher Entscheidungen von Bedeutung sind.

HUSSERL UND HEGEL
EIN BEITRAG ZUM PROBLEM DES VERHÄLTNISSES HISTORISCHER UND SYSTEMATISCHER FORSCHUNG IN DER PHILOSOPHIE

ERNST WOLFGANG ORTH (TRIER)

I

Philosophiehistorische Forschung kann in grundsätzlicher Hinsicht ein Zweifaches bedeuten: Entweder man hat den systematischen Anspruch prinzipieller Wahrheitsfindung – sei es für immer, sei es bloß für den gegebenen Fall – aufgegeben; oder man unterstellt, daß die Geschichte der Philosophie selbst ihr System ist. Diese beiden (abstrakten) Möglichkeiten sollte man vor allem deshalb zunächst berücksichtigen, um die manigfachen Kompromisse, die zwischen ihnen mehr oder weniger ausdrücklich geschlossen werden, genauer artikulieren und bewerten zu können.[1] Hat man aber die Alternative dergestalt zugespitzt, so scheint auch das Problem ein für alle Mal erledigt zu sein: Die Aufgaben der eigentlich *systematischen*, philosophischen Forschung haben dann mit philosophie*historischer* Forschung dem strengen Begriff nach nichts mehr zu tun. Es ist dann von jeder Wissenschaft, die einen bestimmten Gegenstandsbereich – welcher Art immer – mit hinreichender Gründlichkeit und unter Berücksichtigung aller Zusammenhänge (eben systematisch) klären will, jeweils diejenige (zweite) Wissenschaft zu unterscheiden, die solche (ersten) Wissenschaften bloß als (kultur-) historische Ereignisse nimmt. Es gilt dann: Geschichte und geschichtliche Betrachtung der Physik ist nicht Physik; Geschichte und geschichtliche Betrachtung der Philosophie ist nicht Philosophie. Solche geschichtlichen Untersuchungen können zwar durchaus wissenschaftlich

---

[1] Als Beispiel eines solchen Kompromisses, der bewußt ausgearbeitet ist, Hans Georg Gadamer, *Wahrheit und Methode*, Tübingen 1960 (²1965).

sein; sie sind es aber nur im Hinblick auf einen anderen Gegenstand, infolge einer thematischen Verschiebung des Forschungs-
interesses. Ihre Intention geht auf das ‚bloß Historische'.[2] Mag
dieses Historische als solches und in sich auch wieder systematisch erfaßt werden, so ist es doch demgegenüber, was der Gehalt solchen Historischen ist, äüßerlich. Dies gilt vor allem, wenn
solche Gehalte in Erkenntnis, Werten, Kultur bestehen. Denn
solche Gehalte sind durch den Anspruch gekennzeichnet, ihre
eigene Verbindlichkeit zu haben.[3] Man mag es deshalb auch als
ein Indiz für die gegenständliche Adäquatheit und methodische
Treffsicherheit von Wissenschaften ansehen, wenn sich jeweils
die historische Betrachtung solcher Wissenschaften nur äußerlich auf sie bezieht. Akzentuieren nun bestimmte Wissenschaften
ihre Geschichte, selbst im Bereich ihrer systematischen For-
schungsarbeit, so scheint das eher gegen ihre Tauglichkeit und
Tüchtigkeit bezüglich ihrer eigentlichen Aufgaben zu sprechen.
Statt historischer Gliederung der Wissenschaften, statt des Ver-
suchs, Verständnis durch das Erzählen von Geschichte zu erlangen, muß die Wissenschaft als Disziplin erfaßt werden, die sich
systematisch in Teil- und Unterdisziplinen gliedert. (Daß solche
Disziplinen von bestimmten Menschen, von Wissenschaftlern
mehr oder weniger arbeitsteilig verwaltet und damit stabilisiert
werden, wird nicht als historisch angesehen, sondern eher als
wissenssoziologisch, modern und aktuell, dem ‚Stand der Forschung' entsprechend. Von der Tatsache, daß dieser ‚Stand der
Forschung' ein historischer Zustand ist, wird als einer Äußerlichkeit abgesehen, somit der Historismus vermieden, aber nicht
selten zugunsten des Soziologismus, der nur eine Variante davon
ist.)

An der „absoluten Ungeschichtlichkeit der Wahrheit" muß
also festgehalten werden, will man nicht dem historischen Relativismus verfallen und damit die Möglichkeit der Wahrheit ad

---

[2] Zum Terminus „historisch" als bloß faktisch „positiv" PhG, 12; L I (Vor. zur
1. Ausgabe) 13 ff; Enz. § 4, S. 22; § 10, S. 28. Zur Gegenüberstellung von philosophischer, mathematischer und historischer Wahrheit (letztere als bloße empirische Fak-
tenwahrheit) schon Christian Wolff, der damit das ganze 18. Jh. beeinflußt.

[3] Was das „Wesen" oder die „Pointe" der Religion, der Kunst, des Rechts usw,
vor allem aber der Erkenntnis ist, kann zwar historisch dokumentiert werden, muß
aber vorher epochenüberhoben bestimmt sein, um es überhaupt in der Geschichte
wiedererkennen zu können.

absurdum führen.[4] Dies hat auch Husserl in seinem programmatischen Aufsatz von 1910/11 ausdrücklich betont (PhW, 294, 323 ff). Dennoch hat Husserl gerade in diesem Aufsatz ein *historisches* Ereignis von ganz besonderem Rang gesehen, nämlich die „Umwendung" der Philosophie in ihre nun endlich streng wissenschaftliche Phase, eine Philosophie, die bisher nur in wenigen ausgezeichneten historischen Epochen als bloßes Wollen bewußt gewesen sei (PhW, 289). Gerade damit zwingt uns Husserl auf den Weg der Geschichte – und dies nicht nur äußerlich. Denn seine philosophisch systematische Auffassung, wie immer es um diese als solche bestellt sein mag, wird zum bedeutsamen historischen Ereignis. Und so gilt, was Hegel sagt: „Aber die Wissenschaft darin, daß sie auftritt, ist sie selbst eine Erscheinung" (PhG, Einl., 70). Die neue Wissenschaft wird denn auch von Husserl durchaus in Verbindung mit philosophiegeschichtlichen und geschichtsphilosophischen Erwägungen erarbeitet, sei es durch Bezug auf die Renaissance (PhW, 289), auf Descartes (PhW 292) oder allgemeine Reflexionen über den Verlauf der philosophischen Kultur (PhW, 328 ff), bis es sich schließlich für Husserl erweist, „daß die Phänomenologie gleichsam die geheime Sehnsucht der ganzen neuzeitlichen Philosophie ist" (Id. I, 148).[5] Die als in einer Krise der Philosophie sich vollziehende systematische Besinnung Husserls scheint demzufolge die Auffassung zu bestätigen, systematische und geschichtliche Forschung fielen in der Philosophie zusammen. Krise versteht sich dabei gerne als besondere und bedeutsame geschichtliche Situation. Krisenhafte Besinnung wird zu einer – systematische Philosophie und Philosophiegeschichte verbindenden – Geschichtsphilosophie. Der dezisionistische, dem Denken nach scientifischen Kriterien ferner

---

[4] Cf. R. Lauth, *Die absolute Ungeschichtlichkeit der Wahrheit*, Stuttgart 1966. – K. R. Popper, *Die offene Gesellschaft und ihre Feinde*, Bd. I: *Der Zauber Platons*, Bd. II: *Falsche Propheten, Hegel, Marx und die Folgen*, Bern 1957/58 kritisiert den „Historizismus" (Bd. I, 32 ff; Bd. II, 471, 327–335, 468 ff) als „Holismus," der die Geschichte als Ganze und in Totalität zu erfassen meint. Den Unterschied zum „Historismus" als Bezogenheit auf je eigentümliche situationsgebundene räumlich und zeitlich abgrenzbare historische Erscheinungen positiv bei K. R. Popper, *Das Elend des Historizismus*, Tübingen 1965, z.B. S. 14, 2, 3.

[5] Cf. CM, 118 ff. Das Eindringen solcher geschichtsphilosophischer Gedanken in eine eher wissenschaftstheoretisch gemeinte Argumentation findet sich schon bei Husserls Lehrer Franz Brentano, *Die vier Phasen der Philosophie*, hrsg. O. Kraus, Leipzig (Meiner) 1926, Hamburg ²1968; drs., *Über die Zukunft der Philosophie*, hrsg. O. Kraus Leipzig (Meiner) 1929; neu hrsg. P. Weingartner Hamburg ²1968.

liegende Begriff des „kairos" bietet sich hier an.[6] Allerdings kann
dies zu einer Geschichtsmetaphysik führen, die zwischen situa-
tionsgebundenem Relativismus und erkenntnisthcorctisch-mctho-
dologisch ungedecktem Totalitarismus schwankt.[7] Die geschichts-
metaphysische Auffassung bemerkt Husserl ausdrücklich an Hegel, der zwar am systematisch wissenschaftlichen Charakter der
Philosophie festgehalten habe und insofern nicht mit dem „Historizismus" (hier: Historismus) gleichzusetzen sei;[8] denn dieser
(skeptische Historismus) komme erst auf mit dem Verlust des
Glaubens an Hegels universales philosophisches Konzept, ein
Verlust, der seinerseits dadurch motiviert ist, daß Hegels „System
die philosophische Wissenschaftlichkeit allererst ermöglichende
Vernunftkritik" fehlt (PhW, 292). Im gleichen Gedankenzug
also, in dem Husserl eine systematische Philosophie als strenge
Wissenschaft anstrebt, die allen Geschichtsrelativismus widerlegen soll, akzentuiert er gerade das Geschichtliche in der Philosophie – und zwar nicht nur im Sinne des ‚bloß' Historischen,
sondern der (kairotischen) Krise – und impliziert damit Erwägungen, die in die Geschichtsphilosophie führen. Wie bei Hegel
soll aufgezeigt werden, „daß die Erhebung der Philosophie zur
Wissenschaft an der Zeit ist" (PhG, Vor., 15).

Aber erst in seinem Spätwerk – der Krisis – macht Husserl die
Philosophiegeschichte als Geschichtsphilosophie nachdrücklich
zum Thema.[9] Dies ist auch vielen Husserlinterpreten aufgefallen,
ohne daß sie das Anschlagen dieses Themas in dem Aufsatz von
1910/11 genügend berücksichtigt hätten. So wird Husserls Spätwerk gern als große Wende gedeutet und im selben Maße mit
Hegel verglichen. Das Interesse für Geschichtsphilosophie über-

---

[6] Cf. G. Bauer, *Geschichtlichkeit-Wege und Irrwege eines Begriffs*, Berlin 1963, 82–89.
Zur entsprechenden Husserl- und Hegelinterpretation Jean Ladrière, *Hegel, Husserl
and Reason today*, in: *The Modern Schoolman*, Saint Louis 1959/60, Nr. 37, S. 171–195,
bes. 171 ff., 189 ff., 192 ff. Husserl hat auch im Spätwerk Kriterium positiv von
dezisionistisch-kairotischer Krise unterschieden (Kr, 3, 510).

[7] Husserl kritisiert das (PhW, 327, 337). Dagegen aber Ladrière, a.a.O., 175ff
(zum Ende der Geschichte bei Hegel); 188, 192 ff (zur Lebenswelt als angeblich letzter
Totalität bei Husserl). Zu den geschichtstheoretischen Problemen der Kr ist sehr
instruktiv P. Ricoeur, *Husserl et le sens de l'histoire*, in: *Rev. de métaph. et de mor.*,
54. Jg (1949) S. 280–316.

[8] Dazu Popper, *Die offene Gesellschaft* . . ., Bd. II, 36 ff., der Husserls „Essentialis-
mus" mit Hegels „Historizismus" sehr polemisch und beide Autoren ungenau behandelt (Bd. I, 290, Bd. II, 23 ff.).

[9] Cf. PhW 292, 328 ff., 331 ff., 336, EPh I/II, Kr, 7, 13 ff., 16. Zur Philosophiegeschichte D. Henrich, *Über die Grundlagen von Husserls Kritik der philosophischen
Tradition*, in: *Philos. Rdsch.* Jg. 6 (1958) S. 1–26.

wiegt bei solchen Deutungen leicht dasjenige für philosophiege-
schichtliche Details. Freilich scheint in der ‚Krisis' nach der viel
zitierten Beilage XXVIII das Programm von 1910/11 aufgegeben, wenn es heißt, Philosophie als strenge Wissenschaft sei
ein ausgeträumter Traum (Kr, 508 ff) – was sicherlich nicht im
Sinne Hegels wäre.[10]

II

Will man den Begriff der Philosophie als strenge Wissenschaft
verständlich machen, so muß man von zwei Möglichkeiten ausgehen: 1. Es bedarf eines geregelten Verfahrens, einer Methode,
mit deren Hilfe (Regeln und Gesetzen) jedwedes Problem angemessen formuliert und möglicherweise gelöst werden kann. 2. Es
bedarf einer besonderen Grundwahrheit, einer ausgezeichneten
Einstellung und Anfangsposition, unter deren Einhaltung und
Bewährung allerst die speziellen Problemlösungsverfahren zu gewinnen sind. (Dabei ist der gleichsam operative Charakter solcher
Anfangspositionen zu betonen und das Mißverständnis zu vermeiden, eine solche Anfangsposition oder Einstellung sei identisch mit *der* Wahrheit.) Beide Gesichtspunkte haben den Anspruch auf universale Reichweite und somit systematische Dignität gemeinsam, ohne daß sie ein ‚System' als Substrat mit allen
ausgeführten Einzelheiten hypostasieren müßten.

Hegels Begriff des absoluten Wissens, der oft zu voreilig hinsichtlich seiner metaphysischen und theologischen Vor- und Mit-
meinungen positiv oder negativ akzentuiert wird, ist zunächst in
diesem Sinne zu verstehen. Das ‚Absolute' ist dasjenige Unbedingte im kantischen Sinne, das sich als unabweisbarer Anspruch
der Vernunft manifestiert, wenn man sich einmal auf die Vernunft eingelassen hat (K.d.r.V., A Vor. VII, B Vor. XX ff). Hegel
trägt diesem Unbedingten als Absolutem Rechnung, indem er

---

[10] Die Beilage XXVIII beschäftigt sich mit dem Problem der Genauigkeit einer in
der Geschichte stehenden Philosophie. Eine Briefstelle aus einem Brief vom 10.7.1935
an Roman Ingarden wiederholt die berühmte Wendung und belegt, daß sie eine Art
kulturpolitische Meinungsäußerung ist, nicht eine Auffassung über die prinzipielle
Wissenschaftlichkeit der Philosophie. „Ihre Vorlesungspläne sind durchaus rationell -
für Polen, in Deutschland sind alle diese Themen nicht mehr aktuell. Philosophie ‚als
str[enge] Wiss[enschaft]' gehört zur erledigten Vergangenheit ... Auch im übrigen
Europa greift die irrationalistische Skepsis um sich." (*Briefe an Roman Ingarden*,
hrsg. R. Ingarden, Phaenomenologica, Den Haag 1968, S. 92 f.).

seinem Anspruch, der sich im menschlichen Bewußtsein faktisch meldet, nachgeht und ihn sich explizieren läßt.[11]

Ein geregeltes logisches Verfahren einerseits bedarf nun aber der Begründung aus einer Ausgangsposition, aus einer ‚ursprünglichen‘ Wahrheit oder Einsicht (die durchaus keine ‚eigentliche‘ sein muß), wie andererseits die Artikulation einer solchen Wahrheit des Anfangs (eine ausgezeichnete Einstellung) ihre Methode, ihre Logik verlangt; weiterhin bedarf solche Einstellung noch der Fähigkeit, in Methode umgewandelt werden zu können, um wirksam zu sein. Beide Motive also bieten, isoliert betrachtet, unüberwindbare Schwierigkeiten, weil es weder *die* fertige oder selbständige Logik und Methode gibt ohne jede Einsicht des Benutzers, noch diejenige leitende Einsicht, die ohne jede Bewährung logischen und methodischen Operierens wirksam durchgehalten werden könnte. Strenge Wissenschaft kann somit nur im Zusammenwirken beider Gesichtspunkte in einer verträglichen Einheit – systematisch – gelingen.

Will sie ihre Aufgabe, möglichst letztgegründende Wahrheit zu erlangen und zu bewähren, angemessen bearbeiten, so kann sie grundsätzlich nichts ‚draußen‘, nichts ‚offen‘ lassen, ohne wiederum *Gründe* für solche Äußerlichkeiten und Offenheiten beizubringen; d.h., auch die Abgrenzung „bedeutsamer“ und „unbedeutsamer“ oder „interessanter“ und „uninteressanter“ Bereiche steht unter Kriterien, mögen diese sich auch vorläufig als ‚pragmatisch‘ oder ‚heuristisch‘ verstehen. Es gibt für die Philosophie schlechterdings nichts „Fremdes“; deshalb kann auch keine Einzelwissenschaft indifferent neben ihr stehen; vielmehr müssen beide als Wissenschaften miteinander integrierbar sein. Der mögliche Hinweis auf die faktischen Beziehungen oder Isolierungen der Wissenschaften, auf ihre partielle Geregeltheit oder „eigentliche“ Ungründigkeit kann diese prinzipiellen Erfordernisse nicht widerlegen, sondern macht sie umso dringlicher. Ist die Idee der Wahrheitsforschung einmal anerkannt, dann müssen auch die Konsequenzen ihrer Definiertheit und ihrer Kriterien berücksichtigt werden. Will man Wissenschaft nicht – als bloß episodisch – überhaupt aufgeben, dann muß philosophische

---

[11] Heidegger vermag dies in seiner Interpretation der Einleitung der PhG auf seine Weise sichtbar zu machen (Hegels Begriff der Erfahrung, in: *Holzwege*, Frankfurt [5]1972 S. 105/117–192).

Wahrheitsforschung als unter Prinzipien stehend erfaßt werden, die es verhindern, die Wissenschaften der Unbestimmtheit der Kriterienlosigkeit und dem Zufall zu überlassen. Als heuristischer Begriff steht auch der Zufall unter Kriterien.

Hält man solche prinzipiellen Erwägungen für ausreichend, die Unerschütterlichkeit der Idee der philosophischen Wahrheit zu bestätigen, dann scheint die ‚Geschichte' prinzipiell zur Wahrheit der Philosophie nichts beitragen, noch von ihr etwas wegnehmen zu können (es sei denn, sie sei bereits nach prinzipiellen also außergeschichtlichen Überlegungen selbst als Prinzip legitimiert).

Diese Auffassung kann jedoch als bloß ‚abstrakt' kritisiert werden. Zunächst droht sie gegen ihr eigenes Ideal einer systematisch universellen Philosophie und Wissenschaft zu verstoßen, indem sie sich weite Bereiche (z.B. die Geschichte) schenkt. Weiterhin garantiert die Angabe – wenn auch als solcher konsistenter und wahrer – abstrakter Prinzipien noch nicht, daß sie auch in allen möglichen konkreten Fällen anwendbar sind.[12] Und schließlich wird hier das behauptete Ideal, durch und durch kriterienbestimmter Wissenschaftlichkeit, nicht ernst genommen; denn, da strenge Wissenschaftlichkeit sich auch auf die Einzelwissenschaften erstreckt, muß auch die ‚Geschichte', als Wissenschaft von der Geschichte, unter Kriterien gestellt werden können, die philosophisch beurteilbar bleiben müssen (cf. EPh II, 224, 229 ff; Kr, 193). So sagt Hegel: ,,Das absolute Wissen ist die Wahrheit aller Weisen des Bewußtseins" (L I, 45) – also auch des geschichtlichen.

Mag also die Geschichte es mit ,,Entwicklungen", ,,Individuell-Eigentümlichen" – oder was man sonst als ihre charakteristischen Gehalte und Formen ansieht – zu tun haben, als Wissenschaft muß sie solche Größen definieren können.[13] Auch die ominöse Geschichtsphilosophie kann nur Sinn haben, wenn sie sich nicht darin erschöpft, einfallsreich, tiefsinnig oder plausibel von *dem* ,,Sinn" der Geschichte zu erzählen, sondern die Möglichkeiten

---

[12] Dies auch einschränkend zu R. Lauth, a.a.O.

[13] Eine Zusammenstellung solcher Größen, ohne daß noch Kriterien sichtbar blieben, bei G. Bauer, *Geschichtlichkeit* . . ., a.a.O., 183 ff. Der Begriff des Unbestimmten droht durch den unbestimmten Begriff ersetzt zu werden. Demgegenüber zu Recht R. Lauth, a.a.O., 22: Die These von der unbestimmten Geschichtlichkeit der Wahrheit bedrohe nicht nur die Möglichkeit der Wahrheit, sondern auch der Geschichte.

der Behandlung des Gegenstandsfeldes Geschichte und einer Wissenschaft davon begrifflich präzisiert. Das kann dann durchaus auch auf so etwas wie Beiträge zu einer Bestimmung des „Sinnes der Geschichte" führen – vorerst ist es noch ein vieldeutiger Begriff. Geschichtsphilosophie muß sich nach alledem auch als Wissenschaftstheorie verstehen.

Für unser Thema bedeutet das: Wie immer man Husserl und Hegel als zwei historische philosophische Positionen vergleicht, man kann es, will man ihnen als Philosophen gerecht werden, nur unter Anwendung der wissenschaftlichen Verfahren tun, die eine Philosophiegeschichte oder auch eine Geschichtsphilosophie bereitstellen; und deren Kriterien sind dann einzuhalten. Das ist umso mehr zu beachten, wenn man das 'Geschichtliche' in den ‚Systemen' beim Vergleich in den Vordergrund stellt. Philosophie, Philosophiegeschichte und Geschichtsphilosophie schließen sich weder aus – denn sie müssen kritisch aufeinander beziehbar sein –, noch dürfen ihre spezifischen Bestimmungen begrifflos durcheinander gewirbelt werden.

III

Husserls Idee einer Philosophie als strenger Wissenschaft, die nicht nur in seinem Krisisbuch sondern schon in seinem frühen programmatischen Aufsatz „System" und „Geschichte" zu verbinden sucht, bleibt im ganzen seiner Werkentwicklung durchaus stabil. Sie kennzeichnet einen neuen und eigentümlichen Systembegriff. Auch hat Husserl unter strenger Wissenschaftlichkeit während seines ganzen Denkweges weder das bloße Festhalten an einem fixierten logischen Verfahren noch den puren Besitz einer besonderen, alles verbürgenden Evidenz verstanden.[14] Evidenz ist für ihn nichts anderes als Intentionalität; und diese ist in ihrer Wertigkeit allererst zu befragen. Charakteristisch ist für Husserls Lehre gerade die Verbindung beider Gesichtspunkte.

In den LU bestimmt Husserl die Logik als „objektiv-ideale" „Theorie überhaupt", als „objektiver oder idealer Zusammen-

---

[14] Zur Kritik an formalisierten Logiken und ihrer Reichweite Kr, 144, 192, aber auch in Husserls frühem Aufsatz „Erwiderung auf A. Voigt", in: Vjs. f. Wiss. Philos. 17. Jg. (1893), S. 119 Anm. 1. Zu Intentionalität u. Evidenz FtL, 143, 253.

hang" (LU I, 228, cf. FtL, 72, 77, 215). Sie ist „Wissenschaft von
der Wissenschaft . . ., die eben darum am prägnantesten Wissenschaftslehre zu nennen wäre" (LU I, 12; cf. §§ 4–11). Insofern
geht es hier nicht um „Denkakte" (LU I, 228), sondern um einheitliche gegenständliche Beziehungen in ihrer „Einheitlichkeit"
und „idealen Geltung". (Cf. FtL, S. 228) Solche Gegenständlichkeit ist im weitesten Sinne als „Etwas überhaupt" (LU I, 228 f
oder als „Sein an sich") zu verstehen. Dieses Sein als ein Inbegriff
möglicher Sachen ist immer so und so bestimmt; darin besteht
seine Wahrheit: Gegenständliches Sein und Wahrheit sind Kor-
relatbegriffe.[15]

Im Gegenzug dazu beziehen sich nun auf den Zusammenhang
der Sachen und korrelativ der Wahrheiten die Denkerlebnisse;
diesen Bezug nennt Husserl intentional (LU I, 228). Die Sache
und ihre Wahrheit ist also gegeben in der Erkenntnis, insofern
„wir einen Erkenntnisakt vollziehen", „in ihm leben"; zwar interessiert sich der reine Logiker für diese Akte als solche nicht,
„als vereinzelt im Erlebnis", sondern er hat es nur auf den allgemeinen Zusammenhang der Wahrheiten, resp. der Sachen abgesehen (LU I, 229). Aber es muß überhaupt etwas evident, erlebt, intentional getroffen oder gemeint werden, um die logischen
Zusammenhänge zu erstellen. Allerdings macht das bloße Erleben noch nicht die Wissenschaft aus (FtL, 236), und von dem
möglicherweise grundlosen „Meinen" ist das „Wissen" zu unterscheiden,[16] das in gesicherter Evidenz begründet sein muß (LU I,
13). Solches Wissen muß als Wissenschaft „auf die Einheit des
Begründungszusammenhangs" gehen (LU I, 15; cf. FtL, '194,
208). Die sich daraus ergebende Systematik liegt – wie es nicht
ganz unmißverständlich heißt – „in den Sachen selbst" (LU I,
15) als dem Inbegriff möglicher Gegenständlichkeit, dem „das
Reich der Wahrheit" korrelativ ist. Aus dieser Notwendigkeit
ergibt sich die „Idee des Wissens als Systematik" (LU I, 15; cf.
PhG, Einl. 69). „Daß wir Begründungen brauchen, um in der
Erkenntnis, im Wissen über das unmittelbar Evidente und dar-

---

[15] Zum „Etwas überhaupt" PhA (1891), S. 82–91, Id. I, 31 u.ö., FtL, 125, 167, 169
u.ö. Hegels „Sein" als allgemeinstes und noch zu bestimmendes Etwas: L I, 87 ff. –
Die in LU auftretende „Korrelation" baut Husserl seit Id. I immer differenzierter
aus: CM 87 ff, 94 ff; Kr, 161 ff, 173 ff.
[16] Dieser Unterschied bes. bei Hegel in PhG Einl. auch als natürliches Bewußtsein
und dialektisches.

um Triviale hinaus zu kommen, das macht nicht nur Wissenschaften möglich und nötig, sondern mit den Wissenschaften auch eine Wissenschaftslehre, eine Logik" (LU I, 16). Denn: „Das Reich der Wahrheit ist kein Chaos" (LU I, 15); es hat vielmehr „teleologische Bedeutung" (LU I, 25).[17] Diese Idee der Wissenschaftlichkeit als eines notwendigen, geregelten, systematischen Zusammenhangs der Wahrheiten und korrelativ der Sachen können wir im Sinne der späteren Husserlschen Terminologie als apodiktische Evidenz kennzeichnen.[18]

Bei dieser apodiktischen Evidenz ist das gehaltliche, nämlich das systematische Ideal von der erlebten, bewußtseinsmäßigen Tatsächlichkeit zu unterscheiden, eine Unterscheidung, die schon in den LU hinsichtlich der genauen Erfassung des Begriffes Logik Schwierigkeiten macht. Die Logik wird nämlich hier nicht nur ‚logisch' definiert als „Theorie aller Theorien" im objektiv idealen Sinn (s.o.); denn solche Theorie kann erst begründet werden durch Rückgang auf die „Quellen" ihrer „Begriffe", „Sätze" (und was es sonst an logischen Größen geben mag) in erlebenden Akten. In der Logik erscheint damit Erkenntnis- und Bewußtseinsforschung als wesentlich. Es geht um „erkenntnistheoretische bzw. (!) phänomenologische Grundlegung" (LU II, 1 S. 3). Dies ist nun wiederum ein Rückgang auf die „Sachen selbst" (S. 6). Die „Sache" ist hier nicht mehr bloß das formale „Etwas überhaupt"; sie ist die erlebte und erlebende Sache, z.B. auch der in der Logik beanspruchten begrifflichen Größen, wie sie sich in bewußtseinsmäßigen Akten intentional konstituieren und zu „vollentwickelter Anschauung" gebracht werden können (S. 6). Die Substanz wird als Subjekt begriffen (PhG Vor., 22 f).

Husserls Philosophie wird hier dadurch konkret, daß „die logischen Ideen" im Bewußtsein zu „erkenntnistheoretischer Klarheit und Deutlichkeit" gebracht werden, obwohl der Rückgang auf das Bewußtsein nicht „zur ureigenen Domäne des reinen Logikers" gehört (LU II, 1 S. 5 f). Logik und Phänomenologie implizieren sich wechselseitig und sind faktisch nicht zu trennen.

---

[17] Teleologie ist für Husserl Ausdruck von Rationalität und Geregeltheit. PhW, 301, Id. I, 212, 246 ff; FtL, 143, 151, 155, 216, 236, 245 ff. Cf. auch „wesensmäßige Vorzeichnung" Id. I 330 u. „Wesensstil der Erfahrung" FtL, 249.

[18] Zu diesem Terminus Id. I, 333 ff; CM 55, 62, 133; EPh II, 366. Die apodiktische Evidenz ist nicht gleich der adäquaten, sondern sie ist Ausdruck der „wesensmäßigen" Geregeltheit der transzendentalen Subjektivität ohne Hypostasierungen.

Das zeigt sich auch an einem charakteristischen terminologischen Wandel: in LU I S. 245 (1. Aufl.) spricht Husserl vom „logischen Ursprung" der Begriffe usw., in der entsprechenden 2. Aufl., LU I, 244 vom „phänomenologischen Ursprung". So „kämpft" „die phänomenologische Fundierung der Logik auch mit der Schwierigkeit, daß sie fast alle die Begriffe (sc. logische), auf deren Klärung sie abzielt, in der Darstellung selbst verwenden muß" und sich die Untersuchungen „gleichsam im Zickzack" bewegen (LU II, 1 S. 17; cf. FtL 111). D.h., „daß in der anfangenden Phänomenologie alle Begriffe, bzw. Termini, in gewisser Weise im Fluß bleiben, immerfort auf dem Sprunge, sich gemäß den Fortschritten der Bewußtseinsanalyse und der Erkenntnis neuer phänomenologischer Schichtungen innerhalb des zunächst in ungeschiedener Einheit Erschauten zu differenzieren" (Id. I, 206; cf. FtL 155 f, EU, 3). Ist die Philosophie als reine Phänomenologie „ihrem Wesen nach Wissenschaft von den wahren Anfängen von den Ursprüngen, von den ῥιζώματα πάντων" und muß sie als „Wissenschaft vom Radikalen" „auch in ihrem Verfahren radikal sein" (PhW, 340), so sind die Schwierigkeiten der „anfangenden Phänomenologie" nicht bloß als äußerlich, methodischtechnisch und propädeutisch zu verstehen.[19] Obwohl Husserl die Idee einer Theorie aller Theorien nie aufgibt, ist doch die „Erkenntnistheorie", die Phänomenologie, die jener Theorie aller Theorien erst Deutlichkeit und Klarheit bringen soll, „eigentlich gar keine Theorie", „nicht Wissenschaft im prägnanten Sinne einer Einheit aus theoretischer Erklärung" als eines „Begreiflichmachens des Einzelnen aus dem allgemeinen Gesetz und dieses letzteren wieder aus dem Grundgesetz" (LU II, 1 S. 20). Sie ist „phänomenologische ‚Theorie'" (S. 22; cf. EPh II, 195 u. FtL).

Diese Auffassung wird auch in Husserls Begriff der Kritik gegenüber vorliegenden wissenschaftlichen Positionen sichtbar.

---

[19] Nach Levinas bezeichnete sich Husserl noch im Alter mit Stolz als „wirklichen Anfänger" in dre Philosophie (CM, S. XXIX). Levinas berichtet hier auch die Anekdote Husserls vom Schleifen des Taschenmessers als Beispiel für die Methodenversessenheit. Im Zusammenhang der Kritik an einer Erkenntnistheorie, die nie ernsthaft zur Sache kommt, wird dieses Messergleichnis angeführt von H. Lotze, *System der Philosophie*, 2. Tl.: *Metaphysik*, Leipzig 1879, S. 15: „das beständige Wetzen der Messer aber ist langweilig, wenn man Nichts zu schneiden vorhat". – A. Diemer, *Die Phänomenologie und die Idee der Philosophie als strenge Wissenschaft*, in: Zs. f. philos. *Forschg*, Bd. XIII (1959) S. 243–262 wirft Husserl hier u.E. zu Unrecht, ein Schwanken zwischen Positivismus und Gnosis vor (S. 245–250); vom „wahren Positivismus" in PhW, 340; „dann sind wir die echten Positivisten" Id. I, 36.

Husserl unterscheidet zwei Formen der Kritik: die „bloß widerlegende Kritik aus den Konsequenzen" und „die positive Kritik an den Grundlagen und Methoden" (PhW, 293). Beurteilt die erste Kritikform eine gegebene Auffassung nur ‚abstrakt' und von der Haltbarkeit des Resultates her, ohne sich auf die ursprünglichen Absichten und die Entfaltung im einzelnen einzulassen, so ist die positive Kritik eine „tiefdringende", „gibt selbst schon Mittel des Fortschrittes, weist idealiter auf rechte Ziele und Wege hin und somit auf eine objektiv gültige Wissenschaft" (PhW, 327). D.h., auch die historisch vorliegenden wissenschaftlichen, aber möglicherweise falschen Meinungen haben dennoch ihre Evidenzen, die aufgesucht, verdeutlicht und geklärt werden sollen. Dabei können fruchtbare Einsichten gewonnen werden, die eine formale Kritik gar nicht erst erfaßt. Sie erweisen sich als „sedimentierte Geschichte" des Bewußtseins (FtL).[20]

Phänomenologie als strenge Wissenschaft überläßt so die systematische Entfaltung der notwendig zu fordernden ‚Idee der Systematik' der Subjektivität selbst; insofern ist sie eine Wissenschaft von der Erfahrung des Bewußtseins.[21] So wie diese Subjektivität als intentionale erfaßt wird, klärt sich auch die Systematik. Der Gang der Phänomenologie ist die intentionale Entfaltung des Subjekts in seinen ‚Leistungen', die methodisch und logisch geregelt sind (cf. CM, 116 ff). War in den LU der Begriff des intentionalen Bewußtseins noch nicht in voller Klarheit mit der Idee logischer Theorie verknüpft, so wird diese Verbindung in PhW in Angriff genommen, in Id. I als Transzendentales erfaßt und in FtL in ihren Auswirkungen skizziert, indem der Begriff der Logik zu dem der letzten Wissenschaft als Erster Philosophie erweitert wird und so alle in einem engeren Sinne logischen und phänomenologischen Aufgaben in sich begreift. Am „Prinzip aller Prinzipien" (Id. I, 52) ist festzuhalten: Rechtsquelle aller Erkenntnis sind die sich im Bewußtsein gebenden Anschauungen; sie sind zu nehmen, wie sie sind; aber auch in den Schranken in denen sie gegeben sind; und sie dienen insofern als „ein (!) absoluter Anfang..., als Prinzipium". Kürzer heißt es (EPh II, 42), daß „der Satz ‚Ich bin' das wahre Prinzip aller Prinzipien ist

---

[20] Ähnlich mag man Hegels Versuch, Epochen der Geschichte des Geistes als dessen abgetane Gestalten gleichwohl zu würdigen, verstehen.
[21] Damit ist auch diejenige Erfahrung gemeint, die das Bewußtsein über sich selbst macht, ja jede „objektive" Erfahrung ist hier auch „subjektive" (cf. PhG Einl.).

und der erste Satz aller wahren Philosophie". Das Prinzip aller
Prinzipien ist jedoch – ohne ausdrückliche Auszeichnung – schon
in Husserls programmatischem Aufsatz formuliert: „Jede Gegen-
standsart, die Objekt einer vernünftigen Rede, einer vorwissen-
schaftlichen und dann wissenschaftlichen Erkenntnis sein soll,
muß sich in der Erkenntnis, also im Bewußtsein selbst bekunden
und sich, dem Sinne aller Erkenntnis gemäß, zur *Gegebenheit*
bringen lassen. Alle Erkenntnisarten, so wie sie sich unter dem
Titel Erkenntnis szs. teleologisch ordnen und ... sich den verschiedenen Gegenstandskategorien gemäß gruppieren – als die
ihnen speziell entsprechenden Gruppen von Erkenntnisfunktionen
– müssen sich in ihrem Wesenszusammenhang und ihrer Rückbeziehung auf die zu ihnen gehörigen Formen des Gegenstandsbe-
wußtseins studieren lassen. So muß sich der Sinn der Rechts-
frage, der an alle Erkenntnis zu stellen ist, verstehen, das Wesen
von begründeter Rechtsausweisung und von idealer Begründbar-
keit oder Gültigkeit völlig aufklären lassen... für alle Erkennt-
nisstufen, zu höchst für die wissenschaftliche ..." (PhW, 301).[22]
Gegenständlichkeit kann sich nur aus Bewußtsein verständlich
machen lassen als eines „Studiums des *ganzen* Bewußtseins", „in
allen seinen Gestalten" (PhW, 301; cf. CM, 80). Solche 'Gestalten
des Bewußtseins' sind darin begründet, daß Bewußtsein immer
ein Bewußtsein ‚von' ist, d.h. intentional und korrelativ.

Damit ist die Betonung der Subjektivität nicht ein ‚eitles'
Festhalten am subjektivistischen Ich; sie beruht auf der Erkenntnis, daß Sein, welcher Art immer, als erkanntes sich in den Evidenzen eines Bewußtseins geben muß, welche Evidenzen dann
nach ihren verbindlichen Regelstrukturen zu durchforschen sind.
Deshalb entwickelt Husserl weitreichende Methoden der Intentionalanalyse zur Aufklärung der ‚teleologischen' Struktur des
Bewußtseins, d.h. seiner notwendigen Wesenszusammenhänge,
ohne die jede Wissenschaft haltlos wird.[23] Die mannigfach aus-

---

[22] Um den „Sinn der Erfahrung und den Sinn des Seins" geht es (PhW, 308). Die
gegenständliche Triftigkeit des Vernunftbewußtseins muß jedoch untersucht werden
(Id. I, 333 ff, 357 ff); die Phänomenologie ist kritische Philosophie im Anschluß an
Kant (Id. I, 147 ff). FtL, 178: „intentionale Kritik".

[23] L. Eley, *Die Krise des Apriori in der transzendentalen Phänomenologie Husserls,*
Den Haag 1962, bes. S. 27, 43, 55 wirft Husserl eine Isolation von Wesen vor, die
zwar eine geheime Dialektik hätten. Zu Eley cf. J. Patočka, *La doctrine husserlienne de
l'intuition eidétique et ses critiques récents,* in: Rev. intern. d. philos. Nr. 71/72 (1965)
S. 17–33, bes. S. 24 f. – Der Wesensbegriff Husserls darf nicht substrathaft hypostasiert werden.

gearbeiteten und differenzierten Reduktionsmethoden dienen dabei der Forderung die ‚Schranken' des Gebens zu berücksichtigen. Zu den „Sachen selbst" (PhW, 340) gehen, heißt so zum Subjekt gehen: das Subjekt ist die Sache oder die Sache wird zum Subjekt und entwickelt sich als dieses. Kriterium und Erleben, Idee und Geschichte scheinen sich in der lebendigen Einheit zu verbinden: „Die volle konkrete Ontologie ist eo ipso, ist nichts anderes als die echte Transzendentalphilosophie", und diese „hat nichts anderes in ihrem letzten Absehen gehabt, in ihrem historischen ungeklärten Entwicklungsbetrieb, als diese Ontologie". „Eine vollständige Ontologie, indem sie allen (!) Korrelationen nachgeht, kommt von selbst und in prinzipieller Notwendigkeit zur Einsicht, daß Sachenwelt und Subjektivität nicht zufällig zusammenkommen und Subjektivität nicht selbst als zufällige Sachlichkeit innerhalb einer irgend zufällig von Gott geschaffenen Welt ‚ist'". „Eine echte Ontologie, eine universale und allseitige Logik, in eins analytische und regionale, ist nichts anderes als die wirkliche Ausführung des transzendentalen Idealismus als einer apriorischen Wissenschaft..." (EPh II, 215 f; cf. FtL. 140–153, 241 ff, CM, 118 ff). Zu dieser „absoluten" Wissenschaft gehören auch Mathematik und formale Logik – in ihren wohlverstandenen Grenzen (S. 216 f), ebenso die Ethik (S. 193 ff). Der „Allzusammenhang der Subjektivität" ist die Aufgabe einer letzten transzendental-phänomenologischen Wissenschaft (S. 232 ff).

Die ‚Sache' ist also nicht in der Angabe ihres Zweckes erschöpft, sondern sie ist in ihrer ‚Ausführung' (PhG, Vor. S. 13). Das Wahre ist nicht Substanz, sondern Subjekt, lebendige Substanz (PhG, 22 ff). Die reine Wissenschaft ist ebensosehr die Sache als der Gedanke (L I, 45). Als Logik umfaßt sie die Ontologie und das Subjekt (L I, 65). „Das wissenschaftliche Erkennen erfordert" deshalb „sich dem Leben des Gegenstandes zu übergeben, oder, was dasselbe ist, die innere Notwendigkeit desselben vor sich zu haben und auszusprechen" (PhG, 50).[24]

---

[24] Man bleibt so auch nicht unter denselben Anfangsbedingungen in der Husserlschen Phänomenologie, unter denen man eingetreten ist (hier Bewußtsein, dort Gegenstand). Der Begriff des Bewußtseins wandelt sich mit seinen Selbst-Erfahrungen und den dazugehörigen „gegenständlichen" Implikationen. Dazu E. W. Orth, *Husserls Begriff der cogitativen Typen und seine methodische Reichweite*, in: *Phänomenologische Forschungen*, Nr. 1, *Grundlagen- u. Methodenprobleme*, Freiburg 1975.

IV

Nach den bisherigen Hinweisen scheint die Husserlsche Philosophie mit der Hegelschen wesentliche Gemeinsamkeiten aufzuweisen, vor allem in der alles umspannenden, systematisch-wissenschaftlich verstandenen Grundintention.[25] Allerdings darf ein philosophischer Vergleich sich nicht auf die Kon- und Disonanzen der beiderseitigen Terminologien und Verbalisierungen beschränken, sondern er muß den originären begrifflichen Sinn ‚in positiver Kritik' hervorholen. So meinen viele Husserlinterpreten, Husserl habe szs. das gelobte Land der Hegelschen Philosophie gesehen, – vor allem in seinem Spätwerk – ja es betreten, aber nicht gewagt, dort ansässig zu werden. Trotz seines universellen systematischen Anspruchs, seiner im Spätwerk auch auf das Historische, Kulturelle, Praktische und Politische gehenden Gesamtanschauung, trotz seiner Erweiterung der Logik und des Auffassens charakteristischer Gegensätzlichkeiten scheint Husserl gerade in dem wesentlichen Punkt, der Dialektik, unbelehrbar zu sein. Diesem Lebenselement des Hegelschen Systems verweigert er strikt die Annahme.[26] – Hier zeigt sich eine merkwürdige Art der Beurteilung: einerseits wirft man Husserl eine mangelnde Dialektik vor, andererseits nimmt man sie im vollen Sinne des Hegelschen Systems gar nicht ernst, noch erklärt man sie genau. Ebenso wirft man Husserl einen mangelnden Sinn für das Geschichtliche vor, ohne eine Klärung des Geschichtlichen bei Hegel zu versuchen. Weiterhin betrachtet man zwar Husserl in seiner geschichtlichen Entwicklung, bei Hegel aber scheint

---

[25] So konnte der französische Germanist Andler 1929 bei Husserls Sorbonne-Vorträgen die Phänomenologie als eine Auferstehung der klassischen deutschen Philosophie feiern nach der trüben Ebbe, die auf Hegel folgte (CM, S. XXV).

[26] So J. Ladrière, *Husserl, Hegel and Reason today*, a.a.O., Husserl wird zunächst positiv mit Hegel verglichen, um dann an Heideggers „Geschichtlichkeit" anzuschließen (S. 189). Cf. A. de Waelhens, *Phénoménologie husserlienne et phénoménologie hégélienne*, in: ders., *Existence et signification*, Louvain/Paris 1958, S. 25 (auch in: *Rev. philos. de Louvain*, Bd. 52, 1954). Den verhinderten Dialektiker sieht vor allem L. Eley, *Die Krise des Apriori ...*, a.a.O., S. 101 ff, 121 ff, 142, mit Hinweis auf Lebensweltthematik. Die geistreiche Arbeit von Th. W. Adorno, *Zur Metakritik der Erkenntnistheorie*, Stuttgart 1956, die ebenfalls mangelne Dialektik bei Husserl rügt, versteht sich aber wohl nicht als ein ernster Forschungsbeitrag. Zu Adorno und Eley cf. J. Patočka, a.a.O.

man dergleichen nicht zu vermuten, wenn man ihn mit Husserl vergleicht.[27]

Was kann ein Vergleich zweier Philosophien nun überhaupt bedeuten, und was will das ‚Geschichtliche' hier besagen (s.o. S. 219 f)? Der Vergleich zweier philosophischer Positionen kann sich zunächst rein systematisch, d.h. frei von jeder historischen Implikation verstehen. Das setzt eine verbindliche Ausgangsbasis voraus, auf welche die zu vergleichenden Positionen zu projizieren sind. Drei Möglichkeiten kann man herausstellen: 1. Der Vergleichende ist selbst Basis des Vergleichs. 2. Eine der zu vergleichenden Positionen dient als Basis. 3. Die beiden zu vergleichenden Positionen werden als – irgendwie (!) – ‚komplementär' behandelt, die sich ‚gegenseitig erhellen' und damit die Position des Vergleichenden allererst entwickeln sollen. Die zweite und dritte Auffassung setzen stillschweigend die Möglichkeit einer Vereinheitlichung in der Position des Vergleichenden voraus und sind insofern Modifikationen der ersten. Die dritte Auffassung kann zudem in eine unwissenschaftliche, gar unausgesprochene Geschichtsphilosophie führen. Als didaktisch-methodisches und memotechnisches Verfahren können das zweite und vor allem das dritte durchaus nützlich sein (z.B. im Lern- und Lehrbetrieb).

Bemerkenswert ist die (kultur-) historische Zufälligkeit solcher Art systematischen Vergleichens; denn bezüglich des hier doch eingehenden historischen Faktenwissens und der thematischen Interessen ist eine Art ‚Enge des Bewußtseins' zu berücksichtigen: diese philosophiehistorische Betrachtung liefert sich damit leicht der sogenannten ‚Kultur- und Geschichtsmächtigkeit' (des bloß faktischen Wissens) aus, zumal diese Mächtigkeit wissenschaftstheoretisch nicht durchschaut und analysiert ist. Welche (systematischen) Gedanken eines bestimmten Philosophen in welcher Weise mit denjenigen eines anderen systematisch verbunden und verglichen werden, wird eben dann nicht nur systematisch, sondern noch durch den historischen Erkenntnis- und

---

[27] Zur historisch konsequenten und überschaubaren Entwicklung der Husserlschen Philosophie W. Biemel, *Die entscheidenden Phasen von Husserls Phänomenologie*, in: *Zs. f. philos. Forschg.* Bd. XIII (1959) 187–213. – Zu den Schwierigkeiten einer zusammenhängenden Hegelinterpretation, die sich in Th. Haering's (1929/38) und Glockners (1929/40) Werken dokumentieren, H. F. Fulda, *Das Problem einer Einleitung in Hegels Wissenschaft der Logik*, Frankfurt 1965.

Interessenstand bestimmt.[28] Damit ist auch das Problem der
Tradierung kultureller Gehalte, insbesondere auch das Genera-
tionsproblem verbunden. Keine Generation ist einfach Erbe des
‚Erreichten‘, ‚auf‘ dem sie bloß ‚weiterbauen‘ müßte. Das Erreichte ist von der jeweils neuen Generation erst selbst wieder zu
erreichen, wie umgekehrt neue Entdeckungen durch die (halbe)
Kenntnis des bisher Bekannten verunklärt werden können.

Diese Überlegungen führen vom systematischen zum historischen Vergleich, der an die zwei Trivialeinsichten geknüpft ist,
daß Wahrheiten zu bestimmten Zeiten als solche historisch und
individuell bestimmt, faktisch, auftreten und daß sich Entwick-
lungen – wie unklar dieser Begriff auch immer ist - feststellen
lassen. Diese trivialen Beobachtungen – mitunter in verschiedener
Weise kombiniert und mit bedeutsamen Namen versehen – sind
für das Geschichtlichkeitsdenken der neueren Philosophie freilich so faszinierend, daß der Unterschied zwischen Geschichte
der Wahrheit und geschichtswissenschaftlicher Betrachtung derselben gern übersehen wird. Als Geschichtswissenschaft dient die
Erforschung der Geschichtlichkeit der Wahrheit gerade der Überprüfung ihrer systematischen Dignität. Sie thematisiert das historisch Eigentümliche wie auch die Entwicklung der Wahrheit, um
die Äquivokation zwischen der faktischen Gestalt der Wahrheit
und ihrem systematischen Sinn zu entwirren; damit entgeht sie
dem Relativismus und dem Universalismus gleichermaßen. Der
Anspruch der philosophisch wissenschaftlichen Wahrheit wird
damit nicht verleugnet, vielmehr wird seine Bewährung in Gang
gesetzt.[29] Weder das Geschichtlich-Eigentümliche einer Philo-

---

[28] Das muß nicht tendenziös sein. Ein Kenner des englischen Empirismus wird in
Husserls Bewußtseinsanalyse Momente der Assoziationspsychologie finden, wo der
Hegelkenner das Spiel mit dialektischen Gegensätzlichkeiten erkennt.

[29] Hier ergeben sich Fragen an H. G. Gadamer, *Wahrheit und Methode* ²a.a.O.
Gadamer sagt einerseits, seine Hermeneutik sei keine Kunstlehre zur theoretischen
und methodischen Grundlegung der (z.B. historischen) Geisteswissenschaften (S. XIV,
XVII), andererseits kennzeichnet er sein Verfahren durch die (Kantische) Frage „wie
ist Verstehen möglich?" Wäre die wissenschaftliche Beantwortung dieser Frage nicht
doch die Kunstlehre? Gadamer nimmt ja bei seinen lehrreichen Feststellungen über
die Geschichte (z.B. der Hermeneutik) wissenschaftliche Traktierbarkeit in Anspruch,
d.h. die (wenn auch kritische, oblique) Bestimmbarkeit und Identifizierbarkeit des
Themas; er setzt also eine gelingende Kunstlehre der Hermeneutik voraus. Wie kann
nun wiederum die kantische Frage seine Frage sein, wenn er sagt: „Nicht, was wir
tun, nicht was wir tun sollten, sondern was über unser Wollen und Tun hinaus weitaus
geschieht, steht in Frage" (S. XIV)? Wie kann das wissenschaftlich erfaßt oder auch
nur als Problem artikuliert werden, wenn „Verstehen" immer „Andersverstehen" ist
(S. 280)?

sophie noch der Gang und die Struktur ihrer Entwicklung lassen sich ohne einen systematischen Begriff von der Philosophie verstehen. Aber auch die Wissenschaft, die nun als Geschichtswissenschaft die historische Manifestation der Philosophie zu erforschen hat, muß ihrerseits wissenschaftstheoretisch artikuliert und legitimiert sein. Wenn die systematische philosophische Forschung eine historische impliziert, muß also letztere wieder unter systematisch philosophischen Kriterien stehen.

Der historische Vergleich zweier Philosophien muß nun berücksichtigen, daß ‚Entwicklung‘ und ‚Eigentümlichkeit‘ der jeweiligen Philosophie gleichermaßen wirksam sind: um eine Entwicklung von der einen philosophischen Position zu einer anderen zu erfassen, muß die Eigentümlichkeit jeder einzelnen Position erkannt sein, wie umgekehrt solche Eigentümlichkeit in der Entwicklung verständlich gemacht wird.

Dabei ergibt sich eine Fülle weiterer historischer Implikationen: nicht nur spezielle *philosophie*historische Umstände sind bei der Betrachtung einer vorliegenden Philosophie zu untersuchen, die sich ja meist in einer ausdrücklichen thematischen Argumentationsreihe manifestieren; sondern auch weniger ausdrückliche Fundiertheiten in kulturhistorischen, religiösen, soziologischen, politischen, wirtschaftlichen, psychologischen usw. Bereichen sind zu klären, gerade weil sie in der Philosophie weniger ausdrücklich und unthematisiert mitwirken. Werden solche Fundierungen als prinzipielle (und isolierte) Begründungen von Philosophien verstanden, dann treten Kulturismus, Historismus, Historizismus, Soziologismus usw. auf – mit den damit verbundenen Widersprüchlichkeiten und Inkonsequenzen, die bis zur Auflösung eines rationalen Philosophiebegriffs führen.

V

Einen Ausweg aus diesen Schwierigkeiten scheint nun gerade die Hegelsche Philosophie zu weisen. Sie hält mit dem Begriff des ‚absoluten Wissens‘ am Systemcharakter der Philosophie fest und zeigt zugleich – unter dem Begriff der ‚Gestalten des Bewußtseins‘ –, daß dieses Wissen seine historische Form der Manifestation und Entfaltung habe, die notwendig in der systematischen Struktur dieses Wissens verankert sei. Auch das Konkret-

Historische habe hier seinen Platz. Diese Grundanschauung wird abgesichert durch die ‚in der Sache selbst' liegende Methode, die in den Termini Dialektik, positiver Widerspruch, Entäußerung, konkreter Begriff benannt ist. Man darf hier nicht vorschnell von einem leichtfertigen Kompromiß zwischen einer vereinfachenden Linienziehung durch die Philosophiegeschichte einerseits und einem ungerechtfertigten Verharren bei bestimmten eigentümlichen philosophischen Positionen andererseits sprechen, noch davon, daß eine solche Philosophie des absoluten Wissens ja selbst bloß eine eigentümlich historische ist, wie auch eine konkret entwickelte.[30]

Solche Einwände nehmen den systematischen Anspruch nicht ernst und beziehen sich nur äußerlich auf die Ergebnisse und Inhalte. Eine wirksame Kritik muß auf die ursprüngliche Themenstellung und die damit verbundene Methode eingehen: System- und prinzipienindifferente philosophische Forschung gibt es ebensowenig wie eine gänzlich geschichtsüberhobene Systematik; welche Wertigkeit die Erläuterung dieser Umstände hat, in welcher Art hier Bedingungen und Fundierungen verständlich gemacht werden, das ist die entscheidende Frage. So ist auch der Einwand bloßer historischer Linienziehung hinfällig, wenn das Verfahren sich in den Grenzen seiner Möglichkeit hält. Hat man wie Hegel das ‚absolute Wissen' oder wie Husserl die ‚transzendentale Subjektivität' in ihrer prinzipiellen Struktur erfaßt, dann können alle möglichen Formen und Gestalten des Bewußtseins auf eine solche Instanz bezogen werden, weil diese den universellen systematischen Rahmen gibt, womit das unverständlich Vereinzelte erst verständlich wird. Demnach müssen alle Formen des Wissens auch als historisch auftretende einen notwendigen Bezug zu der absoluten Form haben. So wird es möglich, der ‚Geschichte' des transzendentalen Subjekts oder des absoluten Wissens und seiner einzelnen abgewandelten Formen nachzugehen; Äquivokationen zwischen den einzelnen Bewußtseinsgestalten und der einzelnen Bewußtseinsgestalt zur absoluten Gestalt sollen dabei aufgeklärt werden.

---

[30] Hegel berücksichtigt das: 1) die „Wissenschaft darin, daß sie auftritt, (ist) selbst eine Erscheinung" (PhG, 70); 2) aber das „Ziel" ist dem „Wissen ebenso notwendig als die Reihe des Fortganges" (PhG, 73); zum Telos bei Husserl Kr 13 u.ö. – Der Begriff des Telos darf ebensowenig substrathaft hypostasiert weredn wie der des Principiums (Ursprung, Anfang).

Es darf also eine bestimmte, historisch vorliegende philosophische Position nach ihrer Typik als eine Gestalt des Bewußtseins erforscht werden. Eine solche Typisierung ist immer eine ‚Abstraktion‘.[31] Denn was historisch vorliegt, ist konkret mannigfaltig; aus ihm wird herausgehoben, was im Hinblick auf die absolute Gestalt des Bewußtseins relevant ist. Dabei ergeben sich neue Gestalten, die weder mit der konkret-mannigfaltigen noch der absoluten verwechselt werden dürfen.[32] Die möglichen Typen, die aus einer historisch gegebenen Philosophie herausabstrahiert werden können, sind aufeinander, auf die absolute Subjektivität und auf andere mögliche Typen beziehbar. Form und Mittel der Beziehung sind bei Hegel die Dialektik, bei Husserl die Intentionalität. Beide verstehen sich nicht als eindimmensionale Formen, sondern wollen sich bis in die gegenständliche Kleinstruktur bewähren.

Historische ‚Linienziehungen‘ sind nun erlaubt, wenn die Beziehung auf den ‚letzten‘ Strukturtyp prinzipiell und konkret geleistet werden kann und die zu beziehenden einzelnen Größen als solche erfaßt werden. Das genaue Verweilen bei *einer* historischen Gestalt der Philosophie ist notwendig, um die Projektion auf einen höheren oder den letzten Typ deutlich und klar zu machen.[33] Je schärfer die Abstraktion eingestellt ist, umso genauer wird die historische Konkretion erfaßt werden müssen.

Die scheinbare Paradoxie, daß eine universal urteilende Philosophie selbst bloß individuell *diese* und zudem historisch *entwickelte* ist, löst sich durch die zweifache Beziehbarkeit jeder Philosophie auf die absolute Struktur auf, nämlich durch das ausdrückliche Anzielen absoluter Begründung (oder den durch bloße Behauptung implizierten Anspruch solcher Begründung) und durch die Projizierbarkeit auf den absoluten Typ als dessen

---

[31] Husserl spricht von „phänomenologischer Abstraktion" (EPh II, 176), von „Präparieren" durch Reduktion (Id. I, 198). Die Abstraktion kann, je nach methodisch-thematischer Absicht verschiedene Richtungen haben. Auch Hegel bezieht sich auf die „abstrakten Bestimmungen des Wissens und der Wahrheit" (PhG. Einl. 75)-

[32] Cf. dazu Husserls Interpretation der Philosophie Descartes', der eine Transzendentalphilosophie inauguriert, ohne ihren Sinn ganz zu erfassen und voll zu erfüllen (EPh I, 58 ff, 330 ff, 343 ff; Kr, 61 ff, 74 ff, 85 ff, 392 ff, 402 ff, 418 ff, 424 ff). – Zu konkreten Gestalten, die in der philosophiehistorischen Kritik wichtig sind, gehören auch solche wie „Dualismus", „Monismus", „Psychologismus", „Theologismus" oder autorennamenbezogene („Platonismus" usw.).

[33] Das gilt auch für die speziellen Geschichtswissenschaften, wenn sie „das" Soziale, Kulturelle usw. zum besonderen Thema machen. Einseitige Isolierungen sind auch hier zu vermeiden.

abgewandelte Gestalt. Allerdings ist mit der bloßen Erkenntnis solcher Beziehbarkeit die Philosophie noch nicht am Ende, weil die methodische Durchführung im einzelnen mit zu leisten ist.[34]

Beachtet man nun (methodisch) die Beziehungsarten zwischen philosophischen Gestaltungen im einzelnen, dann muß auch beim Vergleich zwischen Husserl und Hegel nach der faktischen historischen Beziehung, der Wirkungsgeschichte z.B. gefragt werden. Dieses (chronologische) Aufeinanderwirken ist selbst ein bestimmter Beziehungstyp, der zudem nach verschiedener Richtung – z.B. soziologischer, kulturhistorischer, biographischer usw. – variierbar ist. D.h., ,Hegelianismen' in Husserls Denken müssen auf ihre tatsächliche Herkunft befragt werden. Man weist hier gerne auf Husserls mangelnde Hegelkenntnis, seine spärlichen und abwertenden Urteile hin und ganz allgemein auf seinen unzureichenden historischen Sinn.[35] Nun wäre diese Sachlage aber selbst ein philosophischhistorischer Verhältnistyp, den man im einzelnen bestimmen und artikulieren kann. Beansprucht man eine geschichtliche Wirkung Hegels auf Husserl – und denkt also nicht an eine Art inneren Systemzwang – so muß man solches Wirken im einzelnen belegen. Auch da gibt es denkbare Typen des Einflusses, z.B. das indirekte Wirken über die Kenntnis Diltheyscher Auffassungen oder auch bestimmter – ihrerseits bereits durch ein gebrochenes Hegelverständnis veränderter – Hegelianismen im Neukantianismus.[36] Solche indirekten Wirkver-

---

[34] So kann sich eine „letzte" Philosophie wieder als „erste" und „anfangende" erweisen.

[35] So z.B. Waelhens, *Phénom. huss. et phénom. hég.*, a.a.O., 7 u. 8 ff. mit anekdotischen Belegen zu Husserls mangelnder Hegelkenntnis, was aber in der allgemeinen Hegelabwertung in Husserls Frühzeit liege. – Husserl lehnt zunächst wie sein Lehrer Brentano den deutschen Idealismus von Kant bis Hegel ab, differenziert später aber mehr und findet (zumal bei Kant) positive Aspekte (dazu Husserls Beitrag in: Oskar Kraus, Franz Brentano, München 1919, S. 158 ff). Wie die Arbeiten von Seebohm und Kern gezeigt haben, ist Husserl eine gute Kantkenntnis nicht abzusprechen; zu Fichte cf. J. Hyppolite, *Die Fichtesche Idee der Wissenschaftslehre und der Entwurf Husserls*, in: *Husserl und das Denken der Neuzeit*, ed. H.-L. van Breda, Den Haag 1959, S. 173–182). Es spricht eher für Husserls historischen Sinn, wenn er hinsichtlich seiner philosophiegeschichtlichen Betrachtungen von „meinen Romanen" spricht (Waelhens, a.a.O., 9; cf. Kr. 511 ff).

[36] Zu einem von Hegel belehrten Neukantianismus andeutungsweise H. Wagner, *Kritische Betrachtungen zu Husserls Nachlaß*, in: *Philos. Rdsch.* 1. Jg. (1953/54), S. 1–22 u. 93–123. Cf. auch D. Henrich, *Über die Grundlagen von Husserls Kritik der philos. Tradition*, a.a.O., bes. S. 22. Die Quellen im einzelnen wurden hier nie herangezogen, z.B. W. Windelband, *Die Erneuerung des Hegelianismus* (Festrede in der Heidelberger Akademie der Wissenschaften) Heidelberg 1910. Heinrich Levy, *Die Hegel-Renaissance in der deutschen Philosophie* (Philos. Vorträge der Kantgesellschaft)

hältnisse können sich z.B. im Sprachgebrauch niederschlagen und erfordern genauere terminologische Analysen. Welche Verwicklungen auch immer vorliegen, sie müssen tatsächlich ausgewiesen und dürfen nicht hermeneutisch mystifiziert werden. Die Typik indirekter Wirksamkeit ist zwar tatsächlich bestimmt, aber oft nicht bestimmbar; d.h., der betreffende historische Phänomenbereich ist dann faktisch nicht voll intentional erfüllbar und dementsprechend wissenschaftlich zu bewerten.[37]

Die bisherigen Betrachtungen zum systematischen und historischen Vergleich haben sich der Denkmodelle der Hegelschen und Husserlschen Philosophie bedient: ‚Das absolute Wissen‘, ‚die Gestalten des Bewußtseins‘, ‚Dialektik‘ (Hegel); ‚transzendentale Subjektivität‘, ‚absolutes Bewußtsein‘, ‚cogitative Typen‘ (und ‚ihre Abwandlungen‘) ‚Intentionalität‘ (Husserl). Diese Verfahrenstitel beider Philosophen wurden vorerst gleichwertig behandelt. Im Hinblick auf Hegel ist ihre Tragweite und Vereinbarkeit nun näher zu erörtern.

VI

Die Interpretation der Hegelschen Gesamtauffassung, die Gewinnung eines systematischen Haltepunktes, bietet große Schwierigkeiten, will man sich nicht auf bekannte Allgemeinplätze berufen. Von seiner Philosophie scheint in einem vordergründigen oder tieferen Sinne zu gelten was er in der Vorrede zur PhG vom Wahren sagt: Sie ist „der bacchantische Taumel, an dem kein Glied nicht trunken ist" (S. 45). Der verdiente Hegelforscher, Th. Haering, vergleicht die Kulturbedeutung der Philosophie seines ‚Helden‘ mit derjenigen „der Ägypter und Babylonier in der Geschichte der Menschheit".[38] Für den scientifischen Ana-

Charlottenburg 1927, 94s., S. 30–90 mit Bezug auf Neukantianismus; Husserls indirekter Einfluß auf diese „Renaissance" wird hoch veranschlagt (S. 20 f).

[37] Wenn in solchen Fällen gern von einer „Krise" der Hermeneutik gesprochen wird, ist das ein Schein, weil „über das, was möglich ist, keine Klarheit gewonnen ist; weder über die Möglichkeiten des Geistes, noch über die ontologische Möglichkeit der Gegenstände ..." (so G. Funke, *Krise der Hermeneutik?* in: *Zs. f. Religions- u. Geistesgeschichte*, 13. Jg. (1961) S. 1–14, bes. S. 21).

[38] Th. Haering, *Hegel, sein Wollen und sein Werk* 2 Bde, Leipzig/Berlin 1929/38 (Bd. I, S. 1). Man sollte die Kultur- (und politische) Bedeutung oder Wirksamkeit allerdings nicht mit dem scientifischen philosophischen Ertrag verwechseln. Cf. a. H. Glockner, *Hegel*, 1. Bd. *Voraussetzungen der Hegelschen Philosophie*, Stuttgart 1929, 2. Bd. *Entwicklung und Schicksal der Hegelschen Philosophie*, Stuttgart 1940 (vor allem der 2. Bd. zeigt Hegels konkrete Beziehung auf kulturelle, politische und gesellschaftliche Fragen seiner Zeit und die Wirksamkeit dessen auf seine Gedanken).

lytiker K. R. Popper wird er zum Scharlatan und Verführer.[39] Beide Interpreten legen die Ansicht nahe, daß die Hegelsche Philosophie in einer eindeutigen Gestalt nicht vorliege, sondern ein kulturhistorisches Ereignis im vielfältigsten Sinne ist. Die PhG scheint dies zu belegen mit einem Wirbel von (Kultur-) Gestalten des Bewußtseins, der wie ein „romantischer Maskenzug" anmutet, in dem „vor dem Throne des Absoluten historische Figuren zu psychologischen Geistern verkleidet und wiederum psychologische Potenzen unter der Maske historischer Gestalten" bedeutsam posieren.[40] Mit geistreichen Einfällen und Einsichten in einem geschickten „Beiherspielen" von „Beispielen" (PhG, 82) wird ein kulturbedeutsames Bildungsgemälde entworfen und Bildungserlebnis vermittelt – mit zweifelhafter logischer Ordnung. Ohne die späteren Hegelschen Logiken ist der logische Sinn der PhG schwer zu verstehen, ohne die PhG ist kaum eine thematische Bestimmung, eine gehaltliche Fundierung und konkrete ‚Verlebendigung' jener Logiken möglich.[41] Diese eigentümliche historische Typik der Hegelschen Philosophie ist von jeder systematischen Interpretation zu beachten und darf nicht als vereinzeltes Argument gegen den philosophischen Anspruch des Gesamtsystems mißbraucht werden.

Hegel versteht selbst die PhG als ersten Teil des *Systems* der Wissenschaft (Enz.[2] § 25) und skizziert in der Einleitung die Grundlinien ihres Verfahrens und Gegenstandes, die nicht voneinander isoliert werden dürfen, weil „das Absolute allein wahr, oder das Wahre allein absolut ist" (PhG, 69).[42] Dieser Satz ist nicht metaphysischer oder theologischer zu verstehen als Husserls Forderung einer Theorie aller Theorien, einer universalen Philosophie, der die Methode nicht äußerlich sein kann (EPh II, 210 f).[43] Die Frage ist bei Hegel und Husserl, wie dieser Anspruch

---

[39] K. R. Popper, *Die offene Gesellschaft und ihre Feinde*, Bd. II, a.a.O.
[40] Rudolf Haym, *Hegel und seine Zeit*, Berlin 1857, Leipzig 1927, S. 240.
[41] Das zeigt die „Umständlichkeit" und Breite mit der die Hegelkommentare (Haering, Glockner) arbeiten müssen. Die Erfassung des sog. „Zeitgeistes", der sich eben nicht eindeutig dokumentiert, von Hegel aber „beihergespielt" wird, ist hier das Problem.
[42] Cf. „Was vernünftig ist, ist wirklich; und was wirklich ist, das ist vernünftig" (PhR, 33). Die Vor. zu PhG ist bekanntlich eine Nachrede, cf. J. Hyppolite, *Gensèe et structure de la Phénoménologie de l'esprit de Hegel*, Paris 1946, Bd. I S. 9 u. 54 ff., und H. F. Fulda, *Das Problem einer Einleitung* ... a.a.O. (cf. Ausgabe der PhG bei Meiner von J. Hoffmeister).
[43] s.o. S. 217.

durchführbar ist. Man kann nicht sagen, ,,das Aufkommen der
Methodenproblematik, also des Zweifels an der Macht der Theorie
als der Wahrheit der Sache (sei) identisch mit dem geschichtlichen
Ende der Hegelschen Philosophie"[44], denn die sogenannte Methodenproblematik ist nicht nach sondern vor Hegel aufgekommen
und wird gerade von ihm behandelt. Deshalb fragt er, *wie* die
Universalität des Wissens gewährleistet werden kann, da doch
,,die Wissenschaft darin, daß sie auftritt, selbst Erscheinung" ist
(PhG, 70); so ,,soll hier die Darstellung des erscheinenden Wissens vorgenommen werden" (PhG, 71). Das Wissen ist in unvoll-
endeter Form als ,,Gestalt des Bewußtseins" gegeben, sein ,,Ziel"
(Husserls ,Telos') ist ihm ,,notwendig" (PhG, 73). Denn der
Widerspruch, daß da, ,,wo die Wissenschaft erst auftritt", sie den
,,Maßstab" ihrer Prüfung außer sich selbst haben müsse – also
unmöglich sei – löst sich auf, ,,wenn zuerst an die abstrakten (!)
Bestimmungen des Wissens und der Wahrheit erinnert wird, wie
sie im Bewußtsein vorkommen", d.h. es kann jeder erscheinenden
Gestalt des Bewußtseins szs. formal das wesentliche Grundschema
abgesehen werden (nach Husserl in apodiktischer, nicht adäquater
Evidenz): nämlich daß es (das Bewußtsein) etwas von sich unterscheidet, worauf es sich zugleich bezieht (PhG, 75).[45] ,,Was
eigentlich an diesen Bestimmungen sei, geht uns weiter hier
nichts an; denn indem das erscheinende Wissen unser Gegenstand ist, so werden zunächst auch seine Bestimmungen aufgenommen, wie sie sich unmittelbar (!) darbieten; und so wie sie
gefaßt worden sind, ist es wohl, daß sie sich darbieten" (PhG,
75).[46] Da sich dabei zeigt, daß das Bewußtsein, soweit es sich
auf etwas bezieht, Wissen ist – und daß, soweit das Bezogene
als vom Bewußtsein unterschieden ,an sich' d.h. Wahrheit ist,
so ergibt die Untersuchung der Wahrheit des Wissens, daß das
Bewußtsein seinen Maßstab an sich selbst hat (PhG, 76), was
Husserl eine ,,ausgezeichnete Sachlage" nennt (Id. I, 107). Da-

---

[44] Cf. Wolfgang Marx, *Spekulative Wissenschaft und geschichtliche Kontinuität*,
Überlegungen zum Anfang der Hegelschen Logik, in Kt-St. 59. Jg. (1967) S. 63–74;
S. 69. – Für Hegel ist der methodische Weg des Bewußtseins ein Weg des ,,Zweifelns"
u. Verzweifelns ,,und des sich vollbringenden Skeptizismus". Hier liegt auch bei
Hegel das cartesianische Motiv.

[45] Hegel bestimmt hier die Abstraktion positiv und zitiert den Reinholdschen Satz
des Bewußtseins.

[46] Das ist eine dem Sinne nach mit dem Husserlschen ,,Prinzip aller Prinzipien"
(Id. I, 52) cf. PhW, 301, EPh II, 42, CM, 80) vergleichbare Aussage.

mit aber, daß das Bewußtsein sich selbst prüft, bleibt uns auch von dieser Seite nur „das reine Zusehen". „Denn das Bewußtsein ist einerseits Bewußtsein des Gegenstandes, andererseits Bewußtsein seiner selbst; Bewußtsein dessen, was ihm das Wahre ist, und Bewußtsein seines Wissens davon" (PhG, 77).

Hier ist Husserls Gedanke der Intentionalität und der Reduktion erfaßt. Intentional ist das Bewußtsein, insofern es immer auf ein Gegenständliches bezogen ist. Der innere Motor der Dialektik ist die Negation; diese Negation muß immer eine bestimmte sein; sie ist nicht möglich ohne Hinblick auf das, was sie negiert, woraus sie resultiert (PhG, 73). Hierin bekundet sich die Gehaltlichkeit, „Weltlichkeit" des Bewußtseins, eben seine Intentionalität.

Wie Husserl – der im Hinblick auf die transzendentale Reduktion gleichsam beruhigend darauf hinweist, „wir können sogar ruhig fortfahren zu sprechen, wie wir als natürliche Menschen zu sprechen haben" (Id. I, 151) – hat auch Hegel bei seinem Reduktionsgedanken charakteristische Sprachprobleme. Einmal fassen wir Hegels Reduktionsbegriff in den Formulierungen „reines Zusehen" „ohne unsere Zutat" (PhG, 77; cf. „unbeteiligter Zuschauer" CM, 30), zum anderen in der Wendung „durch eine Umkehrung des Bewußtseins selbst. Diese Betrachtung der Sache ist unsere Zutat, wodurch sich die Reihe der Erfahrungen des Bewußtseins zum wissenschaftlichen Gange erhebt" (PhG, 79). Diese scheinbare sprachliche Widersprüchlichkeit ist der positive Ausdruck des subtilen Reduktionsgedankens, der einerseits das Bewußtsein sich selbst entfalten lassen muß und andererseits gerade dies in der entsprechenden Einstellung szs. zu arrangieren hat. Wie auf der Stufe einer erscheinenden Bewußtseinsgestalt das Bewußtsein seinen Gegenstand mit seinem Wissen (noch) nicht vereint, so ist Gegenstand und Bewußtsein nach Husserl vor der Reduktion – auf die absolute Sphäre der transzendentalen Subjektivität – noch nicht begriffen. Die Reduktion leistet nicht nur eine Verständnisverfeinerung von Gegenständlichkeiten sondern auch des Bewußtseins, wie bei Hegel die Prüfung des Bewußtseins und seines Gegenstandes „nicht nur eine Prüfung des Wissens, sondern auch ihres Maßstabes" ist (PhG, 78). Das Motiv der epoché wirkt in Hegels „Zweifel", welcher „die bewußte Einsicht in die Unwahrheit des erscheinenden Wissens (ist), dem dasjenige das Reellste ist, was in Wahrheit

nur realisierter Begriff ist" (PhG, 71 f); entsprechend kritisiert
Husserl den (Un-)Begriff einer „absoluten Realität", sofern sie
nicht als ausgewiesene Sinneinheit auf das durch Reduktion gewonnene absolute Bewußtsein bezogen werden kann (Id. I, 134).
Dem (noch) nicht reduzierten Bewußtsein „geschieht das gleichsam hinter seinem Rücken" (PhG, 79). Erst nach Durchlaufen
aller Gestalten „wird durch die Bewegung des Begriffs die vollständige Weltlichkeit des Bewußtseins in ihrer Notwendigkeit"
umfaßt (PhG, Vor., 36). So geht auch für Husserl die Welt nicht
durch die Reduktion verloren, sondern wird allererst in ihrem
Sinn als notwendiges Korrelatsein (Momentsein) der transzendentalen Subjektivität gewonnen und verständlich gemacht (EPh
II, 174, 479 ff).[47] Deshalb entfaltet Husserl seine Reduktionsme-
thode in mehreren einzelnen Reduktionen und nach cogitativen
Typen (Id. I, 467, EPh II, 120–131, 127 f, CM 20 ff, 87 ff).

Sind nun für Husserl die Beziehungen des Bewußtseins, was
,Wissen' und ,Gegenstand' betrifft intentional, Gefüge von „intentionalen Implikationen" mit „Stufen relativer Unmittelbarkeit und Mittelbarkeit" (EPh II, 175), so nennt Hegel sie „dialektische Bewegung" (PhG 78, cf. 76). Während Husserl von
vielen möglichen Gestaltungen des intentionalen Bewußtseins –
als eines Bewußtseins ,von' – spricht (PhW, 300 ff), die intentional
verglichen, variiert und abgewandelt werden können und viele,
stets auf das absolute Bewußtsein potentiell beziehbare Sonder-
typen ergeben, ordnet Hegel das erscheinende Wissen, dessen
Grundstruktur er übrigens nicht dialektisch sondern „abstrakt"
erschließt (PhG, 73, 75), in eine sogleich *historisch* aufgefaßte
„Reihe ihrer Gestaltungen", obgleich es die innere Eigentümlichkeit des abstrakt und reflexiv erfaßten Bewußtseins ist, die
„die ganze Folge der Gestalten des Bewußtseins in ihrer Notwendigkeit leitet" (PhG, 79); „durch diese Notwendigkeit ist der

---

[47] Waelhens, *Phénomén. huss. et phénomén. hég.*, a.a.O., 25 ff weist auf Hegels, von
Husserl angeblich nicht berücksichtigtes „für uns aber" hin; s. auch Waelhens,
Réflexions sur une problématique husserlienne de l'inconscient, Husserl et Hegel, in:
Edmund Husserl 1859–1959, ed. H. L. van Breda Den Haag 1959, S. 221–237, bes.
S. 229. Eley, a.a.O., 78 spricht analog vom „insofern" der Husserlschen Position und
hält sie von Hegel her kritisierbar. – Von einer Doppelsinnigkeit des Husserlschen
Weltbegriffs – einerseits als Intentionalität des Ichs andererseits als Orientierungs-
punkt für Husserls kontingentes System – handelt Waelhens, *Phénoménologie et
Dialectique*, in: *Ordre, Désordre, Lumière*, Paris 1952, S. 9–31. Im ganzen scheint mir
hier der Husserlsche Bewußtseinsbegriff zu einschichtig verstanden – ohne Berücksichtigung der intentionalen Implikationen.

Weg der Wissenschaft selbst schon Wissenschaft, und nach ihrem Inhalt hiermit Wissenschaft der Erfahrung des Bewußtseins" (PhG, 80). Auf eine derart historisierende Bewußtseinsauffassung legt Husserl sich nicht fest.

Vergleichbar ist wieder der Begriff der Erfahrung: wie sich das „erscheinende Wissen", dialektisch, „als der Weg der Seele" durch die „Reihe seiner Gestaltungen" „zum Geist läutert" „durch die vollständige Erfahrung (seiner) selbst" (PhG, 71, cf. 36, 613), so entfaltet, intentional, die „transzendentale Subjektivität" ihr „Leben" in ihren Evidenzen, die „Erfahrung" heißen, ihren (Gesamt-) „Stil" haben (FtL, 145 ff, 247–256.) Husserl und Hegel verstehen den Erfahrungsbegriff im weitesten Sinne; er umfaßt alle möglichen Weisen des Bewußtseins – als mögliche Gestalten eines Gesamtzusammenhangs.

Hegel bringt die mit Husserls ‚cogitativen Typen' vergleichbaren ‚Gestalten des Bewußtseins' in einen notwendigen *historischen* Zusammenhang und bindet sie damit – in Gegensatz zu Husserl – einseitig an das Substrat Geschichte, die ihm Paradigma für Inhaltlichkeit und Beziehung ist, d.h. für Konkretion. In der PhG treten die Bewußtseinsgestalten nacheinander und (!) in dialektischer Explikation als Momente des sich entfaltenden absoluten Geistes auf. Auf einer bestimmten Stufe sind jedoch die Momente des absoluten Geistes nicht mehr Bewußtseinsgestalten (PhG, 617, 610, 80), weil es nun nur noch „diese", die „letzte Gestalt des Geistes" gibt (PhG, 610); das Ziel, das absolute Wissen, ist erreicht. Wenn sich der dialektische Weg als der historische versteht, ist die Geschichte zu Ende; es gab nur eine endliche Zahl konkreter, szs. kulturhistorischer, einzigartiger Gestalten des Bewußtseins.[48] Die Geschichte kann nun nur noch chronologisch weiterlaufen, ohne gehaltlich Neues zu bringen. Der Geist erscheint notwendig in der Zeit (PhG, 612), sofern sie das notwendige Dasein und die notwendige Entäußerung des Begriffs ist (PhG, 43 ff, 612, 615, 619). In seiner letzten Gestalt hebt der Geist die Zeit auf (PhG, 612); sie ist für ihn bedeutungslos. Damit sind die Gestalten der weiterlaufenden Geschichte

---

[48] Cf. Waelhens, *Phénoménologie et Dialectique*, a.a.O., 27 ff, der Hegels Ende der Geschichte ablehnt und für eine Pluralität von Geschichten plädiert (S. 29). Die kulturhistorisch beschreibbare Vielfalt hebt Waelhens, *Réflexions* ... a.a.O., 232 ebenfalls positiv hervor. Cf. auch Ladrière, a.a.O., 175, 177).

keine echten Gestalten des Bewußtseins mehr.[49] Sie können
allenfals anhand der authentischen Gestalten des Bewußtseins
– als Mustern – interpretiert und bestimmt werden. D.h. die
nachhegelschen Bewußtseinsgestalten sind nicht echt und die
klassisch authentischen nicht mehr wirklich. Damit erschüttert
die historisch-dialektische Betrachtungsweise das Verständnis
der Philosophie und der Geschichte gleichermaßen, indem be-
deutende Einsichten äquivok verwendet werden. Solche Äquivokationen deuten sich in Termini wie Aufhebung, Entäußerung,
Entfremdung an. Da Äquivokationen Verschiebungen der Intentionalität sind (FtL, 158), könnte nur durch intentionale Analyse die Dialektik kontrolliert und abgesichert werden.

Zeit und Dialektik werden in einer äußerlichen, analogisieren-
den Weise verbunden und bleiben damit beide ungeklärt: ,,Die
innere Notwendigkeit, daß das Wissen Wissenschaft sei, liegt in
seiner Natur" (PhG Vor., 14; das sind offensichtlich die ,,ab-
strakten Bestimmungen des Wissens" der Einl., 75) ,,und die be-
friedigende Erklärung darüber ist allein die Darstellung der Philosophie selbst. Die *äußere* Notwendigkeit aber, insofern sie, abgesehen von der Zufälligkeit der Person und der individuellen
Veranlassung, auf eine allgemeine Weise gefaßt wird, ist dasselbe was die *innere*, in der Gestalt nämlich, wie die Zeit das Dasein der Momente vorstellt" (PhG, 14). Hegel stellt hier eine
,,allgemeine äußere Notwendigkeit" als die Zeit einer ,,inneren"
– die er aber nicht im einzelnen erörtert – funktional analogisch
gegenüber. Ob beide etwas miteinander zu tun haben, wird nicht
deutlich. Zudem unterscheidet er noch beiläufig von der ,,allge-
meinen äußeren Notwendigkeit" die persönliche und individuelle
Zufälligkeit, um von ihr ,,abzusehen". Damit hat er die faktische
historische Zeit und ihre Inhalte aus der Betrachtung ausgeschlossen, obwohl doch die ernstgenommene Tatsache, daß das
Wissen auftritt und erscheint, gerade dies erfordern müßte.

Wie also die philosophische Systematik einem (äquivoken)
Substrat Geschichte ausgeliefert ist, so wird die konkrete Geschichte in ihren Einzelheiten, vor allem wenn sie sich nicht
systematisch verwenden lassen, als bloß ,,äußerlich" in einer be-
denklichen methodischen Indifferenz belassen, womit zudem ge-

---

[49] Das widerlegt die Ansicht von Ladrière, a.a.O., 171 ff, 178, 194, der gerade mit-
tels Hegel heutige (nachhegelsche) Krisis- und Kairossituation authentisch erfassen will.

gen die Systemidee verstoßen wird.[50] So treibt *einerseits* der
Geist die Form seines Wissens hervor durch „die Arbeit, die er
als wirkliche Geschichte vollbringt" (PhG, 614) „was der Begriff lehrt, zeigt notwendig die Geschichte" (PhR, Vor. 36),
„weil die Vernunft die Welt beherrscht, (ist) es also in der Weltgeschichte vernünftig zugegangen" (PhGesch, 43); „von der
Weltgeschichte (kann) gesagt werden, daß sie die Darstellung
des Geistes sei"; „die Weltgeschichte ist der Fortschritt im Bewußtsein der Freiheit" und zwar als „die Erscheinung der Geschichte selbst" (PhGesch 45 ff;) *andererseits* hat zwar die „rein
geschichtliche Betrachtung ... in ihrer eigenen Sphäre ihr Verdienst", steht aber „außer dem Verhältnis mit der philosophischen Betrachtung, insofern nämlich die Entwicklung aus
historischen Gründen sich selbst nicht verwechselt mit der Entwicklung aus dem Begriff" (PhR § 3 S. 43); „... die Geschichte
haben wir (zwar) zu nehmen wie sie ist: wir haben historisch,
empirisch zu verfahren" (PhGesch 36). Für das Verfahren einer
möglichen Geschichtswissenschaft gibt Hegel keine wissenschaftstheoretischen Auskünfte: „In Ansehung der historischen Wahrheiten" gesteht er zu, daß sie zufällig und willkürlich sind,
trotzdem aber „nicht ohne Bewegung des Selbstbewußtseins"
seien, wie das Aufschlagen von Büchern und das Vergleichen von
Fakten zeige (PhG, Vor. 40)! Aus solchen Hinweisen läßt sich
eine ernsthafte ‚dialektische' Begründung der einzelwissenschaft-
lichen Geschichtsforschung nicht gewinnen; der Maßstab der
Dialektik bleibt methodisch äußerlich. Der Geschichte wird zwar
eine Leitfadenfunktion zugesprochen, wenn es von ihr als Weltgeschichte heißt, sie sei in ihren mannigfaltigen Konkretionen
die Darstellung des Geistes und seiner abstrakten Bestimmungen
des Beisichselbstseins als Selbstbewußtsein (PhGesch, 44 ff); was
die Geschichte aber sonst und als solche ist, sind „Zufälligkeiten".
„Ebenso verläuft sich die Idee der Natur in ihrer Vereinzelung
in Zufälligkeiten ..., die vom äußerlichen Zufall und vom
Spiele, nicht durch die Vernunft bestimmt sind; auch die Geschichte gehört hierher ..., deren Erscheinung in der Zufälligkeit und im Felde der Willkür ist"; solche Wissenschaften sind

---

[50] Das berechtigt Husserl – trotz Anerkennung des Gedankens systematischer
Letztbegründung – von „mythischen Begriffsbildungen" bei Hegel zu sprechen (Kr,
204, cf. EPh II, 326).

,,positiv" (Enz. § 10, S. 28). Wo mit Husserl noch intentional analysiert werden kann, scheint sich die Dialektik (auch) am Fall des Historischen in äquivoken Konstruktivismen zu verlieren.

VII

Der Begriff der Dialektik sollte nun aber nicht als äquivoke und assoziative Widersprüchlichkeit perhorresziert werden; denn ihm liegt eine Einsicht in die Struktur des Wissens, des Bewußtseins zugrunde, die man an ihrem systematisch-universalen Anspruch messen muß. Aber auch die Treffsicherheit ist zu befragen, zumal die Grundkräfte der Dialektik – Widerspruch und Nichts – sich immer wieder ,phänomenologisch' spürbar machen. Freilich ist die phänomenologische Durchforschung der ,Phänomene' des Widerspruchs und des Nicht(s) von Husserl nicht sehr intensiv betrieben worden.[51]

Hegels Dialektik und Husserls Logik (der Intentionalität) haben beide ihre formalen und gehaltlichen Fundamente, szs. ihre jeweils im engeren Sinne logische und phänomenologische Basis, die nun ihrerseits jeweils vereinbar sein müssen. Die logische Basis ist bei Hegel der Begriff des absoluten Wissens, bei Husserl die Idee einer Theorie aller Theorien, die allerdings nicht nur formal zu verstehen ist.[52] Die Auffassung ,,des absoluten Erkennens", für die ,,das Wahre (erst) das Ganze (ist)", bedeutet, das Erkennen als ,,Vermittlung" zu verstehen (PhG, 24 ff). D.h. mit dem Gedanken systematischer Universalität ist gleichzeitig

---

[51] Das Fehlen einer Phänomenologie des Nichts hebt D. Henrich, a.a.O., S. 22 mit bloßem Hinweis auf EU, 94 hervor, (cf. aber Id. I, 260 ff u.ö.). Haben zwar Heidegger und Sartre das Nichts akzentuiert, so vermißt man bei ihnen die ,,Logizität" im Aufweis. Die Frage ist, ob bei Husserl, das sog. Phänomen des Nichts nicht unter ganz anderen operativen Problemtiteln vorkommt, eben um charakteristische Fehlargumentationen in diesem Bereich zu vermeiden.

[52] Sowohl Husserl und Hegel versuchen sich diesseits der Unterscheidung ,,formal-inhaltlich" zu halten. Dazu dient Husserl der Begriff der Fundierung und des Konkreten. (Cf. LU II, 1: 3. Untersuchung) Konkret ist bei Husserl eine Größe, die selbständig und unfundiert erfaßbar ist (Id. I, 36). Daß es eine solche unfundierte Größe als einzelne eigentlich nicht geben kann, weil immer Verweisungszusammenhänge zu berücksichtigen sind, erwägt Husserl schon in Id. I, 202); so entsteht der zweite und echte Begriff von konkret: er erfüllt die Forderung der Selbständigkeit, weil er sich auf ,,alles" bezieht. Dies ist der ,,Allzusammenhang" der transzendentalen Subjektivität (EPh II, 194 ff, 215 ff). So sagt Hegel: ,,Das Absolut-Konkrete ist der Geist" (Syst. d. Philos. ed. Glockner, Bd. 8, S. 362; cf. Enz. § 113, S. 99. Beiträge zur Klärung des Begriffs des Konkreten bei Hegel liefert Iwan Iljin, *Die Philosophie Hegels als kontemplative Gotteslehre*, Bern 1946.

derjenige differenzierter Vielfältigkeit erfaßt und umgekehrt.
Weil es Unterschiedenes und Unterschiedliches zu berücksichtigen gilt, wird der systematische Zusammenhang erfordert.[53]
– Da nun die „Denkformen" „zunächst in der Sprache des Menschen" „niedergelegt sind" (L 1 21) – wie bei Husserl alle Logik
letztlich „in Aussagen terminiert" (LU II, 1 S. 3) – ist bereits
am Satze der Widerspruch und die Vermittlung feststellbar; denn
indem er Subjekt und Prädikat verbindet, „enthält er ein Anders-
werden", das im Bezug auf das Ganze, das absolute Wissen, „zu-
rückgenommen werden muß" (PhG, 24). In der Vermittlung wird
der Widerspruch als ein scheinbarer von der vernünftigen Reflexion eingesehen (L I, 40). Zwar wird von „Ernst, Schmerz und
Geduld" „der Arbeit des Negativen" gesprochen, deren „ungeheure Macht der Tod" ist, und von der darin liegenden „Entfremdung" (PhG 34 ff). Aber der Widerspruch ist nicht endgültig, denn in der „Idee" als „des aus der Reflexion in sich
gegangenen und in seiner Realität bei sich selbst seienden Gedankens" (Enz. § 37, S. 50) ist die Einheit der logischen Wissenschaft und ihres Gegenstandes erreicht, so wie nach der Reduktion bei Husserl die in ihrer Isolierung nicht voll verständlichen
(sich widersprechenden!) intentionalen Evidenzen in der transzendentalen (Inter)Subjektivität geeint sind. Die positive Wertung des Widerspruchs bei Hegel, die Pointe seiner Dialektik,
ist also zugleich die Relativierung desselben auf die absolute
Sphäre und damit seine Auflösung. Die Logik kann aber einen
solchen relativen Widerspruch nicht zulassen.

Auch von der phänomenologischen Basis der Dialektik her kann
dieser Schwierigkeit nicht abgeholfen werden. Denn die ‚phänomenologischen' Exempel, die Hegel gleichsam als deskriptive Basis wählt, wie z.B. das ‚Herr- und Knechts-Verhältnis' oder die
‚Aufklärung' in der PhG, sind zwar plausibel, wirken aber wie
freie Interpretationen; ob es sich dabei um Beispiele, um Modelle

---

[53] Daß Hegel aus Unterschieden meist Gegensätze und dann Widersprüche mache,
bemerkt Glockner, a.a.O. Bd. II, S. 128 f, 155. W. Sesemann, *Zum Problem der Dialektik*, in: *Blätter f. deutsche Philosophie*, Bd. 9 (1935/36) H 1, S 28–61 zeigt, daß Hegel
die dialektische Bewegung erst gewinne durch Isolierung einzelner Begriffe und somit
künstliche Erzeugung von Widersprüchen zudem, durch die Unbestimmtheit des
Gattungsbegriffs (S. 43). PhG. Vor. S. 12 rügt Hegel jedoch, in der „Verschiedenheit
philosophischer Systeme" nur den Widerspruch" zu sehen; dann heißt es S. 13 „Ebenso ist die Verschiedenheit vielmehr die Grenze der Sache; sie ist da, wo die Sache
aufhört, oder sie ist das, was diese nicht ist".

oder um die Sache selbst handelt, wird nicht deutlich. Vielmehr gewinnen hier die Gehalte erst ihren Sinn durch eine Art ‚Logifizierung‘ und sind insofern gerade nicht geeignet das Logische phänomenologisch abzusichern. Termini wie Entfremdung, Vermittlung, Veräußerlichung scheinen da nur noch der Herstellung einer sehr allgemeinen Stimmigkeit zu dienen. Zumal der Begriff des ‚Umschlagens‘ bekommt durch die bloß schematische und analogisierende, sich aber gleichwohl konkret, „beiherspielend“, gebende Betrachtungsweise einen fatalen Anstrich der Beliebigkeit.

Die Hinsichten des dialektischen Widerspruchs sind dabei durchaus verschieden, so daß Unterschiedenes zusätzlich unterschieden betrachtet wird und damit neue Äquivokationen entstehen.[54]

VIII

Von Husserls cogitativen Typen her lassen sich die Hegelschen Bewußtseinsgestalten durchaus sinnvoll verstehen. Von zwei Grundformen als methodischen Haltepunkten, die entsprechende Abwandlungen ermöglichen, geht Husserl aus: einerseits vom „Ich“, dem konkreten Menschen als Monade, andererseits von der reinen Strukturform des ego-cogito-cogitatum. Beide haben eine ausgezeichnete Stellung; sie sind notwendig. Die erste Form, mein konkretes Ich, ist unerläßlich nach dem phänomenologischen Zugangsprinzip – dem Prinzip aller Prinzipien – für Ansatz und Anfang jeglicher intentionalen Analyse; die zweite Form ist der formale Ausdruck jedes möglichen cogitativen Typs überhaupt (Id. I, 87, 198), der freilich immer an einer konkreten Monade, ‚an mir‘ gefunden werden muß als *dem* Ort der Gewissheit. Arbeitet man von diesen beiden Haltepunkten her, dann ergeben sich noch zwei weitere Fixpunkte. Die intentionale Analyse führt auf die Entdeckung intersubjektiver Zusammenhänge und damit zu dem Begriff der transzendentalen Intersubjektivität (CM, Nr. 5), welche bestimmte, an der Einzelsubjektivität und ihrer Welt aufzeigbare Einzelzüge allererst verständlich macht. Schließlich läßt sich noch ein weiterer Haltepunkt gewinnen; er besteht in

---

[54] Sesemann, a.a.O., S. 57 ff. Die Dialektik des Werdens ist die wichtigste und führe deshalb zum Geschichtlichen (Wolfg. Marx, a.a.O., 65, 67). Zum Geschichtlichen gegen das Systematische (Waelhens, *Phénom. et dialec.*, a.a.O., 13 ff, 25, 29).

der Entdeckung der immanenten Zeitlichkeit, die Husserl einen
,,Urquell in einem letzten und wahrhaft Absoluten" nennt (Id.
I, 198). In dieser immanenten Zeitlichkeit dokumentiert sich die
Faktizität der transzendentalen Subjektivität und die elemen-
tarste Form ihrer Wirkung und ihres Lebens. Zeit ist hier nicht
mehr die ‚Entäußerung' eines irgendwie Inneren und Wesentlichen, das als solches nicht zu erfassen ist, sondern ein authen-
tisches Grundphänomen.[55] Im selben Maße, wie es Husserl gelingt die elementarsten Formen der Intentionalität in der immanenten Zeit faßbar zu machen, wird auch der Hegelsche Dualismus zwischen Geist und Zeit überwunden[56] und damit die Einheitlichkeit eines aufweisenden Begründungszusammenhangs gewährleistet. Husserl kann nun deutlich machen, wie sich im Zusammenhang von Konstitutionen in der immanenten Zeitlichkeit zunächst in einer ,,Art Historizität" oder ,,Sinnesgenesis"
(FtL, 184) des ,,konstituierenden Lebens" (FtL, 155) die transzendentale Subjektivität manifestiert (Kr, 379). Dabei lassen
sich die verschiedenen Formen der Zeitlichkeit und ihre Entfaltung in verschiedenen Formen der Geschichte präzise unterscheiden und aufeinander beziehen: Die immanente subjektive
Zeitlichkeit dokumentiert sich intentional als subjektive Genesis
der Monade, Habitusgenese; Geschichtlichkeit konstituiert sich
erst, wenn Monadengemeinschaften in interaktiven Verbänden
und Traditionen stehen; von solcher Geschichtlichkeit als einer
schon objektivierenden Zeitform ist die objektive Geschichtlichkeit der Natur noch einmal zu unterscheiden.[57]

Die Nebeneinanderstellbarkeit der Termini ,,cogitativer Typ"
und ,,Abwandlung" kennzeichnet das einzuschlagende Verfahren
als phänomenologische Abstraktion (cf. EPh II, 176); d.h. eine
solche Abstraktion kann auch zu Konkretisierungen führen; auch
die Reduktionen werden von ihr betroffen (EPh II, 127). Die
cogitativen Typen können dann z.B. gegliedert werden in faktische, in faktischmögliche, in bloß mögliche und in 'widersinnige'
(cf. LU II, 1). Außerdem ist zu differenzieren nach Selbständig-

---

[55] FtL, 251, CM 79 ff, Id. I, 198. Die immanente Zeitlichkeit ist Prototyp des
lebendigen Leistens und aller formalen Strukturierung – regelgebendes Faktum.

[56] Zu Hegels Versuch Zeit und Geist zu verbinden und der Äußerlichkeit desselben
M. Heidegger, *Sein und Zeit*, Halle 1927, S. 428–436.

[57] ,,Habitualisierung" und ,,Objektivierung" spielen hier eine entscheidende Rolle.
Cf. P. Ricoeur, a.a.O., 287 ff, 297 ff.

keit und Unselbständigkeit, resp. Unfundiertheit und Fundiert-
heit.[58] Die erste Gruppe von Gesichtspunkten ist noch im einzelnen unterteilbar, so die faktischen Typen in historische, bio-
logische usw.; die dann für Husserl alle als Formen des Apriori
gelten. Es handelt sich stets um Typen von Intentionalitäts-
systemen, die zudem in höheren Systemen potentiell vereinbar
sind, womit den verschiedensten gegenständlich-sachlichen Interessen Rechnung getragen werden kann, ohne sich auf so ver-
gleichsweise schematisches Verfahren wie die Hegelsche Dialektik der Bewußtseinsgestalten einlassen zu müssen.

Die so gekennzeichnete cogitative Typik muß man berücksichtigen, will man Husserls Spätwerk, das wegen der Akzentuierung des Geschichtlichen vornehmlich mit Hegels Auffassungen verglichen wird, verstehen.[59] Auch hier ist von dem phänomenologischen Zugangsprinzip, der Prinzipien und Tatsachen
verbürgenden Ichlichkeit auszugehen (Id. I, 52, EPh II, 42), die
zudem streng an den Gedanken der Rationalität und Kritik im
kantischen Sinne geknüpft ist (Id I, 147 ff, 333 ff, 357 ff). Es
geht um ,,intentionale Kritik" (FtL, 178). Das gilt auch noch
für Husserls ,Krisis': Die sich in einer Krise befindende Wissenschaft (und Kultur) ist Anlaß – und das ist selbst eine cogitative, nämlich historische Typik, die sich nun aber im Gesamt-
system fundiert versteht –, die Wissenschaft einer ,,ernstlichen
und notwendigen Kritik zu unterwerfen", wobei ihr ,,in der
Rechtmäßigkeit methodischer Leistungen unangreifbarer Sinn
von Wissenschaftlichkeit" nicht fallengelassen werden soll. Diese
Kritik führt ,,auf das Rätsel der Subjektivität zurück" (Kr., 3).
Von der ,,Evidenz des ,Ich bin'" muß ausgegangen werden, um
,,sich selbst wahr zu machen" (Kr 11). Husserl hält also auch in
seinem Spätwerk an dem Vorrang der egologischen Philosophie
fest. Selbst dort, wo die transzendentale Subjektivität als transzendentale Intersubjektivität zur ,,absoluten Subjektivität" erweitert wird (CM, Nr. 5, EPh II), behält die ichliche Betrachtungsweise ihren methodologischen Vorrang (EPh II, 196, CM,58 ff).[60]

---

[58] Cf. Anm. 52.
[59] Cf. Walhens, in: *Edmund Husserl*, a.a.O., 232 ff; Ladrière, a.a.O., 179 ff; Eley,
a.a.O., 101 ff, 121 ff.
[60] W. Hoeres, *Zur Dialektik der Reflexion bei Husserl*, in: *Salzburger Jb. f. Philos. u.
Psychol.* II München/Salzburg/Köln 1958, S. 212–230, bes. 219 ff kritisiert Ungleich-
wertigkeit und Einseitigkeit der Korrelation ,,zwischen Bewußtsein und Bewußtem".

Man kann deshalb nicht den Hegelschen Einwand gegen Kant auf die transzendentale Phänomenologie übertragen, sie habe durch einseitige Betonung des Ich bei dem Gegensatz des Bewußtseins Halt gemacht und erreiche so ihr Ziel einer universalen konkreten Wissenschaft nicht.[61] Das Ich, die Subjektivität ist nicht durchstreichbar oder überspringbar, – gleich in welchen wohl zu unterscheidenden Modi der Verbindlichkeit es stehen mag (EPh II, 174 ff) –, sondern es taucht in jeder vergewissernden Reflexion erneut auf (EPh II, 410 ff, 482; CM, 121 ff).[62] Die Intentionalität als Wesenseigentümlichkeit dieses Ich erlaubt es, über seine scheinbar sehr engen Grenzen hinauszukommen: „Der Problemtitel, der die ganze Phänomenologie umspannt, heißt Intentionalität. Er drückt eben die Grundeigenschaft des Bewußtseins aus; alle phänomenologischen Probleme, selbst die hyletischen, ordnen sich ihm ein" (Id I, 357, cf. CM 83 ff). Die Erforschung der strukturellen und prinzipiellen Möglichkeiten des Ich und seines Verhältnisses als transzendentale Subjektivität ist die Reduktion. Am Grundschema des ego-cogito-cogitatum hält Husserl fest (Kr., 173 ff). Da alle „Erfahrungen" als „intentionale Evidenzen" – sei es in aktiver oder passiver Konstitution – über das Ich als Bewußtsein laufen, wird von hier aus ein mannigfaltiger Zusammenhang deutlich (FtL, 249–258). Damit erweist sich die Husserlsche Phänomenologie als eine Durchführung dessen, was Hegel den „sich vollbringenden Skeptizismus" nennt (PhG, Einl. 72).

In Husserls ‚Krisis‘ werden drei Problemkreise diskutiert: 1. Was bedeutet es, als Philosoph in einer philosophischen Tradition zu stehen? Die Untersuchung gilt der Idee der Philosophie und

[61] Cf. L I, 40–47; Enz. S. 37; §§ 27 ff, S. 43 ff. Ein Vergleich der Husserlschen Kant-Kritik mit derjenigen Hegels wäre ein lohnendes Thema. Ansätze bei D. Henrich, a.a.O., 17 ff.
[62] W. Hoeres, a.a.O., 211 ff kritisiert Husserls iterative Trennung zwischen reflektiertem und reflektierendem Ich, ohne die schon vorliegenden Einwände Sartres (l'être et le néant) zu erreichen. Husserl wird hier abwertend eine Dialektik unterstellt. Henrich, a.a.O., 5 unterscheidet hier Husserl von Hegel; beiden sei das Wahre in der Geschichte, für Hegel seien die historischen Systeme als stehende Idealitäten konstruiert, für Husserl liege die Wahrheit im Bewußtsein; Letztbegründung liege bei Hegel in der (statischen) Bedeutung, bei Husserl im (dynamischen) Akt (S. 20 ff). Adorno, Metakritik, a.a.O., 46 sieht es (im Namen Hegels) genau umgekehrt. Daß Husserl auch in seinem Spätwerk – bei Thematisierung der Geschichte – an der Intentionalanalyse festhält, zeigt treffend A. Gurwitsch, The last work of Edmund Husserl, in: Philos. and phenomenol. Research, Bd. XVI (1956) H 3, S. 380–399 u. Bd. XVII (1957) S. 370–398, bes. 392 ff.

dem auch (!) historisch relevanten Telos des philosophischen Arbeitens (Kr, 15 ff). Dieses ist verankert in der Idee der Letzbegründung, deren verschiedenartige Ausgestaltung als ihre mehr oder weniger gelingende Durchführung in der Philosophiegeschichte betrachtet werden kann. Das hegelsche Motiv der Dialektik ist hier leicht zitierbar, wenn Husserl z.B. in der Philosophie der Renaissance eine „revolutionäre Umwandlung" sieht (Kr, 5), die mit der Akzentuierung der menschlichen Subjektivität den Transzendentalismus in Gang setzt, aber durch voreilig idealisierende Methoden (Galilei) zum naturalistischen Objektivismus führt (Kr, 18). Die intentionale Analyse ist hier aber genauer als die dialektische Konstruktion, wenn sie solche historischen Evidenzen am Problem der Konstitution der Intersubjektivität in einem Traditionsgefüge erläutert (Kr, 16). Hatte Husserl die Konstitution der Intersubjektivität vom eigenheitlichen Ich her – als eines abstrakten Typs – in den CM (124 ff) untersucht und als einen notwendigen Abwandlungsmodus der transzendentalen Regelstruktur ausgewiesen, so sollen nun subjektive Leistungen in ihren primären Manifestationen verständlich gemacht werden. Das führt 2. zum Problem der Lebenswelt als Inbegriff der unterstufigen intersubjektiven Gebungsweisen. Solche Lebenswelt ist „Thema eines theoretischen Interesses" (Kr §§ 44 ff); es geht um eine „allgemeine Struktur" (Kr, 144). Sie wird durch eine „phänomenologische Abstraktion", die Reduktion – auf die Lebenswelt – gewonnen. Diese Reduktion ist aber nicht *die* letzte – das hieße ihren methodischen Sinn verkennen –, denn ihr Ergebnis muß in einer erneuten Reduktion auf die transzendentale Sphäre überhaupt bezogen werden (Kr, 150). Die lebensweltliche Reduktion ist damit nur ein cogitativer Untertyp von Reduktion überhaupt. Die auf die allgemeinste Strukturtypik abzielende transzendental-phänomenologische Reduktion der Id. I wird also durch die lebensweltliche Reduktion immanent verfeinert.[63] Solche Genauigkeit ist unerläßlich, wenn es um das fundierende und fundierte Verständnis intersubjektiver Leistungsgebilde (Kulturgebilde) – z.B. auch der Philosophie – geht.[64] Der Lebenswelttyp erweist sich als „erste und

[63] W. H. Müller, *Die Philosophie Edmund Husserls*, Bonn 1956, S. 79 ff. H. G. Gadamer, *Die phänomenologische Bewegung*, in: *Philos. Rdsch.* 11. Jg. (1963) S. 1–45 bes. S. 19–34, S. 31.
[64] Kulturgegenständlichkeiten können nach Husserl historisch und soziologisch

niederste Stufe der Vergemeinschaftung" (CM, 156), ist Typ faktischer „Verkehrskreise", in denen alles Vermeinte „subjektiv-
relativ" ist in Bezug auf tatsächlich lebende Subjekte (Kr, 141).
Die Lebenswelt ist „die Welt im Wie der Erlebnisgegebenheit"
(EPh I, 232), noch frei von Theoretisierungen; d.h., will man
das Theoretische, die Wissenschaft verstehen, so muß man auf
die Lebenswelt als eine primäre Fundierungsschicht zurück-
gehen. Diese „notwendige Rückbezogenheit" als „Geltungsfun-
dierung" (Kr, 143) ist also methodisch zu verstehen und die
Wissenschaft davon nicht etwa selbst lebensweltlich (Kr, 138–
151).[65] Man muß dabei die Doppelfunktion der Lebensweltstruk-
tur beachten: Sie dient einmal der historischen Geltungsfun-
dierung, z.B. der intersubjektiven Philosophiegeschichte; zum
andern weist sie aber auch die Fundierungen meines jeweils hier
und jetzt seienden monadischen Subjektseins auf, das ebenfalls
intersubjektive Verweise trägt – die auch in der biologischen
Konstitution faßbar sind. Die Lebenswelt ist also nicht einfach
mit Geschichtlichkeit gleichzusetsen; denn sie ist nicht so sehr
das faktisch Erste einer Geschichte, als vielmehr ein Inbegriff
von primären intersubjektiven Gebungsstrukturen, von denen
die Geschichtlichkeit nur ein möglicher Fall ist. Synchrone und
diachrone Aspekte sind hier genau zu unterscheiden. Das Krisisbuch will 3. den Begriff der Rationalität und des Menschen als
eines animal rationale wie den damit verbundenen Gedanken der
absoluten ethischen Verantwortung intentional-analytisch klären. Dabei gilt, daß animal rationale kein „anthropologischer
Typus" im herkömmlichen Sinne ist (Kr, 13 ff) und also nicht in
Konkurrenz treten kann mit anderen Typisierungen des Menschen; diese müssen vielmehr als Abwandlungen der Idee des
rationalen vollbewußten Menschen angesehen werden können
(Kr, 273, EPh II, 194, 162); insofern ist der Einzelne Funktionär
der Menschheit und trägt demgemäß eine absolute ethische Verantwortung.[66] Die methodische Verankerung in der Egologie
bleibt auch hier verbindlich. Zwar ist das Einzelsubjekt Glied

durch intentionale Einzelforschung – ohne äußerliche dialektische Konstruktion –
erfaßt werden (cf. Kr, 365–386; Id. II, 2. u. 3. Kap.).

[65] Ein Problem ist es freilich, wie in wissenschaftlicher Einstellung eine Lebenswelt
authentisch wiedergegeben werden kann; daß die Lebenswelt sich selbst auf den
Begriff bringe, ist aber eine contradictio in adiecto.

[66] Das erinnert an den Deutschen Idealismus in Fichtescher Gestalt; cf. J. Hyppolite, in: *Husserl und das Denken der Neuzeit*, a.a.O.

einer Gemeinschaft, was intentional-analytisch belegt werden kann; aber „die Gemeinschaft kann sich nur verantworten im einzelnen personalen Subjekt" (EPh II, 197). „Echtes Menschentum fordert ... höchste Bewußtheit" (EPh II, 216) und „Selbstverantwortung" (Kr, 272). Hegel scheint diese mögliche Mächtigkeit des einzelnen Subjekts dagegen in Zweifel zu ziehen. . . .

Hier tritt für Husserl nun ein letztes Problem auf: Wenn der Einzelne in einer intersubjektiven Monadengemeinschaft sich bewußt als Moment einer absoluten transzendentalen Sphäre versteht, dann muß er auch versuchen, tatsächlich – praktisch – die transzendentale Autonomie zur Geltung zu bringen. Das führt zu der Frage „der Selbstobjektivierung der transzendentalen Subjektivität" (Kr, 275) – wiederum ein hegelsches Thema. Aber auch dieses Thema ist nur zu bewältigen durch die Auffindung des entsprechenden cogitativen Typs. Hier ist durchaus eine Metaphysik impliziert. Da aber der infragestehende cogitative Typ – gerade auch als praktischer – nur durch genaue intentionale Forschungen bestimmt werden kann, gilt hier, was G. Funke auseinandergelegt hat, nämlich daß in der transzendentalen Phänomenologie die Metaphysik nicht ohne die Methode auftreten kann.[67]

Kürzelverzeichnis der benutzten Schriften Hegels:

G. W. F. Hegel, *Sämtliche Werke*. Jubiläumsausgabe in 20 Bdn.,
　　　　ed. H. Glockner
PhG　　　*Phänomenologie des Geistes* (2. Bd.)
L I　　　*Wissenschaft der Logik*, 1. Tl. (4. Bd.)
Enz　　　*Heidelberger Enzyclopädie* (6. Bd.)
PhR　　　*Grundlinien der Philosophie des Rechts* (7. Bd.)
PhGesch　*Vorlesungen über die Philosophie der Geschichte* (11. Bd.)
Vor.　　= Vorrede　　　　　　Einl. = Einleitung

Werk- und Kürzelverzeichnis für Husserl s. bei E. W. Orth, *Bedeutung, Sinn, Gegenstand* – Studien zur Sprachphilosophie E. Husserls und R. Hönigswalds. Bonn 1967. Weitere Literatur in den Anmerkungen.

[67] G. Funke, *Phänomenologie – Metaphysik oder Methode?* Bonn 1966.

ZUM PROBLEM DER LEIBLICHKEIT
IN DER ANTHROPOLOGIE VON MARX

> „Aber die Liebe nicht zum Feuerbachschen
> Menschen, nicht zum Moleschottschen Stoff-
> wechsel, nicht zum Proletariat, sondern die
> Liebe zum Liebchen, und namentlich zu Dir,
> macht den Mann wieder zum Mann."
> (Karl Marx an Jenny Marx
> im Brief vom 21. 6. 1856)

BRONISLAW BACZKO (WARSCHAU)

Wir sind uns des Risikos bewußt, das wir auf uns nehmen
müssen, wenn wir den Begriff der Leiblichkeit und ihrer Funktion in der Anthropologie von Marx näher zu bestimmen versuchen. Besonders groß ist das Risiko der Modernisierung, denn
gerade der Begriff der menschlichen Leiblichkeit hat in den
letzten Jahrzehnten starke Veränderungen erfahren. Schon durch
die Art der Fragestellung geraten wir in die Gefahr, über den befragten Text hinauszugehen, da wir unsere Fragen aufgrund
eines – im Vergleich zum Marxschen Text – reicheren Wissens formulieren, welches wir der Phänomenologie, Psychoanalyse und
anderen Richtungen verdanken, die diese Probleme neu beleuch-
tet haben. Und die Sprache, in der wir fragen, ist nicht nur ein
Instrument, sondern auch etwas fertig Vorliegendes, in das wir
dann den gelesenen und interpretierten Text einbeziehen. Die
Zeitdistanz vom Text bietet uns jedoch zugleich die Chance
neuer Erkenntnisse, oft werden wir erst durch diesen Abstand
einer bestimmten Problematik gewahr. Die Lektüre eines der
Vergangenheit angehörigen Textes ist schließlich immer ein
Zwiegespräch mit dem Text, das nicht in der Konfrontation der
Antworten, sondern der Fragen seinen Stoff findet.

Eine Erhellung des Begriffs der menschlichen Leiblichkeit
stellt zweifellos einen Beitrag u.E. zum Verständnis der Anthropologie von Marx dar. Einerseits stellten nämlich Marx' philosophische Reflexionen eine gewisse Rehabilitierung der menschlichen Sinnlichkeit dar; der Ausgangspunkt der Marxschen Phi-

losophie ist – als Opposition zu Hegel – eine Rückkehr zu dem Sinnlich-Körperlichen als einer fundamentalen Dimension der menschlichen Natur und des menschlichen Daseins. Einerseits bildet der Mensch als ein leibliches Wesen einen integralen Bestandteil des Marxschen Materialismus. Anderseits ist jedoch dieses Problem von Marx nicht systematisch behandelt worden. Wir meinen damit nicht nur, daß er hierüber keine systematische Abhandlung geschrieben hat, sondern daß es in seinen Schriften auch keinen implicite formulierten Fragenkomplex gibt, in dem von ihm die menschliche Leiblichkeit irgendwie als ein besonderer Gegenstand der Reflexion konstituiert, d.h., wo die Besonderheit dieser Problematik von ihm gesehen würde. Kennzeichnend ist es dagegen, daß die Begriffe „menschlicher Körper", „der Mensch als ein leibliches Wesen" usw. in Antworten auf ganz andere Fragen auftauchen, wobei diese Begriffe meistens mit größter Selbstverständlichkeit verwandt werden. Wir können also ihre Bedeutung nur dann erfassen, wenn wir sie im Kontext dieser Fragen und mit Rücksicht auf ihre Funktion analysieren, die sie dort erfüllen. So tauchen beispielsweise diese Begriffe in den Erörterungen über das gegenseitige Verhältnis von Natur und Geschichte auf, und sie scheinen bei dieser konträren Beziehung eine vielfache Vermittlerrolle zu spielen. Die Analyse dieser Begriffe kann daher dazu beitragen, den Charakter dieses Wechselverhältnisses aufzuklären, aber vielleicht könnte dadurch auch die Selbstverständlichkeit der Begriffe des Körperlichen, Leiblichen, Sinnlich-Gegenständlichen usw. problematisiert werden. Bekanntlich verstecken sich hinter solchen selbstverständlichen Begriffen meistens bestimmte unausgesprochene Voraussetzungen, Werturteile und Fragen, die als beantwortet gelten, oder auch Probleme, deren man sich noch nicht völlig bewußt geworden ist. Diese Begriffe stellen daher in jedem Denksystem eine der tiefsten, d.h. am schwersten zugänglichen und bedeutsamsten Schichten dar.

Wir werden also durch den jeweiligen Text zu einem ganz bestimmten Vorgehen veranlaßt. Beim jungen Marx ist es angebracht, vor allem von seinen anthropologischen Thesen auszugehen, in denen er das Verhältnis konträrer Kategorien zueinander zu charakterisieren versucht, wie z.B. die Beziehung zwischen dem Konkreten und Abstrakten, der Geschichte und Natur usw. Der nächste Schritt wird sein, zu untersuchen, inwieweit diese und andere Kategorien mit unserer Problematik in Verbindung stehen, wobei wir uns vor allem der Probleme bewußt werden wollen und nicht so sehr darauf aus sind, eindeutige und erschöpfende Antworten auf die gestellten Fragen zu geben. Hinzuzufügen wäre, daß wir uns im Wesen auf die „*Philosophisch-Ökonomischen Manuskripte*" von Marx stützen werden, die in Marxens Entwicklung – und auch in bezug auf unser Problem – sowohl einen End- als auch einen Ausgangspunkt bilden; dieses Moment werden wir in den weiteren Erörterungen ganz besonders zu berücksichtigen haben.

„Der wirkliche, leiblich auf der festen wohlgerundeten Erde stehende, alle Naturkräfte aus- und einatmende Mensch...", „Der Mensch als ein leibliches, naturkräftiges, lebendiges, wirkliches, sinnliches, gegenständliches Wesen...".[1] Aus diesen und anderen Sätzen ist zu ersehen, daß Marx „leiblich", „sinnlich", „gegenständlich", „naturgemäß" in seinen Schriften von 1844/45 fast ausschließlich als gleichwertige Begriffe verwendet, mit deren Hilfe er den Menschen als konkretes Wesen zu fassen sucht, im Gegensatz zu der abstrakten Charakteristik des Menschen und seines Verhältnisses zur Welt. Marx steht in dieser Hinsicht, was seine Entgegensetzung von Konkret und Abstrakt wie auch seine Begriffsapparatur als Ganzes betrifft, unter dem deutlichen, oft überwältigenden Einfluß des Feuerbachschen Naturalismus. Aber gleichzeitig beginnt bei Marx sich eine eigene Problematik zu kristallisieren; indem er die Thesen Feuerbachs als Antworten auf seine eigenen Fragen ansieht, wird er sich seiner eigenen Fragen erst in ihrer vollen Bedeutung bewußt und damit auch der Tatsache, daß die Antworten hierauf nicht mit seinen eigenen Ansichten übereinstimmen.

Ein Charakteristikum des Marxschen Materialismus ist der ständige Versuch, das Konkrete zu fassen, das er – von Feuerbach inspiriert – als etwas Sinnliches, Individuell-Gegenständliches ansieht. Das negative Bezugssystem, das Marxens Suche nach dem Konkreten in vieler Hinsicht bedingte, war die Hegelsche Philosophie. Bekanntlich hat auch Hegel das „Konkrete" sehr hoch bewertet. Der „konkrete Begriff", das „konkrete Gan-

---

[1] *Philosophisch-ökonomische Manuskripte*, in: Marx-Engels-Studienausgabe, Bd. I, Frankfurt 1966, S. 70.

ze" gehörten nach seiner Meinung den wichtigsten Ergebnissen seiner Philosophie an. Aber das Hegelsche „Konkrete", in dem das Sinnliche nur eine Erscheinung des nicht unmittelbar, sondern nur durch begrifflich-logische Vermittlung erfaßbaren Wesens ist, wurde von Marx als Abstraktion und Spekulation verworfen. Interessant ist es nun zu verfolgen, welche Rolle die menschliche Leiblichkeit bei der Suche nach dem Konkreten spielt, oder besser gesagt, zu welchen Konsequenzen – in Hinblick auf die Charakteristik des Körperlichen – die Einbeziehung dieses Begriffes in die „Sphäre des Konkreten" (als Gegensatz zur Abstraktion der Hegelschen Philosophie) führte.

Die Existenz ist etwas Konkretes, als „ein ungegenständliches Wesen ist sie ein Unwesen",[2] d.h.: eine Existenz, die nicht gegenständlich ist und sich nicht in gegenständlicher Beziehung zu anderen gegenständlichen Wesen befindet, ist unwirklich, reine Abstraktion. Aber gegenständlich existieren, in gegenständlicher Beziehung stehen, heißt für den Menschen, in sinnlichem Kontakt mit der Wirklichkeit, den Dingen und Menschen zu stehen. Der sinnliche Kontakt umfaßt sowohl die Sinneswahrnehmungen als auch jeden gegenständlich-emotionalen Kontakt, er umfaßt die sinnlich-körperliche „Ausrichtung" auf die Gegenstände, die Beanspruchung der Objekte, die Befriedigung der Bedürfnisse, die dadurch hervorgerufenen Lust- und Unlustgefühle usw. Sinnlich, körperlich, gegenständlich sind also keine Attribute irgendeiner anderen fundamentalen Existenzweise des Menschen, sondern sind die menschliche Existenz selbst, sie sind keine Erscheinungen des Wesens, die das Wesen verhüllen oder enthüllen, sondern die Wirklichkeit selbst. Der Mensch ist sich selbst und anderen in den sinnlich-gegenständlichen Bezügen gegeben. Seine Sinnlichkeit ist weder die Hülle noch das Objekt seiner Subjektivität. Die Beziehungen der Äußerlichkeit können auf eigene Leiblichkeit nicht angewandt werden, denn das hieße, von unserer eigenen Gegenständlichkeit zu abstrahieren, was dem menschlichen Dasein widerspräche. Das menschliche Bewußtsein ist nach Marx immer ein gegenständliches, denn weder bringt der Körper aus sich selbst Bewußtsein hervor, noch geht das Bewußtsein dem Körperlichen (weder logisch noch historisch) voraus.

[2] Ebenda, S. 71.

Sinnlichkeit und Leiblichkeit werden den Einseitigkeiten des Hegelschen Aktivismus gegenübergestellt. Marx ist der Meinung, das Spekulative im Hegelschen System beruhe darauf, daß Hegel das Bewußtsein auf das intellektuelle Wissen und die sinnliche Wirklichkeit auf die Erscheinung der intellektuellen Aktivität des Geistes reduziert habe. Gegenständlich und sinnlich existieren, heißt ein rezeptives und leidendes Wesen zu sein; Passivität bildet hier eine Grundeigenschaft der Existenz. Auch die Aktivität des Menschen wurzelt in seiner Passivität und Rezeptivität. „Der Mensch als ein gegenständliches, sinnliches Wesen ist daher ein leidendes, und weil seine Leiden empfindendes Wesen, ein leidenschaftliches Wesen. Die Leidenschaft, die Passion ist die nach seinem Gegenstand energisch strebende Wesenskraft des Menschen."[3] Ohne Passivität, ohne Leiden gibt es also keine Aktivität; sie verleihen dieser erst ihren sinnlich-gegenständlichen Charakter. Die menschliche Aktivität ist in der menschlichen Unselbständigkeit begründet. Dieser Aktivitätsbegriff wird dem spiritualistischen Geist Hegels als dem letzten Prinzip des individuellen Daseins gegenübergestellt, dem Geist als der Gesamtheit der logischen Möglichkeiten, die sich in der Bewegung, der Aktivität der Selbstbestimmung und Selbstunterscheidungskraft realisieren. Der sinnlich-wahrnehmende Kontakt ist bei Marx zugleich ein individuell-qualitativer. Individuell, weil sich das Subjekt nur individualisieren kann, da es sinnlich-gegenständlich ist; der Begriff drückt dagegen immer nur ein Allgemeines aus. Dem Hegelschen Primat des Begriffs wird daher vorgeworfen, daß er das Individuum, die Persönlichkeit negiere, daß er das sinnlich-gegenständliche Dasein auf ein abstrakt-begriffliches Wesen, welches aller qualitativer Differenzierungen bar ist, reduziere. Dem wird es entgegengehalten, daß die Individualität der gegenständlichen Konkretheit sich einzig und allein aus ihren qualitativen Besonderheiten ergebe, die jedoch nur sinnlich faßbar seien.[4] Der sinnliche Bezug auf gegenständliche

---

[3] Ebenda, S. 71.

[4] Das sinnlich, individuell, qualitativ differenzierte Konkrete ist nicht nur gegen die Hegelsche Abstraktheit gerichtet, sondern auch gegen die Einseitigkeiten der mechanistisch-quantitativen cartesianischen Physik. Zwischen den beiden Naturanschauungen, die die damalige Zeit bot – der romantischen und mechanistischen – sucht Marx einen Kompromiß bzw. eine Synthese (besonders deutlich geht das aus den „Manuskripten" hervor, aber auch aus späteren Arbeiten). Für den „quantitativen" Charakter des Marxschen Naturalismus in den Arbeiten der hier uns interes-

Wirklichkeit ist unmittelbar. Er liefert uns ein Wissen, das wir auf keine andere Art und Weise gewinnen können und das dank seiner Unmittelbarkeit keiner anderen Begründung bedarf. Dieses Wissen ist nicht voraussetzungslos, wie es Hegel als Idealfall annahm; aber die Voraussetzung ist das, wovon man nach Marx nicht mehr abstrahieren kann, nämlich das sinnlich-gegenständliche Dasein des Menschen, das Konkrete, welches aus dem Fortschreiten des abstrakten Denkens nicht ableitbar ist. Die Rehabilitation der Sinnlichkeit und Leiblichkeit ist die Voraussetzung für die Rehabilitation der außerintellektuellen, nicht rationalisierbaren Sphären des menschlichen Daseins, der unmittelbaren, emotional-sinnlichen Verhältnisse zwischen der Natur und den individuellen zwischenmenschlichen Beziehungen. Und schließlich ist auch noch zu beachten, daß die konträren Begriffe Abstrakt/Konkret, Individuum/Begriff mit dem Gegensatzpaar räumlich-synchronische Beziehungen/logisch-diachronische Beziehungen korrespondieren.[5] Synchronisch ist die Beziehung zwischen Leiblichkeit und Bewußtsein, subjektiver Sinnlichkeit und wahrgenommenem Objekt, Bedürfnis und begehrtem Gegenstand usw. Diese unmittelbar gegebenen synchronischen Beziehungen bilden für Marx den Ausgangspunkt zur Erklärung der Diachronien und zur Beantwortung der Frage nach der Entstehung dieser Verhältnisse. Wiederum ist hier die Hegelsche Philosophie das „oppositionelle Bezugssystem", was sehr

---

sierenden Zeit sind die bekannten Erörterungen über die Philosophie Bacons kennzeichnend: „Die Naturwissenschaft gilt ihm als die wahre Wissenschaft und die sinnliche Physik als der vornehmste Teil der Naturwissenschaft [...] Nach seiner Lehre sind die Sinne untrüglich und die Quelle aller Kenntnisse. [...] Unter den der Materie eingeborenen Eigenschaften ist die Bewegung die erste und vorzüglichste, nicht nur als mechanische und mathematische Bewegung, sondern mehr noch als Trieb, Lebensgeist, als Qual – um den Ausdruck Jakob Böhmes zu gebrauchen – der Materie. Die primitivsten Formen der letzteren sind lebendige, individualisierende, ihr inhärente, die spezifischen Unterschiede produzierende Wesenskräfte. [...] Die Materie lacht im poetisch-sinnlichen Glanze den ganzen Menschen an". Marx/Engels: *Die heilige Familie*, Berlin 1953, S. 257–258. Bemerkenswert ist es, daß Marx in diesen Erörterungen die Bedeutung der experimentellen Methode vor allem darin sieht, daß diese erlaube, die qualitativ-individuellen – und gerade in diesem Sinne – sinnlichen Charakteristika in den Griff zu bekommen. Die Berufung auf Böhme und dessen geistige Nähe zu Bacon stammt übrigens aus Feuerbachs „*Geschichte der Philosophie*" aus dem Jahre 1833. Diese Nebeneinanderstellung von Bacon und Böhme ist für die romantische Naturphilosophie überaus charakteristisch.

[5] „Die Form seiner Anschauung und Methode selbst – schrieb Feuerbach über Hegel – ist nur die exclusive Zeit, nicht zugleich auch der tolerante Raum; sein System weiß nur von Subordination und Sukzession, nichts von Koordination und Koexistenz." L. Feuerbach, *Zur Kritik der Hegelschen Philosophie*, Berlin 1955, S. 22.

deutlich aus Marx' Ablehnung der Hegelschen Identifizierung des Logischen mit dem Historischen hervorgeht, der Auffassung, daß sich die logischen Prinzipien in der Zeit verwirklichen.

Diese oppositionelle Haltung führt zur Anerkennung der Faktizität der menschlichen Existenz, und zwar in dem Sinne, daß es unmöglich ist, das menschliche Dasein zu begründen, ohne sich auf dessen Existenz zu berufen. Das bedeutet insbesondere, daß jegliche Transzendenz ausgeschlossen ist. Die menschliche Existenz ist nicht erklärbar, indem man einen Schöpfungsakt annimmt oder den Sinn der sinnlich-gegenständlichen Beziehung des Menschen mit der Natur außerhalb derselben sucht. Für das Durchschnittsdenken ist das „Durchsichselbstsein der Natur und des Menschen unbegreiflich". Dennoch hat die Frage nach der ersten Ursache und dem Urgrund der Existenz der Natur und des Menschen keine Berechtigung. „Wenn du den Menschen und die Natur als nichtseiend denkend denkst, so denke dich selbst als nichtseiend, da du doch auch Natur und Mensch bist. Denke nicht, frage mich nicht, denn sobald du denkst und fragst, hat deine Abstraktion von dem Sein der Natur und des Menschen keinen Sinn."[6]

Die Rehabilitierung der menschlichen Sinnlichkeit und Leiblichkeit war also zugleich eine Rehabilitierung der menschlichen Natürlichkeit. Marx sieht den Menschen in enger Beziehung zur Natur, der Mensch ist ein Teil der Natur, und über diese Beziehung können Bewußtsein und Denken nicht hinausgehen. Diese Beziehung braucht auch in ihrer Faktizität keine gedankliche Voraussetzung, sie ist in dem jeweiligen sinnlich-gegenständlichen Kontakt des Individuums mit den Dingen und anderen Individuen gegeben und ist die Voraussetzung des Denkens überhaupt. Die Frage nach der Entstehung der Existenz des Menschen als Gattungswesen führt, wie Marx es formuliert, zur generatio aequivoca, zur „Geognosie", zu einer Wissenschaft, in der die Entstehung der Erde als ein Prozeß, als ein Sich-Herausbilden und Sich-Hervorbringen dargestellt wird. Übrigens deutet Marx dies nur an. Sein Naturalismus – die These von der Zugehörigkeit des Menschen zur Natur – erwächst aus rein philosophischen Erwägungen. Sein Interesse für die Naturwissenschaften ist daher nur ein flüchtiges.

[6] Marx/Engels: *Kleine ökonomische Schriften*, Berlin 1955, S. 138–139.

Verleiht die Natur als solche während des Prozesses des Sich-Hervorbringens ihrer selbst und dem Menschen, als einem ihr zugehörigen und in ihr tätigen Wesen, einen Sinn? Findet der Mensch in seiner Zugehörigkeit zur Natur nur Faktizität vor oder liefert ihm diese auch eine Begründung seiner Existenz, oder sogar beides?

Bei Feuerbach sind die Antworten auf diese Frage eindeutig, was sich nicht so sehr aus dem Naturalismus, der die Voraussetzung seiner Anthropologie bildet, ergibt, sondern vielmehr aus einem Naturalismus, dem ein ganz bestimmter Begriff der Natur zugrunde liegt. Wir wollen hier Feuerbachs Anschauungen nur in groben Umrissen kurz wiedergeben, ohne Einzelheiten und Besonderheiten weiter zu berühren. Die Zugehörigkeit des Menschen als Gattungswesen zur Natur drückt sich nach Feuerbach in seiner Teilnahme an den Naturvorgängen aus. Während des individuellen, sinnlich-gegenständlichen Kontakts des Menschen mit der Natur tut sich in der Faktizität die Gleichwertigkeit von Mensch und Natur kund, und damit auch die Wertgleichheit aller Individuen. Die Werte, die das menschliche Dasein sinnvoll machen, sind der Ausdruck der menschlichen Natur; diese wiederum liefert das Zeugnis für die wesentliche Harmonie zwischen Mensch und Natur, denn die Zugehörigkeit des Menschen zur Natur bedeutet, daß in der Sinnlichkeit des Menschen seine Berufungen und seine Werte – zumindest potentiell – enthalten sind, die den Sinn und das Ziel seiner Existenz ausmachen. Die Natur des Menschen, sein Wesen ist durch einen Komplex von präexistentiellen potentiellen Werten bestimmt, deren volle Verwirklichung im menschlichen Dasein der Individuen (d.h. der im unmittelbaren Verkehr miteinander stehenden Personen) zu einer Realisierung des Sinns der Natur selber führen würde. Die Natur findet nämlich ihren ureigensten Ausdruck erst im Menschen, oder besser, in der völlig verwirklichten Menschlichkeit. Diese Auffassung von Natur als einer spontanen und wertbildenden Kraft weist natürlich auf die Romantik zurück. Dasselbe trifft auch auf Feuerbachs Tendenz zu, die emotionalen Bande zwischen Mensch und Natur sowie auch zwischen den Menschen untereinander ganz besonders hervorzuheben (in der emotionalen Beziehung zwischen Ich und Du, in den unmittelbaren Beziehungen, wo die ,,Koexistenz'' der individuellen, persönlichen

Konkretheiten nicht unter dem „Despotismus der Zeit" steht, trete das Wesen des Menschen zutage, werde das Wesen seiner Gattung enthüllt). Diese Ideen enthalten jedoch gleichzeitig aufklärerisches Gedankengut, so den Gedanken der Einheit von Natur und Kultur, Natur und Freiheit u.ä.m. Die Trennung des Menschen von der Natur ist die Trennung seiner sinnlich-individuellen Existenz von seiner Essenz, seiner Berufung als Gattungswesen; mit anderen Worten, es besteht eine Dissonanz zwischen seinem Wesen und seiner Existenz. Die Feuerbachsche Entfremdungstheorie versucht einerseits diese Dissonanz zu bestimmen, zu umreißen, deren Ursachen zu erklären, andererseits gibt sie die Vision einer totalen Entfremdung. Wenn alle Entfremdung aufgehoben sein wird, so wird das Ziel der Natur und damit auch das der Menschen erreicht sein. Die menschliche Geschichte ist in diesem Sinne, wenn man sich so ausdrücken darf, eine „Naturdizee", eine Rechtfertigung der Natur vor dem Bösen, das unter den Menschen herrscht. Im unverfälschten Verkehr der Menschen mit der Natur und miteinander manifestiert sich nämlich immer wieder eine grundsätzliche Harmonie; während des unmittelbaren Kontakts wird immer wieder klar, daß zwischen Mensch und Natur im Grunde eine innere Solidarität, innerer Einklang herrscht, daß sich beide gegenseitig ergänzen. Es handelt sich hier um Werte, die in der Natur enthalten, ja letzten Endes mit ihr identisch sind. Der Mensch empfindet die Natur als eine Ergänzung und seine natürlich-leibliche „Ausrüstung" ist für ihn der Ausdruck des komplementären und harmonischen Charakters der höchsten Werte. Die Sinne der Griechen, schreibt Feuerbach an einer Stelle, waren theoretisch, die Natur war sowohl Gegenstand der Bewunderung und Erkenntnis wie auch der Kanon der Kunst und Wissenschaft. Feuerbachs Begriff der Natur hatte zweierlei zur Folge: einerseits erwies sich das individuell-menschlich Konkrete, auf das sich Feuerbach beruft, in seiner faktischen Existenz als etwas Heterogenes – es ist sowohl gegeben als empirisches, in seiner Faktizität nicht reduzierbares Objekt sowie auch (vor allem als menschlich Konkretes) als Träger bestimmter Werte, als Erscheinung der Gattung (diese Zweiteilung war schon deswegen notwendig, um den Zustand der absoluten Aufhebung der Entfremdung, den Zustand der Identität von Objekt und Subjekt erreichen zu können);[7] daraus ergab sich anderseits Feuerbachs Schwanken zwischen dem wissenschaftlich-szientistischen Anthropologismus und der romantisch-materialistischen Idealisierung der Natur. Durch die Annahme, daß Faktizität und Essenz im Wesen gleichförmig, letzten Endes identisch sind, kann Feuerbach zwei scheinbar sich ausschließende Standpunkte vereinen: den vulgären Materialismus und die Romantisierung der Natur.[8]

Es läßt sich leicht zeigen, daß Marx in den „Ökonomisch-Philosophischen Manuskripten" und in der „Heiligen Familie" viele Ideen des Feuerbachschen humanistischen Naturalismus bzw. naturalistischen Humanismus akzeptiert. Dies trifft ganz besonders auf die unausgesprochenen Voraussetzungen der Feuerbachschen Philosophie zu. Wir sind damals alle Feuerbachianer gewesen, schrieb später Engels über die Zeit der Begeisterung für den Autor des „Wesens der Christentums". Die Übereinstimmung des jungen Marx mit Feuerbach (die Folge war eine teilweise romantisierende Anschauung der Natur) läßt sich vor allem aus solchen Formulierungen in den Manuskripten ablesen, wie „Das menschliche Wesen der Natur ist erst da für den gesellschaftlichen Menschen", oder mit der Aufhebung des Privateigentums und der Entfremdung wird die „vollendete Wesenseinheit des Menschen mit der Natur, die wahre Resurrektion der Natur", erreicht, es ist der „durchgeführte Naturalismus des Menschen und der durchgeführte Humanismus der Natur" oder schließlich der Kommunismus „als vollendeter Humanismus = Naturalismus, er ist die wahrhafte Auflösung des Widerstreites zwischen dem

---

[7] Hierauf hat L. Althusser in seinem Buch *Pour Marx*, Paris 1966, hingewiesen (S. 234). Übrigens ist unserer Meinung nach Althussers Verfahren, das Werk des jungen Marx in die beiden Begriffe Empirie und Essenz einzuzwängen und auf Grund dessen das Schaffen von Marx in einzelne Etappen zu unterteilen, nicht haltbar.

[8] A. Schmidt zeigt in seiner Analyse des Begriffs der „Natur" bei Marx interessante Verbindungen zwischen dem Moleschottschen vulgären Materialismus, dem Feuerbachschen Naturalismus und gewissen Gedanken Schellings in seiner „Naturphilosophie" auf. In der „Physiologie des Stoffwechsels" hält Moleschott die physiologischen Veränderungen der Materie für ein eigenartiges Wunder, für ein Geheimnis, das von dem Schöpfertum der Natur zeuge. Feuerbach sah die Philosophie Moleschotts als eine Erfüllung seiner eigenen Voraussagungen in seinen philosophischen Manifesten der vierziger Jahre an. Der Begriff Stoffwechsel, den Marx seit Ende der fünfziger Jahre verwendet und der im „Kapital" zur Bestimmung der Relation Mensch/Natur dient, scheint der Moleschotts zu sein. Man könnte leicht zeigen, daß der Inhalt dieses szientistischen Terminus mit der Problematik der „Humanisierung der Natur" in den Manuskripten korrespondiert. Vgl. A. Schmidt: *Der Begriff der Natur in der Lehre von Marx*, Frankfurt 1962, S. 63 ff.

Menschen mit der Natur und mit dem Menschen, die wahre Auflösung des Streits zwischen Existenz und Wesen [...], zwischen
Individuum und Gattung".[9] Diese Auffassung von Natur be-
wirkte, daß Marx in den „*Manuskripten*" die Natur- und humanistischen Wissenschaften als etwas Zusammengehöriges, Einheitliches betrachtete. Gleichzeitig bildet diese Anschauung der
Natur ein wichtiges Element des Begriffs des Menschen als Gattungswesen und der Beziehung des Individuums zur Sinnlichkeit.

Die hier aufgezeigte Nähe des Denkens von Marx und Feuerbach berechtigt uns jedoch noch nicht zu der Schlußfolgerung,
daß Marx' Anschauungen und Probleme mit denen Feuerbachs
identisch sind. Ein richtiges Bild von dem Verhältnis dieser
beiden Denker zueinander gewinnen wir erst, wenn wir sowohl
das, was sie verbindet, als auch das, was sie trennt, hervorheben.
Es wäre natürlich auch unsinnig, einfach zu behaupten, daß die
Feuerbachschen Begriffe bei Marx lediglich ein sprachlicher Über-
rest seien, eine terminologische Apparatur, mit deren Hilfe Marx
ganz eigene Gedanken formuliert habe, als ob die Sprache ein
von Denken unabhängiges Instrument sei. Kontinuität und Dis-
kontinuität, Tradition und Ursprünglichkeit sind nur verschiedene Seiten eines und desselben Denkprozesses, deren Zusammen-
gehörigkeit sich aus den Wechselbeziehungen der verschiedenen
„Ebenen" oder „Schichten" des Systems ergibt. Wir hatten
schon früher oben erwähnt, daß viele an Feuerbach anklingende
Thesen bei Marx, vor allem in den „*Manuskripten*", neue Fragen
darstellen. Die Fragen und die Antworten bilden gewissermaßen
zwei Pole eines Spannungsfeldes, wobei sowohl deren gegenseitige Bedingtheit als auch ihre Nichtvertauschbarkeit Voraussetzungen für das Entstehen der Spannung sind. Im Text ergeben sich nämlich die Antworten nicht immer direkt aus den
Fragen, und die Analyse des Textes kann nicht nur darin bestehen, von den Fragen zu den Antworten überzugehen, denn die
Fragen sind nicht unabhängig von den Antworten, und die Art
der Fragestellung ist bereits eine Präfiguration der Antwort. Und
die Antwort auf die Frage lautet wiederum nicht bloß nein oder
ja. Häufig veranlaßt die Antwort zur Modifizierung der Vor-
bedingungen, welche überhaupt erst die Frage möglich gemacht
haben. Mit einer solchen Spannung haben wir es vor allem in den

---

[9] Vgl.: *Kleine ökonomische Schriften*, a.a.O., S. 127 ff.

,,*Manuskripten*" zu tun; ganze Partien des Textes scheinen miteinander im Streit zu liegen, sie strahlen gleichsam etwas Fieberhaftes aus. Diese Spannung bestimmt die Struktur der Manuskripte, verleiht ihnen eine unerhörte Dynamik und Weite des Blickes.

Die weiter oben zitierten Formulierungen, die für Marx' naturalistischen Humanismus charakteristisch sind, waren Antworten auf die Frage nach der Entfremdung des ,,Gattungswesens" im Arbeitsprozeß, nach den Bedürfnissen des Menschen in der Gesellschaft des Privateigentums. Hier eröffnete sich für Marx eine Problematik, die über den Begriffsapparat, die theoretischen und axiologischen Voraussetzungen, die unausgesprochenen Präsumptionen, Werte usw., aus denen diese Problematik erwachsen war, bereits hinausführte.[10]

In den ,,*Manuskripten*" erfüllt diese Funktion – in bezug auf die naturalistisch-humanistische Auffassung von Leiblichkeit – u.a. die Problematik der Arbeit und der Bedürftigkeit. Von größtem Interesse wäre es zu verfolgen, wie von hier aus der Weg zur Entsentimentalisierung der Natur und zur Infragestellung der Identität von Sinn und Faktizität führt. Diese Identität war bekanntlich für den Feuerbachschen Naturalismus eine unbedingte Voraussetzung für die neue Auslegung des menschlichen Daseins und der menschlichen Natur. In den Marxschen Schriften aus der uns hier interessierenden Zeit scheinen die Begriffe ,,sinnlich", ,,gegenständlich", ,,leidend", ,,bedürftig" Gleiches zu bezeichnen (später verdrängt die ,,bedürftige Subjektivität", wie es in den Manuskripten von 1857 heißt, andere Bezeichnungen). Aber gerade die Thematisierung des Begriffes ,,Bedürfnis" bringt neue Aspekte in die Problematik Mensch/Natur. Das Sichbewußtwerden des Problems der Bedürftigkeit und der Bedürfnisse ist ein Sichbewußtwerden der Begrenzung der Körperlichkeit durch die Natur. Es erweist sich, daß die menschlichen Bedürfnisse – und damit auch die Arbeit, ohne die ja die Bedürfnisse nicht befriedigt werden können – der Grund für bestimmte Situationen im menschlichen Leben sind, die sich nicht

---

[10] Diese innere Bewegung, diese Wechselbeziehung zwischen Fragen und Antworten tritt u.a. deutlich zutage, wenn man die ,,*Manuskripte*" mit den Aufzeichnungen von Marx zu der französischen Übersetzung der ,,*Elemente der Politökonomie*" von James Mills vergleicht, die Marx etwa in gleicher Zeit machte, in der er an den ,,*Manuskripten*" arbeitete. (Vgl. MEGA, Bd. 3).

umgehen lassen und in denen sich die Bedürfnisse als eine wesentliche Dimension der Leiblichkeit der menschlichen Existenz manifestieren. Das Bedürfnis verweist auf den Gegenstand und die Gegenständlichkeit der Natur, aber nicht so sehr und nicht vor allem als eine „Ergänzung" zu dieser Gegenständlichkeit. Es verweist zugleich auf die Bedürftigkeit, die die Vorbedingung für die Möglichkeit dieser Ergänzung in der bisherigen Geschichte bildet. Die Begriffe „sinnlich", „leidend" als Charakteristika der menschlichen Körperlichkeit müssen also ergänzt, konkretisiert werden, denn nur historisch sind sie als Notwendigkeit zur Befriedigung des Hungers, zur Sorge um Wärme usw. unter den Bedingungen des Mangels, der Bedürftigkeit usw. gegeben. Das Bedürfnis verweist also auf das menschlich Konkrete. Bei einer so verstandenen Faktizität des Bedürfnisses bedarf es nicht eines versteckten Wesens, eines Gattungswesens, wo die Rolle der Natur darauf beruht, in bezug auf dieses Wesen die Funktion des Sich-Sorgens, Besorgens zu erfüllen bzw. diesem Wesen die Harmonie der Werte der Natur zu eröffnen. Im Bedürfnis tritt dagegen die Kluft zwischen Mensch und Natur sowie die axiologische Vieldeutigkeit des menschlichen Gattungswesens zutage. In der Situation der Bedürftigkeit ist jedoch die Möglichkeit der Versöhnung, der Solidarität der zusammenwirkenden Individuen enthalten – gerade die kollektivistischen Werte der solidarischen Gemeinschaft bilden einen Bestandteil des Marxschen Begriffs des Gattungswesens. Aber aus der Situation der Bedürftigkeit, des Anspruchs auf Güter und Privateigentum erwächst nicht nur die Möglichkeit, sondern auch die Notwendigkeit eines Konflikts, einer Verteilung der Individuen in sich gegenüberstehende Gesellschaftsgruppen. Eine ontologische und axiologische Voraussetzung des Begriffs des Bedürfnisses ist bei Marx vor allem die allgemeine Beziehung der „Ergänzung" durch die Gegenständlichkeit der Natur als eine unverfälschte unmittelbare sinnlichgegenständliche Beziehung, in der der Mensch in der Natur seine Bestätigung findet. Die Situation der Bedürftigkeit verweist jedoch auch auf die Arbeit, die eine wichtige Vermittlerrolle zwischen Mensch und Natur zu erfüllen hat. Arbeit wird hier nicht als eine spontane Aktivität verstanden, als der freie Ausdruck des „Gattungswesens", sondern als eine Gegebenheit, die bestimmten Bedingungen unterliegt, als eine Notwendigkeit zur

Aktivität, als die Überwindung des Widerstands der „schweigen-
den" Natur, als ein Sich-der-Natur-Aufdrängen. Die Gegenständlichkeit der Natur wird jetzt zum Gegenstand der Bearbeitung.
Durch die Notwendigkeit der Arbeit bzw. der Arbeit als Notwendigkeit wird die Welt der Gegenstände zu einer Welt der
Mittel. Das zieht die Akzeptierung der technisch-instrumentalen
Einstellung zur Natur nach sich. Diese Einstellung ist für die Beziehung Mensch/Natur nicht mehr von akzidentieller, sondern
fundamentaler Bedeutung, sie bildet einen integralen Bestandteil der „bedürftigen" Dimension der gegenständlichen Subjektivität des Menschen. Die Akzeptierung dieser technizistischen
Haltung gegenüber der Natur, die „Entsentimentalisierung" dieser Beziehung führt nun zu weiteren Konsequenzen. Auch die
zwischenmenschlichen Beziehungen werden entsentimentalisiert:
durch die Herausstellung des Unpersönlich-Rationalen im Arbeitsprozeß. In den Wissenschaften, vor allem in den Naturwissenschaften, wird besonders die instrumentale Rolle der Erkenntnisse bei der Beherrschung der Natur hervorgehoben (früher, als
noch die Synthese von Natur- und humanistischen Wissenschaften das Ideal war, wurde der Akzent vor allem auf die expressiv-
axiologische Funktion der Wissenschaften gelegt; die verschiedenen Formen der wissenschaftlichen Aktivität wurden als expres-
sive Erscheinungen des homogenen Wesens des Menschen angesehen). Aber das hatte zur Folge, daß der Begriff „Natur" immer
stärker im Sinne des Szientismus und Mechanismus der zweiten
Hälfte des 19. Jahrhunderts interpretiert wurde.

Durch die Untersuchungen der gesellschaftlichen Bedingungen,
der Bedürfnisse und der Arbeit sowie auch durch die Analyse des
Privateigentums, der Klassenverteilung, des Geldes, der verschiedenen Entfremdungserscheinungen im Arbeitsprozeß und
bei der Befriedigung der Bedürfnisse verliert die „Gegenständlichkeit" der körperlich-sinnlichen Beziehungen unter den Menschen sowie zwischen Mensch und Natur ihren ehemals eindeutigen Sinn, den sie im Feuerbachschen naturalistischen Humanismus hatte. Die „Gegenständlichkeit" dieser Beziehungen
wurde als Bestätigung der besonderen Werte des menschlichen
Gattungswesens aufgefaßt. Diese Werte wurden als integrale Be-
standteile der konkreten Natur angesehen. Das gattungsbedingte
Wesen des Menschen sollte in der Solidarität des Menschen mit

der Natur und der Individuen untereinander zum Ausdruck kommen, einer Solidarität, die von der Gemeinsamkeit der Werte zeugt. Die Analyse der Entfremdungserscheinungen, die in der Arbeit und Arbeitsteilung zutage treten, die Entdeckung der Funktion der Gegenstände, die zugleich Waren sind, innerhalb der zwischenmenschlichen Beziehungen verdeutlicht jedoch, daß die Beziehungen zwischen der Menschen- und Sachenwelt sowie zwischen der natürlichen und gesellschaftlichen Existenz des Menschen von Gegensätzen beherrscht werden. Die Annahme, daß der Mensch und die Natur ursprünglich eine Einheit bildeten, erklärt nicht im geringsten, warum der Mensch von seiner Produktion beherrscht wird. Dieses Phänomen wird übrigens auch nicht durch die Hypothese begreiflich, daß einst ein Zustand geherrscht haben soll, in dem der Mensch mit der Natur im Streit lag, in dem die Dinge ihm fremd waren. „Versetzen wir uns nicht wie der Nationalökonom, wenn er erklären will, in einen erdichteten Urzustand. Ein solcher Urzustand erklärt nichts. Er schiebt bloß die Frage in eine graue, nebelhafte Ferne [...] Wir gehen von einem nationalökonomischen Faktum aus. Der Arbeiter wird eine um so wohlfeilere Ware, je mehr Waren er schafft. Mit der Verwertung der Sachenwelt nimmt die Entwertung der Menschenwelt in direktem Verhältnis zu. Die Arbeit produziert nicht nur Waren; sie produziert sich selbst und den Arbeiter als eine Ware, und zwar in dem Verhältnis, in welchem sie überhaupt Waren produziert [...] Je mehr der Arbeiter sich ausarbeitet, um so mächtiger wird die fremde, gegenständliche Welt, die er sich gegenüber schafft [...] Je mehr Werte er schafft, er um so wertloser, um so unwürdiger wird, daß je zivilisierter sein Gegenstand, um so barbarischer der Arbeiter..."[11] Die Dinge sind also Träger von menschlichen Werten, deren Gegenständlichkeit, deren „ergänzende" Funktion in bezug auf die menschlichen Bedürfnisse, deren Übereinstimmung (bzw. Nichtübereinstimmung) mit den Bedürfnissen nicht den „menschlichen" Sinn der Dinge erschöpfen. Die „menschlichen" Werte erweisen sich sogar als „unmenschlich", denn sie entwerten den Menschen, reduzieren ihn auf die Faktizität seiner Bedürfnisse und Arbeit – als einer Naturnotwendigkeit.

---

[11] *Kleine ökonomische Schriften*, a.a.O., S. 98 ff.

Die Gegenstände nehmen eine spezifisch dingliche Existenzform an, indem ihre natürlichen Eigenschaften von den menschlichen Bedürfnissen, die diese Gegenstände befriedigen, getrennt werden. Sie funktionieren als Waren, und diese Form ihres Funktionierens ist gerade wegen der zwischenmenschlichen Abhängigkeiten, die in ihnen zum Ausdruck kommen, sich in ihnen vergegenständlichen und die mit deren natürlichen Eigenschaften verknüpft sind, undurchsichtig, überaus schwer erkennbar. Die gesellschaftlichen Existenzbedingungen des Individuums nehmen die ,,Form von sachlichen Mächten, ja von übermächtigen Sachen"[12] an. Die menschliche Gegenständlichkeit wird auf die Existenzweise der Gegenstände reduziert: ,,Der Arbeiter wird also ein Knecht seines Gegenstandes [...] Die Spitze dieser Knechtschaft ist, daß er nur mehr als Arbeiter sich als physisches Subjekt erhalte und nur mehr als physisches Subjekt Arbeiter ist [...] Essen, Trinken und Zeugen etc sind zwar auch echt menschliche Funktionen. In der Abstraktion aber, die sie von dem übrigen Umkreis menschlicher Tätigkeit trennt und zu letzten und alleinigen Endzwecken macht, sind sie tierisch."[13]

Es wäre in verschiedener Hinsicht interessant, einmal genauer die axiologischen Voraussetzungen, intellektuellen Prämissen, die Vorstellungen von der Natur usw. zu analysieren, die sich in solchen Begriffen, wie ,,gegenständlich", ,,physisch", ,,tierisch" usw. verbergen. In seinen späteren Arbeiten verwendet Marx vielfach andere Begriffe unter Bewahrung der gleichen Voraussetzungen; an anderen Stellen behält er dagegen diese Begriffe bei, verleiht ihnen jedoch eine andere, neue Bedeutung. Diese Fragen gehören aber nicht zu unserem eigentlichen Thema. Für unseren Zusammenhang sind vor allem jene Konsequenzen von Bedeutung, die zu einer neuen Thematisierung des humanistischen Naturalismus in der Frage der menschlichen Leiblichkeit führen. Viele Annahmen, die dieser Naturalismus voraussetzte, wurden entweder radikal in Frage gestellt oder verloren ihre Selbstverständlichkeit und begannen ein Problem zu werden. Diese Tatsache wird auch dadurch nicht eingeschränkt, daß sich Marx selbst auf diese Annahmen und Voraussetzungen beruft (die ja vor allem im Begriff des menschlichen Gattungs-

<hr>

12 Ebenda, S. 545.
13 Ebenda, S. 100 ff.

wesens enthalten sind), und zwar sowohl bei seinen Untersuchungen der Entfremdungserscheinungen als auch bei der ethischen Begründung der Möglichkeit und Notwendigkeit einer völligen Aufhebung der Entfremdung.

Vor allem wird der in Feuerbachs Charakteristik des Menschen als eines „sinnlichen", „leidenden" Wesens enthaltene Wert des unmittelbaren Verhältnisses des Menschen zu den Dingen in Frage gestellt. Bezweifelt wird auch die Universalität der persönlich-emotionalen Beziehung, die für jede Gemeinschaft konstitutiv sein sollte. Bie Beziehungen zwischen den Menschen und der Natur werden entsentimentalisiert. Die Einbeziehung der Arbeit und der Bedürfnisse in den Begriff der Leiblichkeit hat – wie wir schon gezeigt haben – die Anerkennung der technizistischen Einstellung zur Natur zur Folge. Weiterhin bezweifelt Marx, daß es möglich ist, an die Frage der Zugehörigkeit des Menschen zur Natur vom Gesichtspunkt der Solidarität und Partizipation an der Wertordnung aus heranzugehen. Marx fragt sich nun auch, ob man die Geschichte als einen Prozeß ansehen könne, in dem sich ein Sinn verwirkliche, der sowohl den Menschen als auch die Natur umfaßt. Der Begriff der Unmittelbarkeit, mit der dem Menschen die Dinge gegeben sind, verliert seine Eindeutigkeit und wird zu einem Problem. Die Welt des Alltags, die Welt der Dinge und der Menschen lassen nach Marx die Besonderheit der „Verdopplung" erkennen, in der die „natürliche", „ursprüngliche" Welt sich nicht nur als eine Welt der Dinge, sondern auch der verdinglichten zwischenmenschlichen Beziehungen, nicht nur als eine Welt der Gemeinsamkeiten, sondern auch der Konflikte erweist, mit anderen Worten als die „eigene" und „fremde" Welt zugleich. Die Philosophie kann nicht mehr für sich allein bestehen, sie muß im Namen der eigenen philosophischen kritischen Fragen ihr Gebiet verlassen und in der Ökonomie, Soziologie, Politik usw. nach Antworten suchen.

Das bedeutet jedoch nicht, daß all die naturalistischen Thesen, denen wir in den *„Manuskripten"* begegnen, für Marx ihren ethischen und ihren Erkenntniswert verloren haben. Im Gegenteil, zugespitzt formuliert, kann man sagen, daß fast alles, was in jenen Thesen als selbstverständlich erschien, in den späteren Werken zu einem Problem wird. Marx sieht nun alles in einem neuen Licht, in anderen, immer komplizierteren Zusammenhängen. Die Verwerfung der romantischen Vision der Natur bedeutet nicht eine völlige Abwendung von der Problematik der Einheit und der Solidarität zwischen Mensch und Natur. Die Infragestellung der Synthese von Sinn und Faktizität, die im „Gattungswesen" potentiell enthalten sein sollte, will nicht heißen, daß die Erörterungen über die menschliche Natur sowie die Frage, ob die Menschen – bewußt oder unbewußt – ihrer Existenz einen Sinn verleihen, gegenstandslos geworden sind. Das Bewußtsein, daß die Geschichte und die menschliche Aktivität, die Marx als Gesamtkomplex „Praxis" nennt, diesen Sinn hervorbringen, hat gerade zur Folge, daß diese Sphären und die für sie kennzeichnenden Beziehungen und Strukturen zu einem Terrain neuer Überlegungen und Anregungen werden. Die Frage nach dem Verhältnis der Natur zur Kultur (bzw. Geschichte – doch können wir uns hier nicht auf terminologische Einzelheiten in Marxens Werk einlassen) wird in diesem Kontext zu einem grundsätzlichen Problem. Marx interessiert sich zum Beispiel nicht nur für die natürlichen Bedingungen, unter denen Geschichte erst möglich ist (mit anderen Worten, die Natur als conditio prima der Geschichte, als eine historische Invariante), sondern auch für die historischen Bedingungen, unter denen die Natur gegeben ist. Das betrifft vor allem die menschliche Leiblichkeit. In der Geschichte finden die Menschen die Gründe für ihre Existenz, aber dies sind auch Gründe für ihre menschliche Leiblichkeit und jeweils Gründe in Hinblick auf diese Leiblichkeit und unter deren Bedingung. In der Leiblichkeit eröffnet sich unsere Zugehörigkeit sowohl zur Natur als auch zur Geschichte, die Leiblichkeit ist die Vermittlung zwischen diesen beiden Polen. Die Geschichte und die Kultur sind im gewissen Sinne unter der Bedingung der menschlichen Leiblichkeit gegeben und werden durch deren wertschaffende und konstitutive Funktion, die diese in dem menschlichen Bedeutungssystem erfüllt, artikuliert. Der eigentümlich körperliche, in seiner Besonderheit auf nichts zurückführbare Zugang zu den Menschen und Dingen ist für unser In-der-Welt-Sein und für unsere Artikulation der Welt als einer Sphäre möglicher Befriedigungen, als Ergänzung unserer Bedürfnisse, immer mitbestimmend. Wir haben betont, daß bei der Problematik des Verhältnisses des

Menschen zur Natur, des Begriffs des Körperlichen usw. die Fragen des Bedürfnisses und der Arbeit in den Werken von Marx eine immer größere Rolle zu spielen beginnen. Bekanntlich haben die diesbezüglichen Untersuchungen, insbesondere die Analyse der ökonomischen und soziologischen Voraussetzungen, der Fragen der Arbeit und des Bedürfnisses zu der Grundlegung des historischen Materialismus geführt. Das große Gebäude, das später errichtet wurde, verdeckt vielfach die Stellen, die zur Fundamentlegung notwendig waren. So wie die Überzeugung, daß es die Würde der Menschheit verlangt, die bestehenden Mängel zu liquidieren – Marx kann sich einfach nicht damit einverstanden erklären, daß die Menschen vor Hunger und Kälte sterben müssen und daß sie sich aus diesem Grund gegenseitig bekämpfen –, eine unausgesprochene Voraussetzung all seiner ökonomischen und soziologischen Analysen ist, genauso liegen all diesen Analysen die philosophischen Fragen nach jenen in ihrer Selbstverständlichkeit einfachsten Akten und Zuständen zugrunde, und unter anderem auch die Frage: wie nehmen wir an den Geschehnissen in der Welt teil, wenn diese dem Menschen nur als einem körperlich bedürftigen und arbeitenden Wesen zugänglich sind? Die Gewißheit, daß sich hinter der täglich bestätigten, gleichförmigen „Selbstverständlichkeit" noch etwas anderes verbergen muß, ein Teil des gesuchten Konkreten, versetzt den Philosophen Marx in Unruhe; auf die verschiedenste Art und Weise versucht er, diesem Verborgenen, immer noch nicht Erkannten beizukommen. Und gerade in dieser philosophischen Unruhe kommt seine geistige Haltung zu seiner Umwelt zum Ausdruck, eine Haltung, die sich durch Kühnheit, Mut und Unabhängigkeit im Urteil auszeichnet.

RICHARD AVENARIUS
ET LE SUICIDE APPARENT
DE LA PHILOSOPHIE

LESZEK KOLAKOWSKI (VARSOVIE)

A travers la littérature philosophique la recherche d'une expression littérale lutte contre le besoin d'être didactique et sug-
gestif. Avenarius opta pour celle-là. Il renonça à la suggestivité
et à l'expressivité didactique; il risqua – delibérément, sans
doute – de rester presque illisible, il n'employait pas de méta-
phores, de paraboles, d'aphorismes faciles à mémoriser, il essay-
ait de parler le plus littéralement possible; sa sécheresse et sa
rigidité décourageaient les lecteurs. Certainement, il n'est jamais
arrivé à s'exprimer littéralement au degré voulu, ainsi que l'on
voit au nombre des guillemets dont ses écrits fourmillent. Il y a
des ambiguités, comme chez tous, dans les points cruciaux de sa
pensée. Pourtant, il a laissé l'exposé – le meilleur peut-être –
d'une certaine intuition philosophique fondamentale dont il ne
fut ni le premier ni le dernier à avoir tenté de la formuler.

Il serait sans doute exact de dire qu'Avénarius a voulu nous
priver du sentiment du mystérieux dans le monde. Sous cette
forme générale, c'est l'intention de tous les programmes posi-
tivistes. Nous connaissons des philosophes – tels les construc-
teurs des «systèmes» métaphysiques – qui ont cru qu'une médi-
tation théorique ou une espèce particulière de l'expérience sont
capables de nous révéler la signification latente de l'Être, in-
accessible à la recherche scientifique. Nous en connaissons d'autres, d'après lesquels tous nos efforts cognitifs et tout savoir qui
en découle rencontrent une barrière impossible à franchir et qui
nous sépare à jamais de la réalité «profonde», plus authentique
que tout ce que la science peut dévoiler. Nous en connaissons
d'autres, enfin, qui s'opposaient aussi bien à l'espoir que l'énigme

de l'être pourrait se révéler un jour, qu'à l'idée qu'une telle énigme existe; qui stigmatisaient tous les «ignorabimus» en tant que poison de la culture, en tant que résultat des abus verbaux, de l'imagination intempérée et essayaient de pénétrer jusqu'aux racines de l'erreur pour les extirper. Ils ont voulu démontrer que la question même de l'énigme du monde – même si on la croit impossible à écarter – contient des interprétations fausses de l'acte de connaître; une fois démasquées, ces erreurs cesseront de gaspiller l'énergie humaine dans les explorations stériles des pseudo-mystères. C'est à ces derniers qu'Avenarius appartient.

Le radicalisme de cette position se tourne non seulement contre la stérilité des grandes synthèses ontologiques et épistémologiques, mais il rejette en principe toute recherche épistemologique et ontologique comme entreprises veines et condamnées d'avance. Cette position a eu beaucoup de variantes, d'après la façon dont on identifiait la source de l'erreur et ses résultats.

D'après Avenarius le centre de l'erreur est la démarche qu'il appelle introjection et où se concentrent non seulement toutes les constructions philosophiques et religieuses trompeuses, mais aussi les idées fautives du sens commun.

Prenons une pierre dans la main. Rien de mystérieux dans le toucher de la pierre. Pourtant, les philosophes nous ont fait croire qu'il y a là une énigme digne de suprême attention. Ils ont voulu nous persuader qu'il y a en nous l'impression tactile de la pierre, tandis que la pierre est autre chose et que, par conséquent, la question s'impose de savoir quel est le rapport entre notre éxpérience et la chose éprouvée, comment l'impression est «semblable» à la pierre ou nous donne l'accès à la pierre telle qu'elle est. L'esprit non-prévenu ne se posera pas de telles questions. En effet, nous avons à faire à la pierre, non pas séparement à la pierre et à l'impression de la pierre. Si nous réussissons à nous convaincre nous-mêmes que nous sommes en commerce avec les impressions, et non pas avec les choses, alors nous produisons une énigme insoluble, nous dédoublons le monde pour nous torturer ensuite avec la question de savoir si la copie prétendue est semblable à son original «en dehors» de l'expérience. La question est évidemment insoluble puisqu'il n'y a aucun moyen de comparer la copie à l'original – l'impression à la chose – pour en étudier les relations. Finalement, ou bien nous concluerons que l'être en-soi se cache mystérieusement derrière le voile de l'expérience, ou bien nous tomberons victimes de l'erreur idéaliste qui identifie les choses aux mosaïques des «contenus» psychiques. Rien, pourtant, ne nous condamne à ces extravagances sauf cette erreur primitive qui dédouble le monde, en y distinguant les choses «extérieures» et «l'intérieur psychique» où ces choses, d'une façon inconcevable, se présenteraient sous formes d'impressions.

Il faut tout de même expliquer la facilité avec laquelle nous acceptons cette idée d'après laquelle le monde a un sosie psychique «en nous». Il est vrai, en effet, que cette division du monde et la distinction de «physique» et du «psychique» n'est pas un privilège des philosophes mais qu'elle se multiplie sous maintes formes dans toutes les visions du monde du sens commun; elle exige donc une explication génétique.

C'est à quoi une bonne partie des écrits d'Avenarius est consacrée: comment l'expérience pure et non-prévenue s'est-elle laissée falsifier de cette façon et comment sa pureté pourrait-elle être restaurée?

Or, l'introjection, c'est-à-dire l'opération mentale qui nous fait mettre les choses physiques dans l'intérieur du psychisme sous formes de copies, passe par plusieurs étapes, dont chacune produit des illusions nouvelles et des préjugés de plus en plus bizarres. L'erreur originelle est «justifiée», néanmoins, en ce sens, qu'elle donne une interprétation – fausse, mais bien compréhensible – des circonstances véritables de nos actes de connaître.

Il est naturel, en effet, et juste, que nous attribuions au comportement des autres une signification qui n'est pas seulement mécanique, que nous les traitions autrement que les pierres, bref, que nous y voyions des personnes, et non pas des automates. Puisque nous ne participons pas à leur expérience de la même façon qu'eux-mêmes, puisque la douleur de l'autrui n'est pas la mienne – quoique j'aie le droit de dire qu'elle est douleur, et non seulement un comportement qui montre la douleur, puisque nous devinons dans leurs actes la révélation d'une expérience que nous ne connaissons pas directement, nous leur attribuons un «intérieur» dans lequel ces expériences – impressions, pensées, douleurs – sont placées. Nous construisons donc autrui comme une sorte de récipient dans lequel les objets entrent tout en prenant la forme singulière «psychique». Ainsi nous divisons autrui en intérieur spirituel et en manifestations extérieures. C'est le premier pas de l'introjection. Et voici le second. Ce que je veins d'attribuer à autrui, je l'attribue maintenant à moi-même; j'accomplis pour ainsi dire, l'auto-projection d'un schéma qui d'abord était censé m'expliquer autrui ou l'interpréter comme personne. Autrement dit, puisque je présuppose que je suis fondamentalement semblable à autrui, je me divise de la même façon et je commence à traiter ma propre expérience comme ensemble d'impressions psychiques causées par des pressions «extérieures». Je suis maintenant en face des deux réalités – subjective et objective – et je suis persuadé que le sujet ou l'intérieur est fondamentalement différent des objets.

Toutes les phantaisies produites par l'esprit humain au cours des siècles sont déjà potentiellement là, dans ce dédoublement. Après avoir créé deux mondes totalement hétérogènes, j'ai déjà l'idée de l'esprit en tant que différent du corps et je peux manipuler cette image librement, en la transposant à des objets différents, en produisant les concepts de l'âme immatérielle, des esprits, des dieux, etc. Et si je suis philosophe, je double, d'après le même principe, l'expérience même, tout en m'imaginant que je peux faire la distinction entre l'expérience extérieure et intérieure; dès que j'ai fait ceci, tout ce qui est «extérieur» devient une énigme; je peux exprimer cette énigme sous forme d'une doctrine agnostique ou je peux m'en débarasser en abolissant les résultats de l'introjection pour ne laisser en place que l'expérience «intérieure», mise en moi, ce qui me mène au subjectivisme épistemologique.

Voilà, d'après Avenarius, la voie de l'égarement sur laquelle on peut retrouver l'origine de toutes les formes de l'idéalisme, de l'agnosticisme et aussi de toutes les croyances religieuses. En la suivant jusqu'à ses sources nous sommes en mesure de nous libérer des illusions. En effet, pour reconnaître dans autrui une personne semblable à moi-même, je n'ai pas besoin de la diviser (ainsi que moi-même) en deux; je n'ai pas besoin, non plus, de croire que ce que j'éprouve ce n'est pas l'objet même, mais l'objet pour moi, ou bien mon impression de l'objet. Il suffit d'écarter l'erreur originelle pour découvrir la vanité de toutes les querelles entre réalisme et spiritualisme, entre déterminisme et indéterminisme, les querelles autour des notions de force, de cause, de substance et d'attribut. Toutes ces catégories, en effet, ont leur source dans la faute de l'introjection et tombent avec elle.

C'est la *pars destruens* d'Avenarius. Il faut nous débarasser de l'illusion que nous soyions possesseurs d'un intérieur, différent de l'extériorité des objets. Il faut renoncer à la croyance qu'il existe une médiation à la suite de laquelle les choses, telles qu'elles sont «données», font partie d'une expérience intérieure, ce qui donne naissance à la question de savoir ce que sont ces choses indépendémment du fait qu'elles sont «données», à la question de l'Être en-soi. La philosophie – en apparence – cesse d'exister, elle s'est suicidée, elle s'est demasquée elle-même comme l'ensemble des questions imaginaires, dues à l'interprétation fautive de l'expérience.

Pourtant, Avenarius était un philosophe et il ne pouvait pas s'abstenir de se demander: une fois l'introjection écartée, qu'est-ce que le monde purifié qui reste? Je *suis* d'une certaine façon et je ne peux pas renoncer à la conviction que je suis différent des choses que j'éprouve, même si j'accepte cette interprétation «présentationiste» (comme on dit, maladroitement) de l'expérience. Si j'emploie un mot tel que «connaître» ou «éprouver», j'ai le droit de demander: qui connaît quoi? Et en le demandant, je présuppose déjà une distinction de l'objet et du sujet, et cette distinction doit être clarifiée.

Donc, Avenarius a son explication positive. Si son analyse critique se concentre autour du concept d'introjection, son exposé épistémologique est construit à partir de la notion de «coordination principale».

«Je me retrouve dans un certain environnement...» L'environnement contient aussi mon corps. Je peux distinguer ce que je trouve réellement et ce que j'ajoute à mes trouvailles lorsque je définis certaines expériences comme «agréables», «desagréables», «belles», «laides», «vraies», «fausses». Dans ce que je trouve, les choses, les autres et Moi sommes placés au même niveau, et le Moi appartient aux ressources relativement stables de l'expérience en étant «trouvé» dans le même sens que les choses. Autrement: le Moi n'est pas ce qui éprouve mais ce qui est eprouvé. Tout ce qui reste après que les illusions de l'introjection ont été éliminées, est placé dans le champ de l'expérience.

Nous savons donc que le Moi n'est pas un intérieur où les copies des objets se révéleraient sous formes de «contenus» psychiques. Pourtant, il est lié de façon indissoluble avec les autres éléments de l'expérience qui sont alors définis comme «contretermes» par rapport au «terme central» ou le Moi. La coordination principale c'est cette situation nécessaire de l'accouplement du terme et du contreterme, les deux étant présents dans chaque expérience et toujours égaux. Leur égalité consiste en ceci qu'aucun des termes de l'expérience n'a la priorité – causale ou logique – par rapport à l'autre.

En éliminant de notre image du monde ce lest inutile sous formes de «contenus» psychiques différents des objets, Avenarius, de son avis, n'a ni changé le sens réel que notre connaissance scientifique et pré-scientifique s'attribue, ni appauvri notre savoir d'aucune façon. Il a liquidé, en revanche, la possibilité même de l'idéalisme épistémologique et des doctrines agnostiques. Pour comprendre la «coordination principale» par rapport à ce résultat, il faut considérer trois circonstances.

Premièrement, le terme central de la coordination est chaque individu humain au même titre et le contre-terme est numériquement unique pour les termes centraux différents. Par conséquent, le même objet ne se multiplie pas d'après le nombre de ceux qui le perçoivent, bien qu'il soit vrai qu'il n'a pas des propriétés exactement identiques pour tous. Si nous avons regagné, comme Avenarius le croit, le concept «naturel» du monde, ce n'est pas au prix du solipsisme: au contraire, la possibilité même du solipsisme est exclue, lorsqu'on a admis que ce qui est éprouvé c'est la chose et non pas le contenu psychique et que c'est la même chose pour tous les individus humains.

Deuxièmement, le risque de l'agnosticisme est éliminé du même coup. En effet, sans violer le langage même, tel que l'expérience l'autorise, nous n'avons pas le droit de poser la question de la chose en-soi, cachée de l'autre côté de l'expérience, puisqu'il n'y a pas d'expérience qui soit différente de l'objet. La question de l'en-soi est absurde, parce qu'elle se réduirait à la question «qu'est-ce-qu'un contre-terme qui n'est pas contre-terme»?, donc elle ne peut pas être formulée sans contradiction.

Troisièmement, le contenu du savoir qui porte sur le monde qui n'est pas directement perçu, n'est pas du tout altéré. En posant la question d'une réalité non-éprouvée, nous nous adressons à cette réalité, par conséquent, par l'acte même de questionner nous l'incluons dans la coordination principale. Par exemple, nous ne demandons pas, comment le monde se présentait-il au moment où il n'y avait personne à le contempler, puisque la question du monde en-soi, du monde «pour personne», ne peut pas être formulée correctement. Nous nous demandons, comment serait altéré l'environnement dans certaines conditions, si on y ajoute mentalement soi-même comme observateur. Il est impossible de s'interroger sur l'état d'un environnement sans le renfermer dans l'acte même de l'interrogation, c'est-à-dire sans le placer, en tant que contre-terme, dans la coordination principale, dans le mouvement même de questionner. On pourrait interpréter la pensée d'Avenarius en disant que d'après lui l'acte de questionner ne se laisse pas écarter du contenu de la question: autrement dit, que la situation de questionner est un cas particulier de la coordination principale, et c'est pourquoi la question de l'être en-soi ne peut pas être exprimée, vu que l'acte de l'expression produit déjà la dépendance qu'on a prétendu éviter, que l'en-soi n'est plus l'en-soi une fois qu'on se pose la question qui le concerne. Bref, poser la question de l'en-soi c'est se demander comment connaître le monde sans produire la situation cognitive, ou bien comment connaître le monde sans le connaître.

L'intention polémique d'Avenarius est transparente. Elle se tourne contre toute la tradition de l'épistemologie et de la métaphysique européenne, contre ses questions imaginaires, appuyées sur la fission imaginaire du monde entre ses ingrédients physiques et psychiques; contre les questions de Locke, de Descartes, de Kant; contre la théorie des idées qui tantôt nous présenteraient les choses sous formes de copies, tantôt les dissimuleraient; contre la distinction même du sujet et de l'objet; contre la possibilité même d'une théorie de la connaissance et d'une métaphysique. Le sens propre de l'acte cognitif devait être restauré; les actes de connaître sont une partie, biologiquement nécessaire, du comportement de l'organisme, et non pas la recherche de la «vérité»; «la vérité» n'est pas un élément de l'expérience, pas un qualité de ce qui est «trouvé»; elle est une interprétation secondaire de l'expérience et elle appartient aux «caractères» que nous ajoutons au contenu effectif de l'expérience, au même titre que le plaisir, la beauté ou la laideur. Voilà le résultat négatif. Le résultat positif consiste en ceci que nous avons écarté l'hétérogénéité artificielle de l'objet et du sujet, que l'être humain, comme on le voit maintenant, est du même matériel que toutes les choses; qu'il appartient au même titre à «l'expérience» – elle-même ontologiquement indifférenciée. Toujours est-il que cette réalité universelle de «l'expérience» est commune aux individus – non pas que la Vérité de cette réalité puisse être révélée, mais parce que les conditions biologiques les lient tous de la même façon. Il y a, dans notre description du monde, des éléments de durabilité inégale: il y en a qui sont relativement stables, il en a qui sont momentanés, et aussi qui sont universaux, c'est-à-dire qui sont valables pour toutes les conditions de la vie humaine. Cette universalité n'a rien à faire avec la vérité absolue: c'est l'immutabilité de certaines circonstances stables qui sont liées à notre échange d'énergie avec l'environnement. La science enrégistre les éléments de l'expérience d'après leur degré de stabilité. La science est possible, la connaissance est possible, elle est une forme nécessaire de nos réactions biologiques. Ce qui est impossible, c'est la théorie de la connaissance au sens traditionnel (c'est-à-dire la question de la relation des contenus psychiques aux choses).

Toutefois il est difficile de ne pas se demander: si c'était la critique de l'idéalisme qui guidait la lutte d'Avenarius contre les préjugés de l'introjection, comment s'explique-t-il que sa philosophie fut si souvent et si facilement interprétée comme une variante du subjectivisme (c'est ainsi que les critiques à partir de Wundt ont vu la «coordination principale»)?

Il semble qu'au point crucial Avenarius n'a pas su exprimer son intention de façon à résister aux habitudes profondes de la pensée humaine. Essayons d'interpréter son idée sous une formulation sémantique. Il serait correct, semble-t-il, de l'exprimer alors comme suit: le contenu de ce que nous disons sur le monde inclut l'observateur qu'il est impossible d'écarter. L'expression «un arbre vert pousse devant la fenêtre» ne peut que signifier: «je vois qu'un arbre vert...» ou bien «je pense qu'un arbre vert...», ou bien «je sais qu'un arbre vert...», ou bien «il me semble qu'un arbre vert...», etc. Bref, le Moi observant est donné dans le contenu de nos paroles de telle façon qu'il n'est possible de l'éliminer qu'en coupant la partie correspondante dans la phrase; cette coupure, pourtant, cache seulement le contenu véritable sans le changer effectivement. On ne peut écarter l'observateur du monde qu'au niveau de la langue, ce qui est ou bien une démarche verbale éliminant un terme constant de nos expressions (étant constant, il peut être sous-entendu) ou bien le résultat de l'illusion de l'introjection.

S'il en est ainsi, pourtant, si le Moi est donné de façon irrévocable dans chaque description de l'expérience, qu'est-ce le Moi? Avenarius répond: C'est un élément de l'expérience au même titre que les autres; il est éprouvé, et non pas ce qui éprouve. Mais cette solution pose des difficultés énormes. Si moi, je ne suis pas un sujet de l'expérience mais son élément, nous avons à faire à un acte d'expérience qui est une expérience de personne; une situation, donc, où quelque chose est donné, mais non pas donné «à quelqu'un», plutôt donné «en-soi»; un procès d'éprouver sans celui qui éprouve, la perception sans le percevant. Le percevant est secondaire par rapport à la perception, au même titre que n'importe quelle autre chose, il se distingue seulement par son degré plus grand de durabilité. Alors il serait illégitime d'utiliser même le pronom de la première personne du singulier; au moins, cet usage serait trompeur, puisque le sens quotidien de la phrase «je vois un arbre vert» ne présuppose nullement l'équivalence cognitive de l'arbre et du «moi» en tant que «donnés» de la même façon; au contraire ce sens quotidien implique que moi, j'éprouve l'arbre en tant qu'élément de mon champ de perception; dans ce sens quotidien le contenu de la perception est rapporté à moi en tant que celui qui éprouve, et non pas en tant à celui qui est éprouve. Si, conformément à l'interprétation d'Avénarius, le Moi est éprouvé, et non pas éprouvant, il faudrait dire plutôt: «l'arbre vert est éprouvé et le Moi est éprouvé avec lui». Cette expression «est éprouvé» n'est rapportée alors à aucun sujet qui la conditionnerait. Je ne peux donc aucunement dire «J'éprouve l'arbre et le Moi en même temps», puisque l'expression «j'éprouve» contient de nouveau ce «Je», qui devrait se laisser réduire ensuite et, pour être intelligible, présupposer un «Je» nouveau supérieur qui éprouve et ainsi à l'infini. Il faut admettre, par conséquent, que dire «j'éprouve ceci ou cela» veut toujours dire «on

éprouve» et cet «on» impersonnel serait la clef définitive de l'énigme épistémologique. Cette clef, pourtant, se glisse hors de notre
pensée, parce que nous ne savons pas utiliser les verbes de telle
façon que le contenu de nos phrases soit fondamentalement intra-
duisible en formes personnelles tout en restant intelligible ; quand
nous employons des formules impersonnelles telles «il fait sombre
ici», «on ne porte pas des robes comme ça», etc., nous comprenons
leur sens de telle façon qu'il se laisse entièrement traduire en formules contenant des sujets («cette chambre est sombre», «les fem-
mes ne portent pas des robes comme ça», etc.). Il est simplement
incompréhensible que les phrases qui rendent compte de nos expériences, c'est-à-dire qui disent comment quelque chose est
éprouvé, ne puissent pas, en principe, sans que le sens soit dé-
formé, contenir les sujets de l'expérience littéralement conçus.
La catégorie de l'expérience qui ne soit pas l'expérience de quelqu'un mais qui précéderait la distinction du sujet et de l'objet,
n'est pas du tout, une fois définie ainsi, plus accessible à notre
compréhension que ce dualisme habituel qui a produit tant
d'embarras philosophique ; plutôt, elle est beaucoup moins accessible. Avenarius aurait dit peut-être que ce sont les préjugés de
l'introjection qui nous ont privé de la capacité de comprendre le
sens de nos propres paroles, mais comment se convaincre que le
sens qu'il projette est le seul authentique ?

Admettons pourtant que nous savons de quoi il s'agit et acceptons pour l'instant la catégorie de l'expérience ontologiquement
non-différenciée, dans laquelle nous distinguons le Moi et les
choses commes des trouvailles équivalentes. Dans ce cas, les
deux termes sont donnés (non pas donnés «à moi», mais donnés
à personne) en tant qu'objets construits d'après les mêmes principes et appelés «objets» dans le même sens. Le Moi apparaît
alors comme un objet de l'investigation psychologique et non
pas comme sujet qui absorberait les autres éléments de l'expérience. Qu'est-ce que la «coordination principale» signifierait
dans ce cas ? Et pour quelle raison devrions nous admettre que
le Moi est donné dans chaque expérience ? S'il est un des objets
de l'expérience – elle-même primordiale, et non pas précedée par
quoi que ce soit – il n'y a aucune raison de supposer qu'il est
présent dans chaque trouvaille de l'expérience. Mon moi, ou
plutôt le Moi que je cessais déjà de considérer comme le mien

(il n'est pas permis de dire que «je possède le moi en tant qu'un élément de l'expérience», puisque en disant «je», je tombe dans la regression infinie justement mentionnée) ne diffère pas, dans sa constitution ontique, des autres pièces du champ de l'expérience. Il n'est qu'une parcelle de ce champ neutre, par conséquent il peut se trouver dans ce champ ou non, d'après les conditions contingentes. Il n'y a donc pas de coordination principale, la présence de cette parcelle est accidentelle et non pas nécessaire.

Autrement dit, nous avons deux options: nous pouvons compléter l'oeuvre de la destruction totale de la subjectivité (et c'est ce dont il s'agit dans l'intention d'Avenarius) et reconnaître «l'expérience» comme une catégorie universelle, ontologiquement neutre, et telle, qu'il est absurde de se demander quelles sont ses relations à l'être ou au sujet; à l'intérieur de ce champ de l'expérience seulement les questions empiriques, particulières, sans aspirations épistémologiques quelconques, se laissent poser; mais alors nous sommes obligés de renoncer à la «coordination principale». Ou bien, nous pouvons garder cette «coordination», mais alors nous ne pouvons pas sauver l'équivalence de ses termes et il nous faudra retourner à l'interprétation – précisement rejetée – du Moi en tant que sujet qui éprouve. Si, par contre, nous voulons sauver les deux – le principe de «coordination» et la priorité de l'expérience neutre à l'égard des choses et du Moi – le résultat sera absurde. Il nous faudra, en effet, admettre qu'un certain objet fini de l'expérience est inclus inévitablement dans chaque expérience en tant que son centre et que cet objet c'est l'individu humain, une chose parmi d'autres, chose «physique» au même sens que les objets de l'expérience quotidienne. Ce résultat est absurde puisqu'il faut croire que ma présence «physique» (non pas dans le sens d'un statut ontique, mais dans le sens de l'appartenance à la même classe d'objets que je rencontre dans la vie quotidienne et dont les sciences s'occupent) est la condition de l'existence du monde comme l'ensemble des contre-termes. Avenarius n'aurait certainement pas accepté ce résultat, qui d'ailleurs n'a jamais été admis dans la philosophie idéaliste (aucun des soit-disant idéalistes n'a maintenu que le Moi est un objet au même titre que la pierre perçue et qu'il conditionne par sa présence, dans cette fonction, la présence du monde). Il paraît, pourtant, qu'Avenarius ne s'est pas rendu compte que ses deux idées centrales s'excluent mutuellement; il a voulu garder les deux. La possibilité d'un résultat absurde apparaît d'ailleurs clairement lorsque le «terme central de la coordination» s'identifie, à un certain moment, au système nerveux central. S'il en est ainsi, il faudrait admettre qu'un objet physique, un ensemble de cellules nerveuses, est la condition de la présence des choses. Avenarius, bien sûr, ne dit pas cette absurdité, mais on ne sait pas comment l'éviter sans renoncer ou bien à la coordination principale ou bien à la neutralité ontique du Moi et à son équivalence avec l'objet. La philosophie de Mach, de ce point de vue, est plus conséquente, puisqu'elle n'a rien de semblable à la «coordination principale»: Mach avait essayé de garder de façon conséquente la neutralité ontologique de tous les éléments de l'expérience et d'écarter, en tant que privées de sens, les questions de l'être et des relations entre la chose et la perception: il n'a accordé finalement la légitimité qu'aux questions empiriques concernant les pièces particulières de l'expérience; autrement dit, il a voulu abolir d'un seul coup les questions épistémologiques en tant que stériles et mal posées et réduire le sens des questions scientifiques à leur applicabilité utilitaire ou technologique, tout en renonçant au concept transcendental (dont quotidien) de la «vérité»; il n'avait que *partem destruentem*. Avenarius, par contre, paraît avoir voulu garder la question épistémologique (dans sa théorie de la coordination) tout en la mettant en question (dans sa théorie de l'équivalence des deux termes de l'expérience). Il n'a pas su, donc, se libérer des contradictions qui se sont révélées dans ses résultats.

Adam Wiegner, philosophe polonais (1889–1967), excellent connaisseur de la philosophie d'Avenarius, était d'avis que c'était Wundt qui était coupable d'avoir présenté Avenarius comme un «immanentiste» et ceci parce qu'il ne faisait pas la distinction entre les versions ontologique et sémantique de la coordination. D'après Wiegner il s'agissait chez Avenarius de la liaison sémantique des deux termes. Ce qui veut dire que la coordination se constitue dans l'acte de l'expérience, mais non pas dans l'être objectif; autrement dit, l'expérience du Moi et de l'environnement sont équivalentes dans chaque expérience, d'où il ne s'ensuit pas pourtant que cette liaison se constitue aussi de la même façon sur le niveau ontique. D'après Wiegner, Avenarius avait repris l'idée de Fries dont l'oeuvre (*Neue anthropologische Kritik der Vernunft, 1807*) lui était connue (puisqu'il la cite dans *Kritik der reinen Erfahrung*) et qui avait démontré l'impossibilité d'une théorie de la connaissance, en employant des arguments semblables à la critique ultérieure de Nelson.

Cette explication ne paraît pourtant pas plausible, et ceci parce que chez Avenarius il est en principe impossible de distinguer les niveaux empirique et ontologique de la discussion, attendu que la question ontologique ne se laisse pas formuler et que l'être en-soi, indépendemment de la situation cognitive dans laquelle il apparaît, ne peut pas être objet d'une question légitime. Par conséquent, lorsqu'on analyse la coordination dans le cadre de l'expérience, on analyse la dépendance mutuelle de ses deux termes dans la seule réalité dont il est légitime de parler; ce serait, semble-t-il un non-sens du point de vue d'Avenarius que de dire que la coordination s'effectue dans les limites de l'expérience tout en étant absente au delà de ces limites, dans l'Être. Il est vrai, comme Wiegner le souligne, que la critique d'Avenarius visait surtout le subjectivisme épistémologique, l'abolition des «contenus psychiques» conçus comme «présentations» des choses au champ subjectif ayant été l'instrument de cette critique. Mais ce qu'Avénarius a mis en question, ce n'est pas seulement la réponse de l'idéalisme, mais sa question aussi; c'est pourquoi il s'est interdit de donner à la même question une autre réponse, en particulier une réponse réaliste. Et c'est pourquoi l'alternative mentionnée reste en vigueur: ou bien la neutralisation radicale de l'expérience (ce qui veut dire: plus de coordination principale) ou bien le retour au concept du Moi comme le sujet qui éprouve (donc, précisement, le retour à l'interprétation subjectiviste de l'expérience).

L'autre point où l'incohérence de la théorie d'Avenarius se révèle consiste en ceci qu'il s'efforce de maintenir l'interprétation physiologique de l'acte de la connaissance tout en réduisant la catégorie de la «Vérité» à son origine biologique. C'est Husserl qui attira l'attention sur la pétition de principe que cette entreprise comporte. En effet, si la «vérité» est une qualité que nous ajoutons à certaines trouvailles de l'expérience mais qui ne se retrouve pas dans l'expérience elle-même (ou bien pour dire avec Avenarius, la vérité appartient aux «caractères», non pas aux

«éléments»), tout notre savoir n'a d'autre sens que celui qui est
déterminé biologiquement; ce qui veut dire que la valeur du
savoir ne se laisse mesurer que par des critères pragmatiques, par
rapport aux avantages ou désavantages biologiques. Avenarius
accepte ce résultat. En même temps, pour justifier sa notion de
vérité, il fait appel aux études sur la physiologie de la perception dont il accepte les résultats comme «vrais» dans le sens
courant du mot «vrai»; il tombe, par conséquent, dans un cercle
vicieux. On pourrait dire, sans doute, que ce cercle vicieux n'était
pas un privilège d'Avenarius; qu'il apparaît chez tous ceux qui
se sont efforcés d'exploiter la théorie de l'évolution pour reconstruire les questions épistémologiques et qui réduisaient le
sens du savoir à ses tâches instrumentales au service de l'espèce
humaine, tout en justifiant, en même temps, leur théorie par un
schéma d'évolution auquel ils attribuaient non pas le sens in-
strumental, mais la vérité au sens courant. Husserl attira donc
l'attention sur le fait qu'un projet d'épistémologie biologique ou
psychologique est en principe irréalisable, puisqu'il est impossible, sans un cercle vicieux, de douer d'un sens défini toute expérience possible en faisant appel aux résultats particuliers de
cette même expérience, auxquels on attribue un sens différent,
voire le sens de la «vérité» transcendentalement conçue.

On peut se demander laquelle de ces deux tendances: subjectiviste ou phénoménaliste – fut plus forte dans ses écrits. Il est
douteux, pourtant, qu'un réponse non-ambigue s'y laisse établir.
La version scientiste, exprimant une poussée de la philosophie
vers le suicide, fut sans doute son intention consciente. Avenarius
a voulu détruire les questions philosophiques en détruisant la
subjectivité humaine qui, en tant que construction superflue,
donne naissance à ces questions. Cette destruction de la subjectivité, pourtant, n'arrive pas à la forme radicale, parce que la
théorie de la coordination l'annule. Il ne s'ensuit pas que l'effort
d'Avenarius fut vain. Il a révélé la difficulté indépassable que
contient toute tentative d'une théorie qui veut interpréter le contenu de la perception comme réproduction des objets perçus. Il
a expliqué de façon convaincante que dans le champ de l'expérience nous ne trouvons pas de distinction entre la chose et le
contenu perceptif rapporté à la chose; pourtant, il a aboli cette
distinction en abolissant «l'intérieur psychique» et non pas la

chose. Il a ouvert, par conséquent, dans sa doctrine anti-philo-
sophique, un champ d'investigation important pour l'explora-
tion épistémologique qui, à la lumière de sa critique, ne peut se
soumettre à l'inertie des questions lockéennes et cartésiennes,
comme si ces questions provenaient des évidences de l'expérience
spontanée et comme si elles ne contenaient pas des présupposi-
tions cachées. La critique d'Avenarius finalement partage le sort
de toutes les entreprises philosophiques importantes : vue de plus
près, elle révèle son incohérence, mais en même temps, elle crée
une obligation nouvelle pour la philosophie, elle la contraint à
reviser de nouveau les questions héritées et à questionner encore
une fois sa propre légitimité. Il semble que la philosophie soit
condamnée à mettre en question, sans cesse, son propre être et
que, paradoxalement, c'est cette mise en question permanente
qui la nourrit et la maintient en vie.

DER BEGINN VON PROUSTS
„A LA RECHERCHE DU TEMPS PERDU"

WALTER BIEMEL (AACHEN)

Es ist so viel über Proust geschrieben worden, daß man sich kaum noch daran wagt, etwas hinzuzufügen. Aber vielleicht gibt er selbst ein Recht dazu und sei es auch nur, daß das schon Gesagte wiederholt werden muß, wenn die Erinnerung an dieses Werk lebendig bleiben, die Auseinandersetzung mit ihm nicht verstummen soll. Der Beginn des Werkes möge Anlaß für solch eine Wiederholung sein. Ein merkwürdiger Beginn.[1] Bei einer flüchtigen Lektüre ist der Leser enttäuscht. Von den klassischen Romanen her gewohnt, die Hauptperson vorgestellt zu bekommen, in möglichst klaren Konturen, bei einer typischen Tätigkeit, die möglichst ihren Charakter offenbaren oder zumindest den Ort und die Zeit der Handlung vorführen soll – bleibt die Erwartung hier unerfüllt. Zwar ist gleich im ersten Satz von der Hauptperson die Rede, genauer gesprochen, die Person des Erzählers berichtet von sich selbst, aber dabei wird eine merkwürdige Situation festgehalten: der Augenblick des Einschlafens. Der Augenblick, da das „Ich", das wir kennenlernen wollen, aufgehoben wird.

Soll dadurch einfach ein Erwartungs-Enttäuschungs-Effekt erzielt werden oder hat dieser Anfang, der so nüchtern und banal klingt, eingeleitet durch die Feststellung: „Longtemps, je me suis couché de bonne heure" (S. 3) – etwas zu besagen? Gehört das schon in die Proustsche Dimension der Erzählung, oder ist es bloß eine Vorbereitung, eine Art Atemholen für das Gewichtige, das folgen wird?

---

[1] Wir zitieren nach der Ausgabe von Clarac und Ferré in der Bibliothèque de la Pléiade, Gallimard, 1954. Der besprochene Text umfaßt die Seiten 3–9, Bd. I.

«Parfois, à peine ma bougie éteinte, mes yeux se fermaient si vite que je n'avais pas le temps de me dire: 'Je m'endors.' Et, une demi-heure après, la pensée qu'il était temps de chercher le sommeil m'éveillait; je voulais poser le volume que je croyais avoir encore dans les mains et souffler ma lumière; je n'avais pas cessé en dormant de faire des réflexions sur ce que je venais de lire, mais ces réflexions avaient pris un tour un peu particulier; il me semblait que j'étais moi-même ce dont parlait l'ouvrage: une église, un quatuor, la rivalité de François Ier et de Charles-Quint. Cette croyance survivait pendant quelques secondes à mon réveil» (S. 3)

Zunächst muß auf einen Zug hingewiesen werden, der geradezu als phänomenologisch angesehen werden kann, wenn unter Phänomenologie die Kunst begriffen wird, etwas gegenwärtig zu machen, indem es unverstellt vor den Blick des Betrachters geholt wird, und dieser Blick selbst so geartet ist, daß er sich nicht ablenken läßt, sondern gleich das Wesentliche faßt. Statt über die erzählende Person etwas zu sagen, wird sie selbst vorgeführt – zeigt sie sich, allerdings in dem Zwischenzustand des Einschlafens, da sie gerade im Begriff ist ihr Selbstbewußtsein aufzugeben. Die merkwürdige Entfremdung, die dabei vorsichgeht, ist durch den paradoxen Zug illustriert, daß die Sorge um das Einschlafen und Kerze-löschen den Schläfer gerade aus dem Schlaf weckt. Im ersten Augenblick des Erwachens identifiziert sich der Schlafende noch mit dem Geträumten – einer Kirche, einem Quartett, dem Streit zweier Könige.

Beim Erwachen sind wir also noch weiter von der Person entfernt, die wir kennenlernen wollen, und sind doch zugleich ganz nah bei ihr – eben dem, was ihr widerfährt. Der Erwachende ist vom Geträumten benommen und kann so gar nicht sehen, daß die Kerze, die er löschen wollte, nicht mehr brennt. Dann geschieht ein Sich-lösen vom Geträumten, ein Sich-distanzieren und es wird ihm nun unverständlich, wie er so etwas ,,sein" konnte, als ob es sich um ein Phänomen der Seelenwanderung handelte, um Gedanken, die einer anderen Existenz angehörten. Mit dieser Lösung vom Geträumten[2] beginnt er zu sehen und ist erstaunt Dunkelheit vorzufinden, ,,une obscurité, douce et reposante pour mes yeux, mais peut-être plus encore pour mon esprit, à qui elle apparaissait comme une chose sans cause, incompréhensible, comme une chose vraiment obscure" (S. 3). Eine doppelte Dunkelheit für das Auge und für den Geist, der die Dunkelheit nicht

[2] «... le sujet du livre se détachait de moi, j'étais libre de m'y appliquer ou non» (S. 3).

begreifen kann – er erwartete die brennende Kerze zu finden –
die Unverständlichkeit der Dunkelheit macht sie ihm richtig
dunkel. Um sich zurechtzufinden fragt er: wie viel Uhr es wohl
sein mag?

Wir haben einen doppelten Prozeß der Entfernung und Näherung, wir könnten auch sagen der Entfremdung und Identifikation. Erwartet wird das Vorstellen der Hauptperson, das Kennenlernen des fremden Ich. Wir finden den Vorgang des Einschlafens
geschildert, wobei dieses Ich sich quasi auflöst – und zwar in
das auflöst, beim beginnenden Träumen, was es gerade gelesen
hat – da das etwas Beliebiges sein kann, sind wir noch weiter
von diesem Ich als vorher, es wird ja zu einer Kirche, einem
Quartett, einem Streit, es löst sich in sein Gewußtes auf. Aber
zugleich findet eine Näherung statt. Gerade weil wir nichts über
dieses Ich wissen, können wir uns mit ihm identifizieren – nämlich mit dem Prozeß, von dem die Rede ist: dem Einschlafen.
Proust zeigt uns unmittelbar, was wir selbst beim Einschlafen
und Erwachen erleben. Durch die genaue Darstellung des Einschlafens sind wir selbst getroffen, ist eine Identifikation gelungen. Der Vorgang des Einschlafens ist uns vertraut, wenn wir
ihn uns auch nie so deutlich zum Bewußtsein brachten, wie das
hier geschieht. Gleich hier stoßen wir auf einen Grundzug von
Prousts Erzählkunst. Das Dargestellte ist so persönlich, daß es
unwiederholbar zu sein scheint, aber gerade in dem so genau Geschilderten finden wir uns wieder, weil hier das Individuelle und
das Allgemeine zusammenfallen. Was zunächst als Mangel em-
pfunden werden konnte, die Unbestimmtheit des Erzähler-Ichs,
ermöglicht gerade die Identifikation mit ihm. Wir wissen nicht,
wer er ist, was er ist, wo er lebt – er ist bloß der Einschlafende
und Erwachende – und das ist uns vertraut.

Die Frage nach der Zeit leitet eine neue Episode innerhalb des
Prozesses des Erwachens ein.

«... j'entendais le sifflement des trains qui, plus ou moins éloigné,
comme le chant d'un oiseau dans une forêt, relevant les distances, me
décrivait l'étendue de la campagne déserte où le voyageur se hâte vers la
station prochaine; et le petit chemin qu'il suit va être gravé dans son
souvenir par l'excitation qu'il doit à des lieux nouveaux, à des actes
inaccoutumés, à la causerie récente et aux adieux sous la lampe étrangère
qui le suivent encore dans le silence de la nuit, à la douceur prochaine du
retour» (S. 3ff.).

Auf die Frage, wie spät es wohl sein mag, erhalten wir unmittelbar keine Antwort, sondern erfahren, was der im Bett Liegende hört. Das Pfeifen eines vorbeifahrenden Zuges. Bei dieser Feststellung bleibt der Erzählende jedoch nicht stehen. Genauigkeit der Schilderung besagt keineswegs Wiedergabe bloßer Fakten. Die Sinneswahrnehmung ist vielmehr sinnträchtig. Vom Zug-Signal springt der Erzählende auf das Schlagen des Vogels im Walde. Die Gemeinsamkeit besteht keineswegs im Sinneseindruck als solchen, der ist ganz verschieden, sondern im Anzeigen der räumlichen Entfernung. Aus dem Abstand zum singenden Vogel schließen wir auf die Größe des uns unbekannten Waldes – entsprechend wird mit dem Signal des Zuges die Weite der Ebene gegenwärtig. Dabei bleibt Proust nicht stehen. Die Weite der Ebene wird zur Szenerie – der Reisende beeilt sich, sie zu durchqueren, um rechtzeitig an der Bahnstation anzulangen. Die Ebene ist also zugleich der Raum, den der Zug durchfährt, und die Entfernung, die der Reisende überwinden muß, um zum Zug zu gelangen. Der Weg, den er zurücklegen muß, wird vergegenwärtigt, aber nicht mehr um die Landschaft zu suggerieren, sondern die Stimmung auszusprechen, in der das geschieht: die Aufregung, das Reisefieber, die Hast. Ein weiterer Sprung wird vollzogen, von dem Ereignis des zum Bahnhof Eilens zu der Erinnerung, die dies Erlebnis in ihm hinterlassen wird. Was bleibt in der Erinnerung? Die freudige Erregung, daß er neue Orte kennenzulernen hofft, aus dem Alltagstrott herauskommt und ungewohnte Handlungen vollbringt, es bleibt die Erinnerung an die letzten Gespräche – an den Abschied unter der fremden Bahnhofslampe – diese Erinnerung begleitet ihn auf seiner Reise – und dann wird der Bogen so weit gespannt, daß auch die Rückkehr mit inbegriffen ist und die ihr eigene Stimmung, „la douceur prochaine du retour" (4).

Wir haben das gehörte Signal – die Verbindung zum Schlagen des Vogels (Entfernung) – Überwindung der Entfernung durch den Reisenden, der mit diesem Zug fahren will – Erinnerung an diese Ereignisse während der Reise und Andeutung der ruhigen Heimkehr, wenn die ganze Reise zur Erinnerung geworden ist. Die ganze Episode kann unter die Kategorie „Abschweifung" eingereiht werden. Wir werden zu fragen haben, welche Bedeutung der „Abschweifung" in Prousts Stil zukommt.

Der Erzähler kehrt zur Ausgangssituation zurück – er liegt im Bett, drückt seine Wange an das kühle, frische Kopfkissen – die Frische des Kissens wird mit der Frische der Kindheit in Zusammenhang gebracht. Dem zeitlichen Sprung nach vorne, bei der Episode des Reisenden, entspricht hier ein Sprung zurück, in die Kindheit. Erst danach erhalten wir Auskunft über die Zeit des Erwachens – es ist Mitternacht.

Nach dieser Feststellung erfolgt eine neue Abschweifung – sagen wir besser ein neues Ausholen, denn nur zum Schein wird die Linie der Erzählung verlassen, eigentlich wird sie weiter verfolgt. Die Situation des Kranken wird geschildert, der gezwungen ist zu reisen und in einem fremden Hotelzimmer zu übernachten. Durch eine Krise geweckt, blickt er zur Tür, erspäht eine weiße Ritze und freut sich, daß der Morgen graut, die Bediensteten bald aufstehen und er ihnen schellen kann.

> «L'espérance d'être soulagé lui donne du courage pour souffrir. Justement il a cru entendre des pas; les pas se rapprochent, puis s'éloignent. Et la raie de jour qui était sous sa porte a disparu. C'est minuit; on vient d'éteindre le gaz; le dernier domestique est parti et il faudra rester toute la nuit à souffrir sans remède» (S. 4).

Die Spannung dieser kurzen Szene ist unüberhörbar – von der Hoffnung auf Hilfe (jeder Kranke freut sich, wenn der Morgen kommt, als ob dann seine Leiden besser zu ertragen wären, jedenfalls hört sein Alleinsein auf) bis zur Resignation, nach der Enttäuschung, daß es erst Mitternacht ist, die ganze Nacht durchgestanden werden muß. Das Alleinsein in der Nacht wird bei der Erinnerung an die Kindheit geradezu zum Leitthema. So wird hier nicht eine beliebige fremde Szene eingeschoben, sondern zugleich vorgewiesen auf die kommende Kindheitserinnerung. ,,Es ist Mitternacht'' verklammert dieses Ausholen mit der Ausgangssituation.

Die Schilderung des Wieder-Einschlafens wird fortgesetzt, mit der Proustschen Eigentümlichkeit, daß kein bestimmtes Einschlafen dargestellt wird, sondern was sich während des Einschlafens überhaupt ereignet oder ereignen kann. (Vgl. Zusammenspiel des Einzelnen und des Allgemeinen.) Von der bestimmten Szene geht er zu anderen über, um so das zu fassen, was der Vorgang des Einschlafens bedeutet. Wir sind an Husserls Wesensschau erinnert.

Zuerst die Möglichkeit des sofortigen Wieder-Einschlafens, mit kurzen Momenten des Erwachens – der Schläfer hört die Täfelung krachen, öffnet eben die Augen, im kurzen Erwachen des Bewußtseins genießt er die Atmosphäre des Schlafes, die den Raum erfüllt, und versinkt ganz in sie, vereinigt sich mit ihr. Eine andere Möglichkeit:

«Ou bien en dormant j'avais rejoint sans effort un âge à jamais révolu de ma vie primitive, retrouvé telle de mes terreurs enfantines comme celle que mon grand-oncle me tirât par mes boucles et qu'avait dissipé le jour – date pour moi d'une ère nouvelle – où on les avait coupées» (S. 4).

Beim Schlafen wird eine längst vergangene Phase seines Lebens wiedergefunden, als er noch lange Locken trug und Angst hatte, daß ihn sein Großonkel daran zog; ja er lebt so sehr in dieser Kindheitsepoche, daß er den entscheidenden Tag – als man sie ihm abschnitt – vergißt. Im Schlaf geschieht hier die Rückversetzung in einen vergangenen Lebensabschnitt und zugleich das Wiederholen einer Angst-Szene. (Das verknüpft diese Szene mit der Schilderung des Reisenden im Hotel.) Aus Angst vor dem Großonkel erwacht er und mit dem Erwachen erinnert er sich, daß man seine Haare längst geschnitten hat. Der Schluß wiederum zeigt, wie das Erinnern der Kindheitsperiode so lebendig war, daß er beim Einschlafen sicherheitshalber seinen Kopf mit dem Kopfkissen schützt.[3] Er ist nicht mehr in dieser vergangenen Epoche und bleibt es doch.

Eine andere Möglichkeit:

«. . . une femme naissait pendant mon sommeil d'une fausse position de ma cuisse. Formée du plaisir que j'étais sur le point de goûter, je m'imaginais que c'était elle qui me l'offrait. Mon corps qui sentait dans le sien ma propre chaleur voulait s'y rejoindre, je m'évaillais. Le reste des humains m'apparaissait comme bien lointain auprès de cette femme que j'avais quittée, il y avait quelques moments à peine; ma joue était chaude encore de son baiser, mon corps courbaturé par le poids de sa taille» (S. 4ff.).

Bei dieser Variation verschlingen sich verschiedene Motive. Die Szene spielt in der Periode des Erwachsenseins. Ferne und Nähe erscheinen auswechselbar – ja eine bloß eingebildete (geträumte) Person kann näher erscheinen als alle übrigen Menschen. Als Unterton klingt mit, daß die Freude, die die Liebe

---

[3] «. . . mais par mesure de précaution j'entourais complètement ma tête de mon oreiller avant de retourner dans le monde des rêves» (S. 4).

einer Frau zu schenken scheint, in Wirklichkeit aus dem Lieben-
den selbst stammt, eine Illusion ist. Trug die geträumte Gestalt
Züge einer bekannten Person, so nimmt er sich vor, sie unbedingt
wiederzufinden. Das Motiv des Reisens wird mit eingeflochten
– genauer die Vergeblichkcit des Reisens, da der Zauber des Geträumten (Eingebildeten) nicht in der Wirklichkeit wiedergefunden werden kann. Dies Thema: Einbildung und Wirklichkeit
wird Proust nachher geradezu thematisch abhandeln, bei der
Frage nach dem Sinn der Kunst, in *Le temps retrouvé*. Und zum
Schluß noch das Motiv des Vergessens. Zwar hat der Erzähler
sich vorgenommen, die Person unbedingt ausfindig zu machen,
aber dieser so feste Entschluß bröckelt mit der Zeit ab. ,,Peu à
peu son souvenir s'évanouissait, j'avais oublié la fille de mon
rève" (S. 5).
Nach dieser Schilderung der persönlichen Eindrücke folgt
plötzlich eine Aussage von allgemeiner Tragweite: ,,Un homme
qui dort tient en cercle autour de lui le fil des heures, l'ordre des
années et des mondes" (S. 5). Das ist eine erste – noch verhüllte –
Rechtfertigung dieses Romananfanges. Der Schlafende ist nicht
an den starren Ablauf der Zeit gebunden, er besitzt eine magische
Kraft die Stunden aneinanderzureihen (wie ja gerade an den vor-
hergehenden Beispielen gezeigt wurde), die Jahre und Umwelten
zu ordnen. Anders formuliert: er ist der Zeit nicht so wie der
Wachende ausgeliefert, sondern kann frei über sie verfügen. Dadurch wird vorgedeutet auf die Tätigkeit des Erzählers – er gibt
nicht einfach unmittelbar Erlebtes wieder, sondern Erinnertes.
Die Kraft der Erinnerung und die Kraft der Phantasie des Träumenden gehören zusammen. Träumen ist eine Art erfindende
Erinnerung. Zudem ist jedes Erwachen ein Sich-erinnern, oder
wie es hier vom Schläfer heißt: ,,Il les consulte d'instinct en
s'éveillant et y lit en une seconde le point de la terre qu'il occupe,
le temps qui s'est écoulé jusqu'à son réveil; mais leurs rangs
peuvent se mêler, se rompre" (S. 5).
Das heißt jedoch keineswegs, daß dieses Sich-wiederfinden
beim Erwachen so präzise vor sich geht, als ob bloß etwas von
einem Zifferblatt abgelesen würde. Der Zeitplan kann durcheinander geraten. Verschiedene Möglichkeiten werden vorgeführt,
wobei besonders eine ungewohnte Körperhaltung die Orientierung
verwirren kann. Der Schlafende meint so etwa, gerade erst ein-

geschlafen zu sein, wenn ihn der Schlaf nach einer Periode der
Schlaflosigkeit plötzlich beim Lesen überraschte; oder beim Einschlafen in einem Sessel kann dieser Zaubersessel ihn mit aller
Geschwindigkeit durch Zeit und Raum reisen lassen und beim
Erwachen glaubt er sich einige Monate früher in einem anderen
Lande zu befinden. Nach dieser Kennzeichnung der verschiedenen Möglichkeiten, die jeder erfahren kann, kehrt der Erzähler
zur eigenen Erfahrung zurück. Die mit der allgemeinen Aussage
beginnende Stelle ,,Un homme qui dort…" kann als ein Ausholen bezeichnet werden, ausdrücklich dazu bestimmt, den Leser
nicht nur auf die besondere Erfahrung des Erzählenden festzu-
legen, sondern ihm diesen Bereich vorzuführen, der ihn selbst
auch angeht, sozusagen seine eigenen Erfahrungen in die hier gegebenen mit einzureihen. Mit ,,Mais il suffisait…" beginnt eine
persönliche Erfahrung des Erzählenden, daß bei ihm ein Tiefschlaf seinen Geist so entspannen konnte, daß er den Ort des
Einschlafens vergaß, ja sogar sich selbst vergaß.[4]

Der Gegensatz zwischen dem vorher Geschilderten und der
jetzigen Situation besteht darin, daß zuerst ,,Verschätzungen" in
der Lokalisierung des Ortes und der Zeit des Schläfers eintraten,
wenn ungewohnte äußere Verhältnisse im Spiel waren, während
jetzt der Erzähler im eigenen Bett, der vertrauten Umgebung
einfach durch den Tiefschlaf eine so große Entäußerung erfahren
konnte, daß er gar nicht mehr wußte, wer er war, und bloß ein
unbestimmtes Gefühl des Existierens hatte, das auch einem Tier
zugesprochen werden kann. ,,J'étais plus dénué que l'homme des
cavernes" (S. 5). Das ist ein Zurückversetzen in den Beginn des
Menschseins schlechthin. In diesem Augenblick beginnt das Werk
der Erinnerung. Das ist ihre zweite Funktion, die erste hatten
wir beim Träumen selbst erfahren. Sie muß ihn aus diesen ent-
ferntesten Zeiten zurückholen in die Gegenwart. Sie zieht ihn
aus dem Nichts, in dem er sich befindet, in die Gegenwart, indem
sie ihm die Orte, an denen er geschlafen hat, vergegenwärtigt.
,,Je passais en une seconde par-dessus des siècles de civilisa-
tion…" (S. 5).

---

[4] «Mais il suffisait que, dans mon lit même, mon sommeil fût profond et détendit
entièrement mon esprit; alors celui-ci lâchait le plan du lieu où je m'étais endormi et,
quand je m'éveillais au milieu de la nuit, comme j'ignorais où je me trouvais, je ne
savais même pas au premier instant qui j'étais; j'avais seulement dans sa simplicité
première le sentiment de l'existence comme il peut frémir au fond d'un animal …»
(S. 5).

Bevor der Erzähler seine Situation weiter verfolgt, gibt er eine allgemeine Aussage, in Form einer möglichen Setzung.

«Peut-être l'immobilité des choses autour de nous leur est-elle imposée par notre certitude que ce sont elles et non pas d'autres, par l'immobilité de notre pensée en face d'elles» (S. 6).

Es ist eine Art transzendentaler Blickwendung – nicht die Dinge selbst sind unveränderlich, sondern unser Denken erteilt ihnen diese Eigenschaft, indem es sie immer als die gleichen setzt, wir können hinzufügen, um sich so besser zurechtzufinden. Hier klingt das Proustsche Thema an, daß alles in Veränderung begriffen ist, weil der Zeit ausgesetzt.

«... tout tournait autour de moi dans l'obscurité, les choses, les pays, les années» (S. 6).

Aus diesem Wirbel vor der Selbstfindung des Ich soll die Situation herausgefunden werden, in der sich der Schläfer jetzt befindet, die Erinnerung präsentiert ihm die möglichen Fälle, allerdings eine vor-bewußte Erinnerung. Ihr Träger ist der *Leib*.

«Mon corps, trop engourdi pour remuer, cherchait, d'après la forme de sa fatigue, à repérer la position de ses membres pour en induire la direction du mur, la place des meubles, pour reconstruire et pour nommer la demeure où il se trouvait» (S. 6).

Noch bevor der Geist richtig wach ist, erfolgt eine Auswahl aus den gelebten Szenen, durch das Gedächtnis, das dem Leib innewohnt. Zuerst wird das Baldachin-Bett vergegenwärtigt, bei den Großeltern in Combray. Der Schläfer sagt sich: ,,,Tiens, j'ai fini par m'endormir quoique maman ne soit pas venue me dire bonsoir'..." (S. 6). Es ist ein Verweis auf die Zentralszene der ersten Erinnerungsgegenwart von Combray. Der Schläfer ist so intensiv in seine Kindheit zurückversetzt, daß die Sorge um den Gutenachtkuß der Mutter ihn ganz erfüllt.[5] Der Großvater ist seit langem tot und der Leib hat das Gedächtnis dieser Umgebung deutlicher bewahrt als der Geist. Die böhmische Hängelampe, der Kamin aus Sienna-Marmor, sie werden über das Leib-Gedächtnis erinnert. Etwas längst Vergangenes, an das selten gedacht wird, ist plötzlich so gegenwärtig, daß die typische Stimmung der Szene den Träumenden ganz erfüllt.

[5] Vgl. S. 9–43, Band I, dazu die schöne Interpretation von Auerbach in „Mimesis".

Die nächste Szene: das Zimmer bei Madame St. Loup auf dem Lande. Nach dem Spaziergang pflegte sich der Erzähler vor dem Abendessen auszuruhen – beim mitternächtlichen Erwachen meint er nun, er befinde sich im Hause St. Loup und habe die Essens-Zeit verschlafen. Durch diese Erinnerung wird die ganze Swann-Periode genannt, Madame St. Loup ist Gilberte Swann, die unglückliche Jugendliebe von Marcel, die später dessen Freund Robert de St. Loup heiratete, der im Weltkrieg fiel. Er ist ein Vertreter der Adelskaste – dadurch ist die Seite von Guermantes auch gegenwärtig. Die unglückliche Ehe der St. Loup, die unerwiderte Liebe von Marcel gehören zum Leitmotiv der unglücklichen Liebe, die die ganze *Recherche* durchzieht.

Proust nennt diese unmittelbaren Erinnerungen, die von Leibesempfindungen ausgehen, ,,évocations tournoyantes'' – sie dauern nur kurze Zeit und bilden den Übergang zum richtigen Erwachen. Jeder von uns hat ähnliche Erfahrungen mitgemacht, sie gehören zu einer phänomenologischen Analyse des Erwachens. Hier haben sie zudem die Funktion, auf das Kommende vorzuweisen.

Eine neue Phase schließt sich daran an – der Übergang von diesem unwillkürlichen Sich-erinnern zum *bewußten Wiederholen* der verschiedenen Orte, an denen der Erzähler gelebt hat. ,,Mais j'avais revu tantôt l'une, tantôt l'autre des chambres que j'avais habitées dans ma vie, et je finissais par me les rappeler toutes dans les longues rêveries qui suivaient mon réveil...'' (S. 7). Erich Köhler hat den Satz, der diese Erinnerungen umspannt, vorbildlich analysiert und die Gliederung durchsichtig gemacht.[6] Die Gegenüberstellung der Winter-Zimmer und Sommer-Zimmer, wobei dann bei jeder Kategorie die verschiedenen gelebten Möglichkeiten aktualisiert werden und der Prozeß, auf den es dem Erzähler ankommt, wie er sich an das Fremde gewöhnen kann. Denn immer wieder stellt sich dies Problem der Überwindung des Fremden, des Ungewohnten, durch die ,,habitude''.

Diese zweite Phase der Erinnerung, die den ,,évocations tournoyantes'' folgt (Proust nennt sie ,,longues rêveries qui suivaient mon réveil'') schließt damit, daß der Erzähler sich in seiner Um-

---

[6] Erich Köhler, *Marcel Proust*, Vandenhoeck und Ruprecht, Göttingen 1958, S. 57 ff. Die Frage ist, ob die bewußten Erinnerungen auch noch zu den ,,évocations tournoyantes'' gezählt werden sollen, sie Köhler das tut.

gebung beim Erwachen zurechtfindet. „. . . .le bon ange de la certitude avait tout arrêté autour de moi" (S. 8). Jetzt gibt er sich
der bewußten Erinnerung hin. „Je passais la plus grande partie
de la nuit à me rappeler notre vie d'autrefois à Combray chez
ma grand' tante, à Balbec, à Paris, à Doncières, à Venise, ailleurs encore, à me rappeler les lieux, les personnes que j'y avais
connues, ce que j'avais vu d'elles, ce qu'on m'en avait raconté"
(S. 9). Damit endet das Roman-Vorspiel. Welche Bedeutung besitzt es, weswegen ist die Darstellung des Einschlafens und Erwachens ein angemessener Anfang für dies kolossale Werk?

Wir stießen gleich zu Beginn auf die Erzählweise des Aus-
holens, die dem naiven Leser als lästige Abschweifung erscheint.
Er will zur Sache selbst kommen und sieht nicht, daß sie gerade
in diesem Ausholen gegenwärtig ist. Beim Beispiel Pfeifen des
Zuges – Schlagen des Vogels – Weite der Ebene – Reisender der
zur Station eilt – Verabschiedung – Antritt der Reise – friedliche
Heimkehr ist wirklich erlebt nur das Signal des Zuges, das
übrige ist Phantasie, allerdings eine Phantasie, die die Erinnerung
verdeutlichen soll. Der Erzählende erinnert sich an das Schlagen
des Vogels, durch die ihm die Weite des Waldes gegenwärtig
wurde. Die Weite der Ebene führt zur Erinnerung des Reisens.
Es werden die für das Reisen konstitutiven Stimmungen dargestellt, als ob der Erzählende das wirklich verfolgen könnte. Wichtig ist nicht das Faktum des wirklich sich Ereignenden, sondern
das Freilegen der Momente, die zur Reise schlechthin gehören –
und das geschieht hier über die Darstellung des eingebildeten Vor-
gangs, wobei aber wiederum im Mittelpunkt die Funktion der Erinnerung steht. Der Reisende nimmt die Erinnerung des zum
Bahnhof Eilens und des Abschieds in fremder Umgebung auf die
Reise mit – zugleich gehört dazu die Erwartung des Kennen-
lernens neuer Orte und ungewohnter Handlungen – all das begleitet ihn in der Erinnerung, bis zur friedlichen Heimkehr. Jetzt,
beim Pfeifen des Zuges, ist zugleich der Aufbruch der Reise
gegenwärtig – die Hoffnung auf die neuen Erlebnisse – der Abschied und die Rückkehr. Diese *zeitliche Vielschichtigkeit* ist das
Erregende an der Darstellung. Das gewöhnliche Erleben ist beim
Jetzt, das gerade präsent ist, es verliert sich an dieses Jetzt,
geht ganz in ihm auf. Proust reißt den Leser aus dieser Jetzt-
Verlorenheit heraus. Er gibt in einem Satz das Gegenwärtige:

Pfeifen des Zuges – Eilen des Reisenden zum Bahnhof; das Vergangene: Erinnerung an den Vogelschlag; das Zukünftige – Erwartung der kommenden Erlebnisse des Reisenden – und das
Ganze kann als abgelaufen gefaßt werden, weil es insgesamt in
die Dimension der Erinnerung versetzt ist. Die Episode der Reise
wird als unmittelbar erlebte und zugleich als erinnerte dargestellt.

> «... le petit chemin qu'il suit va être gravé dans son souvenir» (S. 3).

Bei der Schilderung wird der vollzogene Ablauf vorweggenom-
men. D.h. er wird gegeben und zugleich in die Form transponiert,
die er in der Erinnerung haben wird. Das ist ein für Proust bedeutsamer Vorgang. Das führt zu einer Verklammerung von Gegenwart, Vergangenheit und Zukunft, die einzigartig ist durch
die gleichartige Präsenz der drei Extasen.

Wenn wir an Husserls Zeitschema erinnern,[7] so haben wir ein
ständiges Absinken des gegenwärtig gewesenen Jetzt. Es wird
eine Zeit lang noch im Griff behalten, sinkt aber ständig tiefer,
bis es aus der Sphäre des deutlich Faßbaren verschwindet und
dem Erinnern immer schwerer zugänglich wird. (Es soll hier
keine Kritik an der Neutralität dieser Darstellung geübt werden,
manches seit langem Vergangene bleibt durch seine Bedeutungs-
geladenheit doch sehr nahe.) Gegen dieses Absinken kämpft
Proust an, wenn er, die Mehrdimensionalität der Zeit bewahrend,
sie zugleich zusammenzufassen sucht. H. R. Jauss hat in seiner
eindrucksvollen Arbeit[8] vorbildlich die Bedeutung des erinnern-
den und des erinnerten Ich in ihrer Beziehung zueinander für
dieses Problem dargelegt. Dieses Verhältnis zielt letzten Endes
auf den Versuch der Gleich-Gegenwärtigkeit der drei zeitlichen
Extasen. Das unmöglich Scheinende der Gleich-Zeitigkeit soll
möglich gemacht werden. Wir können sagen, daß das gesamte
Werk dieses Ziel verfolgt, daß es die Schwierigkeiten offenbart,
die sich ihm entgegenstellen und die mögliche Überwindung, für

---

[7] Edmund Husserl, *Vorlesungen zum inneren Zeitbewußtsein*, herausgegeben von
Martin Heidegger im Jahrbuch für Philosophie und phänomenologische Forschung,
Bd. ...; jetzt neu herausgegeben mit zusätzlichen Texten von Rudolf Boehm,
Husserliana, Bd. X.

[8] H. R. Jauss, *Zeit und Erinnerung in Marcel Prousts A la recherche du temps perdu* –
Heidelberger Forschungen, Bd. 3, Carl Winter Universitätsverlag, Heidelberg 1955,
bes. Kapitel 2, S. 54 ff. Speziell zum Motiv des Reisenden S. 64 ff.

die die Madeleine-Episode (die später ihre Wiederholung findet)
die Schlüssel-Szene wird. Die Zeit soll in ihrem Fluß zum Stillstand gebracht werden.

Im Zusammenhang damit steht – worauf schon hingewiesen
wurde – daß dem Leser zugemutet wird, zugleich im Ereignis zu
stehen und über es zu reflektieren. Diese Gespaltenheit der Einstellung, dies Zusammen von Unmittelbarkeit und Vermittlung,
Nähe und Distanz wird durch die Verdoppelung von erinnern-
dem und erinnertem Ich darstellbar. Allerdings ist keineswegs
das erinnernde Ich notwendigerweise ein reflektierendes. Es gibt
ja auch eine Erinnerung, die bloß repetierend ist, das Vergangene noch einmal „vornehmend". Wenn es bei Proust jedoch
wesentlich reflektierend ist, so deswegen, weil er in der Tat nicht
bloß „repetieren" will, was einmal vorgefallen ist, sondern „wiederholen" im strengen Sinne, also wiederaufnehmen und dabei
durchsichtig machen, verstehen, was es mit dem Erlebnis auf sich
hatte. Es muß hier darauf verzichtet werden, solche Wiederho-
lungen aus dem Werk zu analysieren, es sei bloß daran erinnert,
daß die unglückliche Liebe Swanns zu Odette de Crécy eine Vorwegnahme der unglücklichen Liebe des jungen Marcel zu Gilberte
Swann ist und des erwachsenen Marcel zu Albertine.

Für Proust hat die Kunst ausdrücklich eine Erkenntnisfunk-
tion. Es scheint mir, als ob Proust als einer der ersten erkannt
hätte, daß die Kunst unseres Jahrhunderts sich nicht mehr in
einer Ebene der Unmittelbarkeit bewegen kann, daß der Künstler
über sein Tun reflektieren muß und diese Reflexion auch dem Be-
trachter zumutet. Das ist ein Phänomen, das keineswegs auf den
Roman beschränkt bleibt, es gilt gerade so für die Lyrik und für
das Drama, es gilt selbst für Künste, die dem zu widerstreben
scheinen – die Malerei,[9] die Musik und in gewisser Weise auch für
die Skulptur und Architektur.

Mit dieser Forderung der gleichzeitigen Präsenz der verschiedenen Dimensionen der Zeit steht Prousts Absicht in Zusammenhang, in der Darstellung so etwas wie Totalität zu erreichen, wie
sie z.B. bei der Erinnerung an die verschiedenen Orte der Über-
nachtung gefordert wurde.[10]

---

[9] Vgl. auch Gehlen. *Zeit-Bilder*, Athenäum-Verlag, Frankfurt a.M.-Bonn, 1960.
„Alle moderne Kunst ist Reflexionskunst" (S. 17).
[10] «je finissais par me les rappeler toutes . . .» (S. 7).

Durch welches Mittel kann das von Proust angestrebte Ziel erreicht oder ihm zumindest nahe gekommen werden? Durch die *Erinnerung*. Da das wiederum der gewöhnlichen Auffassung widerspricht, die meint, die Erinnerung vermöge immer nur ein abgeblaßtes Erlebnis zu vermitteln, sie sei weniger wirklichkeitsträchtig, sei das kurz angedeutet.

Im Vorspiel ist gleich zu Beginn das Erinnern beim Erwachen mit dem Erinnern eines andern Erwachens gekoppelt, dem der Kindheit. Die Kindheit ist die Epoche des Vertrautwerdens mit der Umwelt, in ihr erschließt sich so etwas wie Welt, beginnt das Heimischwerden. Darum hängt der Mensch so sehr am Ort seiner Kindheit und an der Person, zu der er selbst im Verhältnis des ursprünglichen Vertrauens steht – der Mutter. Die Szene des Gutenachtkusses, die im ersten Combray-Teil im Mittelpunkt steht, ist daher zu verstehen. Das Kind versichert sich vor dem Alleinbleiben der Zuneigung der Mutter, wodurch ihm die Angst vor dem Alleinsein genommen wird.

Daß die Erinnerung an die Kindheit zugleich Erinnerung an die Epoche des Vertrautseins mit der Umwelt ist, bezeugt ausdrücklich ein Ausspruch aus *Du côté de chez Swann*.

«C'est parce que je croyais aux choses, aux êtres, tandis que je les parcourais, que les choses, les êtres qu'ils m'ont fait connaître sont les seuls que je prenne encore au sérieux et qui me donnent encore de la joie.»

Und dieser offenen Verstehenshaltung wird dann die Haltung des Alternden gegenübergestellt.

«Soit que la foi qui crée soit tarie en moi, soit que la réalité ne se forme que dans la mémoire, les fleurs qu'on me montre aujourd'hui pour la première fois ne me semblent pas de vraies fleurs» (S. 184).

Hier finden wir eine gewichtige Aussage – wenn auch in der Möglichkeitsform – daß so etwas wie Wirklichkeit erst im Gedächtnis (also dem Vermögen der Erinnerung) zustande kommt. Die Erinnerung ist wirklichkeitsbildend. Die Erinnerung (das wird im gleichen Zusammenhang ausgesprochen) vermag das Vergängliche der Vergänglichkeit zu entreißen.

«... ce coin de nature, ce bout de jardin n'eussent pu penser que ce serait grâce à lui (sc. le narrateur) qu'ils seraient appelés à survivre en leurs particularités les plus éphémères ... tandis qu'alentour les chemins

se sont effacés et que sont morts ceux qui les foulèrent et le souvenir de
ceux qui les foulèrent» (S. 184).

Hier wird der Schritt deutlich, auf den es Proust ankommt,
nämlich vom Erinnern auf das Darstellen des Erinnerten; durch
dies Darstellen kann die Vergänglichkeit der Dinge und Erlebnisse für eine Weile überwunden werden – selbst über die Existenz des Sich-Erinnernden hinaus.

Wir fragten nach der Bedeutung des Vorspiels, ob es bloß so
etwas wie eine Vorbereitung sei; wir sahen, daß in ihm das Erinnern als konstitutiver Akt für das Sein der Person aufgewiesen
wird, da im Erinnern das Ich sich selbst findet und so als dasselbe die Veränderungen überdauern kann und die Perioden der
Bewußtlosigkeit. Deswegen ist gerade das Phänomen des Einschlafens und Erwachens privilegiert, um die Funktion der Erinnerung in ihrer Mehrschichtigkeit zu demonstrieren. Im Erinnern findet ein Leben seine wiederholende Einheit, deswegen
wird nach dem Erwachen die Erinnerung bewußt fortgesetzt, in
der Weise des überfliegenden Einheitsstiftens, des Herstellens
einer Ganzheit, die dem an das Jetzt hingegebenen Ich verloren
gegangen ist. Dieses Erinnern ist für Proust die Voraussetzung
für das dichterische Gestalten. Wer sein Leben (und auch das
der anderen Menschen, sofern er davon weiß) nicht in die einheitliche Erinnerungsform zu heben vermag, wird unfähig sein,
es in die Ebene der Kunst zu transponieren.

Das Herausstellen der Bedeutung der Erinnerung im Vorspiel
steht in enger Verbindung mit dem Entschluß des Erzählers ans
Werk zu gehen – am Ende von *Le temps retrouvé*. Was diesen
Entschluß fördert, ist auch ein Erinnerungsphänomen, die un-
willkürliche Erinnerung, bei der das Gewesene und das Gegenwärtige so zusammenfallen, daß der sich Erinnernde nicht mehr
weiß, ist er in der vergangenen Situation oder der gegenwärtigen.
Es ist das zuerst bei der Madeleine-Episode geschilderte Phänomen, dessen Bedeutung der Erzähler aber jetzt auffinden will.
Das Glücksgefühl genügt ihm nicht, er will den Grund dafür verstehen. Es ist die Möglichkeit, in der Zeit zugleich der Wirkung
der Zeit enthoben zu sein, und sei es auch nur einen Augenblick.
Es ist die Entdeckung, daß das Vergangene sich nicht in bloß
Gewußtes verwandelt hat, sondern in seiner Ursprünglichkeit
gegenwärtig geblieben ist: im Erzähler.

Ein Bedienter hat versehentlich mit einem Löffel an den Teller geschlagen (beim Schlußempfang bei Guermantes) – in diesem Augenblick hört der Erzähler die Gartenschelle erklingen, beim abendlichen Besuch Swanns, dei in seiner Kindheit stattgefunden hat.

«Alors, en pensant à tous les événements qui se plaçaient forcément entre l'instant où je les avais entendus et la matinée Guermantes, je fus effrayé de penser que c'était bien cette sonnette qui tintait encore en moi. ... Pour tâcher de l'entendre de plus près, c'est en moi-même que j'étais obligé de redescendre. C'est donc que ce tintement y était toujours, et aussi, entre lui et l'instant présent, tout ce passé indéfiniment déroulé que je ne savais que je portais» (S. 104ff., Bd. III).

Dieses „in sich selbst versenken (eintauchen)", „*er-innern*", das wird im Vorspiel zum erstenmal ausgeführt, deswegen sind wir mit diesem Vorspiel schon mitten im Werk. Und wenn zum Schluß die Gutenacht-Szene aus Combray wieder aufgenommen wird, so erfahren wir unmittelbar die Gegenwart des Gewesenen. Zugleich will der Erzähler, daß der Leser sich nicht an das Berichtete verliert, sondern daß dieses ihn dazu führen soll, sich in sich selbst zu versenken.

«... ils ne seraient pas, selon moi, mes lecteurs, mais les propres lecteurs d'eux-mêmes, mon livre n'étant qu'une sorte de ces verres grossissants comme ceux que tendait à un acheteur l'opticien de Combray; mon livre, grâce auquel je leur fournirais le moyen de lire en eux-mêmes. De sorte que je ne leur demanderais pas de me louer ou de me dénigrer, mais seulement de me dire si c'est bien cela, si les mots qu'ils lisent en eux-mêmes sont bien ceux que j'ai écrits» (Bd. III, 1033).

L'ITINÉRAIRE HUSSERLIEN
DE LA PHÉNOMÉNOLOGIE PURE
À LA PHÉNOMÉNOLOGIE TRANSCENDANTALE*

H. L. VAN BREDA (LOUVAIN)

Avant de développer pour vous l'argument qui vous fut ex-pédié, vous permettrez à celui qui depuis 1938–1939 s'occupe de la valorisation de l'héritage spirituel d'Edmund Husserl, de rap-peler ici un événement historique concernant ce dernier. C'est dans l'Amphithéâtre Descartes, tout près de celui-ci, qu'à l'invi-tation de votre Société le maître a développé, en février 1929, ses quatre premières *Méditations cartésiennes*. C'est avec une réelle émotion que je ressens l'honneur que vous m'avez fait de m'inviter à occuper aujourd'hui la tribune qu'il y a plus de trente ans Husserl a illustrée.

C'est avant tout en historien de sa pensée qu'aujourd'hui je vous parlerai de l'itinéraire qui a conduit Husserl de la phéno-ménologie pure des années 1897–1906 à la phénoménologie philo-sophique ou transcendantale qu'il a développée au cours des vingt-cinq dernières années de sa vie. Quoique j'accepte person-nellement toute une série des thèses husserliennes qui seront esquissées, je ne m'efforcerai guère d'en défendre la valeur doc-trinale, mais plutôt d'en exposer clairement le contenu précis. J'essayerai en outre de signaler pour plusieurs d'entre elles la date exacte où Husserl les a formulées pour la première fois, ainsi que les élaborations successives dont, dans les inédits sur-tout, nous retrouvons des traces.

Pour établir les thèses historiques que nous vous soumettrons, nous utiliserons donc abondamment les innombrables documents

* Texte d'une conférence prononcée le 27 janvier 1973 devant la Société Française de Philosophie et publiée dans le *Bulletin de la Société Française de Philosophie*, 67e Année, No 4, Oct.–Déc. 1973, p. 152–167.

d'archives (inédits doctrinaux, annotations dans les livres de la bibliothèque de Husserl, sa correspondance, etc.) disponibles aux Archives de Louvain. Cet amas exceptionnel de «sources» permet en effet de retracer non seulement les différentes vues synthétiques qu'au cours de sa longue carrière Husserl a développées; mais il rend en outre possible d'établir souvent les dates précises de leur découverte ainsi que celles des rédactions successives qu'il en a élaborées. Enfin, grâce aux inédits, on peut fort souvent détecter quand il a introduit tel ou tel vocable ou telle ou telle expression qui dorénavant fera partie de son vocabulaire philosophique personnel.

Si d'un côté il convient de souligner que, pour de larges parts, cet exposé historique se fonde sur des documents d'archives, d'un autre côté il sied de souligner ici que pas mal des conclusions utilisées sont le fruit de recherches exécutées «en équipe». Cette équipe, ou mieux «ces équipes» ne sont autres que les groupes de collaborateurs doués et dévoués qui se sont relayés aux Archives. Personnellement, j'ai eu l'immense satisfaction de les y accueillir et, si j'excepte MM. Ludwig Landgrebe et Eugen Fink, j'ai eu le plaisir de diriger, en partie du moins, leurs travaux à Louvain. Mais, enfin et surtout, profitant immensément de leurs recherches, j'ai continuellement pu élargir et approfondir mon savoir acquis *in rebus phaenomenologicis*. Les noms de plusieurs d'entre eux – Stephan Strasser, Walter Biemel, Rudolf Boehm, Jacques Taminiaux, Iso Kern et Karl Schuhmann – sont déjà familiers, croyons-nous, à tous ceux qui étudient soit Husserl, soit la phénoménologie tout court. Mais si, détaillant l'acquis en question, nous voulons rendre à chacun son dû, il faudrait encore mentionner ici les noms de bien d'autres chercheurs qui ont travaillé aux Archives.

Cette étude en équipe des documents présents aux Archives nous a conduit à deux constatations qui ont de l'importance pour notre sujet. Comme la plupart des historiens qui n'ont pas utilisé ces documents n'en semblent guère conscients, ils n'en tiennent pas suffisamment compte non plus. Résumons-les succinctement.

La première, c'est que, pour de larges parts de l'histoire de la philosophie ainsi que pour la systématisation philosophique contemporaine, Husserl doit être considéré comme un autodidacte.

Comme il ressort clairement tant de récits de conversations avec lui que de ses propres lettres, il en était d'ailleurs bien conscient; assez régulièrement il utilise lui-même ce vocable pour caractériser et expliquer la manière passablement libre dont il fait usage des textes des auteurs classiques et contemporains. S'appelant autodidacte, il veut certes mettre avant tout en évidence l'originalité de ses propres découvertes. Le contexte des passages auxquels nous faisons allusion prouve toutefois que, ce faisant, il veut aussi rappeler que sa formation première était principalement celle d'un mathématicien. Si, comme étudiant entre 1876 et 1883, son intérêt pour les problèmes philosophiques fut toujours en éveil, ce n'est que par intermittence qu'alors il le nourrit de lectures systématiques ou de textes classiques. Même des auteurs comme Kant et Leibniz par exemple, il ne les étudiera vraiment de près qu'après 1895–1900. Et jamais il n'a entrepris une étude tant soit peu approfondie de l'ensemble de l'œuvre d'Aristote, de Platon, de Fichte et de Hegel, pour ne citer que ces quelques philosophes de première grandeur.

Du moins à ses débuts comme philosophe, sa familiarité avec la littérature philosophique n'engloba donc qu'un choix limité et plutôt arbitraire de textes. Et si ce choix s'est sensiblement élargi entre 1900 et 1910, Husserl restera dans ce sens jusqu'à la fin de ses jours plus ou moins autodidacte.

Dès 1885 toutefois et pendant plus de dix ans, Husserl a étudié de près et avec soin certaines parties de l'œuvre de John Locke, de David Hume, et aussi de George Berkeley. C'est manifestement en suivant à Vienne, d'octobre 1884 à juin 1886, les cours de Franz Brentano que son intérêt et son appréciation pour ces auteurs furent éveillés. C'est également dans le cercle des étudiants de Brentano que son attention fut attirée sur les principaux représentants de l'empirisme anglo-saxon du XVIIIe et du XIXe siècle. Dans ce milieu, ces derniers sont en effet considérés et estimés comme des penseurs qui travaillent à l'élaboration d'une philosophie «als strenge Wissenschaft». Ce dernier programme ne pouvait qu'attirer Husserl, qui avant d'arriver à Vienne venait de parfaire sa formation de mathématicien à Berlin chez Carl Weierstrass. Ceci nous amène à une deuxième constatation. Comme la première, celle-ci a également échappé à beaucoup d'historiens et de commentateurs de la pensée husserlienne. En tout cas, dans leurs travaux et études elle n'entre guère en compte.

Cette deuxième constatation, la voici. L'essentiel de la problématique phénoménologique de Husserl, surtout de sa phénoménologie génétique, il l'a découvert en étudiant et en approfondissant le livre II de l'*Essay on Human Understanding* de Locke, ainsi que des parties du *Treatise* et de l'*Enquiry* de Hume. Pour compléter cette énumération, ajoutons encore le *Treatise Concerning the Principles of Human Knowledge* de Berkeley, dans lequel il croit visiblement posséder un des points de jonction entre Locke et Hume. Dans ces textes tel qu'il les comprend, il voit de fait la première ébauche d'une histoire de la conscience humaine. Transposée par lui au cours des années, cette problématique deviendra dans sa phénoménologie celle de l'histoire intentionnelle de la constitution du monde-pour-moi.

Dans l'argument de cet exposé dont vous disposez, il est énoncé comme thèse qu'entre 1898 et 1930, l'itinéraire phénoménologique de Husserl fut régi par deux convictions philosophiques qui le gouvernent. Ces deux dominantes de la longue et constante évolution qui l'a conduit de la phénoménologie pure à la phénoménologie philosophique ou transcendantale, y sont ensuite décrites en résumé. Développons et étayons maintenant cette thèse.

Après avoir couronné, à Vienne en 1883, ses études mathématiques par une dissertation doctorale *Beiträge zur Theorie der Variationsrechnung*, Husserl s'inscrit là, dès octobre 1884, aux cours de Franz Brentano; il les suit jusqu'en juin 1886. Dès 1885, ses recherches portent principalement sur des problèmes concernant les fondements philosophiques des mathématiques; conjointement, dès le début de 1891, il se met à l'étude des fondements philosophiques de la logique formelle. Alors déjà, assurer ces fondements et fournir une explication philosophique soit des concepts et des structures mathématiques, soit de ceux de la logique, n'est autre chose pour Husserl qu'en découvrir la genèse dans la conscience; c'est uniquement par là que le philosophe réussira à en établir la signification authentique et à en fonder la valeur.

Jusqu'en 1896, il se propose d'éclaircir cette genèse en faisant appel à la psychologie; celle-ci, conçue dans le style qui avait alors cours dans les travaux de Brentano lui-même et dans ceux de ses disciples: Alexis von Meinong, Carl Stumpf et autres. Pour le dire paradoxalement, à ses débuts comme philosophe, Husserl s'engage résolument dans la voic du «psychologisme» que, dès 1900, il attaquera si vigoureusement tout au long de sa carrière.

Vers 1896, il lui devient en effet apparent que l'explication psychologique de la genèse des vérités tant mathématiques que logiques, ne les fonde aucunement; bien au contraire, elle mène irrémédiablement à en ruiner la valeur. Reprenant alors la doctrine de Brentano sur l'intentionnalité de la conscience, il se rend compte – vers 1897 – que tant pour les énoncés de la logique que pour ceux des mathématiques, ce qu'il faut expliquer et fonder c'est leur signification (*Sinn*) pour la conscience. La vérité même de ces énoncés ne peut en effet éclater que dans des actes qui prennent nécessairement la forme de «conscience – de», c'est-à-dire dans des actes intentionnels qui sont axés sur des «étants pour la conscience». Il s'ensuit que la genèse qu'il faut retrouver pour expliquer ces données n'est autre que ce qu'il appellera plus tard «la genèse intentionnelle», c'est-à-dire l'histoire de la constitution *dans* et *par* la conscience de la signification à fonder.

Aux grands Anglais ainsi qu'aux représentants du psychologisme qu'il rejette alors, Husserl reproche en premier lieu de s'engluer dans la facticité; autrement dit la genèse qu'ils retracent n'est autre qu'une histoire des faits qui prétendûment jalonnent la constitution des données conscientes à expliquer et à fonder. Or, il lui semble évident qu'aucune facticité ne peut fournir une base tant soit peu solide aux énoncés universellement valables de la logique et des mathématiques. En second lieu, il est convaincu qu'entraînés par les succès des sciences de la nature, tous ces penseurs se sont mis à la recherche d'un modèle atomique qui régirait la constitution des données de la conscience. Partant d'un préjugé visiblement enraciné dans leur esprit, il s'agit pour eux de retrouver les impressions, les sensations ou les idées les plus simples; ensuite celles-ci, cela leur semble évident, fourniront à la conscience les éléments et la matière première pour toute genèse ultérieure. De fait, croit Husserl, ce préjugé leur coupe en ces matières l'accès même «aux choses elles-mêmes» qui se donnent, et surtout «telles qu'elles se donnent».... Il leur devient en effet impossible de découvrir qu'absolument tout ce qui se révèle à la conscience est dans son entièreté de l'intentionnel, de la signification, de l'étant-pour-moi. Il leur échappe conséquemment que les normes qui en régissent le développement ou la genèse ne peuvent être que des lois enracinées dans la signification comme telle. Voulant alors retrouver la genèse d'une donnée consciente, le psychologisme s'avère tout à fait incapable d'en fournir une explication valable. La genèse qu'il faut retrouver n'est et ne peut-être que la genèse strictement intentionnelle dont le développement est gouverné par la signification même de l'étant-pour-moi.

Dans les *Recherches logiques*, dont il élabore la dernière rédaction entre juin 1899 et juillet 1901, Husserl applique ces principes méthodiques à un domaine limité de la recherche philosophique, à la logique. En les lisant attentivement et en tenant compte de ce qui vient d'être dit, le lecteur averti pourra aisément constater, croyons-nous, que l'objet principal des six recherches de la deuxième partie de cet ouvrage n'est autre que de dresser le procès-verbal détaillé en premier lieu de la genèse intentionnelle des concepts et lois de la «logique pure», ainsi que des structures de base des énoncés mathématiques les plus généraux. C'est précisément parce que, déjà dans cet ouvrage, Husserl vise finalement à expliquer la «constitution» de ces concepts, lois et structures *dans* et *pour* la conscience, qu'il attache tant d'importance à l'incidence dans ce processus des actes cognitifs. Il les analyse soigneusement, leur assigne un rôle primordial dans toute conscience-de, et de façon toute particulière dans la connaissance catégoriale en général et dans l'intuition des essences en particulier. De fait, quoique cela ait échappé à la plupart des phénoménologues de la première génération, ainsi que, depuis, à pas mal de sagaces commentateurs des *Recherches logiques*, ce travail comporte comme soubassement toute une philosophie, fût-elle implicite, de ce qu'après 1910, il englobera sous le terme néologique de «noèse».

Comme en témoignent quelques pages d'un début de journal personnel que nous conservons aux Archives et qu'en 1956 Walter Biemel a publié dans le périodique de Marvin Farber, Husserl a passé en 1904–1906 par une crise aiguë qui l'a fortement affecté.

Tout en constatant que depuis plus de quinze ans il a travaillé très dur et sans fléchir, il se rend compte que jusqu'à maintenant il n'a guère abordé les problèmes philosophiques fondamentaux, c'est-à-dire les problèmes vraiment universels. Parcourant les travaux auxquels il s'est attelé depuis 1886, ceux-ci lui paraissent certes sérieux, précis et bien exécutés. Mais s'attachant à résoudre des problèmes fort circonscrits et de détail, les solutions qu'il y offre peuvent-elles être considérées, se demande-t-il, comme authentiquement philosophiques. La question qui l'obsède alors et le doute qui conséquemment le déprime souvent au cours de ces années de crise prennent cette forme concrète: la phénoménologie, le fruit puiné de ses labeurs, répond-elle vraiment aux intentions fondamentales qui doivent, de droit en tant qu'universelles et radicales, régir depuis Platon le travail du penseur qui aspire au titre de philosophe?

Les recherches exécutées aux Archives depuis 1968 nous permettent de définir maintenant de la façon la plus précise tout d'abord la problématique concrète qui l'a tourmenté alors; mais surtout, elles nous autorisent à affirmer que celle-ci fut résolue en principe par la découverte et l'application de plus en plus large de la réduction phénoménologique. Enfin, dès maintenant il nous est possible de dater cette découverte et d'établir la chronologie de différentes étapes de l'élaboration et de l'utilisation de celle-ci.

Comme nous l'avons dit plus haut, il lui devient apparent dès 1898 que les données objectives de la logique et des mathématiques – la *materia circa quam* de ses *Recherches logiques* – sont des significations qui sont saisies dans des actes intentionnels. Mais au cours des années suivantes, il se rend compte que ces données ne constituent qu'une partie infime, fût-elle importante, du monde matériel et culturel dans lequel nous vivons. Or, l'impératif catégorique qui régit l'explication radicale à fournir par le philosophe l'oblige inéluctablement à fonder et à expliquer non seulement certaines des régions «mondaines», mais également les structures de base du monde lui-même, celui-ci pris dans toute son universalité.

C'est en août–septembre 1904, à l'occasion d'un studieux séjour de vacances à Seefeld dans le Tyrol autrichien, que Husserl perçoit pour la première fois une voie d'issue à ce problème qui le tourmente et l'agace. Une issue, croit-il, qui peut permettre d'intentionnaliser la totalité des données mondaines conscientes, ainsi que le monde lui-même. Dans le merveilleux paysage dominé par le *Seefelder Sattel*, où pendant plusieurs jours Alexander Pfänder et d'autres jeunes philosophes munichois viennent discuter avec lui, il découvre en effet quelques-uns des principes fondamentaux de la démarche méthodique qu'une fois élaborée, il dénommera la réduction phénoménologique. C'est à Seefeld, tout permet de l'affirmer, que Husserl eut son «rêve de Descartes» à lui; et, comme chez le grand philosophe français, l'essentiel de ce qu'il y a entrevu ne le quittera plus jusqu'à la fin de sa carrière philosophique. La crise susmentionnée n'est que la période de gestation et de maturation des principes qu'il vient de discerner. En avril 1907, Husserl en soumet une première esquisse aux étudiants en philosophie inscrits à Gœttingue. Depuis lors, dans son enseignement, la réduction, sa justification et surtout ses multiples applications sont chaque année reprises. En 1913 dans les *Ideen I*, il la présente au public philosophique comme l'épine dorsale des *Considérations phénoménologiques fondamentales*. A bon droit ce texte capital, la deuxième partie de l'ouvrage, peut être considéré comme le «discours de la méthode» de Husserl; il y définit en effet les principes de base qui régiront toutes ses recherches ultérieures.

Quels sont les traits essentiels de cette démarche méthodique que Husserl a découverte et élaborée entre 1904 et 1911? Mais surtout, comment peut-il la concevoir comme la seule et unique «porte étroite» qui ouvre au phénoménologue l'accès au champ philosophique dans toute son universalité?

Il est notoire que très tôt Husserl, s'inspirant du vocabulaire cartésien, s'est choisi le terme *cogitatio* pour dénommer tout phénomène conscient qui nous informe, soit au sujet du «monde» réel dans lequel nous vivons, soit au sujet de nos propres actes. En 1904–1906, il lui devient apparent que presque toutes ces «cogitations», telles qu'elles s'offrent à la réflexion immédiate, incluent, dans la signification qu'elles comportent, l'affirmation de leur existence réelle ou du moins possible. Un examen approfondi de ces cogitations lui montre toutefois que l'existence, au sens fort que tout naturellement nous y déchiffrons, ne fait nullement partie de leur être authentique. De fait, la note «exis-

tence» est surajoutée au contenu pur du *cogitatum qua cogitatum*
comme tel, et cela par une extrapolation indue et non motivée.
La prétendue existence ne fait donc aucunement partie de ce qui
en ces matières constitue «la chose elle-même». Toutefois dans
ce que Husserl appelle alors déjà «l'attitude naturelle», cette ad-
dition ne peut être élaguée que fort difficilement de la cogitation telle qu'elle s'offre immédiatement au regard réflexif du
phénoménologue. Spontanément, en effet, nous l'incrustons continuellement dans les significations conscientes par des noèses
que, dans cette attitude, nous exerçons presque irrésistiblement.
Pour avoir accès à la cogitation dans sa forme authentiquement
pure, il faudra alors «mettre entre parenthèses» cette existence
surajoutée. En d'autres mots, avant d'en scruter l'explication
radicale, le phénoménologue doit réduire toute donnée consciente,
toute cogitation, à sa signification pure. Il ne doit la garder que
comme un «étant-pour-moi» et, en exerçant constamment l'*epochè*,
il doit l'émonder de tout accroissement non justifié par son contenu apuré.

Notons ici que la présentation que, dans les *Ideen I*, Husserl
a donnée de la réduction phénoménologique et en particulier de
la mise entre parenthèses de l'existence, a conduit beaucoup de
commentateurs de ce texte à se méprendre sur ce qu'il y vise
concrètement en utilisant ce terme «existence» (*Sein*). Ce faisant, il ne pense certainement pas l'ὄν d'Aristote ou l'être-exis-
tence de la Haute Scolastique; et le *Sein* qu'il veut éliminer n'an-
nonce en rien non plus l'être dont, plus tard par ses brillantes
analyses, Heidegger veut retrouver le sens authentique. Pour
Husserl, l'existence que le phénoménologue doit préalablement
mettre entre parenthèses est évidemment celle qui, comme
«croyance» (*Glauben*), joue dans l'attitude dite naturelle et la
sous-tend. Or, dans celle-ci, la tendance qui «tout naturellement»
prévaut est de concevoir l'existence «ad modum existentia entis
materialis». Pour utiliser encore le langage de l'École, Husserl
est d'avis que dans l'attitude naturelle, le mode d'existence que
spontanément nous attribuons à la chose matérielle, sert d'*ana-*
logatum principale et de prototype dans toute croyance naturelle
à l'existence, ainsi que dans les jugements dits d'existence qui
expriment une telle croyance. Voilà le surajouté concret que, par
la réduction, il faut élaguer de la cogitation pour l'épurer. Voilà

l'existence qui est l'objet précis de l'époché. Cette époché étant
exécutée, l'existence éliminée restera toutefois encore présente à
la conscience réduite, mais alors seulement *qua cogitatum*. C'est
en vertu de cette dernière remarque, que Husserl pcut affirmer,
que, tout en imposant un tout autre dénominateur à chaque cogitation, le phénoménologue en exerçant sa réduction, n'en perd
strictement aucune, pas même la cogitation qui vise intentionnellement l'existence en tant que telle.

Étant en possession dès 1905 des linéaments de cette méthode
réductive, Husserl se rend ensuite graduellement compte que
celle-ci lui permet désormais de s'attaquer à l'analyse phénoménologique ou intentionnelle de bien d'autres «régions» que celles
de la logique et des mathématiques seules. En l'appliquant en
effet aux données concernant l'espace et la chose matérielle, ainsi
qu'à celles nous informant des structures régionales de la nature
comme totalité, de la vie psychique, et des régions culturelles,
celles-ci deviennent en effet par la réduction des significations
pures pour la conscience. Même les cogitations, lentement déga-
gées par Husserl vers 1910, qui se rapportent à «l'englobant
englobé», c'est-à-dire au «monde», Husserl ne les retiendra dans
sa réflexion philosophique qu'en tant que des étants-pour-moi.
Ainsi même le monde, l'horizon ultime de toute notre vie consciente, peut lui aussi être intégré dans ce programme d'explication philosophique radicale. Dès lors, la problématique phénoménologique de Husserl, englobant d'ores et déjà tout l'univers
conscient, est à ses yeux universelle de droit. Conséquemment,
une phénoménologie élaborée pourra réclamer légitimement le
titre de philosophie tout court. Pour l'élaborer, il faudra mettre à
nu la genèse intentionnelle de chacune de ces cogitations pures,
ensuite des régions où elles sont imbriquées et enfin du monde,
l'horizon total qui les englobe.

Cette conviction profonde de Husserl a inspiré et gouverné les
recherches extrêmement multiples et variées qu'après 1907, il a
mises en chantier. En 1907, il consacre un grand cours à la genèse
de notre conscience de l'espace, et de la chose matérielle. En 1910,
sous le titre *Natur und Geist*, il soumet à ses étudiants une analyse
détaillée du monde culturel. Au cours de ces mêmes années, il
retravaille sans répit les résultats de ses recherches antérieures
sur le temps, la temporalité et la temporalisation. Sans cesse il

reprend alors également l'étude des différentes noèses et en particulier celles des actes de la connaissance. Son attention se porte aussi aux problèmes intentionnels relatifs à la volonté et à l'agir moral. Tous ces travaux lui permettent de projeter, dès 1912, l'élaboration d'un ouvrage de «philosophie générale», qui d'après ses intentions devait faire suite aux *Ideen I*. Sous le titre *Ideen II* et *Ideen III*, nos Archives ont publié en 1952 les parties de cet ouvrage que nous avons retrouvées élaborées dans son héritage spirituel.

A plusieurs reprises dans cet exposé, nous avons souligné que, pour Husserl, fournir une explication philosophique d'une donnée intentionnelle équivaut à en décrire avec précision la genèse. La réduction que nous venons d'esquisser lui livre certes, dans leur forme pure, les données dont il faut redécouvrir et décrire l'histoire intentionnelle. Mais permet-elle également de dégager les différentes étapes de l'histoire génétique qui ont abouti aux cogitations constituées qu'à la réflexion je retrouve au bout de cette genèse historique comme les fruits ou les produits plus ou moins finis de celle-ci?

Dès 1898, nous le disions plus haut, Husserl concentre ses efforts de recherche philosophique sur l'analyse et la description discursive des données signifiantes de la conscience. Bientôt après, il subsume cette démarche absolument essentielle de sa méthode sous un vocable propre, celui d'«analyse intentionnelle».

Dans les *Recherches logiques* et jusqu'en 1910, Husserl utilise les analyses de ce type, sinon toujours du moins en général, pour élaborer des descriptions détaillées des cogitations, eidétiques ou autres, qu'à la réflexion, le phénoménologue trouve emmagasinées dans sa conscience. Ces analyses, qui ont quelque chose d'un patient décorticage ou effeuillage des significations les plus universelles, visent et décrivent celles-ci strictement en tant que les «choses elles-mêmes» présentes «en personne» à la conscience. Plus tard, Husserl dira que si le phénoménologue limite son programme à des recherches de ce type, il se limite par là à élaborer des *analyses statiques* de l'intentionnel conscient. Dès 1910, il préfère intégrer les résultats de ces dernières dans ce qu'il définit depuis comme la *phénoménologie pure*; celle-ci, il la distingue alors de la phénoménologie authentiquement philosophique et il l'y oppose. Toutefois, jusque dans ses toutes dernières recherches,

Husserl proclamera toujours la nécessité de telles analyses statiques et donc celle de la phénoménologie pure. C'est seulement
quand il dispose préalablement du procès-verbal de ces analyses,
que le phénoménologue peut accéder à la problématique vraiment
philosophique; les analyses statiques de la phénoménologie pure
et elles seules offrent en effet le point de départ nécessaire pour
aborder la phénoménologie philosophique et transcendantale.

Graduellement, au cours de ces mêmes années d'avant 1910, il
lui devient de plus en plus évident que, seules, et par elles-mêmes,
les analyses statiques ainsi que les descriptions de la phénoménologie pure qui en résultent, ne jettent aucune lumière directe
sur la constitution génétique au sens propre des étants-pour-moi
examinés. Mais en même temps, Husserl remarque qu'en analy-
sant ainsi les cogitations, il débouche régulièrement sur des significations, impliquées en elles, qui d'elles-mêmes se présentent
comme intentionnellement antérieures à celles qui font l'objet de
cette étude. Autrement dit, en mettant systématiquement en
œuvre l'analyse statique, les résultats de celle-ci lui fournissent
déjà quelques vues sur la genèse intentionnelle; ces résultats
fussent-ils obtenus, dans les *Recherches logiques* par exemple,
plutôt occasionnellement. C'est par des découvertes de ce type
qu'après de longs tâtonnements, il arrive à la conclusion générale
que chaque cogitation sans exception, en tant que «produit fini»
de toute une histoire intentionnelle, résulte d'une série de noèses,
tant intersubjectives qu'«égologiques», dont la plupart n'ont
toutefois pas laissé de traces dans la conscience claire. Ces noèses
submergées «dans la nuit des temps» ne pourront donc être redé-
couvertes et réactivées qu'indirectement. Pour les «noèmes», les
données corrélatives aux «noèses» – c'est vers 1909 qu'il introduit cette dichotomie devenue célèbre – la disparition des vesti-
ges de leur constitution est heureusement beaucoup moins totale.
Tout noème constitué garde en effet, dans sa signification objective même, des sédiments toujours repérables de ce que des noèses
antérieures, mais souvent oubliées, y ont déposé et intégré. Ces
sédiments, tout en ne glissant jamais totalement dans l'inconscient, ne restent pourtant présents que comme des données
que Husserl appelle «anonymes», c'est-à-dire comme des significations impliquées qui ne sont ni clairement ni distinctement
perçues. Ils sont, comme Husserl le dit encore, «gewusst aber
nicht bewusst».

Se rendant compte de plus en plus que chaque cogitation porte ainsi en gestation de nombreuses significations antérieurement synthétisées qui, quoiqu'anonymes, y sont tout de même repérables, Husserl adapte, entre 1907 et 1912, sa méthode analytique à l'approfondissement de ses conceptions au sujet de l'intentionnel conscient. Certes, il n'abandonne aucunement l'analyse statique, mais celle-ci deviendra de plus en plus une simple entrée en matière. L'objet primordial de la recherche étant d'ores et déjà la redécouverte de l'histoire de la constitution intentionnelle, il s'agira dès lors de dégager, par une analyse appropriée, les éléments antérieurs qui se trouvent synthétisés dans le conscient constitué. Par opposition aux recherches primordialement statiques qui prédominent dans la phénoménologie pure, Husserl adopte, aux environs de 1920, la locution «analyse intentionnelle génétique» pour dénommer la démarche méthodique qui opère ce dégagement des structures intentionnelles antérieures. Au cours des vingt dernières années de sa vie, l'analyse de ce nom deviendra pour lui la méthode κατ' ἐξοχήν de la phénoménologie philosophique et transcendantale. Par l'utilisation systématique de celle-ci, il croit en effet avoir accès aux couches antérieures de la constitution intentionnelle. Ce qui lui permettra, croit-il, de retracer celle-ci, de la fonder et de l'expliquer radicalement. Se servant de cette méthode, il analysera les cogitations qui ont trait aux structures des individus, des genres et des régions; mais aussi celles relatives à l'horizon mondain dans toute son universalité.

Si la thèse, indubitable pour Husserl, selon laquelle toute donnée intentionnelle est le dépôt sédimentaire de synthèses antérieures, fait figure de condition de possibilité de l'analyse génétique, c'est une deuxième conviction, également évidente pour lui, qui régit la direction précise vers laquelle, à bon escient, il oriente les recherches génétiques concrètes qu'il instaure. Cette deuxième thèse, nous pouvons la résumer comme suit. Chaque noèse et chaque noème, mis à nu par l'analyse, renvoient par leur signification même aux noèses et noèmes intentionnellement antérieurs qui, par l'acte fondateur de leur constitution, y furent synthétiquement intégrés. S'il en est ainsi de toute cogitation, il en découle que tout étant-pour-moi présente des traces repérables des éléments qui le fondèrent; traces qui, si le phénoménologue s'en sert correctement, peuvent lui servir de «fils conducteurs» (*Leitfäden*) pour dégager et décrire les actes et les éléments intentionnels dont jaillit, par constitution synthétique, la donnée significative à expliquer et à fonder. Comme on sait, la doctrine concernant le rôle concret des «fils conducteurs intentionnels» fut longuement exposée par Husserl dans plusieurs paragraphes de la *Logique formelle et transcendantale*; elle eut en outre une résonance, particulièrement large et profonde, dans les milieux des phénoménologues français. Il suffira donc, croyons-nous, de l'avoir brièvement rappelée ici.

En possession des principes de base de sa méthode génétique que nous venons de rappeler, la majeure partie des recherches que Husserl met en chantier entre 1910 et 1936 sont à caractériser comme des analyses intentionnelles de ce nouveau type. En gros, il y vise à redécouvrir et à décrire l'histoire de la constitution des structures essentielles du monde conscient dans lequel nous vivons.

C'est à l'intérieur de ce travail analytique que, déjà vers 1910, Husserl commence à mettre en œuvre une réduction de type nouveau; dès le début, cette deuxième réduction diffère notablement de celle que, quelques années auparavant, il s'est prescrite pour s'assurer l'accès au *cogitatum qua cogitatum*. Essentiellement, cette nouvelle réduction doit en effet être exercée dans le domaine des données conscientes déjà apurées et elle ne trouve son application directe qu'au domaine ainsi limité. Comment Husserl en est-il arrivé à concevoir ce nouveau processus méthodique? Mais surtout, pour quels motifs le prescrit-il péremptoirement au phénoménologue qui aspire au titre de philosophe?

Ayant découvert peu après 1907 que toute signification pure porte en elle-même des traces repérables des noèses et noèmes qui en sont l'origine, Husserl en conclut tout logiquement que ces derniers en «fondent» la constitution et en fournissent donc l'explication intentionnelle. En même temps il lui devient apparent, qu'étant nécessairement *priores naturà* à la cogitation analysée, les noèmes et noèses dégagés sont indiscutablement plus «originels» que cette dernière. Il ne lui faut faire qu'un pas de plus, pour prescrire catégoriquement au phénoménologue l'impératif de «réduire» tout constitué aux données découvertes comme plus originelles et donc «constituantes». Cette réduction lui permettra de retrouver, pour ainsi dire «à rebours», l'histoire de la constitution intentionnelle, et d'en retracer les différentes étapes. Il est bien clair que, par cette démarche méthodique, Husserl ne vise plus à éliminer de la cogitation qui en est l'objet du surajouté indu. Mais en la réduisant à celles qui en sont la source intentionnelle, il veut cette fois une explication valable et radicale de sa constitution même, comme étant-pour-moi. Voilà en quelques traits la deuxième forme de réduction que Husserl prescrit dès 1910 et qui, depuis, a agencé la plus grande partie de ses recherches ultérieures.

Ce nouveau processus réductif, on s'en rendra aisément compte, devra être appliqué à répétition, jusqu'à ce que les fondements intentionnels, ultimes et vraiment derniers, soient analytiquement dégagés et mis à nu. De notre exposé, il ressort clairement, croyons-nous, qu'en vertu même d'une application conséquente et universelle de l'analyse génétique telle que nous venons de l'esquisser, la phénoménologie philosophique tout entière est conçue par Husserl comme une «philosophie réductive». Son élaboration est en effet complètement régie non seulement par la réduction aux *cogitata qua cogitata*, mais plus encore par la réduction de ceux-ci à leurs derniers fondements génétiques. Pour Husserl, fournir une explication dernière du «monde intentionnel» équivaut en effet à réduire en fin de compte celui-ci aux noèses et noèmes authentiquement originels, parce que génétiquement premiers.

Les données génétiques que Husserl considère comme absolument «premières» après 1918–1919, il les subsume de préférence sous le vocable «transcendantal». Dès cette date également, il préfère parler de «phénoménologie transcendantale» pour désigner ce qu'il dénommait antérieurement la phénoménologie philosophique. Quoiqu'il soit indéniable que ce sont ses lectures de Kant, et plus encore celles des néo-kantiens, qui l'ont amené à se servir de l'adjectif «transcendantal», il lui accorde toutefois une acception qui diffère nettement de la leur. Comme pour l'utilisation de beaucoup d'autres termes chargés d'histoire, Husserl s'inspire beaucoup plus du sens étymologique du mot transcendantal, que des définitions qu'en donnent ses prédécesseurs. C'est ainsi qu'en ordre principal, il qualifie de transcendantal tout simplement ce qui «transcende toutes les catégories» de conscience-de. Concrètement, cet adjectif – il n'utilise guère ce terme comme substantif – est accouplé par Husserl aux noèses et noèmes dont il veut souligner qu'ils sont nécessairement et universellement «apprésentés» par toute cogitation et y sont donc toujours présents. Énumérons, pour finir, les données intentionnelles auxquelles Husserl accouple habituellement l'adjectif en question. Il ne sera pas nécessaire d'ajouter, croyons-nous, que la liste que nous en dressons ici est loin d'être exhaustive.

Le «moi», le principe nécessairement présent et actif dans toute constitution intentionnelle, occupe la première place, comme il est notoire, dans la galerie des vocables auxquels Husserl applique le qualificatif de «transcendantal». Quoique, depuis 1907, il ait élaboré plusieurs voies pour établir la présence universelle et nécessaire du moi dans toute conscience noétique et noématique, ce n'est qu'après 1920 que l'expression «moi transcendantal» acquiert dans ses écrits la prédominance. Depuis lors, «la voie royale» qui établit la présence universelle dans toute conscience intentionnelle de ce principe transcendantal est appelée de préférence la «réduction transcendantale». Toutefois, comme l'ont montré les recherches exécutées aux Archives au cours de ces dernières années, cette réduction transcendantale n'ouvre pas uniquement au phénoménologue l'accès à sa subjectivité propre; celle-ci le conduit aussi – infailliblement, croit Husserl – à la découverte de l'intersubjectivité de sujets transcendantaux. C'est surtout cette pluralité d'Egos constituants, en effet, qui est le principe nécessaire et suffisant de la genèse intentionnelle du monde.

Ce «monde», l'horizon vers lequel toutes les cogitations renvoient et dans lequel toutes, tant celles relatives au possible que celles relatives au vécu, sont intégrées, constitue une deuxième donnée à laquelle Husserl applique l'adjectif «transcendantal». Évidemment, il vise alors le monde en tant que *cogitatum* pur. Dans cet horizon ultime de toutes les activités conscientes, tant intersubjectives qu'égologiques, il retrouve ensuite, par analyse, des couches nettement différentes: le monde scientifique, culturel, historique, et plusieurs autres. A leur tour, chacun de ces mondes limités englobe, à titre d'horizon, les données constituées dans une des attitudes spécifiques que le moi constituant peut adopter et exercer. Mais ils portent, chacun aussi, des traces in-

délébiles qui renvoient à la terre nourricière dont, intentionnellement, ils sont tous éclos. Si, entre 1912 et 1925, Husserl a tendance à donner à cette couche fondamentale le nom de «monde
naturel», dès 1930 il l'appelle de préférence la *Lebenswelt*; les tra-
ducteurs français parlent de «monde quotidien», ou mieux de
«monde de la vie». Si très tôt Husserl a qualifié de transcendantal le monde tel qu'il le décrivait déjà dans les *Ideen I*, après
1930 cet adjectif, pris au sens fort, est de plus en plus réservé
dans ce contexte au seul monde de la vie.

Comme, depuis 1905, la temporalité et le temps lui-même
fournissent, d'après Husserl, la structure formelle qui régit de
l'intérieur toute activité consciente et toute signification intentionnelle, après 1920 ces deux concepts figurent également en
bonne place sur la liste de ceux auxquels il accouple le qualificatif
«transcendantal». Ceci avec d'autant plus de conviction que, dès
1910, Husserl place, tant la temporalisation que la temporalité,
au cœur même du flux de la conscience; depuis lors, elles sont en
effet des conditions de possibilité du retour réflexif de l'Ego sur
ses activités. Approfondissant graduellement cette doctrine concernant le moi qui, au début, était passablement sommaire, il se
sert de plus en plus de l'expression «flux temporel» (*Zeitfluss*)
pour définir l'Ego. Depuis 1930, le moi transcendantal lui-même
est de préférence décrit comme le «flux du présent vivant» (*die
lebendig strömende Gegenwart*). Bien légitimement il accorde alors
la détermination de transcendantal tant à la temporalisation et à
la temporalité, qu'au temps tout court.

Il faudrait encore mentionner ici «l'expérience transcendantale» et la «réflexion transcendantale». Mais même alors la liste
que Husserl dresse des données intentionnelles «transcendantales»
ne serait pas encore complète. Terminons donc cet exposé et con-
cluons.

Parcourant à vol d'oiseau toutes les affirmations contenues
dans cette esquisse sur l'itinéraire husserlien, nous nous rendons
compte du caractère audacieux de notre entreprise. Notre exposé
est certes solidement ancré dans l'ensemble des textes disponibles.
Mais en interprétant ceux-ci, nous nous sommes prescrits de rester
toujours plus près de l'esprit qui les a inspirés à Husserl, que de la
lettre de leur rédaction. A cet esprit, nous avons essayé de rester
fidèle, même quand la lettre semble parfois s'y opposer et quand

les formules qu'il s'est choisi suggèrent des interprétations plus ou moins différentes. Il est donc indiqué de voir cette esquisse comme une hypothèse de travail, solidement construite, croyons-nous. Étudiant de plus en plus près les sources, il incombera aux historiens futurs de l'héritage husserlien d'en contrôler le bien-fondé, mais surtout d'y apporter aussi les corrections que des études ultérieures leur imposeront.